예술기반 연구의 실제

Patricia Leavy 저

김정희 · 신승렬 · 강병직 · 김정효 · 김해경 · 손지현 · 안혜리 공역

학지사

역자 서문

국내외에서 질적 연구방법에 대한 관심이 높아지면서 교육학 전공자들에 의해 여러 책이 집필되거나 번역되었으며, 이 책들은 대부분 내러티브 연구, 현상학적 연구, 근거이론 연구, 문화기술지, 사례 연구 등을 연구방법으로 소개하고 있다. Patricia Leavy의 『Method Meets Art: Art-Based Research Practice』는 문학, 음악, 춤, 드라마, 연극, 영화, 미술 등과 같은 예술을 매개로 한 질적 연구방법을 소개한 책이다. Leavy의 집필 의도는 자문화기술지(autoethnography)와 같은 혁신적인 질적 연구방법이 실증주의적 관점에서 낮게 평가되고 있는 상황을 반박하고, 양적 연구방법을 활용한 학술 논문들의 연구 의미와 가치가 학문의 경계를 넘어 공유되지 못하고 있는 문제를 해결하기 위한 대안을 제안하는 것이다.

연구 대상인 인간을 관찰하고, 인간의 반응에 주목하고 공감하면서 연구 대상자와 함께 연구과정을 총체적으로 분석하는 예술기반 연구(art-based research: ABR)는 기존 실증주의 관점의 연구방법과는 전혀 다른 입장을 취한다. 저자는 인간과 사회 문제를 연구하는 데 예술의 원리를 연구방법으로 채택하고 예술을 매체로 데이터를 생성, 분석, 해석 및 발표하는 혁신적인 연구방법인 ABR의 가치를 저서에서 명쾌하게 밝혔다. 뿐만 아니라 독자들에게 문학, 내러티브 탐구, 허구기반 연구, 시적 연구방법, 음악을 활용한 연구방법, 춤과 움직임을 활용한 탐구방법, 연극과 드라마 및 영화를 활용한 연구방법, 시각 미술 연구방법 등을 소개한다. 이러한 새로운 연구방법은 그동안 예술교육 분야에서 양적 연구를 통해 밝히지 못했던 예술 교육의 의미와 가치를 밝히는 데 크게 기여할 것이다.

2014년에 미국 애리조나 주립대학교의 신승렬 교수가 경인교육대학교에서 1년 동안 방문 교수로 있을 때 박사과정 학생들을 대상으로 ABR 관련 강의를 하면서 이 책을 교재로 활용하였다. 국내 교육학 분야에서 질적 연구방법을 적용한 논문들이 많이 발표되고 있는 상황이라 이 책에 대해 더욱 관심을 갖게 되었다. 이 책에서 소개된 ABR을 활용한 다양한 연구 사례는 예술 교육 분야의 연구자들뿐만 아니라 다양한 분야의 연구자들에게 정형화된 양적 연구방법으로 밝히지 못한 연구의 의미와 가치를 ABR을 활용하여 밝힐 수 있음을 보여 준다.

이 역서에 관심을 보이고 바쁘신 가운데 번역에 참여해 주신 애리조나 주립대학교 신승렬 교수님, 국민대학교 안혜리 교수님, 서울교육대학교 손지현 교수님, 청주교육대학교 강병직 교수님, 경인교육대학교 김해경 교수님과 김정효 교수님께 진심으로 감사드린다. 또한 이 역서를 출간할 수 있도록 도움을 주신 학지사 김진환 사장님과 김서영 편집자에게 심심한 감사를 표한다.

역자 대표
김정희

저자 서문

  나는 보스턴 대학교의 사회학과 대학원 과정에 입학하여 사회 정의와 관련된 무게 있는 '주제'를 연구하려고 했으나 곧 연구과정 자체에 매료되었다. 당시에는 방법론적 이슈에 몰두했던 것이 나의 사회학적 관심을 추구하는 길이 될 것이라는 것을 거의 깨닫지 못했다. 교과과정, 멘토십 및 초기 연구 경험을 통해 나는 인식론과 이론 그리고 방법 사이의 상호 연결을 강조하는 연구과정에 총체적인 방식(holistic approach)으로 접근했다. 나에게 있어서 사회 연구에 대한 이러한 접근 방식은 사회 정의에 관한 나의 장기적인 헌신을 의미한다.

  대학원 과정을 거의 마칠 때쯤 나는 '출판하거나 멸망'하는, 그리고 연구 자금을 얻을 기회가 없는 세계로 들어서고 있었고, 많은 학문 분야에서 사람들이 경험한 것처럼 내가 기대했던 것보다 훨씬 제한적인 관점으로 연구하기를 요구받고 있음을 곧 깨달았다. 예를 들어, 최고의 권위를 자랑하는 사회학 저널에 발표된 연구는 대부분 정량적이었고, 연구 절차는 단순히 반복되고 있었다. 출판된 질적 연구는 종종 부적절한 실증주의의 잣대로 판단되고 있었으며, 방법론적 선택에 관한 엄격한 학문적 기준을 따라야 했다. 더욱이 이론에 대한 논의는 연구방법에 대한 논의와 분리되었고, 연구에 관한 총체적인 설명을 제공하지 못했다. 자문화기술지(autoethnography)와 같은 혁신적인 질적 방법은 연구의 효과를 저해하는 또는 '실험적 상태'로 낮게 평가되었다. 나는 실망했고, 더욱 안 좋게는 연구를 의무적으로 수행해야 하는 어떤 것으로 느끼기 시작했다. 기쁨은 없었다. 내가 원하는 것을 표현할 수 없었고, 의미 있는 방식으로 사람들에게 접근할 수가 없었다. 사실, 나는 우리가 발표하려고 노력하는 논문들이 사람들에게 거의 읽히지 않는다는 것을 알게 되었다. 게다가 학문 세계 밖의 누구도 결코 우리의 논문에 접근하지 못함을 알고 있었다. 논문들은 모든 면에서 다가가기가 어려웠는데, 내 글을 친척이나 친구와 공유하려고 했을 때 그들은 "인상적이었지만 전문 용어가 너무 많아서 이해하지 못했다."라고 반응했다. 재차 접근의 어려움이 문제임이 확인되었다. 내가 연구를 수행하고 발표하는 다른 방법을 찾아야 한다는 사실이 분명해졌다.

다행스럽게도 당시 나는 연구방법론에 대한 혁신적인 접근법인 '새로운 방법(emergent methods)'에 대한 공동 편집 프로젝트에 참여하고 있었다. 그 결과, 나는 예술기반 연구(ABR)의 세계를 발견했다. 나는 천천히 이러한 접근법을 이내 연구 프로젝트에 적용하기 시작했다. 곧 새로운 세상이 열렸다.

예술로의 전환

많은 사람들이 그렇듯 나는 심지어 학술적 관점에서 예술의 힘에 대해 알기 전부터 개인적인 경험을 통해 예술의 힘을 직관적으로 이해했다. 어렸을 때 나는 책장이 바랠 때까지 책을 읽었고, 영화를 통해 새로운 세계에 몰입했으며, 연극의 1막과 2막 사이에 웃음이 눈물로 바뀌는 것을 경험했으며, 공간을 통해 이동하는 무용수의 움직임에 감탄했다.

어른으로서 예술에 대한 나의 사랑은 아침에 음악을 연주하고, 미술관을 방문하고, 영화를 보는 것이었다. 그러나 내가 엄마가 되고 교수가 되어서 예술이 교육에 다양한 방식으로 활용될 수 있는 점을 깨달았다. 예를 들어, 나의 딸 Madeline이 초등학교에 다니면서 기하학을 이해하지 못했을 때, 나는 Madeline을 보스턴의 한 미술관으로 데려갔다. 그 곳에서 우리는 입체파 그림을 분석하고 모양들을 찾아보았다. 그때 내 딸의 기하학 이해력이 향상되었다. 예술은 그녀에게 정보 이상의 것을 가르쳤다. 또한 그녀에게 연결, 공감, 느낌, 공명 및 자기인식에 대해 가르쳤다. 내가 관찰한 심오한 경험은 Madeline이 7세 때 그녀를 첫 콘서트에 데려갔을 때였다. 대부분 인상적인 삶의 첫 번째 경험은 믿기 어려울 정도로 적으며, 대부분 어머니와 관련이 없다. 이를 염두에 두고 나는 Madeline을 콘서트에 데려가 함께 콘서트를 보았다. 불이 꺼질 때 내가 본 그녀의 얼굴 표정을 잊을 수 없다. 그녀는 의자에 서서 본능적으로 팔을 휘젓고 다른 사람과 함께 비명을 지르기 시작했다. 나는 콘서트의 대부분의 시간을 그녀를 지켜보았고, 그녀가 겪고 있는 것이 연결임을, 즉 그녀가 라이브 음악을 통해 다른 사람들과 연결을 만들어 가고 있음을 깨달았다. 그녀는 그 일부분이었으며, 이는 본능적이고 구체화되었으며 강력했다.

이 교훈은 내 강의에서도 드러났다. 성에 대한 사회학 과목 수업에서 나는 가부장제, 폭력 및 성폭력에 관해 강연하고, 학생들에게 그 주제에 관한 많은 논문을 읽게 했다. 그렇지만 실제로 학생들을 감동시킨 것은 Tori Amos가 〈Me and a Gun〉이라는 잊기 힘든 노래를 부르는 장면이었다. 이 노래는 Tori Amos가 강간당한 경험을 기록한 노래였다. 'Love, Intimacy, and Human Sexuality'라는 세미나를 통해서 나는 가톨릭 대학 학생들에게 도전적이었던 '트랜스젠더 정체성'과 같은 많은 주제를 다루었다. 그들은 논픽션 에세이보다는 성 정체성을 고민하는 어린이 영화인 〈Ma Vie en Rose〉를 보면서 다르게 생각하고 바라보게 되었다. 이 영화는 대화, 반성, 공감성 배양, 때로는 자아 및 사회적 인식 증대를 촉진시켰다.

예술은 독창적으로 교육, 영감, 조명, 저항, 치료 및 설득을 할 수 있다. 이러한 이유와 이 책에 소개된 다른 많은 이유로 인해, 다양한 분야의 혁신적인 학자들이 사회 연구에 예술의 힘을 활용했다는 것을 알게 되었다. 결과적으로, 최근 수십 년 동안 ABR이라는 새로운 패러다임이 등장했다.

ABR은 연구와 예술 행위 사이의 자연 친화성에서 출현했다. 예술과 연구는 모두 무언가를 만들어 내는 것이다. ABR은 데이터 생성, 분석, 해석 및 발표를 포함하며 사회 연구의 모든 단계에서 학문 분야의 연구자가 사용하는 일련의 방법론 도구이다. 이러한 새로운 도구는 이론과 실천이 서로 얽혀 있는 총체적이고 참여적인 방식으로 사회 문제 연구를 위해 창의적 예술의 원리를 채택한다. ABR은 문학 작품, 음악, 춤, 공연, 시각 미술, 영화 및 기타 매체를 활용한다. 표현 형식은 단편소설, 소설, 실험적 글쓰기, 그래픽 소설, 만화, 시, 비유, 콜라주, 그림, 데생, 조각, 3D 예술, 퀼트와 바느질, 퍼포먼스 스크립트, 연극 공연, 춤, 영화, 노래 및 음악 악보 등이다.

나는 내게 의미가 있는 일을 하고자 하는 열망에서 그리고 다른 사람들에게 다가갈 수 있는 잠재력을 지니고 있는 연구를 하고자 ABR로 전환했다. ABR은 많은 전통적인 연구방법을 특징짓는 제한된 전문 용어와 구조를 뛰어넘는 방법이다. 예술은 훨씬 더 많은 것을 가능하게 한다. 예술은 유사하거나 어울리지 않는 사람들과 우리를 연결하고, 보고 경험하는 새로운 방법을 열어 주며, 조명 받지 못한 부분을 드러내 준다.

이 책의 필요성

나는 ABR에 대한 심층적인 소개로 이 책을 썼다. 이 책은 내러티브 탐구, 허구 기반 연구, 시적 연구, 음악, 춤과 움직임, 연극, 드라마, 영화 및 시각 미술을 포함하여 ABR의 주요 장르를 모두 검토한다. 나는 예술기반 연구자들의 연구를 융합하고, 기록하고, 문서화하고, 이 새로운 패러다임에 관심이 있는 사람들을 위한 방법론적 안내를 제공하고자 한다. 이 책의 초판을 저술한 이래로 많은 학생과 연구자들과 함께 ABR에 대해 나누었으며, 이로 인해 다른 사람들이 책에서 안내한 접근법을 시도하고 새로운 접근법을 만들어 내도록 격려하고 영감을 주고자 한다. 당신의 학문적 배경 및 예술적 훈련 여부와 관계없이, 나는 당신이 어디에서부터나 시작할 수 있음을 보여 주고 싶다.

이 책의 구성

이 책은 각 예술기반 장르에 관한 깊이 있는 안내와 함께 예술기반 연구자의 연구 사례들을 소개한다. 입문 리뷰와 출판된 연구 사례를 짝지어 소개함으로써 ABR과 그 사용 실제를 이해할 수 있는 맥락을 제공한다. 2판에서는 입문 장이 초판에서 보다 더 통일되게 구성되었으며, 도입, 배경(장르별 하위 절 포함), 방법들(장르별 하위 절 포함), 특별한 고려사항, 고려사항 점검표, 결론, 토론문제 및 활동, 추천 도서, 관련 웹사이트와 저널 그리고 참고문헌을 포함한다. 각 장르/방법 장에는 사례도 포함된다. 몇 가지 사례가 이 책에 소개되었지만, 이번 판에 처음으로 도입된 것은 음악, 춤 및 영화 사례를 온라인으로 볼 수 있다는 것이다(링크는 해당 장의 끝 부분에 제공된다). 글자를 통해 제대로 표현될 수 없기 때문에 이러한 주제의 온라인 표본을 제공하는 것이 중요하다고 느꼈다. 이러한 방법론적 장르가 유일한 방법이라는 것이 아니라, 수많은 가능성을 지닌 많은 장르의 두드러지는 예시임을 유념하기 바란다.

이 책의 구성은 ABR 연구들을 개념화하는 한 가지 방법이며, 단어를 따라가며 둥근 호를 그린다는 점에서 이러한 접근법 간의 상호 연결을 반영한다. 제2장에서 소개하는 첫 번째 장르는 내러티브 탐구 및 허구기반 연구이다(후자는 이 판에서 처음 소개된다). 이러한 접근법은 분명 예술에 의존하지만 여전히 주요 커뮤니케이션 수단으로 '언어'에 의존한다. 시적 연구는 '서정시적 호소'와 '언어'를 합쳐서 구성되어 있는데, 제3장에서 검토된다. 연구방법으로서의 음악은 제4장에서 탐구되며, 시의 서정적 특성을 고찰하고, 앞의 두 장과 마찬가지로 공연 장르로서 공연을 통해 존재한다. 제5장은 이 책에서 검토된 가장 추상적인 형식인 춤과 움직임을 다루고 있다. 제6장에서는 연극, 드라마 및 영화에 대해 토론할 것이며, 이로서 행위기반 장을 마무리한다. 마지막 예술 장르는 제7장의 주제인 시각 미술이다. 이 장르를 통해 단어로부터 이미지를 그리는 호가 완성된다.

2판에 새롭게 도입된 내용

내가 이 책의 초판을 쓴 이래로, 나의 삶과 현장에서 많은 것이 바뀌었다. 내가 이 책을 썼을 때 개인적으로 전혀 알지 못했던 초판에서 인용한 많은 예술기반 연구자들과 만났고 지속적으로 관계를 발전시켜 왔다. 강연이나 소셜 미디어를 통해 많은 다른 분야의 연구자들, 학생들 그리고 그들의 분야에 대해 알게 되었다. 나의 학문적 지형이 바뀌었고, 내가 초기에 걱정했던, 출판 아니면 멸망이라는 만트라는 이제 대중과 공유하는 것에 대한 관심으로 바뀌었다. ABR이 학계를 벗어나 영향력을 준다는 점을 포함해, 연구의 임팩트에 대한 관심이 높아짐에 따라 ABR도 더욱 발전했다. 점차 이러한 경험들은 ABR의 힘과 가능성에 대한 깊은 이해를 가능하게 했으며, ABR을 수행하는 데 필요한 기법 및 평가방법에 대한 관심도 심화시켰다. 결과적으로 2판에는 새롭고 추가되고 재구성된 내용을 제공하였다.

- 제1장은 완전히 수정되었으며, 연구 행위로서 소설을 쓰는 일에 관한 새로운 자료가 포함되어 있다. ABR에 대한 용어표, 패러다임으로서의 ABR에 대한 논의, 신경과학 및 예술, 창의적 예술치료, 예술 및 질적 연구의 실제, 테크놀로지 그리고 ABR의 철학적 하부 구조에 대한 새로운 절을 포함한다. ABR의 강점에 대한 절은 철저하게 수정되고 확대되었으며, Trayvon Martin의 살해와 같은 현대적인 사례를 포함하며, 예술기반 연구자가 되기 위해 필요한 기법에 대한 새로운 절(공적 학문과 사회 참여 지식인에 대한 관심 증대를 포함)을 포함한다.
- 제2장은 내러티브 탐구 외에 허구기반 연구(또는 연구 행위로서의 픽션)를 포함하도록 확장했다.
- 제6장은 연극, 드라마 및 영화를 포함하도록 다시 작성되고 확장되었다. 새로운 콘텐츠에는 연극, 드라마 만들기에 관한 절과 영화에 대한 절이 길게 소개되어 있다.
- 제8장은 평가 준거에 관한 완전히 새로운 장이다. ABR이 성장함에 따라 이 작업을 적절하게 평가하는 방법에 대한 우려가 커지면서 이 장을 추가하게 되었다.
- 창의적 예술치료에 관한 참고문헌은 이 책 전체를 통해서 소개되었다.
- 여섯 개의 장르/방법 장 중 다섯 개 장에서 연구 사례들이 새로이 추가되었다. 사례 중 두 가지는 대학원생에 의한 것이다. 제3장 끝에 있는 시적 연구에 대한 사례는 대학원생이 작성한 이전에 발표되었던 글이며, 제5장의 춤에 관한 온라

인 사례는 박사 논문의 일부이다. 대학원생들의 사례들을 포함시킴으로써 수준과 경력에 상관없이 ABR을 효과적으로 수행할 수 있음을 보여 준다.

- 새로운 연구 사례들을 포함하여 모든 장에서 업데이트된 참고문헌이 포함되어 있다. 그러나 나는 초판의 내용에 익숙한 독자를 위해 이전의 참고문헌 및 연구 사례를 많이 포함하였다.

- 나는 책을 통해 공공성과 관련된 학문과 청중에 대한 문제에 훨씬 더 많은 관심을 기울였다.

대안적 방식의 책 읽기

이 책을 처음부터 끝까지 순서대로 읽을 수 있지만 반드시 그럴 필요는 없다. 각 장은 독자적으로 읽을 수 있다. 연구 사례도 마찬가지이다. 따라서 특정 방법론적 장르에 관심이 있는 독자는 해당 장을 읽을 수 있다. 또한 단어에서 이미지로의 길을 따라가는 것은 책을 구성할 수 있는 한 가지 방법일 뿐이다. 대안적으로, 일부 독자는 '실행 패러다임(performance paradigm)'이 예술에 대한 부름의 주요 원동력이라고 생각할 수도 있다. 그렇게 보는 독자들에게는 연극과 드라마가 춤/창조적인 행위로부터 분리되는 것이 불필요할 수 있으며, 그래서 그 장부터 읽기 시작할 수도 있다. 마지막으로, 이 책은 각각의 주제에 대한 문헌 검토와 함께 읽을 수 있다. 예를 들어, 시각 예술기반 연구 접근법에 관심이 있는 연구자나 학생들은 시각 미술 분야에 관한 제7장뿐만 아니라 입문 장을 읽으며, 학술지 또는 웹사이트에 실린 논문들과 함께 읽을 수 있다.

교육적 특징과 자료

심층적인 입문 장과 사례들을 함께 소개하는 것 외에도 각 장의 전반에 걸쳐 수많은 연구 사례가 포함되어 있다. 각각의 장에서는 핵심 용어 및 정의, 각 장르의 주요 연구 및 기타 주요 고려사항에 대해서도 설명한다. 여섯 개 장에서 다양한 예술기반 방법론적 장르를 다루고 있는데, 몇 가지 특별한 특징이 포함되어 있다. 각 장은 연구자가 살펴본 특정 방법을 적용할 때 고려해야 할 사항들에 대한 점검표로 끝난다. 이 점검표는 또한 연구자들이 자신의 연구 설계의 윤곽을 만들 때 고려할 수 있는 지침적인 질문을 제공한다. 이 책을 사용하는 연구자는 각 장의 끝 부분에 있는 추천 도서와 저널 및 웹사이트 목록을 유용히 사용하기 바란다. 추천 도서 목록은 연구자가 특정 방법론을 심도 있게 탐구할 수 있게 해 주며, 저널과 웹사이트 목록은 문헌 리뷰를 확대할 수 있는 길을 제공할 뿐 아니라, ABR을 하는 사람들을 위한 출판의 기회를 제공한다. 마지막으로, 교육적 특징을 포함했다. 교수들이 이 책을 활용하여 가르칠 때 토론 질문과 수업에서 공동으로 수행하거나 숙제로 부여할 수 있는 활동들을 사용할 수 있다. ABR을 처음 접하는 연구자는 새로운 연구방법을 시도할 때 이러한 활동들이 유용함을 알게 될 것이다.

이 책의 독자

이 책은 학부생, 대학원생, 연구원, 학자 및 ABR 또는 예술기반 방법론에 관심이 있는 실무자를 포함하여 다양한 독자를 대상으로 쓰였다. 교육적 측면에서 이 책은 인류학, 예술, 창의적 예술치료, 문화 연구, 교육학, 표현치료, 보건 연구, 사회사업, 사회학, 심리학, 연극 예술, 여성학, 성 및 성적 취향 연구 등에서 사용될 수 있다. 이 책은 질적 연구, 연구방법 개론, ABR, 신흥 연구, 페미니스트 연구, 내러티브 탐구 및 연구에 대한 비판적 접근과 같은 방법론 과목에서 사용될 수 있다.

이 책은 이미 예술 교육을 받은 사람들만을 위한 것이 아니니 안심하기 바란다. 때로는 여러 가지 이유로 새로운 접근 방식으로 작업하는 것이 두렵다는 점을 이해한다. 어쨌든 계속 시도해 보시기 바란다. 내가 첫 번째 ABR 소설 『저지방 사랑 (Low-Fat Love)』을 썼을 때 나는 내가 하는 일에 대해 아무것도 몰랐다. 내가 가지고 있던 것은 나의 통찰력과, 인터뷰한 사람들의 이야기를 새롭고, 더 매력적이고 접근하기 쉬운 방식으로 얻고자 하는 열망이었다. 그러나 보상은 내가 상상할 수 있는 것 이상이었다.

　이 책을 통해 당신의 연구를 다른 모양과 구조로 드러낼 수 있기 바라며, 당신이 함께할 수 있고 나눌 수 있는 새로운 독자층을 만나길 바란다. 발견을 시작해 보자!

차례

사회 연구와 창의적 예술: 입문

논리는 A에서 B로 당신을 인도한다.
그러나 상상은 당신을 어디든지 데려갈 수 있다.

–Albert Einstein

우리 모두는 학문 세계에 들어올 때 누군가에게 가치가 있거나 좋아하는 일을 하고자 한다. 그러나 승진과 정년 보장에 대한 제도적 압박 내에서, 연구 성과를 내지 않으면 쫓겨나는 규정과 더불어 '자연과학'만이 보상받는 연구 지원 및 평가 제도 아래 대부분은 학문에 대한 매력을 곧 잃고 만다. 더욱이 연구를 수행하고 공유하는 전통적 방식의 한계로 인해 낙담하게 된다. 우리는 종종 연구의 접근 방식을 바꿀 필요가 있다. 여기 나의 연구와 관련해 한 사례를 소개한다.

나는 거의 10년 동안 면담 연구를 수행했다. 여성(약간의 남성)들의 관계성, 성과 성 정체성, 신체 이미지 그리고 이에 관련된 주제들에 대해 연구했다. 나는 관련 논문을 여러 편 썼고, 다른 연구자들과 학생들과 협력해 논문을 쓰기도 했다. 그렇지만 나는 지속적으로 실망하게 되었다. 내가 쓴 논문들은 너무나 메말랐고, 전문 용어로 가득 찼으며, 형식적이어서 좋은 글의 특징과는 거리가 멀었다. 나를 더욱 괴

롭혔던 사실은 누구도 내 논문을 읽지 않는다는 것이었다. 수년간의 연구, 그리고 더 중요한 것은 많은 사람의 이야기들이 다른 사람들에게 가치가 없다는 것이다. 일반적인 학술 논문은 소수의 사람에게만 읽히고 있으며, 그들은 고도로 전문화된 교육을 받은 사람들이다. 도대체 이것이 무슨 의미가 있는가? 이것은 낭비일 뿐이다. 게다가 나는 그 논문들에 드러난 것 이상으로 훨씬 더 많은 내용을 알게 되었다고 생각한다. 즉, 나는 내가 수행했던 광범위한 연구와 수업이나 멘토링으로부터 배웠다. 학생들은 나와 함께 그들의 경험이나 관점을 교실의 안팎에서 나눴다. 그 결과, 나는 축적된 내 연구와 수업 경험으로부터 얻은 지식을 공유하고 싶어졌다. 나는 또한 그것을 자신을 검열할 필요가 없는 방식으로 공유하고 싶었다. 그런데 이는 전통적인 학술 논문의 또 다른 문제적 측면이다. 예를 들어, 학생들 및 면담자들과 수년간 인터뷰를 하면서 낮은 자부심과 역기능에 관한 연구를 했다. 내가 그들을 흔들며 "당신은 잘못 알고 있습니다."라고 말하고 싶었던 때는 셀 수 없었다. 물론 인터뷰나 강의 상황에서 이 말을 할 수는 없었다. 심지어 학술 논문에 발표될 때도, 우리의 주장이 종종 수행되고 있는 연구에만 국한되기 때문에 축적된 지혜가 드러날 수도 없었다. 이러한 전통적인 학술 논문의 한계점 때문에 나는 표현 예술에 관심을 갖게 되었다.

나는 『저지방 사랑(Low-Fat Love)』(2011b)이라는 예술기반 소설을 썼다. 나는 소설 형식을 통해서 독자들을 위한 내용을 전할 수 있었고, 더 많은 주제를 엮을 수 있었으며, 소설 속 인물들을 감성적으로 묘사할 수 있었다. 또한 공감을 형성하였고 독자들이 스스로 반성하도록 할 수 있었으며, 독자들에게 오랜 학습 효과를 가져오게 했다. 그리고 더욱 중요한 것은 그 소설이 대중에게 알려졌다는 것이다. 나는 대학의 학생 독자들과 이야기를 나눴고, 나이와 교육적 배경이 다양한 도서 클럽 회원들과도 이야기를 나누었다. 나는 이 소설을 통해 미디어와 라디오 인터뷰, 사설 그리고 블로그를 포함한 대중화된 학문에 참여할 수 있었다. 이것이 예술기반 연구(arts-based research: ABR)의 힘이라고 본다. 그렇다. 이것은 다른 연구방법들과는 다르지만, 덜 엄격하지도 않고 타당성이 부족하지도 않다.

내가 관심을 가지게 된 소설을 기반으로 한 연구 사례가 보여 주듯이, 사회 연구에 새로운 질문을 제기하고 그 결과 더 넓은 공동체에 지식을 소개하기 위한 새로운 방법을 촉진하기 위해서 우리는 다르게 보고 생각할 수 있어야 한다. 연구자들은 종종 연구 보고서의 구조에 관해 이야기하기 위해 형식이나 형식의 언어를 사용하지만 나는 형태 형성(shaping)이라는 단어를 사용하고자 한다(Leavy, 2009, 2011a 참조). 형태 형성이라는 말은 연구의 형식뿐만 아니라 양식이 콘텐츠를 어떻게 형성하고 어떻게 관객이 콘텐츠를 받아들이는지에 대한 정보를 제공한다. 따라서 나는 '형태 형성'이라는 관점에서 연구 프로젝트를 구축하고, 연구를 발표하는 것에 대해 생각하고자 한다. 다양한 '형태 형성' 안에서 연구를 하고 또 보고해야 할 필요성을 강조하면서, 나는 지식 형성과 전달 행위를 실천하는 모양을 만들어 가는 연구 공동체의 지속적인 역할을 강조하기를 희망한다(Leavy, 2009, 2011a). 다양한 문제를 성공적으로 다루고 다양한 청중과 효과적으로 의사소통하기 위해서는 우리는 다양한 모양으로 보고 다양한 형태로 지식을 생산할 수 있어야 한다(Leavy, 2011a). 예술기반 연구자들은 연구를 다른 모양으로 보고, 만들어야 한다.

예술기반 연구자들은 새로운 연구 도구를 '발견'하는 것이 아니다. 그들은 새로운 도구를 만들어 낸다. 그들이 만들어 내는 도구와 함께, 열정과 엄격함이 서로 교차하는 열린 공간인 연구 공동체 안에서 가능성이 열린다. 일부 연구자는 연구 질문을 효과적으로 다루기 위해서 ABR 방법을 사용해 왔으며, 다른 일부는 예술가로서의 주체와 연구자로서의 주체 간의 간극을 통합하고자 하였다. 모든 ABR에 있어서, 간헐적으로 ABR을 수행하든지 ABR에 전념하는 경우이든 간에, 전체론적이며 통합된 관점이 필요하다.

Ronald Pelias(2004)는 『마음의 방법론: 학문과 일상생활을 연상하기(A Methodology of the Heart: Evoking Academic and Daily Life)』란 책에서 다음과 같이 썼다. "나는 마음이 문제의 주변에 속하지 않기에 마음의 담론에 대해 말한다. 마음이 단어들을 움직이게 하지 않으면, 우리는 낡은 사전일 뿐이다."(p. 7) 연구자로서, 우리는 종종 우리와 연구의 관계를 숨기도록 훈련받아 왔다. 이것은 일부에게는 문제가 되고 다른 일부에게는 불가능하다. ABR 실행을 통해 연구자는 자신의 작품을 감상하는 관객과 더불어 이 관계를 나눌 수 있다.

Pelias에 따르면 예술기반 텍스트는 "방법론적 소명(methodological call)이자 다른 공간을 드러내는 글로서, 우리 안에서 상심과 답답함, 막막함을 풀어낸다."(2004, p. 11) 사회 연구에서 창의적 예술로의 전환은 역사적으로 특정한 현상이 합쳐진 결과이다. 동시에 전환은 새로운 공간을 연다. 시각 미술에서 여백이 대상을 정의하듯 기존의 연구 관행에 대한 새로운 사고방식을 창출한다. 최근의 ABR과 연구자들의 연구 성과를 종합해 볼 때 명확한 것은 이 분야의 개척자들은 참여적 · 전체론적이며, 열정적인 연구 행위를 만들어 가고 있다는 것이다. 그들은 예술가로서의 주체와 연구자 주체 사이에 다리를 놓고자 하며, 연구자와 청중, 연구자와 교사 사이에 다리를 만들고자 한다. 이 새로운 도구로 작업하는 연구자들은 공감을 일으키고 이해를 만들어 감으로써 지식을 창출하는 동시에 통합적으로 접근한다.

예술과 과학은 인간 생활을 다각도로 조명하려고 한다는 점에서 본질적으로 유사하다. 탐구, 사실 그리고 표현을 기반으로 예술과 과학은 인간 이해를 향상시키고자 한다. 비록 역사적으로 예술과 과학에 대한 탐구가 분리되어 왔지만, 예술과 과학 간의 관계에 대한 진지한 연구가 진행 중이다. 이 책은 창의적 예술과 교차학문적(cross-disciplinary) 사회 연구 간의 융합을 검토하고 또 통합하고자 한다. 최근 수십 년에 걸쳐 ABR은 학제 간 연구 맥락에서 새로운 패러다임으로 드러나고 있다.

ABR은 자료 생성, 분석, 해석 및 발표를 포함한 사회 연구의 모든 단계에서 연구자가 사용하는 일련의 방법론적 도구이다. 이렇게 새로이 창출된 도구는 이론과 실천이 서로 연관되어 있으며, 전체론적이고 참여적인 방식으로 사회 연구 문제를 해결하기 위해 창의적 예술 원리를 채택한다. ABR은 문학 작품, 음악, 춤, 공연, 시각미술, 영화 및 기타 매체에 기초한다. 표현 형식은 단편소설, 소설, 실험 작문, 그래픽 소설, 만화, 시, 비유, 콜라주, 그림, 드로잉, 조각, 3D 예술, 퀼트와 바느질, 퍼포먼스 스크립트, 연극 공연, 춤, 영화, 노래 및 음악 악보 등을 포함한다.

지난 몇 년 동안 ABR이 엄청나게 성장함과 동시에 그러한 저작물(및 저자)을 담아내거나 구별하는 다양한 용어가 넘쳐났다는 점은 주목할 가치가 있다. 일부 저자는 이 용어들 사이의 미묘한 차이점을 지적한다. 그러나 이러한 명명하고자 하는 열정적인 시도는 혼란을 낳았다(Chilton & Leavy, 2014, Finley, 2011, Ledger & Edwards, 2011, McNiff, 2011, Sinner, Leggo, Irwin, Gouzouasis, & Grauer, 2006). 〈표 1-1〉은 문헌에 나타난 많은 용어를 보여주고 있다.[1]

나는 이 책에서 현재 가장 널리 인정되는 용어인 ABR을 사용한다.[2] 그러나 아토그래피(a/r/tography)는 독특한 접근법이므로, 여기서 간략하게 논의한다.

아토그래피 연구는 교육 연구 분야의 ABR의 특정 범주이다. A/r/t는 예술가-연구자-교사의 비유이다. 아토그래피에서 이러한 세 가지 역할은 통합되어 제3의 공간을 만든다(Pinar, 2004, p. 9). 아토그래피 연구 참여자는 "중간" 공간(Pinar, 2004, p. 9)에 있으며, 아토그래피는 "아는 것, 실천하는 것 그리고 만드는 것"을 통합하고 있다(Pinar, 2004, p. 9).

세분화되고 진화하는 방법론으로 아토그래피 연구를 언급하면서, Anita Sinner와 동료들은, "이것은 하이브리드, 실행기반 방법론의 형식"(2006, p. 1244)이며, 개인과 사회에 필요한 것이라고 한다. 그들에 따르면 다음과 같다.

> 아토그래피 연구는 연속성, 생활 탐구, 개방, 은유/환유, 반향 및 과잉의 방법론적 개념을 통해 표현된다. 예술가/연구자/교사의 광범위하게 지각된 정체성 사이에서 그리고 예술과 텍스트 사이에서 구현된 이해와 교류로서 관계미학의 탐구로 바라볼 때 실행되고, 표현되고 또는 행위화된다(p. 1224).

앞으로 이 책에서는 아토그래피의 근원적인 원리를 포함하는 방식으로서 ABR이라는 범주를 사용한다.

〈표 1-1〉 ABR의 부분적인 어휘

A/r/tography

Alternative forms of representation

Aesthetically based research

Aesthetic research practice

Art as inquiry

Art practice as research

Art-based enquiry

Art-based inquiry

Art-based research

Artistic inquiry

Arts-based research(ABR)

Arts based social research(ABSR)

Arts-based qualitative inquiry

Arts in qualitative research

Arts-based educational research(ABER)

Arts-based health research(ABHR)

Arts-based research practices

Arts-informed inquiry

Arts-informed research

Critical arts-based inquiry

Living inquiry

Performative inquiry

Poetic science

Practice-based research

Research-based art(RBA)

Research-based practice

Scholartistry

Transformative inquiry through art

출처: Chilton & Leavy (2014). Copyright 2014 by Oxford University Press.

이 장에서는 ABR이 출현한 역사적 맥락을 검토한다. 즉, 그들이 존재론적 · 인식론적 · 이론적 · 방법론적 질문들과 관련하여 어떻게 위치하고 있는지, 이러한 새로운 연구 전략들이 연구 동향에 어떤 영향을 주는지, 그리고 이러한 전략들이 탐구하고, 조명하고, 발표하도록 도움을 주는 ABR의 우선적 장점에 대해 검토한다. 마지막으로, 이 책이 어떻게 구성되어 있는지 소개한다.

대안적 패러다임의 경계의 확장: 예술기반 연구의 역사적 배경

이 책의 초판을 쓸 때 나는 예술기반 연구(ABR)를 질적 패러다임 내에서 등장하는 방법론적 장르로 생각했다. 그 이유는 내가 질적 연구 공동체에서 ABR에 접근했으며, 일부 질적 연구자들이 ABR의 옹호자로 이러한 방법론에 대해 광범위하게 글을 써 왔기 때문이다. 그러나 질적 공동체 외부에 예술 교육 및 기타 분야에서 예술기반 접근법을 개발하고 사용하는 많은 예술가 및 연구자가 있다. 또한 질적 연구자들의 조직화된 공동체와 떨어져 ABR에만 초점을 둔 학술대회 및 저널이 있다. 게다가 Gioia Chilton과 내(2014)가 쓴 글에서와 같이 ABR은 새로운 세계관을 요구하고, 확장적인 영역을 다루고 있다.[3] 그래서 나는 ABR을 그 자체로 하나의 패러다임이라고 본다(일부는 질적 연구에 사용되는 방법론적 도구의 집합으로 이해하고 있음을 인정한다.) 다른 사람들도 나와 유사한 제안을 했다. 예를 들어, James Haywood Rolling(2013), Nancy Gerber와 동료들(2012)은 ABR이 패러다임이라고 주장하고, Tom Barone과 Elliot Eisner(2012)는 예술−과학 연속체로 표현했다. 또한, Lorri Neilsen(2004)은 ABR이 질적 연구에서 '근거이론' 접근 방식과는 달리 '근거를 해체한 이론' 접근법을 사용한다는 점을 제시함으로써 질적 연구에서 ABR을 구분했다.

예술기반 방법론적 연구가 지식 구축에 대한 다른 접근법을 제공하는지 살펴보기 위해, 나는 양적 패러다임의 대안으로서의 질적 패러다임의 출현에 대한 논의를 포함하여 양적 및 질적 패러다임에 대한 간략한 리뷰를 하고자 한다. 또한 양적 연구의 역사적 우위와 평가에 대한 실증주의적 접근 방식이 '황금 표준'으로 남아 있는 정도를 고려할 때, 양적 연구 행위에 질적 연구 행위의 끝없는 비교가 정당하지 않다고 할지라도(비록 정당할지라도), ABR을 맥락화하고 구별하기 위해서는 비교가 불가피하다고 본다. 이 간단한 논의를 통해 나는 ABR이 사회 연구에 대한 세 가지 기본 접근방법 중 하나로 위치하고 있음을 살펴보고자 한다.

양적 패러다임(실증주의 과학)

실증주의 과학은 유럽 합리주의 운동으로부터 1800년대 후반에 나타났다. 이 모델은 자연과학에서 처음으로 설립되었고 '과학적 방법'에 기반을 두고 있다. 이는 선구적인 고전 사회학자 Emile Durkheim이 물리학을 모델로 삼아 사회학을 정당화하려는 노력의 결과이자 지식 형성에 관한 사회과학적 관점이 발달하는 기초가 되었다. 사회가 객관적 도구를 통해 연구될 수 있다는 보편적 '사회적 사실'로 구성되었다고 가정한 Durkheim(1938/1965)의 저서 『사회학적 방법의 규칙(The Rules of Sociological Method)』의 출판과 함께 실증주의 과학은 학문적 경계를 넘어 모든 과학적 연구의 모델이 되었다.

소위 '자연과학'의 과학적 방법은 실증주의자의 존재론적 · 인식론적 관점에서 발전하였다. 실증주의 과학은 양적 패러다임의 초석인 실증주의 인식론을 형성하는 지식의 본질에 대한 몇 가지 기본적인 신념에 기초한다(Hesse-Biber & Leavy, 2005, 2011). 실증주의는 연구과정과 독립적으로 실제가 존재한다고 주장하며, 이 실제는 중립적 입장의 연구자가 사용하는 객관적인 도구를 통해 발견, 측정 및 통제될 수 있는 '진실'로 구성되어 있다. 실증주의 과학은 연역적 방법을 사용한다. 이 틀 내에서 연구자와 방법론적 도구는 모두 '객관적'인 것으로 추정된다. 자연 세계와 마찬가지로 사회 세계는 패턴을 낳는 규칙에 의해 지배된다. 따라서 변수 간의 인과관계로 식별될 수 있고 가설을 테스트함으로써 입증될 수 있으며 인과관계로 설명된다.

더욱이 사회 현실은 예측 가능하고 잠재적으로 제어 가능하다. 사회적 현실의 실증
주의적 관점(존재론적인 질문), 연구자의 객관적이고 권위 있는 연구(인식론적 질문),
사회적 세계를 정량적으로 측정하고 테스트하는 도구(방법론)는 양적 패러다임을
구성한다(Hesse-Biber & Leavy, 2005, 2011). Thomas Kuhn(1962)이 지적한 것처럼
패러다임은 지식이 여과되는 세계관이다.

　반세기 이상 많은 학자가 실증주의의 기본 원리에 도전해 왔다. 예를 들어, Rolling
(2013)은 과학적 방법을 물리학에서 빼내어 사회과학에 적용한다는 것은 제한적이
라고 하였다. 간단히 말해서 인간이 복잡한 존재이기 때문이다. 많은 사람이 여기
에 공감하고 있다. 실증주의에 대한 또 다른 비평은 경험주의와 동일시한다는 점이
다. 종종 실증주의 과학은 경험과학이라고 불린다. 여기에는 세 가지 효과가 있다.
① 모든 실증주의 과학이 경험적이라고 가정한다. ② 경험적 연구를 더 나은 것으로
여긴다. ③ 상대적으로 많은 질적 연구와 ABR을 경험적 성향을 띠지 않는다고 여기
나, 사실 질적 연구와 ABR은 경험적이다. Barone과 Eisner(2012)는 경험적이라는
단어가 '경험'이라는 의미의 그리스어 empirikos에서 유래했기 때문에 무엇이 경험
주의인지 아닌지에 대해 우리를 혼란스럽게 한다고 하였다. 그들은 "경험하기 힘든
것은 일련의 숫자이다. 상대적으로 경험하기 쉬운 것은 일련의 특성들이다."(p. xi)
라고 말한다.

　실증주의에 대한 비판은 대안적인 세계관, 즉 질적 패러다임을 가져왔다. 질적 연
구는 다양한 인식론적 및 이론적 근거에 기반을 두며, 다양한 방법과 방법론적 행위
를 뜻하는 데 사용되는 용어이다.

　비록 부분적일지라도 실증주의 과학에 대한 주요한 도전과 궁극적으로 질적 패
러다임의 정점에 도달하게끔 한 주요 사회적 및 학술적 변동의 요인들을 살펴볼 필
요가 있다. 이러한 역사적 변화를 이해하는 것은 ABR을 새롭게 부상하는 패러다임
으로 고려하는 것과 직접적으로 관련이 있다. 왜냐하면 이러한 문제의 주요 관심사
는 신뢰성 및 타당성이기 때문이다. 그러나 이러한 평가 개념들은 처음에는 지식 형
성 및 관련된 연구방법에 대한 실증주의 관점에 기인해서 고안되었다. 수십 년 전

질적 패러다임 연구자들이 깨달은 것 같이, 타당성, 신뢰성 등을 확인하는 데 사용할 수 있는 기존의 전략과 이러한 개념들의 적합성 문제는 타당성을 확보하기 위한 새로운 방법을 요구하며, 과학적 '성공'을 측정할 수 있는 기준을 확보할 수 있는 새로운 개념들을 요구한다. 많은 사람은 질적 연구가 여전히 양적인 측면에서 평가되고 있으며, 질적 연구 평가방법의 정당성은 양적 방법보다 더 비판을 받고 있다고 주장한다. 따라서 최근 발전하고 있는 ABR에 관한 일부 저항은 과학적 표준과 지식 구축에 대한 이러한 더 큰 틀의 논쟁과 관련이 있다. 다음에서 질적 연구로의 전환에 대해 간단히 검토하겠다.

질적 패러다임

질적 연구는 일반적으로 귀납적 접근법으로 특징지어진다. 문화기술지(ethno-graphy)는 오랫동안 다양한 문화의 사람들을 자연스러운 맥락에서 연구해 온 인류학의 방법론적 초석이었다. 여러 타 학문 분야로의 문화기술지의 확대는 주로 시카고 대학에서 시작되었다. 1920년대에 '시카고 대학 사회학파'의 연구자들은 문화기술지와 그에 연관된 방법을 사용하여 시카고 지역의 도시화의 다양한 숨겨진 측면을(다른 부분들도 포함하여) 연구했다. 이는 부분적으로 미국의 사회학에서 질적 방법의 사용과 질적 연구 혁신을 더욱 촉진하는 새로운 이론적 관점의 발전을 촉구했다. Clifford Geertz(1973)가 현장에서 연구한 것에 대한 해석은 물론 참여자의 관점을 기술하는 사회적 삶의 '심층 묘사(thick description)'라는 용어를 쓴 것도 문화기술지에서 나왔다. 또한 이 방법은 연구자가 연구 참여자와의 관계를 발전시키고, 연구자와 협력하며, 예측할 수 없는 감정적 그리고 인지적 과정을 연구할 수 있도록 한다. 문화기술지는 분명 사회 현실과 이에 대한 연구에 대한 실증주의적 가정에 도전하였으며, 이 방법은 인류학만이 아닌 분야에서도 소개되었다. 마찬가지로, 사회학자와 보건 관계 연구자들은 1940년대에 마켓 연구자들을 위하여 포커스 그룹(focus-group) 연구의 인터뷰 방법을 적용하여 연구 주제에 적합하도록 적용하였다.

질적 연구는 1959년 Erving Goffman의 획기적인 저서『일상의 자아 표현(The Presentation of Self in Everyday Life)』이 출판되면서 더욱 추진력을 얻게 되었다. 이 작품에서 Goffman은 셰익스피어의 유명한 구절인 "전 세계가 무대이다."라는 말을 채택했으며, 드라마투르기(dramaturgy)라는 용어를 개발하여, 사회생활을 '앞 무대'와 '뒷무대'의 행위로 구성되는 일련의 진행 중인 공연으로 개념화하였다. 이는 '인상의 경영(impression management)'이라는 일상 의례이며, '얼굴 감추기(face-saving behavior)'와 사람들이 삶의 무대에서 행위자로 작용하는 다른 방식들도 포함한다. Goffman의 작업은 당시의 질적 연구를 앞당겼을 뿐만 아니라 연극, 드라마 및 영화에 대해 제6장에서 검토할 바와 같이, 최근 ABR의 혁신에 대한 기초가 되었다.

무엇보다도 1960년대와 1970년대의 사회운동, 즉 시민운동, 여성주의 운동(2차 페미니즘), 동성애자 권리운동 등이 이론과 방법론에 있어서 기존의 연구 질문과 접근법들을 재구성하게 하고 새로운 질문들을 제기하도록 함으로써 학술 세계에 주요 변화를 일으키는 결정적 계기가 되었다. 이전의 사회 연구에서는 드러나지 않게 표현되었거나, 전형적인 고정관념을 재확인하거나 억압 관계를 정당화하는 방법으로 포함되었던 여성, 유색 인종과 같은 사람들이 의미 있는 포용을 모색하기 위해 포함되었다. 이러한 다양하고 진보적인 운동의 일반적 성장은 소수 집단의 억압에 계속 연루된 지식을 타파했으며, 지식 형성과정 내에 권력의 철저한 재검토를 포함하였다. 이러한 집단적 목표는 은유적으로 표현해 새로운 나무줄기로 개념화할 수 있다. 이 줄기에서 많은 가지치기가 이루어질 것이다.

예를 들어, 여성주의자들은 계층적 사회 질서가 상이한 '관점'(경험과 상응하는 관점)을 만들어 냄을 인정하는 방식으로 관점 인식(epistemology)을 발전시켰고, 관점 인식은 이에 상응하는 페미니스트 방법론들을 창출했다(Harding, 1993; Hartsock, 1983; Hill-Collins, 1990; Smith, 1987). 연구과정에서 권력 역학에 초점을 맞춤으로써 많은 여성주의자 또한 목소리, 권위, 공개, 표현 및 반성과 같은 문제들과 관행에 대해 비판적 담론을 시작했다. 더욱이 많은 사람은 여성주의가 '부분적이며 맥락화된 진리'(Haraway, 1988 참조)를 만들어 내고 여성주의자들은 실증주의 연구에 초

점을 둔 '정당화의 맥락'뿐만 아니라 '발견의 맥락'에 주의를 기울여야 한다고 주장
했다(Harding, 1993 참조). 여러 방식에서 페미니스트들은 주체−대상, 합리적−정
서적, 구체−추상과 같은 실증주의의 근원인 이원론의 해체를 요구했다(Sprague &
Zimmerman, 1993). 또한 여성주의자들은 실증주의 연구 개념에 스며든 '객관성'에
대한 실증주의 개념에 도전했다. 이와 관련하여 여성주의자들은 객관성에 대한 실
증주의적 견해가 여성, 유색 인종, 성적 소수자 및 장애인을 '기타' 범주로 열등하게
취급하는 '과학적 억압'의 유산을 만들어 냈다고 주장해 왔다(Halpin, 1989). 이러한
인식과 이론의 발전은 통합적 관점에서 질적 연구방법의 활용, 예컨대 문화기술지
와 구술적이고 역사적인 인터뷰 등을 유도했다.

여성주의와 다른 사회정의 운동과 더불어 세계화와 변화하는 미디어 및 경제 환
경은 포스트모더니즘, 포스트구조주의, 포스트식민주의, 비판적 인종이론, 동성애
연구, 그리고 (구현이론에 영향을 미친) 정신분석이론을 포함한 대안적 이론 학파들
에 영향을 미쳤다. 이러한 모든 이론적인 관점은 권력 문제에 관한 것이며 질적 패러
다임의 정교화와 재협상에 기여했다. 예를 들어, 포스트모더니즘 이론(postmodern
theory)은 '주제'의 비판적인 구조 조정을 요구하고 총합 또는 '거대한' 이론을 거부
한다. 또한 상징적 영역의 생산적 측면에 주의를 기울이고 사회정치적 경험의 본질
을 이해하며 차이를 무시하고자 하는 본질주의적 정체성 범주를 거부한다.

이러한 이론적·인식론적 주장은 질적 패러다임의 방법론적 관행과 확대에 직접
적으로 영향을 미친다. "이론적인 기계 장치 고장 내기"(Irigaray, 1985, p. 78)와 지배
적 지식을 문제시하는 목적과 함께, 포스트모더니즘과 포스트 구조이론에 의해 연
구자들은 억압적인 권력 관계를 드러내고 파괴하기 위해 질적 방법을 채택해 왔다.
예를 들어, Jacques Derrida(1966)의 영향을 받은 후기구조주의자들은 질적인 내용
분석에 대한 '탈구축'과 '담화 분석' 접근법을 적용한다. 포스트모던 이론가들은 방법
론적 논쟁의 최전선에 재현(representation)의 문제를 제기했다. 변화하는 권력 관계
속에서 형식과 내용이 불가분하게 묶이고 얽혀 있다고 주장하면서(Foucault, 1976 참
조), 포스트모더니즘은 예술기반 표현 방식의 발전에 중요한 역할을 하게 되었다.

이러한 이론적 진보의 결과로 질적 연구의 패러다임이 크게 확장되어 왔다. 이러한 정치적·이론적·방법론적 다양성의 패러다임으로 인해 최근 몇 십 년 동안 ABR이 대안적인 패러다임으로 떠올랐다.

예술기반 연구: 대안적 패러다임

학술 연구의 주요 변화는 1970년대에 시작되었으며, 1990년대에 이르러 예술기반 연구(ABR)는 새로운 방법론적 장르를 구성했다(Sinner et al., 2006, p. 1226). 이 변화는 부분적으로는 예술기반 치료에서 수행된 연구 결과 덕분이다. 보건 분야 연구자, 특수교육 연구자, 심리학자 및 타 분야 연구자들은 점점 치료적·회복적·권한 부여적 특성으로 예술에 관심을 기울여 왔다. 치료 행위와 연구 행위 사이에는 차이가 있지만 예술기반 치료(특히 창의적인 예술치료)의 관행에서 파생된 지식은 ABR의 현재 관행에 영향을 주었음에 의심의 여지가 없다(ABR은 곧 정교화되었고, 본문 전체에 걸쳐 인용되고 있다).

ABR은 관행적 연구방법 전반에 심오한 도전을 제기하며, 연구와 지식을 구성하는 것에 대한 다수의 가정을 흔들어 놓았다. Inkeri Sava와 Kari Nuutinen(2003)은 이러한 방법을 "자아, 예술 및 방법에 대한 질적 탐구의 난해한 모델"(p. 517)을 제시하는 것으로 언급했다. 실증주의에 대한 질적 접근의 도전에 대한 초기 반응과 마찬가지로, ABR은 전통적인 연구 관행을 혼란스럽게 했고, 우려를 불러일으키면서도 담론에 영감을 불어넣었다. 우리의 연구방법론 역사가 보여 주듯이, 그러한 논쟁은 학문적 행위와 표준에 대해 전문적으로 공개적인 재협상을 위한 장을 조성하기 때문에 체계적인 발전에 아주 중요하다. Elliot W. Eisner(1997)의 영향을 받아 나는 예술기반 사회 연구의 출현이 사회과학 연구의 본질에 관한 비판적 대화를 발전시키고, 우리의 방법론적 사고의 경계를 확대할 것으로 본다. Eisner는 "우리는 알고 있는 것이 무엇인지에 대한 우리의 견해를 구체화한다."라고 말함으로써 방법론적 경계가 무너지고 예술적 재현 방식의 창출과 더불어 일부 사람들이 경험하는 두려움에 대해 분명히 밝힌다. 즉, 우리는 실증적 지식과 명백한 데이터를 좋아한다. 그것은 흔들리지 않는 기초, 지탱해야 할 확고한 장소(토대)를 형성한다. 과정으로서의 지식은 일시적 상태로서 많은 사람에게 겁을 준다(p. 7). 이는 질적 연구가 출현하고 정당성을 추구할 때 양적으로 훈련된 연구자가 느끼는 두려움과 유사하다는 것을 기억하는 것이 중요하다. 이와 관련하여 Kip Jones(2006)는 "참신함은 항상 불편하다."(p. 12)라고 말했다.

ABR로의 움직임은 몇 가지 이슈에서 시작된다. 첫째, 나는 예술과 학습에 관한 맥락을 제시하였다. 이것은 예술과 학습에 대한 문헌이 쉽게 한 권의 책의 주제가 될 수 있기 때문에 여기서 매우 요약되고 제한적인 토론을 제시한다. 둘째, 창의적 예술치료가 ABR에 기여한 점을 검토한다. 셋째, 예술적 행위와 사회 연구, 특히 질적 연구사와의 본질적인 유사점을 검토한다. 넷째, 나는 이 ABR의 강점에 관련하여 ABR의 철학적 하부 구조에 대해 논의한다. ABR은 어떤 종류의 연구 질문에 답변할 수 있을까? ABR은 다른 방법으로는 포착할 수 없는 무엇을 드러낼 수 있을까? 마지막으로 ABR을 수행하는 데 필요한 기술을 살펴본다.

예술과 학습

교육자는 의미 있고 지속적인 학습을 목표로 해야 한다. 깊이 있는 배움을 위해서 사람들은 학습의 과정에 참여해야 한다. 예술은 우리의 감성을 자극하고 다르게 보고 생각할 수 있게 하기 때문에 참여도를 높인다(Yorks & Kasl, 2006). 직관적으로 많은 사람은 예술이 학습의 심오한 원천임을 깨닫고 있지만, 사실 철학과 과학도 이러한 가정을 뒷받침한다.

George Lakoff와 Mark Johnson(1980)은 은유는 단지 언어의 특성뿐만이 아니라 인간의 사고와 행위 속에 널리 퍼져 있다고 한다. 그들은 우리의 개념 구조가 근원적으로 은유적이며, 이는 "우리가 경험하는 것, 우리가 매일 행하는 것이 은유의 문제"(p. 3)라고 설명한다. 이는 관객을 사회 연구에 접근하게 하고 참여시킬 수 있다는 점을 분명히 한다.

Mark Turner의 유명한 저서『문학적 마음: 생각과 언어의 근원(The Literary Mind: The Origins of Thought and Language)』(1996)에서 그는 일상의 마음은 비문자적이고 문학적 마음은 선택적이라는 통상적인 인식이 사실이 아니라고 주장한다. 그는 "문학적 마음은 마음의 근원"이라고 주장하며, "스토리는 마음의 기본 원리"라고 하였다. 그에 따르면, "대부분 우리의 경험, 우리의 지식, 우리의 사고는 스토리로 구성되며, 스토리의 정신적 범위는 투영에 의해서 확장되며, 하나의 스토리는 우리가 다른 것을 이해할 수 있도록 도와준다. 한 이야기를 다른 이야기에 투사하는 것을 비유라고 한다."(p. v)라고 하였다.

유명한 사회학자 Lewis A. Coser는 시대에 앞서서 1963년『문학을 통한 사회학: 입문서(Sociology through Literature: Introductory Reader)』를 출판하였다. 그 당시 그는 이 책이 실험적이라고 생각했지만, 소설가들이 인간의 경험에 접근하고 기술할 수 있게 하며, 이는 사회과학을 가르치는 데 아주 유용하다고 보았다.

신경과학(neuroscience)과 문학 사이의 관계에 대한 연구들이 증가하고 있으며, 이는 종종 '신경과학 문학'이라고 불리는데, 픽션이 특히 효과적인 교수법적 도구가 될 수 있음을 암시한다. 최근 Natalie Phillips는 독서가 뇌에 어떤 영향을 미치는지에 대한 연구로 많은 주목을 받았다. Phillips는 개인적인 경험과 다른 사람들의 관찰 결과로 산만함에 대해 연구하게 되었다. 그녀는 이렇게 말한 적이 있다. "나는 독서를 좋아한다. 나는 소설에 몰입되어 실제로 집이 불에 탈지라도 눈치채지 못할 것이다. 그리고 나는 하루에 적어도 세 번씩 열쇠를 잃어버리는 사람이고, 도대체 내가 어디 주차했는지 기억할 수 없을 때가 많다."(Thompson & Vedantam, 2012) 그녀는 독서가 어떻게 뇌에 영향을 미치는지를 살펴보기 위해 Jane Austen의 소설로 실험했다. Phillips와 그녀의 팀은 연구 참여자들이 Austen의 소설을 정독하거나 대충 읽기에 참여할 때 나타내는 두뇌 활동을 측정했다. 예비 결과는 놀라웠다. 그들은 사람들이 소설을 자세히 읽으면서 뇌 전체가 변형된다는 것을 관찰했다. 더욱이 움직임과 감각과 관련된 일부 예기치 않은 영역을 포함하여 뇌의 여러 다른 영역에 걸쳐 전반적인 활성화가 나타났다고 한다. 이 실험에서 '마치 독자들이 물리적으로 이야기 속으로 들어가는 것처럼 보였다.'고 한다(Thompson & Vedantam, 2012). 이 분야에 대한 연구가 최근 주목을 얻고 있다. 또 다른 예를 들면, Gregory Berns의 연구팀은 『뇌 연결성(Brain Connectivity)』 연구를 읽은 후 며칠 동안 뇌의 연결성이 활성화되었다고 보고했다(Berns, Blaine, Prietula, & Pye, 2013).

신경과학의 역사가 픽션과 연관되어 있다는 것은 흥미로운 일이다. Silas Weir Mitchell(1824~1914)은 미국 신경학의 아버지로 간주된다(Todman, 2007). 흥미롭게도, 그는 19편의 소설, 7편의 시, 그리고 많은 단편소설을 출간한 소설가이기도 하다. 그의 픽션 중 많은 부분은 실제 임상 중의 환자에 대한 관찰과 깊이 연관되어 있으며, 심리적 및 생리학적 위기를 다루는 주제에 중점을 두었다. Mitchell의 광범위한 픽션 작품을 감안할 때, 학생들은 그의 저작을 통해 신경과학 자체의 역사를 배울 수도 있다(De Jong, 1982; Todman, 2007). 마찬가지로 Charlotte Perkins Gilman의 1892년 단편소설 『노란 벽지(The Yellow Wallpaper)』는 일부 신경학 및 신경과학 프로그램에서 사용되는데, 정신 질환 및 의사-환자 관계의 개념을 사회역사적·문화적으로 이해하도록 돕는다(Todman, 2007).

미술치료와 신경과학(Franklin, 2010; Hass-Cohen, Kaplan, & Carr, 2008, Malchiodi, 2012) 사이의 중요한 관계는 ABR과 참여를 위한 큰 가능성을 제시한다. 역사적으로 과학자들은 두뇌의 두 반구가 서로 다른 기능을 한다고 생각했다. 우뇌는 창의성, 통찰과 관련이 있고, 좌뇌는 논리적 사고, 언어와 연관이 있다는 것이다(Malchiodi, 2012). 그러나 뇌의 왼쪽 반구는 예술 제작에 관여하므로 실제로는 두 반구 모두 예술적 표현에 필요하다(Gardner, 1984, Malchiodi, 2012, Ramachandran, 1999, 2005). 『신경 이미지(NeuroImage)』 저널에 실린 Rebecca Chamberlain과 동료들(2014)의 연구에 따르면, 시각 미술적 재능을 가진 사람들이나 시각 미술가들의 뇌 양측에서 회색 및 흰색 물질의 양이 증가했다고 보고하는데, 이는 우뇌적 사고와 좌뇌적 사고의 논리를 반박하는 것이다. 현재 우리의 두뇌가 어떻게 시각 미술을 이해하는지 살

퍼보는 신경미학이라는 분야가 형성되고 있다. 노벨상 수상자인 Eric Kandel(2012)은 시각 미술이 뇌의 독특하고 때때로 상충되는 정서적 신호를 활성화시킴으로써 오랜 기억을 만들어 낸다고 설명한다.

　　Daniel J. Levitin(2007, 2008)은 음악의 인지 신경과학을 연구하는 선두 주자이다. 그의 인기 있는 연구는 음악과 인간 두뇌의 진화를 살펴보기 위해 심리학(진화심리학 포함), 음악 및 신경과학을 결합한다. 그는 "음악은 단순히 산만함이나 오락이 아니라 종으로서의 정체성의 핵심 요소이다."라고 말한다(2008, p. 3). 창의적인 예술치료와 신경과학을 탐구하는 연구자들처럼, Levitin(2007)은 음악이 뇌 전체에, 즉 두 반구에 분산되어 있다고 주장한다. 그는 악기가 인간의 가장 오래된 인공물 중 하나이며 음악 제작은 인간의 역사만큼이나 오래되었다는 것을 상기시켜 준다. 사실 Levitin(2007, 2008)은 음악이 근본적으로 우리의 두뇌와 깊이 연관되어 있다고 한다. 그는 심지어 더 이상 신문을 읽을 수 없지만 여전히 음악을 읽을 수 있는 뇌손상 환자들이 있음을 지적한다.

　　우리가 인간의 인지에 대해 더 많이 알수록 서사, 이야기, 예술은 다양한 주제를 가르치는 데 중요한 역할을 할 수 있음을 알 수 있다. 이러한 잠재성이 분명해짐에 따라 학계와 언론인들의 관심을 끌고 있다. 예를 들어, 2014년 3월 31일『뉴욕 타임즈(New York Times)』는 대학생들에게 기후 변화를 가르치는 데 예술이 어떻게 사용되고 있는지에 대한 기사를 발표했다(Pérez-Peña, 2014).

창의적 예술치료

　　창의적 예술치료는 주로 예술과 심리학 분야(Vick, 2012)에 기반을 둔 하이브리드 분야이며, 종종 표현예술치료의 더 큰 범주에서 논의된다. 이 분야의 발전에 대한 간략한 역사적 소개(미국 문학에 초점을 맞춘[4])를 한 후, 이러한 치료법의 주요 이점과 ABR과의 관계에 대해 논의해 보겠다.

　　예술과 치유의 연관성은 Randy Vick이 오래된 전통의 형식화라고 지적한 것과 같이(2012, p. 6) 사회 자체만큼이나 오래된 것으로, 하나의 전문 분야로 예술치료의 발전을 간주하고자 한다. 창의적 예술치료는 예술이 독특한 치유력을 지니고 있으며 시각 미술, 연극, 춤, 음악, 시, 문학(통합 예술 접근법)에 직접적으로 의존한다고 여긴다. 초기 창의적 예술치료사는 예술이 정신 건강 분야에 끼칠 영향에서 영감을 받았다(McNiff, 2011). 창의적 예술치료는 1940~1970년대(Vick, 2012)에 나타났고, 1960년대와 1970년대에 가파르게 발전했다(McNiff, 2005). Shaun McNiff는 그 기간에 예술치료의 성장을 다음과 같이 설명한다.

> (예술치료의 성장은) 예술계의 표현주의의 가치, 표현의 미학적 의미를 중시하는 평등주의적 접근법, 예술가가 다른 사람과 사회에 봉사하기 위해 창조적인 표현을 사용하려는 욕구, 말로 표현하는 언어가 다양한 인간의 감정과 경험을 전하는 데 한계가 있음을 인식하는 것, 상징적인 표현의 다양한 형태가 기본적인 인간의 욕구를 충족시킨다는 심리적 인식에 의해서 발전되었다(pp. ix-x).

개척적인 여성학자들이 이 분야의 초기 지도자였다. Margaret Naumburg는 미국에서 예술치료의 어머니로 불리며, 1961년 Elinor Ulman은 이 분야의 첫 번째 저널인 『예술치료 회보(Bulletin of Art Therapy)』(Vick, 2012, p. 9)를 창간했다. 1980년대 초반에 두 개의 저널이 추가로 창간되었으며, 이후 이 분야는 기하급수적으로 성장했다.

오늘날 창의적 예술치료법은 심리 요법, 상담, 재활 또는 보건의 맥락에서 종종 사용된다(Malchiodi, 2005). 에이즈, 천식, 화상, 암, 결핵, 외상, 약물 의존 및 기타 질병이 있는 환자들을 다루는 의학, 보건 및 재활 분야에서 이러한 치료법이 사용되었다(Vick, 2012; Malchiodi, 1999). 또한 교육, 결혼 및 가족 상담(Riley, 1999 참조), 치료에 대한 관계적 접근법(Dalley, Rifkind, & Terry, 1993 참조) 및 치료에 대한 여성주의 접근법(Hogan, 1997 참조)에서도 이러한 치료법과 원리가 사용되었다(Malchiodi, 2012, pp. 7-12). 일부 실무자는 예술치료를 그들의 직업으로 주장하지만, 다른 사람들은 이러한 예술치료를 의학, 심리학, 상담, 사회사업, 간호, 교육 및 기타 분야로 통합한다(McNiff, 2011). 예술과 과학이 얼마나 인위적으로 구분되어 왔는지 보여 주는 예로, 오늘날의 '의료 분야의 예술'은 의료 분야에서 새로운 전문 분야가 되었다(Dileo & Bradt, 2009: Vick, 2012 재인용).

현장에서 광범위하게 저술 활동을 한 Cathy A. Malchiodi(2005)는 독창적인 예술치료의 특성을 자기표현, 적극적인 참여, 상상력(치유 에이전트로서) 그리고 정신-육체 간의 연결 등으로 제시한다. 창의적인 예술치료의 주요 장르는 예술 요법(시각적), 드라마 요법, 춤과 운동 요법, 시와 생물학적 요법, 음악 요법, 통합 예술 접근법(두 가지 이상의 미술 형식의 사용)이다. 창의적인 예술치료의 모든 장르가 예술의 치유력에 의존하고 있는 반면, 각 장르는 나름대로의 장점이 있다(목록은 Malchiodi, 2012 참조). 창의적인 예술치료의 각 장르의 고유한 기능은 이 책 전체에서 검토될 ABR의 장르와 유사하다.

사실 창의적 예술 요법과 ABR 사이에는 중요한 관계가 있다. 창의적 예술치료사들은 의미 만들기, 권한 부여, 정체성 탐구, 정서적 표현, 다중 감각적 의사소통, 관계 형성, 상호 주관적 성향, 및 표현력과 같은 예술의 잠재성을 활용해 왔다(G. Chilton, 개인적 소통, 2013). 예술기반 연구자들 또한 이러한 잠재성을 활용할 것이다. 두 영역 사이의 문헌 자료는 상당 부분 중복되지 않았으므로 예술치료가 ABR에 크게 기여했다고 볼 수 없다. 또한 일부 창의적 예술치료사는 예술기반 사례를 연구하고, 만들어 내고, 사용하고 있기 때문에 이러한 분야 간의 시너지 효과가 증가하고 있다. 예를 들어, 『예술치료: 미국 예술치료학회(Art Therapy: American Art Therapy Association)』 저널은 ABR에 관한 특별호를 준비하고 있다(이 글을 쓰는 시점에). 창의적 예술치료는 ABR에 대한 수많은 사례와 연관되어 있으며, 이는 예술치료법과 질적 연구 저널 모두에 출간되어 이 분야의 시너지 효과를 보여 준다. 예로, ABR과 창의적 예술치료 참여자 행동 연구라는 하이브리드 연구로서 여성 권익 그룹 연구(Huss & Cwikel, 2005), 정신 건강 전문가 및 소비자 연구(Spaniol, 2005), 또 지역사회기반 예술치료에 관한 니카라과(Nicaraguan) 연구(Kapitan, Litell, & Torres,

2011)가 있다.

창의적 예술치료사가 ABR 공동체에 기여하는 가장 큰 방법은 아마도 예술-과학의 격차를 줄이는 것이다. McNiff(1998)가 지적한 것처럼 창의적 예술치료 분야는 예술과 과학이 "학문 탐구의 과정에서" 효과적으로 결합될 수 있음을 보여 준다(p. 51).

예술과 질적 연구

예술과 질적 연구 사이에는 많은 시너지 효과가 있다. 예를 들어, 예술가와 질적 연구자는 모두 사회적 현실에 대해 조명하고, 사람과 환경을 민감하게 묘사하고, 사회역사적 환경과 우리 삶 사이의 관계에 대한 새로운 통찰력을 개발하거나, 지배적인 내러티브를 분열시키고, 편견에 도전하고자 한다. 양적 연구자들도 비슷한 목표를 가질 수 있음에 주목하는 것이 중요하다. 인식론적 및 방법론적으로 뚜렷한 유사성이 있기 때문에 나는 질적 연구에 초점을 맞추고 있다.

예술적 실천과 질적 연구의 실천이 기법으로 간주될 수 있다. 그러나 질적 연구자들은 단순히 수집하고 쓰는 것이 아니다. 그들은 작곡하고, 조율하고, 엮어서 만든다. Valerie J. Janesick(2001)이 지적했듯이 연구자는 예술적 행위에서와 마찬가지로 질적 연구에서 도구가 된다. 또한 두 가지 행위는 연구의 과정에서 반성, 기술, 문제의 형성과 해결 그리고 직관력과 창의성을 식별하고 설명하는 능력을 포함하여 전체적이며 역동적이다. 그래서 Janesick은 질적 연구자를 '예술가-과학자'라고 부른다. 그녀는 또한 우리가 연구에서 창의력과 직감을 어떻게 사용하는지 더 잘 이해하고 드러낼 수 있다면 질적 연구의 기능을 더 잘 이해할 수 있다고 제안한다. 이러한 맥락에서 ABR을 체계적으로 탐구하면 일부 질적 연구자가 이미 수행한 작업을 더 발전시킬 수 있다.

Anita Hunter, Paula Lusardi, Donna Zucker, Cynthia Jacelon과 Genevieve Chandler(2002)는 건강 관리 연구자로서의 관점에서 볼 때, 아이디어 생성과 여과의 복잡한 과정에서 예술이 어떻게 연구의 발전을 위해 도움을 주는지 살펴보기를 주장한다. Hunter와 동료들에 따르면, 비록 의미 생성이 물론 연구과정의 중심이지만, 질적 연구에서 구조화된 "지적 혼란"이 발생하며 패턴이 나타나고 새로운 결론을 도출할 수 있는 단계인 "배양 단계"를 단지 립 서비스로 치부하는데, 이 단계는 연구과정의 뚜렷한 단계로 인식받지 못하며, 따라서 서둘러 흘려 버리든가 묻히곤 한다(p. 389). Hunter와 동료들은 정당한 연구과정으로 4단계, 즉 ① 문제 제기, ② 문헌 검토, ③ 방법, ④ 결과로 제안한다(p. 389). 그럼에도 불구하고 질적인 연구에 있어서 의미 형성과정은 순환적인 과정(직선적이지 않음)으로 나타난다. 개념들을 라벨링, 식별, 분류하고 연관시키고, 가설을 테스트하며 패턴을 찾고, 이론을 생성함으로써 의미를 생성한다(p. 389). 게다가 해석과 분석 사이의 상호작용이 있는데, 그 과정은 총체적이다(Hesse-Biber & Leavy, 2004, 2006, 2011; Hunter et al., 2002). Hunter와 동료들은 시각적 및 기타 예술기반 접근 방식을 통해 이 과정을 명시화할 수 있고, 질적 연구자들이 수행하는 연구를 더 잘 수행할 수 있도록 하였으며, 의미 생성과정을 이끌어 내고, 이를 전면에 내세울 수 있다고 주장한다.

일부 질적 연구자의 ABR에 대한 관심, 예를 들면 연극 예술과 질적 탐구 사이의 심오한 유사성에 주목하는 것은 드라마 교육 연구자들에게 놀라운 일은 아니다. Joe Norris(2000)는 두 분야 모두에서 새로운 의미를 만들기 위해 내용을 재검토하는 과정이 진행 중이며, 드라마 분야의 학생들은 "만약의 경우의 마법"을 통해 가설을 지속적으로 테스트한다고 설명한다(p. 41). Johnny Saldaña(1999, 2011)는 연극 예술인과 질적 연구자가 공유하는 특성이 예리한 관찰 기술, 분석 기술, 스토리텔링 숙달도, 개념적·상징적·은유적 사고 능력이라고 주장한다. 또한 제시된 바와 같이, 두 가지 분야 모두 창의성, 유연성 및 직관력을 필요로 하고 정보를 전달하며, 관객은 이를 통해 의미를 창출한다. Marjatta Saarnivaara(2003)는 사회 탐구와 예술적 실천을 분리하는 '틈(chasm)'이 있다고 생각한다. 여기서 전자는 개념적 영역으로, 후자는 경험적 영역으로 간주된다. 그러나 Saarnivaara는 이것이 인위적인 이원론이며 예술과 탐구가 이미 비슷한 과정이기 때문에 통합될 수 있다고 본다. Saarnivaara에 의하면, "Juha Varto(2001)가 정의한 것과 같이 묶여 있지 않으며 은

유적 표현으로 예술가라는 단어를 사용한다. 예술가란 기교로서 체험 세계를 대면하며, 기교로 어떤 의식적인 개념적 영향력을 행사하지 않을지라도, 그것으로 새로운 어떤 것을 창조하는 사람이다."(p. 582) 연구자들이 개념적 틀을 적용하지 않는다고 가정하는 것은 비현실적이라고 주장할지 모르지만, Saarnivaara는 양적 탐구의 명확한 순차적 단계와 달리 기교라는 과정을 통해 경험적 현실을 탐구한다는 공통점을 잘 지적하고 있다.

또한 예술가들의 작업과 마찬가지로 연구의 글쓰기는 궁극적으로 청중에게 일련의 의미를 제시하는 것이다. 이와 관련하여 Gene Diaz(2002)는 "글쓰기의 행위는 설득을 포함한다."라고 했다. 또 Diazs는 "문학적 설득이나 수사학은 시각적인 설득과 마찬가지로 예술적이며, 작가와 화가로서 우리는 독자와 시청자가 우리의 눈을 통해 세상을 보도록 설득하려고 노력한다."(p. 153)라고 했다. 예술은 연구자들에게 다양한 사회적 의미를 수집하고 전하는 광범위한 조사 및 의사소통의 도구를 제공한다. 또한 예술가의 팔레트는 전통적인 질적 연구의 약속을 지원하고 확장할 수 있는 도구를 제공한다.

테크놀로지

기술적 진보는 예술기반 혁신의 발전을 도왔다. 간단히 말해서 새로운 기술은 많은 새로운 종류의 '텍스트'의 구축, 보전 및 보급을 가능하게 했다. 관련된 기술의 예로는 인터넷, 포토샵, 디지털 카메라, 디지털 이미징 기술 및 사운드 파일이 있다. 이러한 기술을 통해 연구자는 이전에는 불가능했던 방식으로 예술을 사용할 수 있다. 인터넷과 소셜 미디어는 ABR의 보급에 특히 중요하며, 이 책의 표본 중 일부는 온라인에서 볼 수 있다. 또한 일부는 트위터, 페이스북, 인스타그램과 같은 소셜 미디어를 그들의 연구에 사용하고 있다.

예술기반 연구의 철학적 하부 구조(토대)

각 연구 패러다임에는 연구 행위를 안내하는 철학적 하부 구조가 있다. 이는 무엇을 알고자 하며, 어떻게 알 수 있고, 누구에 의해서라는 관점을 포함한다. 앞서 살펴본 바와 같이, 양적 패러다임은 실증주의에 의해 인도되고 일반적으로 연역적 모델을 따르는 반면, 질적 패러다임은 주관적 지식을 평가하고 사회정의 운동에 의해 영향을 받고, 일반적으로 귀납적 모델을 따르는 인식론적 입장을 따른다. ABR은 예술적 탐구가 자발적이고 알려지지 않은 것에 대한 개방성을 필요로 하기 때문에 귀납적인 모델을 훨씬 더 확장시킨다.

인식론적으로 ABR은 예술이 의미를 창조하고 전달할 수 있다고 가정한다(Barone & Eisner, 2012). ABR의 연구는 미적 인식에 기초하거나 Neilsen(2004)이 제안한 것처럼 '미적 작업'에 근거한다. 이 연구방법은 예술을 사용하여 당연한 사실에 질문을 제기하고, 변화, 변형 및 심지어 초월을 추구한다(Neilsen, 2004). 연구 결과 자체의 미학이나 '아름다움'과 관련하여 ABR이 이끌어 내는 아름다움은 시청자(및 연구자)에게서 반응과 공감이 어떻게 확장되는지와 명백히 관련되어 있다(Dunlop, 2004). 미학은 돌봄과 연민을 향상시키는 일과 관련이 있다(McIntyre, 2004). Dunlop은 다음과 같이 설명한다. "이 아름다움은 우리의 마음, 가슴 그리고 공감이 다른 사람들에게 공유될 수 있도록 다른 사람들과 관련하여 우리 자신의 입장(positions)을 끊임없이 질문하고 수정하는 과정 속에서 드러난다."(2004, p. 95) ABR의 아름다움은 그것이 사람들에게 어떻게 영향을 주는가에 대한 작품의 유용성과 관련이 있다.

Gerber와 동료들(2012, p.41)이 제안한 ABR의 철학은 다음과 같다.

- 예술이 항상 진실을 전달하거나 인식(자신에 대한 지식과 타인에 대한 지식)을 불러일으킬 수 있음을 인정한다.
- 예술이 자신과 다른 사람에 관한 지식을 얻는 데 결정적이라는 것을 인정한다.

- 앎의 비언어적 방식을 존중한다.
- 감성, 운동 감각 및 상상력과 같은 다양한 앎의 방법을 포함한다.

예술기반 연구의 장점

ABR은 데이터 생성, 분석, 해석 및 재현과 같은 연구의 모든 단계에 기여하며 발전해 왔다. 이 책에서 언급된 많은 연구자는 시각 미술이나 공연과 같은 예술적 방법이 특정 연구에서 전체적 방법론으로 사용될 수 있다고 제안한다. 또한 예술을 기반으로 하는 연구는 새로운 방식으로 연구 문제를 제기할 수 있고, 새로운 질문을 제기할 수 있으며, 사회 연구의 결과를 통해 새로운 관객에게 다가갈 수 있다. 이 절에서는 ABR의 장점 중 일부에 대해 자세히 설명한다. 명료하게 설명하기 위해서 각각의 절을 나누었지만 실제로 대다수 연구 프로젝트에서 장점들은 서로 연결되어 있음을 유의하기 바란다. 이 책의 이어지는 장들에서 제시된 연구 사례들이 ABR의 역량을 잘 드러내길 바란다.

새로운 통찰과 학습

모든 학습 연구는 학습을 촉진시키는 새로운 통찰력을 얻으려 하는데, 이 점에서 ABR은 다른 연구 패러다임과 다르지 않다. 그러나 ABR은 다른 방법으로는 접근할 수 없는 것을 활용할 수 있는 방법을 제공하고, 불가능한 것 같던 부분을 연관 및 상호 연계되게 하고, 새로운 연구 질문을 제기하고 답변하며, 오래된 연구 질문을 새로운 방식으로 탐구하고, 폭넓은 잠재 독자층과 비학문적 이해 관계자에게도 효과적으로 접근할 수 있다. 연구 결과가 재현된 것을 보고 이를 경험하는 것은 사람들을 다르게 보게 하고, 생각하게 하고, 더 깊이 느끼게 하고, 새로운 것을 배우게 하고, 또는 공감적인 이해를 구축할 수 있는 잠재력을 가지고 있다(Elizabeth de Freitas 메모). 요컨대, ABR은 양적 및 질적 연구와 마찬가지로 새로운 통찰력을 키우고 사회 세계와 인간 경험의 측면을 조명하긴 하지만, 다른 방식으로 접근한다.

설명, 탐색, 발견, 문제 해결하기

ABR은 일반적으로 질적 연구에서 언급된 것과 동일한 연구 목적을 위해 사용될 수 있지만, ABR을 통해 우리는 그러한 목적을 다른 방식으로, 경우에 따라 더 효과적으로 달성할 수 있다. ABR은 묘사, 탐구 또는 발견을 목표로 하는 연구 프로젝트에 특히 유용하다. 또한 이러한 연구는 일반적으로 과정에 주의를 기울인다. 예술이 과정을 포착할 수 있는 능력은 사회생활이 전개되는 특성을 반영하므로, 연구 주제와 방법이 통합된 것으로 볼 수 있다. ABR은 또한 문제 중심적이거나 주제 중심적인 프로젝트에서 종종 사용되며, 연구 문제가 방법론을 결정한다.

ABR이 다루기에 적합한 수많은 문제가 실제 존재한다. ABR은 다양한 프로젝트에서 사용되어 왔다(Thomas, 2008). 예를 들면, 왕따(Norris, 2009; Thomas, 2008), 인종/인종 차별/차별/편견(Gatson, 2003; Norris, 2009; Thomas, 2008), 폭력(Hershorn, 2005; Norris, 2009), 빈곤(Diamond, 2004), 보건/건강 관리(Bergum & Dossetor, 2005; Gray, Fitch, Labrecque, & Greenberg, 2003; Locsin, Barnard, Matua, & Bongomin, 2003; Mienczakowski, 1994; Nisker & Bergum, 1999; Picard, 2000; Poindexter, 2002), 섭식 장애/신체 이미지/'몸'(Chan, 2003; Leavy, 2010; Norris, 2009; Snowber, 2002), 외상(Harvey, Mishler, Koenan, & Harney, 2000), 슬픔(Vickers, 2002) 등이다. 이 모든 사례에서 ABR은 주제에 대한 탐색, 설명 또는 일반적인 이해를 촉진시켰으며, 각 사례에서 문제 또는 주제가 연구의 중심이 되었다. 당연히 여기서 제시한 사례들은 전부를 지칭하는 것이 아니라 단지 사례를 드러내는 것뿐이다.

실제 세상의 문제 또는 중요한 문제를 해결하는 데 사용되는 ABR의 활용성은 강력한 윤리적 기반을 가진 패러다임으로 만든다. 문제 중심의 연구 설계와 윤리적 실천이 연결된 것이다. 이전 연구에서 제안한 것처럼, 우리는 연구 공동체의 관심이 필요한 심각한 문제와 문제점이 있는 시대에 살고 있다. 연구자들이 우리가 속하고 있는 지역사회에 봉사하기 위해, 연구에 대한 새롭고 초학문적인 접근법을 만드는 것을 포함하여 이용 가능한 자원을 사용해야 할 도덕적 또는 윤리적 의무가 있다(Leavy, 2011a). ABR의 힘은 문제 중심의 프로젝트에 유용하다는 것이며, 경우에 따라서는 문제 해결의 일부로 활용될 수 있으므로, 윤리성이 강조된 연구 행위라고 볼 수 있다.

거시와 미시 세계의 연결

비판이론의 입장에서 연구하는 사회학자 및 기타 사회 연구자들은 종종 거시 세계와 미시 세계를 연결하는 데 관심이 있다. 즉, 우리의 개인적인 삶과 우리가 살고 있는 더 큰 맥락 사이의 관계에 대한 탐구, 묘사 또는 설명(이론화)이다. ABR은 이와 관련하여 특히 유용할 수 있다. 예를 들어, 단편소설이나 소설에서 캐릭터의 내부 대화는 독자가 생각하고 있는 것을 보여 주며, 그들이 특정 환경에서, 상호작용의 중간에, 또는 미디어를 소비하면서 어떻게 느끼는지를 독자에게 보여 줄 수 있다. 이 책 전체에 걸쳐 구체적인 예가 포함되어 있다.

총체성

ABR 실행은 학문의 방법론과 이론적 경계가 교차되고, 흐려지고, 확장되는 초학제 간 방법론적 환경에서 발전되었다(Leavy, 2011a). 또한 이러한 연구 전략은 기존의 학문과 분야 간에 시너지 효과를 가져오고 확장할 수 있는 능력을 제공한다(Chilton & Leavy, 2014).

ABR은 연구에 대한 총체론적 또는 통합적 접근의 일부일 수 있다(Hunter et al., 2002; Leavy, 2009). 이것은 연구 주제가 포괄적으로 고려되고, 연구 프로젝트의 여러 단계가 명확히 연결되어 있고, 이론과 실천이 연합된 과정 중심의 연구이다(Chilton & Leavy, 2014; Hesse-Biber & Leavy, 2011; Leavy, 2009, 2011a). ABR에서는 양식과 콘텐츠 간의 시너지 효과가 있다. 양식과 콘텐츠는 서로를 만들어 가며, 다시 지식을 형성하는 데 있어 우리의 역할을 생각하도록 확장한다.[5] Ardra Cole과 J. Gary Knowles(2008)는 다음과 같이 통합적 접근 방식을 설명한다.

연구의 목적으로부터 방법, 해석 및 재현에 이르기까지, 예술에 정통한(artinformed) 연구는 총체적 과정이며, 직선적이고 순차적이며, 구획화되고, 연구자 및 참가자와 거리가 먼 경향이 있는 일반적인 연구 시도에 상반되는 과정이다. 엄격한 예술에 정통한 연구 '텍스트'에는 목적과 방법(과정 및 형식) 간의 강력하고 완벽한 관계를 나타내는 내적 일관성 및 지속성이 내재되어 있다. 연구 텍스트는 또한 연구 관계의 진실성, 탐구과정, 해석 및 재현 형식에 관한 높은 수준의 진실성과 심각성을 보여 준다(p. 67).

이러한 연구 접근법의 통합론적 특성을 극대화하기 위해 예술에 종사하는 일부 연구자는 다중 또는 혼합 방법 연구를 설계한다. 멀티 방법론적 설계에서는 두 가지 이상의 예술기반 전략이 사용되는 반면, 혼합 방식 설계에서는 ABR 전략이 양적 또는 질적 방법과 함께 사용된다.

환기성과 도발성

예술은 정서적으로나 정치적으로 환기시키며, 매혹적이며, 미학적으로 강력하고, 감동을 주는 것으로 잘 알려져 있다. 예술은 사람들의 관심을 강력하게 끌 수 있다. 뮤지컬, 퍼포먼스 그리고 시각 미술을 막론하고 '훌륭한' 예술의 구속력은 예술의 직접성과 밀접하게 관련되어 있다('훌륭한 예술'이라는 개념 자체는 ABR에서 되새겨 볼 필요가 있는데, 이에 대해서는 곧 설명할 것이다). ABR 프로젝트에서 연구자가 활용하고 있는 특성 중 일부는 예술이 다른 표현 방식과 다르다는 것이다. 재현의 형식으로서 예술은 사회생활의 정서적 측면을 전달하는 데 매우 효과적일 수 있다. 예를 들어, 노숙자 경험, 질병으로 병약하게 살아가는 경험, 또는 성폭력의 생존에 대한 연극적 표현은 텍스트 형식이 도달할 수 없는 살아 있는 경험의 요소들이다. 더욱이 극적인 프레젠테이션은 관객들을 더 깊고 더 감정적으로 연결시키며, 연민, 공감, 동정 그리고 이해를 불러일으킬 수 있다.

비판 의식, 인식 고양 및 공감

ABR은 비판적 의식을 높이거나 키울 수 있는 수단으로 사용될 수 있다. ABR은 사람들에게 새로운 아이디어, 이야기 또는 이미지를 소개할 수 있으며, 사회 의식을 기르도록 할 수 있다. 이는 권력 관계(특권 그룹에 있는 사람들에게는 보이지 않는 경우가 있음)를 밝히고, 인종이나 성의식을 고취시키고, 집단 간에 연합을 형성하고, 지배적인 이데올로기에 도전하고자 하는 사회 정의 지향 연구에서 중요하다. 이와 관련하여 Susan Finley(2008)는 ABR이 도덕적이며 정치적인 연구이라고 주장한다.

ABR은 대안적·정서적·연상적 그리고 관심을 끄는 저항적인 이야기, 이미지 및 공연을 발표함으로써 관심을 불러일으키고 비판적 의식을 육성할 수 있지만, 이러한 목표와 고정관념을 흔드는 다른 연구 성과물과 관련하여 ABR의 가장 큰 강점 중 하나인 공감을 배양하는 것이다. Elizabeth de Freitas(2003, 2004, 2008)는 '공감적 참여'를 촉진하는 허구기반 연구의 힘에 대해 광범위하게 서술했다. 즉, ABR 결과가 사용되는 방식은 필연적 참여로 공감을 촉진할 수 있다. 예를 들어, 소설을 읽거나, 사진 전시회를 보거나, 음악을 듣거나, 영화를 감상하면서 감성적인 반응을 보인 적이 있을 것이다. 특히 연극에서 허구의 인물에 대해 '불쌍하다'고 느낀 적이 있는가? 예술기반 연구자는 관객의 공감을 촉진하기 위해 예술이 사용되는 방식과 관련된 이러한 예술 역량을 활용할 수 있다.

고정관념을 흔들기, 지배적 이데올로기에의 도전, 소외된 목소리와 관점을 포함시키기

학문 분야의 많은 사회 연구자는 고정관념을 흔들거나 지배적인 이데올로기에 도전하려고 한다. 앞서 언급한 것처럼 공감을 형성하는 것도 확실히 그 일환이다. ABR은 정체성과 관련된 연구에서 종종 유용하다. 이 분야의 연구에는 차이, 다양성 및 편견과 관련된 경험에 대한 내용을 전달하는 것이 포함된다. 더욱이 정체성 연구는 일부 그룹이 제한적이며 편향된 '상식'으로 다른 그룹의 박탈된 권리를 간과하는 고정관념에 맞서도록 한다.

고정관념과 그들이 추구하는 이데올로기에 도전하기를 원한다면 사람들을 다른 방식으로 보고 생각하게 하는 것이 중요하다. Trayvon Martin의 비극적인 사건의 여파를 생각해 보기 바란다. 요약하자면, Trayvon Martin은 10대 흑인 남성이었는데 비를 맞지 않기 위해서 후드를 입고 있었고, 날이 저물어 집으로 가고 있었다. George Zimmerman이 그를 따라가다가 싸움이 있었고, Trayvon은 총을 맞아 치명상을 입게 된다. 결국 Zimmerman은 석방되었고, 미국 전역과 전 세계의 많은 사람이 Trayvon이 인종차별을 당했으며, 흑인이기 때문에 살해당했다고 느꼈다. 이 여파로 밝혀진 논쟁의 상당 부분은 흑인 남성에 대한 뿌리 깊은 고정관념이 살아 있으며 여전히 많은 사람의 삶의 경험을 형성한다는 것이다. 대부분의 사람이 내면화되었음에도 깨닫지 못하는 이러한 인종차별적인 고정관념에 어떻게 대처할까? 예를 들어, 언론의 관심을 끌었던 '후드'는 어떨까? 이에 대한 카운터 이미지는 한 가지 방법이다. 예를 들어, 하워드 대학교 의과대학(역사 깊은 흑인 대학) 학생들은 어두운 색의 후드를 입고 사진에 포즈를 취했다. 다음에 그들은 흰색 의사 가운을 입고 포즈를 취했다. 나란히 놓인 두 장의 사진은 강력했고, 사람들을 다른 방식으로 보고 사고하도록 만드는 잠재력을 지닌다. 이는 분명히 의도적이다. 실제로 이 접근법이 효과가 있다는 충분한 경험적 연구가 있다.

NPR의 기자인 Shankar Vedantam은 침묵하는 인종 편견에 관한 이야기를 했다 (2013. 7. 19., www.npr.org/blogs/codeswitch/2013/07/19/203306999/How-To-Fight-Racial-Bias-When-Its-Silent-And-Subtle). 사회과학 연구를 검토한 결과, 매사추세츠주 주요 한 병원에서 실시된 한 연구에서 의사가 자신이 무의식적으로 동일한 증상을 가진 환자를 인종에 따라 다르게 치료한 것으로 드러났다. 사실, 연구 결과가 의사들에게 전달되었을 때 그들은 아주 창피해했다. 이것은 가해자가 알지 못하는 '미묘한 편견'으로 간주된다. NPR의 이야기는 과학자들이 미묘한 편견을 뒤바꾸기 위해 18개의 신속한 개입을 고안한 버지니아 대학의 연구를 인용했다. 개입은 1만 1,000명 이상의 참가자에게 시도되었다. 요컨대, 가장 효과적이었던 것은 카운터 이미지로, 고정관념을 명백히 반대하는 이미지를 보여 주는 것이었다. 여기서 예술과 학습에 대한 이전의 토론과 ABR이 새로운 통찰력과 학습을 어떻게 촉진할 수 있는지 다시 생각해 볼 수 있다. 예술가의 자연스러운 힘을 이용하여 연구자는 다른 방식으로는 불가능해 보이는 고정관념에 대한 문제를 제기할 수 있다.

고정관념을 흔드는 것은 포괄적인 연구방법을 필요로 한다. 특히 1960년대와 1970년대의 사회정의 운동에서 나온 이론적인 관점에 영향을 받은 많은 연구자는 피지배자의 관점에 관심이 있다. 다른 말로 하면, 학계의 많은 연구자가 사회 연구에서 인종, 민족, 성별, 성적 취향, 국적, 종교, 장애 또는 기타 요인(이 범주들 사이의 상호 연결뿐 아니라)으로 인해 소외당한 사람들에 대해 연구했다. 예술기반 프로젝트는 그러한 관점에 중점을 둘 수 있으며, 현재 상태에 도전하는 데 예술이 유일무이하게 적합하다.

참여

ABR에서 참여자 또는 비학문적 이해 관계자가 참여할 때, 이들은 온전히 평등한 공동 작업자로 간주되고 평가되며(Finley, 2008), 따라서 연구자와 연구 대상 간의 계층 구조는 무너진다. ABR이 다른 사람들과 연구과정에 함께하는 두 번째 방법은 관객의 역할이다. 이는 모든 프로젝트에서 나타난다. 사람들은 ABR을 고객이 소비하듯이 소비한다고 볼 수 있다. 그들은 그것을 경험한다. 잠재적 관객의 역할은 관련 이해자에게 접근하는 방법에 대한 전략을 포함하여 연구 설계 시 고려되어야 한다(Finley, 2008).

예술이 소비될 수 있는 내적·정서적 방식과 ABR의 참여적 성격 또한 고려해야 할 특정한 윤리적 문제를 제기한다는 점에 유의해야 한다(이 문제는 제8장에서 논의될 것이다).

대화 촉진하기

ABR은 대화를 촉진할 수 있으며 이는 이해를 증진시키는 데 중요하다. 예술 형식이 대화를 촉진하는 특별한 방법도 중요하다. 예술은 감성적인 반응을 이상적으로 불러일으키므로 ABR에 의해 촉발된 대화는 연구문제와 높은 연관성을 갖는다. 정서적 차원과 내재적 차원에서 사람들을 연결시킴으로써 표현의 예술적 형태는 (정체성 연구와 관련해) 해로운 고정관념에 도전하고(행동 연구와 액티비스트 프로젝트에서) 차이점을 넘어 연합/공동체를 형성한다. 이 점에서 이러한 방법은 전복시키려는 포스트모던 시도에 사용된다.

다층 의미

ABR은 다층의 의미를 지니며, 권위를 주장하는 대신에 의미 형성에서 다양성의 길을 열어 준다. 예를 들어, 시각 미술이나 무용 퍼포먼스는 시청자(태도, 가치, 이전 경험) 및 시청 콘텍스트에 따라 다양한 방식으로 해석될 수 있다. 하나의 예술을 이해할 수 있는 방법은 하나만 있는 것이 아니다. 이런 점에서 연구를 통해 제작된 작품은 의미 형성을 민주화하고 학술 연구자를 '전문가'로 중심에 두는 경향을 지양하려 한다.

또한 예술 작품에서 자극을 받을 수 있는 대화는 그 의미를 지시하는 것이 아니라 드러내는 데 있다. 이 문제는 참가자가 예술 제작과정을 경험하는 방법, 관중이 ABR을 즐기는 방법뿐만 아니라 연구자가 연구를 설계하는 방법에 관한 것이다. 연구 시 종종 연구의 설계 덕분에 의미가 무시당하곤 한다. 질적 연구는 일반적으로 귀납적이라고 주장하지만, 사실 우리가 깨닫지 못하게 사전에 정의된 언어, 코드 범주 및 안내 가정이 연구과정에 영향을 받아 그렇지 못한 경우가 많다. ABR은 귀납적인 연구 설계와 유기적인 의미의 생성에 도움이 되어야 한다.

대중 학문화, 유용성 및 사회 정의

나는 ABR의 가장 큰 강점과 잠재력이 대중 학문화의 발전이며 이에 상응한 유용한 연구 수행이라고 믿는다. 고도로 전문화된 교육을 통해 소수의 엘리트만의 연구로 연구가 유포되어서는 안 된다. 연구자는 그들이 좋아하는 것을 말할 수는 있지만, 사실 전통적인 동료 리뷰 저널에 실린 논문은 대중이 온전히 접근할 수 없다. 연구는 전문 용어로 작성되어 학계 동료를 대상으로 하며, 학술 도서관의 고도로 전문화된 저널을 통해 배포된다. 더욱이 그들은 지루하고 일반적으로 빈약하게 쓰인다. 결과적으로 지식은 엘리트 소수의 영역 내에서 순환한다. 도덕적으로 그리고 윤리적으로, 그것이 이런 방식이어서는 안 된다는 것은 의심의 여지가 없다. 연구는 유용해야 하며, 사회 정의의 일환이어야 한다. 19세기의 Nowab Jan-Fishan Khan의 유명한 진술을 기억해 보라. "촛불은 그 자체로 밝게 빛나지 않는다." 실제적이거나 실용적인 차원에서 볼 때, 연구자는 연구에 많은 시간을 할애하여 더 많은 사람이 사용할 수 있어야 하며, 잠재적인 선을 증대시키고 그 영향력을 증가시켜야 한다. 또한 시대가 바뀌었고 연구자들이 자신이 속한 공동체를 위해 봉사해야 한다는 요구가 널리 퍼지고 있다. 역사적으로 학계 내에서 논문을 출판을 하지 않으면 멸망한다고 강요받았다. 그러나 최근 몇 년 동안 대중과 함께하거나, 그렇지 않으면 멸망한다는 새로운 움직임이 생겼다. 대중 학문이 늘어남에 따라 나는 ABR이 그 대표적 장점으로 인해 계속해서 증가할 것이라고 믿는다.

예술기반 연구자의 기술

ABR의 유용성에 대해 살펴보았으니, 이제 ABR을 실행하고자 하는 연구자에게 필요한 것이 무엇인지 고려해야 한다. 연구에 대한 다른 접근방법과 달리 ABR 실행은 우리가 연구자와 예술가로서 사고하고 행동하도록 요구한다. 각 연구자는 자신의 자질, 목표, 비전 및 기술을 연구에 적용할 것이므로 다음의 검토는 일반적이라 볼 수 있다.

유연성, 개방성 및 직관력

2013년 부다페스트의 예술과 사회(Arts in Society) 콘퍼런스에서 ABR에 대한 기조연설을 했다. 내 연설 후에는 정원 대화가 이어졌고 그때 회의 참석자들과 비공식적으로 이야기를 나누었다. 한 예술가는 예술 작품이 즉흥성을 필요로 하고, 요구하며, 심지어는 어느 정도는 그에 의존한다는 놀라운 관찰을 얘기했다. 그녀가 지적했듯이, 모든 것이 미리 결정된 나의 파워포인트 프레젠테이션 기조 연설에서 창조 행위는 이미 전에 일어났으며, 자발성이 나타날 문을 닫아 버렸다. 예술적 행위는 자발성을 허용해야 한다. 예를 들어, 즉흥연주가 드라마, 음악 및 춤을 가르치는 데 자주 사용된다는 점을 생각해 보기 바란다.

많은 질적 연구자는 또한 알려지지 않은 것을 찾는 방법론을 따른다. 예를 들어, 근거이론은 새로운 학습의 주기와 적응하는 과정을 포함한다. 이 외에도 다른 질적 접근법은 또한 새로운 통찰력을 허용하는 반응형 또는 재귀형 설계를 따른다.

유연성과 개방성은 ABR의 실행에 아주 중요하다. 이와 관련하여 Barone과 Eisner(2012)는 ABR이 변화와 배움을 필요로 하는 발견과정이라고 제안했다.

이 과정은 따라서 연구자의 통찰력, 감정 그리고 '직관'을 중요하게 생각한다. 연구자는 실험을 하거나, 예상치 못한 방향을 추구하거나, 배움과 실험을 두려워하지 말기 바란다. 이것은 모두 연구과정의 일부이다. 추구하는 방향을 점검할 때 프로젝트 내에 얽혀 있음에 따라 당신의 일상적인 '잠시 멈춰서 진행과정을 검토하기(gut checks)'가 도움이 될 수 있다. ABR은 연구자가 알려지지 않은 분야에 개방적일 때 혁신적인 사고와 행동의 경계를 확장시킨다.

개념적 · 상징적 · 은유적 그리고 주제별로 생각하기

ABR을 수행하는 데 필요한 기법과 질적 연구 사이에는 시너지 효과가 있다. 어떤 면에서 질적 연구자의 분석과정은 예술가의 분석과정을 반영하지만, 상당히 다른 방식으로 실행된다. 앞서 언급했듯이, 두 경우 모두 개념적 · 상징적 · 은유적으로(Saldaña, 2011), 그리고 주제별로 생각해야 한다. 연구 결과는 관객에게 '초기 자료'의 형태로 제출되지 않고, 오히려 (분석 및 해석을 통해) 증류되고, 일관되며, 신중하게 다듬어진 형식으로 표현된다. 게다가 연구자는 데이터를 (원시 형식으로) 표현하지 않고 또 예술가는 그들의 작품의 핵심인 아이디어 전체를 표현하지 않지만, 두 경우 모두 본질을 추구한다.[6]

윤리적 실천과 가치 체계

예술을 기초로 한 연구자는 그들 자신을 연구와 분리시키지 않으며, 이는 연구를 인도하는 가치 체계를 포함한다. 당신이 누구인지, 개인적인 동기, 정의감 및 사회에 대한 소망 등은 모두 프로젝트에 녹아 들어간다. Maura McIntyre(2004)는 다음과 같이 썼다. "연구 현장에서 상상력과 창의력을 가지고 연결하라. …… 미적 감각과 돌봄의 능력이 함께할 것이다. 그렇게 함으로써 연구의 윤리적 차원에서 연구자의 도덕적 감수성이 포함되도록 확대된다."(p. 259) ABR은 연관시키고, 윤리적이며, 때로는 정치적인 일이다. Finley(2008)는 ABR이 "미래 지향적이고 사회적으로 책임 있고 사회 불평등을 해결하는 데 유용한 급진적이고 도덕적이며 혁신적인 연구를 위한 방법론으로 특별한 위치를 차지하고 있다."(p. 71)라고 설명한다. 이것은 ABR이 학계의 경계를 고집하는 많은 전통적인 연구와 달리 개방적 접근과 공동 작업이 가능하며(비학계 이해 관계자 포함), 감정적·연상적 그리고 저항적이기 때문에 사람들로 하여금 맥락적으로 보고, 생각하고, 다르게 느끼도록 한다. 이러한 종류의 연구는 정체성 사상(Holman Jones, Adams, & Ellis, 2013), 정치적 사회 정의 연구(Finley, 2008), 동정심을 높이기 위한 연구(Freeman, 2007)에서 중요하다. 요컨대, ABR은 변화를 불러일으킬 잠재력이 있다. Finley의 노트는 그것을 "사람들의 교육학"이라고 한다(2008, p. 73).

ABR에 대한 도덕적으로 책임 있고 의무적인 접근 방식에 대해 Finley는 연구자가 ABR을 '공적이고 도덕적인 사업'으로 강조할 것을 주장한다. 연구자, 참가자 및 청중을 동등한 공동 작업자로 본다. 거리 평론가와 거리 예술가의 관점을 존중한다. 다양성과 포용과 같은 문제에 초점을 맞춘다. 또 연구 설계 시 청중의 역할을 신중하게 고려한다. 이들은 모든 예술 형식에 열려 있으며, 예술과 관련하여 ABR을 맥락화한다(2008, p. 75).

예술가처럼 생각하기

예술적으로 생각하는 것은 연구과정뿐만 아니라 결과 작업에도 적용된다. 예술가는 자신의 작업을 '수행 중' 활동으로 생각한다. 예술 제작은 동사형이다. Arthur Bochner와 Carolyn Ellis(2003)가 지적했듯이, 예술은 "무언가가 만들어진 것이 아닌 무언가가 발견된 것이다."(p. 507) 이는 예술가는 예술가의 주관성을 포함하여 항상 그것을 생산하는 과정에 묶여 있음을 의미한다. 그 과정에서 자발성을 유지하고, 실험하기를 두려워하지 않으며, 자신의 직감을 신뢰하는 것이 중요하다.

예술기반 접근 방식으로 작업할 때 결과물의 예술성에 대해 주의해야 한다. 이는 기법과 미학에 주의를 기울여야 함을 의미한다. 당신이 작업하거나 적용하는 기술에 주의를 기울여야 한다(Faulkner, 2009; Saldaña, 2005, 2011). 연구자들은 서로 다른 배경을 가지고 ABR에 접근한다. 예를 들어, 일부는 질적 연구 공동체 및 사회과학으로 훈련된 배경을 가지고 있고, 다른 일부는 예술에서, 또 일부는 광범위한 교차 훈련을 한 연구자들이다. 당신의 연구 진입점을 고려해야 한다. 형식적 예술교육이나 경험 없이 ABR 프로젝트에 참여하는 경우, 사용하고자 하는 기술을 배워야 한다. 이는 문헌 리뷰, 현장 몰입(예: 연극 보기, 스크립트 읽기), 수업 참관, 같은 장르의 아티스트와의 공동 작업 등을 통해 배울 수 있다. ABR이 예술 세계와 동일한 예술적 또는 미적 기준을 충족시켜야 하므로, 예술적 장르의 예술기반 연구자를 위한 광범위한 교육이 필요하다고 주장하는 사람들도 있지만(예: Finley, 2008 참조), 나는 그에 동의하지 않는다. ABR은 예술을 위한 예술이 아니다. 그것은 예술적이지만 예술적이지 않은 또 다른 것이다. 따라서 기교에 주의하는 것이 중요하지만, ABR은 그 연구의 유용성에 따라 더 잘 판단될 수 있다. 물론 미학은 유용성을 증가시킬 수 있다. 예를 들어, 에스노드라마(ethnodrama)를 만드는 목표가 감성적인 차원에서 관객과 연결하고, 공감대를 형성하는 등 연극 자체가 그러한 작업을 수행하기에 충분해야 한다. 그러나 미학의 원동력은 ABR의 내용(실질적이고 감성적인 내용)을 효과적으로 전달하는 것과 관련이 있다. '이 작품은 훌륭한 작품인가?'라는 질문 대신 '이 작품은 무엇을 위해 좋은가?'라고 질문해야 한다(Leavy, 2010, 2011a). 나는 당신이 어디에서 시작하든가에 상관없이 배울 수 있다고 믿는다. 예술 제작은 '진행형'이기 때문에, 배우는 가장 좋은 방법은 연습을 통해서이다.

사회 참여 지식인처럼 생각하기

ABR의 가장 큰 잠재력은 공적 지식을 발전시켜 유용할 수 있다는 것이다. 이 장의 시작 부분에 쓴 것처럼, 예술기반 연구자들은 새로운 '형태'로 작품을 창출하고 새로운 관객에게 다가가고 있다. 사회 참여 지식인처럼 생각하는 것은 대중에게 연구를 접근 가능하게 하고, 관련짓는 방법에 대해 생각한다는 의미이다. 이해 관계자에게 어떻게 도달할 수 있을까? 이를 위해 작품의 구성, 레이블 및 전파 방법에 대해 생각하는 것이 중요하다.

대중화된 학문을 만드는 데 개인적인 희생이 따를 수 있다는 것을 명심해야 한다(Mitchell, 2008). 당신이 일하고 아이디어를 내놓을 때, 당신에게 동의하지 않는 사람들로부터 돌아오는 의견을 통제할 수 없으며, 나쁜 리뷰나 당신의 일에 대한 대중의 비판을 받을 수 있다. 우리가 장르를 모호하게 하고, 공식 교육을 받지 않은 매체로 작업할 때 특히 그렇다. 그러나 이것으로 인해 억제를 받아서는 안 된다. 연구자는 그에 둔감해져야 하고, 당신의 연구를 안내하는 가치 체계에 충실해야 한다. 잠재적 어려움에도 불구하고 이 작업을 수행하는 사람들은 대개 보상이 희생보다 중요하다고 주장한다(Mitchell, 2008; Zinn, 2008). 나도 확실히 그렇게 느끼고 있다. 결국, 당신과 똑같은 소수의 엘리트만을 위한 연구를 하며, 자신의 연구 주제를 진전시키는 데 모든 시간과 에너지를 소비하고 싶은가? 이에 대한 대답은 명확하다고 본다.

예술기반 연구자에 대한 조언

ABR을 위한 능력에 관한 리스트를 읽을 때 몇 가지 사항을 염두에 두는 것이 중요하다. 그것은 학습과정이며 우리 모두 연습으로 향상시킬 수 있다. 우리는 모든 기술을 가진 완벽한 상태로 프로젝트에 참여할 수는 없지만, 시간이 지남에 따라 개발해 나갈 수 있다. 두려워하지 말기 바란다. '좋은' 연구에 대해 걱정하지 말고, 참여하는 데에 초점을 맞추기 바란다. 그 과정에 완전히 참여하라. 그게 우리가 할 수 있는 최선의 방법이다. 일단 연구를 세상에 공개하면, 그 연구에 대해 걱정하지 말

기 바란다. 당신의 연구는 결코 모든 사람을 만족시킬 수 없으므로, 당신은 당신의
연구와 연관을 맺고 있다는 것을 받아들이고 인지하는 것이 중요하다. 그러면 다른
사람들도 그들의 연구와 그렇게 할 것이다. 마지막으로, 즐기라. 배움이 즐거운 과
정이어야 하는 것처럼 연구과정도 즐거워야 한다. 물론 기복이 있고 많은 어려움이
있을 수 있지만, 그 일 자체는 즐겁고 보람을 줄 수 있고 관련을 맺게 한다. 사람들
은 종종 ABR이 희석시키거나 덜 엄격해 보이기 때문에 재미있을 수 있다고 말하는
것을 주저한다. 당신이 재밌다는 것이 당신이 진지하지 않다는 것을 의미하지 않는
다. 오히려 내가 뭔가 중요한 일을 하고 있다고 생각하라. Einstein은 "창의력은 재
미있는 지능"이라고 말했다.

이 책의 구성: 단어에서 이미지로

ABR 실행은 새로운 종류의 연구 질문 및 주제를 찾거나, 사회 연구를 관객과 함
께하며 다양성을 확대한다. 이 책은 서사적 탐구, 허구기반 연구, 시, 음악, 춤, 연
극, 영화 및 시각 미술과 같은 장르를 기반으로 6개의 장에서 소개된 방법론적 혁신
의 여덟 가지 새로운 영역을 탐구한다. 각 주제마다 ABR의 장르가 어떻게 발전했는
지, 방법론적 변형, 연구에서 다루는 연구 과제의 종류, 수행된 연구의 사례 및 기타
문제를 검토하는 방식으로 각각의 장을 작성했다. 각각의 장에는 토론 문제 및 활동
과 같은 교육적 특성뿐만 아니라 연구자를 위한 고려사항 점검표 및 관련 웹사이트
와 저널 및 추천 도서의 목록을 포함한다.

이 책에는 또한 다양한 사례를 다루는 학자들의 사례가 포함되어 있다. 이론적 검
토의 입문 장과 발표된 논문이 짝을 이루는 것은 예술기반 혁신과 ABR의 경험적ㆍ
이론적 혁신을 이해할 수 있는 맥락을 제공한다. ABR의 여러 장르는 문자로 제대로
포착될 수 없는 작품을 만들어 내기에 온라인상으로 제공될 것이다.

마지막으로, 이 책의 구성은 ABR의 성장과정과 이러한 연구들 사이의 상호 연결

을 이해할 수 있게 한다. 이 같은 맥락에서 제2장에서는 내러티브 탐구와 허구기반 연구에 대해 다룬다(후자는 2판에서 새로 소개하는 내용이다). 이러한 연구들은 글쓰기의 문학적 형식을 다양한 수준으로 드러내고 '문자'에 의존하므로 연구자에게 이미 익숙한 방법이다. 제3장에서는 시적 연구를 살펴본다. 시는 문자와 '서정적 표현'이 병합하므로 전통적인 표현 형식의 확장과 이탈을 모두 대변한다. 연구방법으로서의 음악은 제4장에서 시의 서정적인 성격과 함께 탐구된다. 제5장은 가장 추상적인 장르인 춤과 움직임을 검토한다. 행위중심 연구의 접근법은 제6장에서도 계속되며, 제6장은 연극, 드라마와 영화의 광대한 분야를 검토한다(2판에서 영화가 새로 소개되었다). 제7장에서 검토한 마지막 예술 분야는 시각 미술에 초점을 맞추며, 문자에서 시작해서 이미지로 마무리함으로써 하나의 원호를 완성한다. 제8장은 ABR의 평가에 관해 새로이 추가된 장이며, 제9장은 예술과 과학의 단절에 대한 간략한 토론과 요약으로 결론을 맺고 있다.

미주

1. 이 표는 Patton(2002, p. 85)의 부분적인 자문화기술지(autoethno-graphy) 어법학을 모델링했다.

2. Barone과 Eisner(2012)는 예술기반 연구(ABR)라는 용어가 1993년 스탠퍼드 대학교에서 유래했다고 주장했다.

3. 학문 분야의 연구자들이 오랫동안 예술 작품을 사용해 왔지만 이것이 반드시 ABR을 구성하는 것은 아니며 최근 수십 년 내에 광범위한 패러다임이 생겨났다. 따라서 예술이 단지 독특하게 유익하다는 것은 새로운 아이디어가 아니며, 학문 분야의 조직, 방법론적 도구의 개발, 그리고 이에 상응하는 세계관은 패러다임의 변화를 나타낸다.

4. Randy M. Vick(2012)은 Waller(1991, 1998)와 Hogan(2001)과의 협의를 통해 유럽의 예술치료 역사에 대해 배울 것을 제안한다.

5. 사실 ABR은 모든 지식이 연구에 의해 만들어지는 방식을 강조한다.

6.　Barone과 Eisner(2012)는 예리함과 간결함이 ABR의 평가 범주가 되어야 한다고 제안했다.

참고문헌

Barone, T., & Eisner, E. W. (2012). *Arts-based research*. Thousand Oaks, CA: Sage.

Bergum, V., & Dossetor, J. (2005). *Relational ethics: The full meaning of respect*. Hagerstown, MD: University Publishing Group.

Berns, G. S., Blaine, K, Prietula, M. J., & Pye, B. E. (2013). Short- and long-term effects of a novel on connectivity in the brain. *Brain Connectivity, 3*(6), 590-600.

Bochner, A., & Ellis, C. (2003). An introduction to the arts and narrative research: Art as inquiry. *Qualitative Inquiry, 9*(4), 506-514.

Chamberlain, R., McManus, I. C., Brunswick, N., Rankin, O., Riley, H., & Kanai, R. (2014). Drawing on the right side of the brain: A voxel-based morphometry analysis of observational drawing. *NeuroImage, 96*, 167-173.

Chan, Z. C. Y. (2003). A poem: Anorexia. *Qualitative Inquiry, 9*(6), 956-957.

Chilton, G., & Leavy, P. (2014). Arts-based research practice: Merging social research and the creative arts. In P. Leavy (Ed.), *The Oxford handbook of qualitative research* (pp. 403-422). New York: Oxford University Press.

Cole, A. L., & Knowles, J. G. (2008). Arts-informed research. In J. G. Knowles & A. L. Cole (Eds.), *Handbook of the arts in qualitative research: Perspectives, methodologies, examples, and issues* (pp. 55-70). Thousand Oaks, CA: Sage.

Coser, L. A. (1963). *Sociology through literature: An introductory text*. Englewood Cliffs, NJ: Prentice Hall.

Dalley, T., Rifkind, G., & Terry, K. (1993). *Three voices of art therapy: Image, client, therapist*. London: Routledge.

de Freitas, E. (2003). Contested positions: How fiction informs empathetic research. *International Journal of Education and the Arts, 4*(7). Available at www.ijea.org/v4n7.

de Freitas, E. (2004). Reclaiming rigour as trust: The playful process of writing fiction. In A. L. Cole, L. Neilsen, J. G. Knowles, & T. C. Luciani (Eds.), *Provoked by art: Theorizing arts-informed research* (pp. 262–272). Halifax, Nova Scotia, Canada: Backalong Books.

de Freitas, E. (2008). Bad intentions: Using fiction to interrogate research intentions. *Educational Insights, 12*(1). Available at www/ccfi.educ.ubc.ca/publication/insights/v12n01/articles/defreitas/index.html.

De Jong, R. N. (1982). *A history of American neurology*. New York: Raven Press.

Derrida, J. (1966). The decentering event in social thought. In A. Bass (Trans.), *Writing the difference* (pp. 278–282). Chicago: University of Chicago Press.

Diamond, D. (2004). *Practicing democracy*. Unpublished script.

Diaz, G. (2002). Artistic inquiry: On Lighthouse Hill. In C. Bagley & M. B. Cancienne (Eds.), *Dancing the data* (pp. 147–161). New York: Peter Lang.

Dileo, C., & Bradt, J. (2009). On creating the discipline, profession, and evidence in the field of arts and healthcare. *Arts and Health: An International Journal for Research, Policy, and Practice, 1*(20), 168–182.

Dunlop, R. (2004). Scar tissue, testimony, beauty: Notebooks on theory. In A. L. Cole, L. Neilsen, J. G. Knowles, & T. C. Luciani (Eds.), *Provoked by art: Theorizing arts-informed research* (pp. 84–99). Halifax, Nova Scotia, Canada: Backalong Books.

Durkheim, E. (1965). *The rules of sociological method* (8th ed.) (S. A. Solovay & J. H. Mueller, Trans., & G. E. G. Catlin, Ed.). New York: Free Press. (Original work published 1938)

Eisner, E. W. (1997). The promise and perils of alternative forms of data representation. *Educational Researcher, 26*(6), 4–10.

Faulkner, S. (2009). *Poetry as method: Reporting research through verse*. Walnut Creek, CA: Left Coast Press.

Finley, S. (2008). Arts-based research. In J. G. Knowles & A. L. Cole (Eds.), *Handbook of the arts in qualitative research: Perspectives, methodologies, examples, and issues* (pp. 71–81). Thousand Oaks, CA: Sage.

Finley, S. (2011). Critical arts-based inquiry. In N. K. Denzin & Y. S. Lincoln (Eds.), *The Sage handbook of qualitative research* (4th ed., pp. 435-450). Thousand Oaks, CA: Sage.

Foucault, M. (1976). Power as knowledge. In R. Hurley (Trans.), *The history of sexuality: Vol. 1. An introduction* (pp. 92-102). New York: Vintage Books.

Franklin, M. (2010). Affect regulation, mirror neurons, and the third hand: Formulating mindful empathetic art interventions. *Art Therapy: Journal of the American Art Therapy Association, 27*(4), 160-167.

Freeman, M. (2007). Autobiographical understanding and narrative inquiry. In D. J. Clandinin (Ed.), *Handbook of narrative inquiry: Mapping a methodology* (pp. 120-145). Thousand Oaks, CA: Sage.

Gardner, H. (1984). *Art, mind, and brain.* New York: Basic Books.

Gatson, S. N. (2003). On being amorphous: Autoethnography, genealogy, and a multiracial identity. *Qualitative Inquiry, 9*(1), 20-48.

Geertz, C. (1973). *The interpretation of cultures.* New York: Basic Books.

Gerber, N., Templeton, E., Chilton, G., Cohen Liebman, M., Manders, E., & Shim, M. (2012). Art-based research as a pedagogical approach to studying intersubjectivity in the creative arts therapies. *Journal of Applied Arts and Health, 3*(1), 39-48.

Goffman, E. (1959). *The presentation of self in everyday life.* Garden City, NY: Anchor.

Gray, R., Fitch, M. I., Labrecque, M., & Greenberg, M. (2003). Reactions of health professionals to a research-based theatre production. *Journal of Cancer Education, 18*, 223-229.

Halpin, Z. (1989). Scientific objectivity and the concept of "the other." *Women's Studies International Forum, 12*(3), 285-294.

Haraway, D. (1988). Situated knowledges: The science question in feminism and the privilege of partial perspective. *Feminist Studies, 14*, 575-599.

Harding, S. (1993). Rethinking standpoint epistemology: What is "strong objectivity"? In L. Alcoff & E. Potter (Eds.), *Feminist epistemologies* (pp. 49-82). New York: Routledge.

Hartsock, N. (1983). The feminist standpoint: Developing the ground for a specifically feminist historical materialism. In S. Harding & M. Hintikka (Eds.), *Discovering reality* (pp. 283-305). Dordrecht, The Netherlands: Reidel.

Harvey, M. R., Mishler, E. G., Koenan, K., & Harney, P. A. (2000). In the aftermath of sexual abuse: Making and remaking meaning in narratives of trauma and recovery. *Narrative Inquiry, 10*(2), 291-311.

Hass-Cohen, N., Kaplan, F., & Carr, R. (2008). *Art therapy and clinical neuroscience.* London: Kingsley.

Hershorn, K. (2005, May). *Learning through arts-based action research: Creative approaches to destructive dynamics in our schools and in our world.* Paper presented at the International Congress of Qualitative Inquiry, Urbana-Champaign, IL.

Hesse-Biber, S. N., & Leavy, P. (2004). Distinguishing qualitative research. In S. N. Hesse-Biber & P. Leavy (Eds.), *Approaches to qualitative research: A reader on theory and practice* (pp. 1-15). New York: Oxford University Press.

Hesse-Biber, S. N., & Leavy, P. (2005). *The practice of qualitative research.* Thousand Oaks, CA: Sage.

Hesse-Biber, S. N., & Leavy, P. (Eds.). (2006). *Emergent methods in social research.* Thousand Oaks, CA: Sage.

Hesse-Biber, S. N., & Leavy, P. (2011). *The practice of qualitative research* (2nd ed.). Thousand Oaks, CA: Sage.

Hill-Collins, P. (1990). Black feminist thought in the matrix of domination. In P. Hill-Collins, *Black feminist thought: Knowledge, consciousness, and the politics of empowerment* (pp. 221-238). Boston: Unwin Hyman.

Hogan, S. (Ed.). (1997). *Feminist approaches to art therapy.* London: Routledge.

Hogan, S. (2001). *Healing arts: The history of art therapy.* London: Kingsley.

Holman Jones, S., Adams, T. E., & Ellis, C. (2013). Introduction: Coming to know autoethnography as more than a method. In S. Holman Jones, T. E. Adams, & C. Ellis (Eds.), *Handbook of autoethnography* (pp. 17-47). Walnut Creek, CA: Left Coast Press.

Hunter, A., Lusardi, P., Zucker, D., Jacelon, C., & Chandler, G. (2002). Making meaning:

The creative component in qualitative research. *Qualitative Health Research Journal,* *12*(3), 388-398.

Huss, E., & Cwikel, J. (2005). Researching creations: Applying arts-based research to Bedouin women's drawings. *International Journal of Qualitative Methods, 4*(4), 44-62.

Irigaray, L. (1985). *This sex which is not one.* Ithaca, NY: Cornell University Press.

Janesick, V. J. (2001). Intuition and creativity: A pas de deux for qualitative researchers. *Qualitative Inquiry, 7*(5), 531-540.

Jones, K. (2006). A biographic researcher in pursuit of an aesthetic: The use of arts-based (re)presentations in "performative" dissemination of life stories. *Qualitative Sociology Review, 1*(2). Available at www.qualitativesociologyreview.*org/ENG/index_eng.php.*

Kandel, E. (2012). *The age of insight: The quest to understand the unconscious in art, mind, and brain, from Vienna 1900 to the present.* New York: Random House.

Kapitan, L., Litell, M., & Torres, A. (2011). Creative art therapy in a community's participatory research and social transformation. *Art Therapy, 28*(2), 64-73.

Kuhn, T. (1962). *The structure of scientific revolutions.* Chicago: University of Chicago Press.

Lakoff, G., & Johnson, M. (1980). *Metaphors we live by.* Chicago: University of Chicago Press.

Leavy, P. (2009). *Method meets art: Arts-based research practice.* New York: Guilford Press.

Leavy, P. (2010). Poetic bodies: Female body image, sexual identity and arts-based research. *LEARNing Landscapes, 4*(1), 175-188.

Leavy, P. (2011a). *Essentials of transdisciplinary research: Using problem-centered methodologies.* Walnut Creek, CA: Left Coast Press.

Leavy, P. (2011b). *Low-fat love.* Rotterdam, The Netherlands: Sense Publisher.

Ledger, A., & Edwards, J. (2011). Arts-based research practices in music therapy research: Existing and potential developments. *The Arts in Psychotherapy, 38*(5), 312-317.

Levitin, D. J. (2007). *This is your brain on music: The science of a human obsession.* New York: Plume.

Levitin, D. J. (2008). *The world in six songs: How the musical brain created human nature*. New York: Dutton.

Locsin, R. C., Barnard, A., Matua, A. G., & Bongomin, B. (2003). Surviving eboli: Understanding experience through artistic expression. *International Nursing Review*, *50*(3), 156–166.

Malchiodi, C. A. (1999). *Medical art therapy with adults*. London: Kingsley.

Malchiodi, C. A. (2005). Expressive therapies: History, theory and practice. In C. A. Malchiodi (Ed.), *Expressive therapies* (pp. 1–15). New York: Guilford Press.

Malchiodi, C. A. (2012). Art therapy and the brain. In C. A. Malchiodi (Ed.), *Handbook of art therapy* (2nd ed., pp. 17–26). New York: Guilford Press.

McIntyre, M. (2004). Ethics and aesthetics: The goodness of arts-informed research. In A. L. Cole, J. G. Knowles, & T. C. Luciani (Eds.), *Provoked by art: Theorizing arts-informed research* (pp. 251–261). Halifax, Nova Scotia, Canada: Backalong Books.

McNiff, S. (1998). *Art-based research*. London: Kingsley.

McNiff, S. (2005). Foreword. In C. A. Malchiodi (Ed.), *Expressive therapies* (pp. ix–xiii). New York: Guilford Press.

McNiff, S. (2011). Artistic expressions as primary modes of inquiry. *British Journal of Guidance and Counselling*, *39*(5), 385–396.

Mienczakowski, J. (1994). *Syncing out loud: A journey into illness* [Script]. Brisbane, Australia: Griffith University Reprographics.

Mitchell, K. (2008). Introduction. In K. Mitchell (Ed.), *Practising public scholarship: Experiences and perspectives beyond the academy* (pp. 1–5). West Sussex, UK: Wiley-Blackwell.

Neilsen, L. (2004). Aesthetics and knowing: Ephemeral principles for a groundless theory. In A. L. Cole, L. Neilsen, J. G. Knowles, & T. C. Luciani (Eds.), *Provoked by art: Theorizing arts-informed research* (pp. 44–49). Halifax, Nova Scotia, Canada: Backalong Books.

Nisker, J. A., & Bergum, V. (1999, October). *A child on her mind*. Paper presented at the annual conference of the Canadian Bioethics Society, Edmonton, Alberta, Canada.

Norris, J. (2000). Drama as research: Realizing the potential of drama in education as a research methodology. *Youth Theatre Journal, 14*, 40-51.

Norris, J. (2009). *Playbuilding as qualitative research: A participatory arts-based approach.* Walnut Creek, CA: Left Coast Press.

Patton, M. (2002). *Qualitative research and evaluation methods* (3rd ed.). Thousand Oaks, CA: Sage.

Pelias, R. J. (2004). *A methodology of the heart: Evoking academic and daily life.* Walnut Creek, CA: AltaMira Press.

Pérez-Peña, R. (2014, March 31). College classes use arts to brace for climate change. *New York Times.* Retrieved from *www.nytimes.com/2014/04/01/education/using-the-arts-to-teach-how-to-prepare-for-climate-crisis.html?_r=0.*

Picard, C. (2000). Patterns of expanding consciousness on midlife women. *Nursing Science Quarterly, 13*(2), 150-157.

Pinar, W. F. (2004). Foreword. In R. L. Irwin & A. de Cosson (Eds.), *A/r/tography: Rendering self through arts-based living inquiry* (pp. 9-25). Vancouver, BC: Pacific Educational Press.

Poindexter, C. C. (2002). Research as poetry: A couple experiences HIV. *Qualitative Inquiry, 8*, 707-714.

Ramachandran, V. (1999). *Phantoms of the brain.* New York: Quill.

Ramachandran, V. (2005). *A brief tour of human consciousness: From imposter poodles to purple numbers.* London: PI Press.

Riley, S. (1999). *Contemporary art therapy with adolescents.* London: Kingsley.

Rolling, J. H., Jr. (2013). *Arts-based research primer.* New York: Peter Lang.

Saarnivaara, M. (2003). Art as inquiry: The autopsy of an [art] experience. *Qualitative Inquiry, 9*(4), 580-602.

Saldaña, J. (1999). Playwriting with data: Ethnographic performance texts. *Youth Theatre Journal, 14*, 60-71.

Saldaña, J. (Ed.). (2005). *Ethnodrama: An anthology of reality theatre.* Walnut Creek, CA: AltaMira Press.

Saldaña, J. (2011). *Ethnotheatre: Research from page to stage.* Walnut Creek, CA: Left Coast Press.

Sava, I., & Nuutinen, K. (2003). At the meeting place of word and picture: Between art and inquiry. *Qualitative Inquiry, 9*(4), 515-534.

Sinner, A., Leggo, C., Irwin, R., Gouzouasis, P., & Grauer, K. (2006). Arts-based education research dissertations: Reviewing the practices of new scholars. *Canadian Journal of Education, 29*(4), 1223-1270.

Smith, D. (1987). *The everyday world as problematic: A feminist sociology.* Boston: Northeastern University Press.

Snowber, C. (2002). Bodydance: Enfleshing soulful inquiry through improvisation. In C. Bagley & M. B. Cancienne (Eds.), *Dancing the data* (pp. 20-33). New York: Peter Lang.

Spaniol, S. (2005). "Learned hopefulness": An arts-based approach to participatory action research. *Art Therapy, 22*(2), 86-91.

Sprague, J., & Zimmerman, M. (1993). Overcoming dualisms: A feminist agenda for sociological method. In P. England (Ed.), *Theory on gender/feminism on theory* (pp. 255-279). New York: DeGruyter.

Thomas, S. (2008). Art as "connective aesthetic": Creating sites for community collaboration. *LEARNing Landscapes, 2*(1), 69-84.

Thompson, H., & Vedantam, S. (2012). A lively mind: Your brain on Jane Austen. *NPR Health Blog.* Available at *www.npr.org/blogs/health/2012/10/09/162401053/a-lively-mind-your-brain-on-jane-austen.html.*

Todman, D. (2007). Letter to the editor: More on literature and the history of neuroscience: Using the writings of Silas Wier Mitchell (1829-1914) in teaching the history of neuroscience. *Journal of Undergraduate Neuroscience Education, 6*(1), L1.

Turner, M. (1996). *The literary mind: The origins of thought and language.* New York: Oxford University Press.

Varto, J. (2001). *Kauneuden taito* [*The craft of beauty*]. Tampere, Finland: Tampereen Yliopistopaino.

Vick, R. M. (2012). A brief history of art therapy. In C. A. Malchiodi (Ed.), *Handbook of art therapy* (2nd ed., pp. 5–16). New York: Guilford Press.

Vickers, M. H. (2002). Researcher as storytellers: Writing on the edge-and without a safety net. *Qualitative Inquiry, 8*(5), 608–621.

Waller, D. E. (1991). *Becoming a profession: The history of art therapy in Britain, 1940–1982.* London: Tavistock/Routledge.

Waller, D. E. (1998). *Towards a European art therapy.* Buckingham, UK: Open University Press.

Yorks, L., & Kasl, E. (2006). I know more than i can say: A taxonony for using expressive ways of knowing to foster transformative learning. *Journal of Transformative Education, 4*(1), 43–64.

Zinn, H. (2008). The making of a public intellectual. In Mitchell, K. (Ed.), *Practising public scholarship: Experiences and perspectives beyond the academy* (pp. 138–141). West Sussex, UK: Wiley–Blackwell.

내러티브 탐구와 허구기반 연구

아이디어란 생각을 쓰는 것이며,
그럼으로써 사람들이 그것을 듣고, 뇌에 전달되어 곧장 마음으로 가게 된다.

-Maya Angelou

이야기하기와 글쓰기는 인간의 삶과 그것을 연구하는 데 있어서 근본적인 부분이다. 내러티브는 단지 하나의 연구 도구가 아니라 인생의 필수적인 부분이다 (Bochner & Riggs, 2004; Clandinen & Connelly, 1989). Arthur Bochner와 Nicholas Riggs(2014)에 의하면, 우리는 끊임없이 이야기함으로써 우리 삶에 의미를 부여하고 있으며, 이야기는 숨 쉬는 공기만큼이나 필요하고, "우리의 생존을 위한 장비가 된다"(p. 196). Laurel Richardson(1997)에 따르면 내러티브는 우리로 하여금 개인, 문화, 사회, 역사적 시기를 총체적으로 표현하고 이해하게 해 준다(p. 27). 또한 우리가 듣거나 읽는 이야기들은 때로 깊고 지속적인 인상을 남길 수 있다. 이야기들은 우리로 하여금 연결된 느낌을 갖게 하고, 우리의 눈을 열어 새로운 관점을 보게 하며, 공감, 자기인식, 또는 사회적 성찰의 발달을 촉진하거나 Ronald Pelias(2004)가 지칭한 "'나도 그런데' 하는 순간"을 만든다. 이야기(내러티브)의 힘은 측정이 불가능하고, 우리의 인간성 안에서 완전히 깊이 자리 잡고 있다.

무수히 많은 연구가 사회 생활에 관한 진실된 이야기를 전달하기 위해 내러티브의 힘에 의지한다. 그것들은 아마도 우리 자신의 이야기, 타인의 이야기, 또는 실제인지 상상인지의 경계를 구분하기 어렵지만 인간의 경험을 전달하는 데 있어서 진실한 이야기일 것이다. 이 장은 내러티브 탐구 또는 내러티브 방법과 함께 허구기반 연구(이것은 일정 범위의 연구 실행을 아우르는 용어이다)를 검토할 것이다. 그러한 논의의 배경을 제공하기 위해 자문화기술지(autoethnography)와 창의적 논픽션도 간략하게 고찰할 것이다.

내러티브 문학에 의존하는 방법은 과학과 예술의 연속체 위에 존재한다. 내러티브 탐구의 어떤 접근들은 전통적인 질적 연구의 실행, 특히 인터뷰에 더 가까운 반면, 다른 접근들은 예술적 측면 쪽에 더 가까워서 문학의 전통에 매우 의존한다. Mark Freeman(2007)은 내러티브 탐구에 대한 예술적 접근이 동정심과 연민을 키움으로써 윤리적 실천에 공헌할 수 있다고 제안하였는데, 이는 옳은 말이다. Candace Stout(2014)는 내러티브 예술과 내러티브 탐구 간의 유대를 이야기의 '중심', 즉 울림이 깊은 중심을 이끌어 내는 수단으로서 탐구하였다. 허구기반 연구는 필연적으로 예술적 측면에 더 치우쳐 있다. 그러나 그 실례들도 광범위하게 다양하고, 전통적 연구방법을 통해 수집·분석한 데이터에 의존할 수도 있으며, 또는 다른 방법으로 전통적 연구 실행을 그대로 반영할 수도 있다. 내러티브 탐구와 허구기반 연구들은 서로 다른 연구 실행이지만 이 장에서 함께 다루는 것은 둘 다 이야기하기와 글쓰기에 의존하기 때문임을 분명히 밝히는 것이 중요하다(지면을 고려할 때 독립된 장을 할애할 수 없다).

이 장에서 나는 내러티브 탐구[1] 증가의 배경과 연구 실행으로서 허구기반 연구의 실천이 등장하게 된 몇 가지 배경, 허구기반 연구의 일반적 장점, 내러티브 탐구와 허구기반 연구에 관한 상세한 논의를 제공한 후에 특별한 고려사항과 고려사항 점검표, 예시와 토론 문제로 결론을 맺고자 한다(이와 같은 결론의 특징은 제2장~제8장에서 확인할 수 있으므로 그것을 매번 미리 살펴보지는 않을 것이다).

배경

글쓰기는 언제나처럼 지금도 사회 연구의 필수적인 부분인데, 그 이유는 글쓰기가 지식의 구성에 필연적으로 얽혀 있기 때문이다. 더욱이 언어 또는 '말'은 전통적으로 사회과학의 지식을 구축하는 데 있어서 소통의 도구로 사용되었다. 그처럼 구술사와 생애사와 같이 지식의 구전이라는 문화적 행위에 의존하는 질적 패러다임 안에서 이야기하기 방법의 풍부한 전통이 존재한다. 이러한 맥락에서 사회과학 안에서 예술적 내러티브에 의존하는 것은 여러 가지 면에서 관습적인 연구 실행이 진화된 것이자 광범위한 종류의 실행을 규정하고 재규정하는 것으로 볼 수 있다.

내러티브 탐구와 허구기반 연구는 내러티브에 서로 다른 방식으로 의존한다. 하나의 내러티브는 단순하게 이야기해서 하나의 스토리이다. 더욱이 하나의 내러티브는 필연적으로 "무엇에 관한" 것이다(Labov, 2006, p. 37). 우리가 내러티브에 관해 말할 때 이야기를 말하는 것과 이야기를 글로 쓰는 것에 대해 말하는 것이다. 일상생활에서 내러티브의 공유는 한 사람이 다른 사람에게 "무엇에 관해" 이야기하고 싶어 할 때 일어나며, 그 무엇은 "하나의 사건, 즉 일어난 어떤 것"이다(Labov, 2006, p. 38).

지난 반세기 동안 내러티브를 표현적으로 사용하는 방법들이 등장하였다. D. Jean Clandinin과 Jerry Rosiek(2007)는 1960년대 말부터 내러티브 탐구가 여러 학문 분야에 걸쳐 증가하였음을 주목하였다. Bochner와 Riggs(2014)는 1980년대부터 내러티브의 사용이 강화되었던 지점인 20세기 말까지 여러 학문 분야에서 내러티브 탐구의 급증을 상세하게 기술하였다. 그들은 Donald Spence(1986)의 『내러티브의 진실과 역사의 진실(Narrative Truth and Historical Truth)』과 Theodore Sarbin(1986)이 편집한 『내러티브 심리학(Narrative Psychology)』의 출판을 사회과학 중에서 가장 저항적인 분야인 내러티브 심리학의 성장에 있어서 핵심적인 순간으로 주목하였다. 21세기가 시작되면서 '내러티브의 시대'가 도래하였다(Bochner

& Riggs, 2014; Denzin & Lincoln, 2000). Bochner와 Riggs는 개인의 내러티브, 생애사, 생애 이야기, 증언, 회고록 등의 증가를 사회과학 분야에서 내러티브가 광범위하게 사용되는 증거라고 지적하였다. 더욱이 연구 실례로서 허구는 문학적인 글쓰기와 내러티브의 원리를 사용하면서 지난 20년간 증가해 왔다(Leavy, 2013b). Anna Banks와 Stephen Banks가 1998년에 편집한『허구와 사회 연구: 불 또는 얼음으로(Fiction and Social Research: By Fire or Ice)』는 이 분야에서 초기에 나온 중요한 책이다. 2011년 교육 연구를 이끌어 가는 센스 출판사는 내가 편집한『사회적 허구(Social Fictions)』시리즈를 출판하기 시작하였다. 이것은 허구기반 연구를 단독으로 출판한 최초의 학술서 시리즈이며, 미국창의성학회(American Creativity Association)로부터 높이 인정받았다. 지금까지 이 시리즈는 사회 연구의 결과를 토대로 한 소설, 희곡, 단편소설집을 출판해 왔다.

■ 사회 연구에서 내러티브의 사용이 증가함으로써 초래된 것은 무엇인가?

내러티브를 사용하는 연구자들은 여러 가지 이유로 다양한 방법으로 내러티브를 사용한다. 그들은 그들의 작품에 인간적인 면을 불어넣고, (그들 자신과 다른 사람들의) 이야기를 더 진실되게, 몰입할 수 있게, 마음을 울리게 전하려는 공통된 욕구가 있으며, 연결성(connectivity)과 성찰(reflection)을 증진시킬 가능성이 높은 일을 하려는 공통된 욕구 경향이 있다. 많은 연구자는 자신의 참여자들과 함께 더 협력적인 일에 관여하며, 궁극적으로 많은 독자에게 읽히는 작품을 쓰고 싶어 한다. 내러티브 연구자들은 연구 참여자들을 대상화하는 것을 기피하고 인간 경험의 복잡성을 유지하려는 목적을 지닌다(Josselson, 2006). 내러티브로의 전환은 다른 요인들과의 결합에도 기인한다. Stefinee Pinnegar와 J. Gary Daynes(2007)는 내러티브 탐구로의 전환에 관하여 다음의 네 가지 수렴 현상을 주목한다. ① 연구 대상과 연구자의 관계, ② 숫자에서 말로 된 데이터로의 전환, ③ 일반적인 것에서 특수한 것으로의 변화, ④ 새로운 인식론의 등장이다. 내가 생각해 낸 부가적인 요인들은 자서전의 투입과 학문 안팎에서 창의적 논픽션을 쓰려는 노력이다.

자서전의 투입 증가

역사적으로는 문화기술지 연구자와 같은 질적 연구자들조차도 사회 현실에 대한 '객관적' 설명을 해야 하는 책임이 있었으나, 이제 문화기술지 연구자들은 자신들이 쓴 텍스트 안에서 그 입장이 결정된다는 점이 쉽게 받아들여진다. 사실상, 문화기술지 연구자들은 부분적이고 상황적인 실재를 전달하는 반면, 그들도 재현된 실재의 구성 요소가 된다. 다른 말로 하면, 비록 전통적으로는 자신들을 그 텍스트 안에 '보이지 않는' 존재로 드러내지만, 다른 모든 사회 연구자처럼 문화기술지 연구자도 자신의 최종적인 재현 안에 다양한 방법으로 암암리에 엮여 들어간다. Carl Rhodes(2000)는 연구자들이 어떻게 전형적으로 자신들의 텍스트 안에 숨겨지는지를 드러내기 위해 차작(대신 작품을 써 줌)이라는 은유를 사용하였다. 예를 들어, 그는 발췌된 인터뷰 전사가 어떻게 데이터를 끌어내거나 형성하는 데 있어서 연구자의 역할을 감추는지에 주목한다.

더욱이 자전적 글쓰기는 종종 다른 사람이나 집단을 재현하는 것과 뒤섞인다. 문화기술지의 경우, 예를 들어 현장 노트, 임시 노트, 메모 노트 등 이론 메모와 분석 메모는 연구자에게 특정 사회적 실재에 관한 자신의 이해와 인상을 적도록 요구한다(Hasse-Bibler & Leavy, 2005, 2011). 이는 연구자의 세계관과 아울러 현실에서의 특정 경험(정서적·심리적·신체적·인지적·실용적 현장 경험)을 어떻게 보는가에 영향을 미친 가정들을 포함한다. 문화기술지 연구자에게 있어서 반성(reflecxivity)의 문제에 참여하는 것은 결국 관점과 권력 형성 지각뿐 아니라 경험을 겪어 내면서 어떻게 소통하는가에 주목할 것을 요구한다(Skinner, 2003, p.527). 이런 과정의 결과인 '상세한 서술(thick description)'(Geertz, 1973)은 사건에 대한 연구자의 중립적 묘사로부터가 아니고, 오히려 그 실재 속에서의 연구자의 주관적 경험으로부터 얻어지며, 가장 좋은 경우는 그 경험에 대한 연구자의 체계적인 반성에 의해서 얻어진다.

뿐만 아니라 연구자가 자신의 경험을 독자에게 나누어 줄 수 있는 일관된 내러티브로 엮고자 할 때, 대다수는 문학적 내러티브의 실행과 유사한 과정에 참여한다. 이러한 관점에서 어떤 연구자는 단지 이야기하기라는 문학의 개념에 의존하는 반면, 책의 후반에 살펴보겠지만 다른 연구자는 허구도 실제로 사용한다.

제1장에서, 나는 전통적으로 사회 연구의 실행을 이끌어 온 주요 이원론과 아울러 주체와 객체, 이성과 감정의 이분법에 대해 질적 패러다임 학자들이 제기한 도전을 검토하였다. 탐구의 주체로서 연구자가 분명히 드러나도록 활용한 것은 공적이고 사적인 영역의 구분이라는 또 다른 오랜 이분법에 도전한 것이다. 그것은 자전적인 연구에 대한 반대가 때때로 매우 강하기 때문이다. 사회에 관한 자전적 연구는 공과 사라는 이분법을 거부하고 그것을 거짓 이분법으로 드러내며, 사적인 것이 실제로 공적인 것이 됨 또는 그 반대도 성립함을 제안한다. 이런저런 이유들 때문에 사회 연구에 있어서 '개인적인 것'을 사용하는 것은 이의 제기의 대상이 되기도 하고, 복잡하기도 하다. 그렇지만 예술기반 연구의 세계에서 이러한 이원론들은 침식되어 왔다.

앞에서 말하였듯이, 전통적인 문화기술지는 지속적인 주관적 글쓰기와 해석의 과정을 요구하는데 최근의 문화기술지 연구자는 이런 과정에 더욱 자신을 반영하고자 한다. 마찬가지로, 페미니즘 연구자는 중립성이라는 거짓된 요구가 어떻게 젠더·인종·성·계급의 차별에 관한 지식의 구성을 은폐하고 영속시키는지를 설득적으로 보여 주었다(Halpin, 1989; Smith, 1987). 이런 맥락에서 그것은 Sandra Harding(1993)이 연구자를 연구 안에 반영적으로 배치하는 수단으로서 '강력한 객관성(strong objectivity)', 즉 정당화의 맥락이 아닌 발견의 맥락에 대한 관심을 제안한 것이다. 더욱이 Freeman(2007)은 자서전이 필연적으로 내러티브 탐구의 한 형태라고 제안한다.

지난 25년간 정당한 연구방법으로서 자문화기술지의 발전과 이후의 폭발적 증가는 아마도 자서전의 투입이 증가되었다는 가장 강력한 증거일 것이다. 자문화기술지는 스스로 연구하는 방법인데, 여기서 연구자는 실행 가능한 데이터의 원천으로 여겨진다. 자문화기술지의 글쓰기는 뚜렷하다. Carolyn Ellis(2004)는 "자문화기술지는 개인적인 것에 대해, 그것과 문화의 관계에 대해 글을 쓰는 것을 가리킨다. 그것은 여러 겹의 의식을 보여 주는 자서전 장르에 속한 글쓰기와 연구이다."라고 썼다(p. 37: Dumont, 1978 재인용). Pelias(2004)는 자문화기술지 글쓰기의 목적은 울림(p. 11)이라고 제안한다. 더욱이 이런 방법은 "자아를 도약대와 증인으로" 사용하면서 "자아와 문화의 유대관계"에 접근한다(p. 11). 획기적인 출판물인『자문화기술지 핸드북(The Handbook of Autoethnography)』(Halman Jones, Adams, & Ellis, 2013a)과 아울러 이 방법 및 연관된 방법들은 점점 적법해졌다.

창의적 논픽션

뉴스 보고서에 이어 학문적 보고서에서의 창의적 논픽션 접근의 등장과 확산 또한 내러티브 주도적 방법으로 전환하게 된 배경의 일부이다. 창의적 논픽션은 1960년대와 1970년대에 등장하여 연구 보고서의 진실성에 기초하면서도 더욱 참여적인 성격을 불어넣었다(Caulley, 2008; Goodall, 2008). 무역 출판이나 저널리즘의 상업적 세계뿐 아니라 학술적 글쓰기와 출판에서도 저자는 자신의 사실적 글쓰기를 강화하기 위해 문학적 도구를 사용할 방법을 찾았다.『창의적 논픽션(Creative Nonfiction)』잡지의 창간자인 Lee Gutkind는 창의적 논픽션이 출판에서 가장 빠르게 성장하는 장르임을 선언하며, 그 장르는 본질적으로 "잘 말한 진짜 이야기"를 고취한다고 한다(Gutkind, 2012, p. 6). 더 나아가 그는 그 형식을 다음과 같이 규정한다.

'창의적'이란 말은 소설가, 극작가, 시인들이 논픽션, 즉 실제 사람들과 사건에 대한 사실적이고 정확한 산문을 강력하고 생생하며 극적인 방법으로 쓰기 위해 사용하는 문학적 기예와 기교의 사용을 가리킨다. 그 목적은 논픽션 이야기를 허구처럼 읽도록 만들어서 독자가 판타지에 의해 그런 것만큼 사실에 의해서도 사로잡히게 하는 것이다. 그러나 이야기는 진실이다(p. 6).

신문 리포팅의 상업화는 공적 영역에서의 창의적 논픽션의 교리를 정상화했다. 그 결과로서 학술적 글쓰기의 규준이 변화하였다. 만일 한때 '객관적'이라고 알려진 저널리스트들이 문학적 기교를 적용하여 좋은 이야기를 만드는 데 적극적으로 참여할 수 있다면, 학술 연구자들도 그 같은 일을 대담하게 할 것이다. 더욱이 독자들이 보고서보다 이야기를 읽는 데 더 익숙해짐에 따라 학술적 저자들을 위한 가능성이 열리면서 기대치가 달라졌다. 창의적 논픽션의 증가는 좋은 스토리텔링을 장려하였다. 많은 사람에게 있어서 연구란 단지 보고를 하거나 연대순으로 늘어놓는 것만으로는 충분치 않고, 그것을 잘 전달해야만 한다. 이야기가 잘 표현되었을 때, 독자들은 더 깊이 영향을 받는다. Theodore A. Rees Cheney(2000)는 창의적 논픽션을 다음과 같이 묘사한다.

> 창의적 논픽션은 사실을 사용한 이야기를 들려주지만, 흥미진진함과 정서적 생동감을 주기 위해 소설의 기교를 많이 사용한다. 창의적 논픽션은 단지 사실을 보고하는 것이 아니라 독자로 하여금 주제를 깊이 이해하도록 이끄는 방법으로 사실을 전달한다. 창의적 논픽션은 이야기꾼의 기교와 양심적인 기자의 조사 능력을 요구한다(p. 1).

학문의 세계에서 연구자는 타인에 대해 배우고 그 배운 것을 공유하는 이야기꾼이다. 민족지학 연구의 분야에 들어가든 구술 역사 인터뷰를 실행하든 우리는 창의적·표현적·역동적·실제적 방법으로 다른 사람들에 대해 이야기하는 일을 맡고 있다. 또한 우리는 우리 자신의 자문화기술지 경험을 우리가 만들어 내는 이야기에 분명한 정보를 제공하는 자료로서 의존하는 것 같다. Bud Goodall은 이것을 '새로운 문화기술지'라는 용어로 불렀다(Goodall, 2000, 2008). 우리가 연구를 나타내고 공유할 때 우리의 목적은 단지 그것을 타인에게 노출하는 것이 아니라 우리의 연구를 읽는 사람들에게 영향을 끼치는 것이다. 특정 프로젝트마다 그 목적은 다를 수 있다. 예를 들어, 교육, 의식 향상, 거짓을 드러냄, 비판적 의식 형성, 지배적 이념이나 편견 파괴, 쟁점의 인간적인 측면 부여 등의 목적이다. 그러나 우리의 목표가 무엇이든지 우리는 독자에게 영향을 끼치는 것을 목적으로 삼는다. 좋은 가르침이 그렇듯이, 우리는 우리의 연구가 지속적인 영향을 끼칠 수 있을 만큼 글로 잘 표현되기를 바란다. 잘 쓰인 '이야기'는 오래 기억되는 잠재력이 있다.

창의적 논픽션은 포괄적이어서 하나로 통합하거나 모든 사례를 다 설명하기가 힘들다. 연구 논문, 에세이, 논평 기사, 서적은 모두 이러한 방식의 글쓰기로 작성될 수 있으며, 일반적으로 그렇다. Laurel Richardson은 오랫동안 그 새로운 '형태'의 글에 영감을 준 인물이다. Tom Barone(2008)은 Laurel의 획기적인 책 『놀이의 분야(Fields of Play)』가 창의적 논픽션으로 간주될 수 있다고 통찰력 있게 서술한다. 연구 공동체에서 일상적으로 나오는 또 다른 예로는 Truman Capote의 『차가운 피 속에서(In Cold Blood)』(1966)인데, 어떤 이들은 이 책이 연구자가 행한 방대한 연구에 기초하기 때문에 질적 연구 프로젝트로 간주될 수 있다고 제안한다. 분명한 것은 창의적 논픽션이 학계 안팎에서 얼마나 많은 이가 학술적 글쓰기를 보는지를 변화시켰다는 것과, 문학적 허구의 도구들이 연구자의 영역으로 들어왔다는 것이다.

연구에 내러티브를 사용하는 방법은 많지만, 여기서 모든 것을 논의할 수는 없다. 다음 절에서는 내러티브 탐구의 몇 가지 접근, 곧 참여자 인터뷰와 문화기술지의 관찰을 통한 자료 수집과 그와 관련된 분석 및 과정 서술에 대해 살펴보고, 내러티브 연구에 대한 자문화기술지 접근을 살펴볼 것이다. 그다음 절에서 나는 허구를 연구와 글쓰기의 도구로서 분명히 사용하는 것에 대해 생각해 볼 것이다.

- ■ 내러티브 탐구 또는 내러티브 방법은 무엇인가?
- ■ 이런 접근은 어떻게 사용될 수 있는가?
- ■ 이런 접근에는 어떤 종류의 연구 문제가 어울리는가?

내러티브 탐구 또는 내러티브 방법

문화기술지학, 구전 역사, 질적 인터뷰의 요소를 토대로 내러티브 탐구 또는 내러티브 방법은 참여자의 생애 경험에 함께 접근하며, 이야기하고 다시 이야기하는 과정에 참여하여 다차원적인 의미를 드러내고 자료를 실제적이고 흥미진진하게 묘사하려는 시도이다. 다른 말로 하면, 내러티브는 성찰적·참여적·미적 과정을 통한 자료로부터 구성된다. 따라서 내러티브 관점은 우리가 전통적 인터뷰를 수행하는 방식을 변화시킨다. 왜냐하면 우리는 다시 이야기하기와 내러티브의 공동 구성에 주목하기 때문이다. 내러티브 탐구는 종종 작은 샘플 크기에 의존하지만 풍부한 사례연구를 생산해 낸다.[2]

내러티브 방법을 사용할 때, 자료는 내러티브 분석 또는 "내러티브 구성"을 사용하여 분석된다(Kim, 2006, p. 4). 김정희(Jeong-Hee Kim, 2006)는 내러티브 분석이란 "연구자가 자료 자체에 제시된 살아 있는 경험의 충만함으로부터 떠오르는 주제를 추출하고, 서로 연결이 안 된 연구 요소들에 일관성을 부여하면서 이야기를 구성함으로써 그 이야기가 독자에게 이해가 되고 상상력을 불러일으키는" 과정이라고 설명한다(p. 5).

연구자는 다수의 연구 문제를 생각하면서 다양한 방법으로 내러티브 탐구를 사용한다. Clandinin과 Rosiek(2007)는 내러티브 탐구는 일반적으로 경험에 초점을 맞추며, 그 경험은 무수히 많은 방법으로 개념화된다는 점에 주목한다. 어떤 연구자들은 특정 토픽에 관한 다양한 연구 대상(subject)의 위치에 접근하거나 그것을 제시(재현)하기 위해 이 연구방법을 사용한다. 내러티브 방법은 Bakhtin의 이론적 틀에 영향을 받았다. Mikhail Bakhtin(1975/1981)은 '서사시'의 내러티브와 '소설'의 내러티브를 비교하면서 서사시 장르에서는 한 가지 관점이 표현되지만, 소설에서는 서로 다른 시점이 표현된다고 주장한다. 이런 틀에 영향을 받은 연구자들은 다중 시점에 접근하고 그것을 제시(재현)하는 내러티브 탐구의 방법을 발전시켰다. 이 중 우수한 사례는 교육 연구 분야에서 김정희의 연구(2006)이다.

김정희(2006)는 Bakhtin의 틀을 내러티브 탐구에 적용하고 다중적 목소리를 사용면서, 서로 다른 관점을 지닌(다양한 권력의 위치를 점유하고 있는) 개인들이 독자로 하여금 각 참여자의 관점을 취하고 이해하도록 돕는다고 상정한다. 김정희는 대안 고등학교의 학생부터 행정가까지 소속된 사람들의 관점에 대해 연구하였다. 다중 방법 연구는 문화기술지, 열린 질문을 포함한 반구조적 인터뷰, 내러티브 탐구를 포함한다. 김정희의 연구의 결과물은 다섯 가지 목소리, 즉 다섯 가지 내러티브로 구성된 예술기반 텍스트이다. 그 방법론은 이 특정한 장소에서 작동하는 서로 다른 관점에 대한 의미 있는 이해를 제공하였다. 그러나 이 방법을 쓸 때 그 관점들은 다른 것보다 더 타당하다거나 더 흥미진진하지는 않으며, 모두 '상대성 이론'을 채택할 필요는 없다. 예를 들어, 김정희의 연구에서 내러티브 다음에 '에필로그: 연구자의 목소리'라고 불리는 부분이 나오는데, 그 부분에 나오는 하나의 우화는 의미를 분명히 전달하고 독자로 하여금 다양한 내러티브 또는 관점에 무게를 둘 수 있도록 돕는다. 이런 방식으로 연구자는 내러티브 방법을 사용하면서 선행 연구를 고찰하고 그 텍스트에 관해 성찰한다. 결론에서 김정희는 이 방법이 "지배적인 이야기의 성격을 취조하기"에 유용하다고 제안하는데(p. 11), 그것은 여러 종류의 연구 프로젝트와 다양한 비판적 이론의 틀 안에 적용될 수 있다.

내러티브 연구는 교육 연구의 다른 분야에서도 이루어진다. 예를 들어, 교육의 다문화 쟁점을 이해하기 위한 내러티브의 잠재력을 사용하는 연구들이 풍부하게 이루어져 왔다(Phillion, Fang He, & Connelly, 2005 참조). Meta Y. Harris(2005)는 학생과 교사들이 어떻게 자서전 글쓰기를 사용해 다양한 학생 간에 더 나은 상호작용을 발전시킬 수 있는지 연구하기 위해 내러티브 연구를 사용하였다. 그녀의 연구는 개인의 이야기와 교육 경험이 사람들에게 자신이 누구이며, 어떤 사람이 되며, 다른 사람들과 어떻게 반응하고 상호작용하는지에 관해 영향을 끼치는지 고찰한다.

내러티브 탐구는 아마도 트라우마 연구와 같이 트라우마와 회복의 과정에 관한 연구와 연계된 확장되는 융합적인 분야에 대한 방법론적 접근으로서 채택되고 있다. Mary R. Harvey, Elliot G. Mishler, Karesten Koenan과 Patricia A. Harney(2000)는 내러티브 접근이 많은 새로운 사회 연구 문제를 발견하게 한다고 제안한다. 그들은 의료 사회학과 인류학 내에서 내러티브 연구의 사례를 들고 있는데, 이런 연구들은 '질병의 내러티브' '고통의 내러티브' '소망의 내러티브' '만성 질병의 내러티브'에 초점을 맞춘다. 그들은 또한 홀로코스트 생존자, 베트남 참전용사, 전쟁 관련 폭력의 희생자, 성폭행 생존자, 성적 학대 생존자, 아프리카계 미국인 남성의 성차별 이야기의 경험에 초점을 맞추는 내러티브 탐구를 사용하는 연구들을 언급한다. 예술기반 실천을 지향하는 많은 연구자들이 그렇듯이 Harvey와 동료들(2000)은 성과 관련된 트라우마 생존자에 관한 연구에 있어서 더 전통적인 다른 연구방법을 통해 자신들이 관심이 있는 자료에 충분히 접근할 수 없었을 때 내러티브 탐구를 사용하였다. 그들의 다중방법 접근은 처음에는 양적 도구 제작에 사용되는 매우 구조화된 인터뷰를 수반하였다. 그다음에 비구조화된 인터뷰를 실행하였다. 마지막으로, 그들은 새로운 연구 문제를 제기하는 내러티브 접근을 개발하였다. 주로 Harvey와 동료들은 생존자들이 자신의 회복과정을 통해 어떻게 의미를 생성하고 재생성하는지에 관심이 있었다(p. 292). 더욱이 그들은 생존자의 회복과정 속의 이야기가 지닌 역할과 기능에 관심이 있었다(p. 292). 내러티브 탐구로의 전환은 연구자들이 다양한 연구 프로젝트에 쉽게 적용 가능한 다수의 새로운 연구 문제로 이끌었다.

트라우마 생존자들이 일관된 생애 이야기를 구성하는 문제를 어떻게 다룰 수 있으며, 그 이야기의 내용과 형식이 어떻게 시간을 두고 변하는가? 이러한 변화는 트라우마 회복의 정상적인 발전과정을 어떻게 반영하는가? 생존자의 내러티브를 다시 이야기하도록 처음 이끄는 것은 무엇이며, 이것은 정상적인 정체성 발달에 영향을 주는 성적 학대의 왜곡된 결과를 회복하는 데 도움을 주고 회복의 효과를 지니는가? 이러한 여성, 성폭력, 트라우마, 젠더 정체성에 관한 개인의 내러티브와 문화적 '거대 내러티브' 간의 관계는 무엇인가? 일관된 이야기에 대한 임상가와 연구자로서 우리의 기대치와 선호도 때문에 생존자들이 말하고자 하는 바를 들을 수 있는 능력이 어떻게 방해를 받는가? 마지막으로, 우리는 자신의 성적 트라우마 경험에 대해 더욱 잘 이해하고, 그것에 의미를 부여하려는 생존자들의 노력을 존중해 주는 방식의 이야기 듣는 법을 개발할 수 있는가?(p. 292)

그들의 연구에 기초하여, Harvey와 동료들(2000)은 내러티브의 세 가지 주요 구성 요소를 일관성(coherence), 전환점(turning points), 재구성하기(replotting)로 규정하였다.

일관성의 개념은 내러티브가 어떻게 소통되는지를 가리킨다. 연구 참여자들이 일관된 내러티브를 공유한다는 가정을 하는 경우가 종종 있다. 그러나 특정한 종류의 생존자들은 자신의 경험을 "일관된" 내러티브로 말하지 않을 수도 있으며, 그것은 실제로 내러티브 듣기를 더 어렵게 만들 수 있다(Harvey et al., 2000, p. 295). 예를 들어, 홀로코스트 생존자들은 자신의 내러티브를 생애 이야기의 한 부분으로서 연대기 순으로 말하지 않을 수 있다. 왜냐하면 공포의 깊이가 너무 깊어서 그들에게 그 사건은 "시간의 바깥에 있기" 때문이다(p. 294). 피학대 여성 증후군 때문에 자신의 배우자를 살해한 여성들은 시간이 흐르는 가운데 자신의 이야기를 종종 다르게 말한다. 대개 초기의 내러티브는 심각한 트라우마 때문에 연대기 순으로 이야기되지 않는다. 비록 초기의 이야기가 일관성 있게 전달되지 못한 채 일관성 있는 내러티브가 다시 이야기되면서 나중에 나타나기는 하지만, 경찰과 검사가 이를 깨닫지 못할 때는 이것이 경찰 인터뷰와 재판에서 많은 여성에게 불리하게 사용되었다. 연구자들은 내러티브가 어떻게 소통되는지, 예를 들어 말하는 방식, 시제, 억양, 말투에 주목할 필요가 있는데, 이런 것들도 다양한 자료를 알려 준다.

전환점은 참여자가 증언하고자 하는 내러티브와 경험을 구성하는 데 있어서 종종 필수적이다. 예를 들어, 전환점은 희생자 사고방식에서 생존자 사고방식으로 옮겨가는 시간을 나타내거나 또는 다른 종류의 경험과 해석의 변화를 나타낼 수도 있다.

재구성하기 또는 다시 이야기하기(re-storying)는 내러티브 연구에서 가장 중요한 측면이다. 이것은 참여자가 자신의 이야기를 (이용 가능한) 문화적 틀과 (시간이 흐르면서 변화하는) 개인적 의미 간의 상호작용을 통해 내러티브로 만드는 과정이다 (Harvey et al., 2000, p. 307). 더욱이 다시 이야기하기는 참여자들이 자신만의 주요 인생 경험을 반영하고 그것을 재구성할 때 지속적으로 일어난다. 재구성하기는 다음과 같이 생각될 수 있다. 즉, "이야기는 인물과 줄거리 간의 변증법을 표현하기 때문에 우리의 응답자들은 재구성하기를 통해 자신들의 삶에 매우 중요한 인물과의 관계에서의 자기 위치와 다른 방식으로 자기 위치를 배치한다"(p. 298). Harvey와 동료들(2000)은 참여자들이 과거의 트라우마 관계를 현재의 상태 또는 미래를 위해 바꾸고자 재구성하기에 관여한다고 연구의 결론을 맺는다(p. 301).

전기 내러티브 해석방법

Kip Jones는 내러티브 탐구, 예술기반 연구, 수행적 사회과학의 발전을 위한 최전선에 있다. 미술학교에서 수학한 학자로서 Jones는 과학적 실행과 예술적 실행 사이에 핵심 유사성을 이해하고 있으며, 제1장에서 살펴보았듯이 자연과학과 사회과학, 과학적 탐구와 예술적 탐구 사이의 구분이 모호함을 보았다. 이러한 맥락에서 Jones는 질적 인터뷰에 관한 "시각적 관점"을 개발하였는데, 이는 질적 인터뷰의 시각적 측면을 고려하기 위해 그의 미술 훈련에서 이끌어 낸 것이다. 이 분야에서 Jones의 주요 공헌은 질적 인터뷰 과정, 곧 자료 수집부터 분석과 작성까지의 방법들이 이미 시각적 과정이라는 점을 인식한 점이며, 그에 따라 연구자들이 자신의 연구를 이런 측면에 더 잘 맞출 수 있도록 한 점이다.

이론적으로 이 방법론의 실행은 '언어적인 것과 비언어적인 것'의 경계선 중심에 자리 잡은 Bakhtin의 작업에 영향을 받았다. 이런 틀을 사용하여 Jones는 인터뷰 방법에 대한 시각적 관점과 내러티브 관점의 교차점에서 일련의 실천을 만들어 냈다. 그는 모든 질적 연구자가 자신의 참여자들의 이야기를 조직하고 "시각적 인상"을 가지고 창의적으로 이야기를 구성하는 동안 시각화 과정에 참여한다고 주장하였다

(Jones, 2001, p. 3). Jones는 "이미지와 비언어적 단서들의 브리콜라주가 열린 내러
티브에 대한 또 다른 접근법을 제공하였고, 생애 이야기를 풍성하게 만들었으며, 그
에 대한 분석을 강화하였다."(p. 3)라고 기술한다.

　게다가 Jones는 물체를 둘러싸서 존재감을 살려 주는 역할을 하는 네거티브 공간
(미술학의 기본 사실)과 관련된 자신의 미술 경험에 의존한다. 그는 인터뷰에서도 네
거티브 공간은 대화를 둘러싸거나 틀을 만들어 낸다. 그는 "나는 나 자신의 내러티
브 자서전 작업을 하면서 시각적 기술을 더 발전시키려고 시도했다. 나는 그 기술
중 하나는 연구를 통해 우리가 만나는 사람들을 더 잘 이해하기 위해 더 잘 보려고
힘쓰는 것이다."라고 설명했다(Jones, 2001, p. 2).

　Jones가 자신의 사회 연구에서 시각적 관점을 개발한 직후에야 그는 "구어적 서
술이 화자가 신체적 · 감각적 · 인상적인 것을 표현하기 위해 사용했던 도구였음을
보기 시작했다"(Jones, 2001, p. 5). 이러한 사회적 생애의 측면들과 문화기술지의 관
찰과 인터뷰를 통해 그러한 측면을 파악하는 것은 대개 다른 연구방법들로는 불가
능하다. 그러나 우리 참여자의 경험의 본질이 나타나는 것은 이러한 측면을 통해서
이다. 이러한 맥락에서 내러티브 연구의 혁신적 예술기반 형식을 구현하는 것은 질
적 연구를 이끌어 온 오랜 목표인 실제적 · 촉감적 · 복합적 · 감각적 · 맥락적 의미
를 얻는 것에 부합한다.

　이상의 내용을 이해하는 맥락에서 Jones는 전기 내러티브 해석방법을 사용한다. 이
방법은 '미니멀리스트 수동적 인터뷰 기법'에 의존하는데, 이 기법을 사용하면서 연
구자들은 지속적인 해석과정에 참여하게 된다. 미니멀리스트 수동적 인터뷰 기법이란
"비개입(noninterruption)"이 이루어지는 인터뷰 상황을 말한다(Jones, 2003, p. 62). 예
를 들어, 연구자가 "내러티브 유도"를 위한 열린 질문으로 시작한 후에 참여자가 자
신의 이야기를 방해받지 않고 이야기하도록 허용하며 인터뷰를 진행하는 것이다(p.
61). 라포(rapport)는 시선의 마주침과 고개 끄덕임과 같은 적절한 시각적 단서를 통
해 유지된다. 이러한 인터뷰 방법은 미리 생각해 놓은 질문이나 구체적이지 않은 연
구 계획조차도 다른 무엇인가에 "내포된" 잠재적인 자료의 일부를 방해할 수 있다는

생각에 기초한다(p. 61). 일반적으로 45~60분이 걸리는 초기의 비개입 인터뷰 후에 분석과정이 진행된다. 그러고 나서 후속 질문을 묻는 두 번째 인터뷰 세션이 진행되고, 다시 분석이 이어지며, 필요에 따라 세 번째 인터뷰 세션이 진행된다.

Jones는 이런 방법으로 하는 작업의 핵심적 이론적 원리를 게슈탈트라고 본다. 그는 게슈탈트를 "숨겨지거나 드러난 주제, 모티프 그리고(또는) 다양한 의제를 통해 구성된 이야기의 형태"라고 정의한다(Jones, 2003, p. 62). 비개입 인터뷰 기법을 사용함으로써 참여자의 이야기의 게슈탈트는 그 진실성을 유지한다.

각 인터뷰 세션은 말해진 그대로 연구자의 노트와 함께 전사된다. Jones는 노트를 적는 과정은 핵심 쟁점에 대한 은유를 구성하고 이해하는 데 중심이 됨을 안다. 연구자에게 도움이 되는 다양한 종류의 메모 노트가 존재한다. 예를 들어, "그때그때 적는 메모(on-the-fly)" 노트는 핵심어와 문구로 이루어진다(Hesse-Biber & Leavy, 2005, p. 258). "개인 문제 및 반성 노트"는 연구자가 자신의 감정, 생각, 프로젝트 내의 변화하는 입장 등에 관해 적는 공간이다(Hesse-Biber & Leavy, 2005, p. 259). 서술로 이루어진 표준 현장 노트와 지속적인 자료 분석 노트 말고도 메모를 적는 이런 종류의 실천은 이 인터뷰 방법을 사용하는 데 특히 유용하다.

Jones는 또한 분석을 위해 성찰팀(reflective team)을 사용한다. 팀 분석의 접근법은 "체험된 삶(lived life)"과 "구술된 이야기(told story)"라는 자료의 두 가지 측면에 초점을 맞춘다(Jones, 2003, p. 62). 이와 같은 두 가지 분석 축과 결부된 분석팀의 사용은 이런 방법에 맞게 설계된 과학적 기준을 보장하는 데 유용하다. Jones는 "객관성은 분석의 각 단계를 분리되게 하고 서로 다른 연구자 팀을 가설과 주제를 발전시키는 과정에 참여시킴으로써 유지된다."(p. 62)라고 기술했다. 이러한 맥락에서 체험된 삶에 대한 미시적 분석과 구술된 이야기에 대한 주제 분석이 이루어진다. Jones는 다음과 같이 말한다.

전기의 세부 내용과 주제들은 심층 텍스트 분석을 통해 검증되는데, 주저함, 반복, 모순, 중단과 같은 부분을 검토한다. 구술된 이야기에서 체험된 삶이 어떻게 드러나는가에 대한 가설을 통해 해당 사례 역사(case history)는 '체험된 삶'과 '구술된 이야기'라는 두 가지 분리된 줄기로부터 마침내 구성된다. 그리고 나서 하나의 사례 구조가 공식화되어 피면담자의 행위에 기초한 한 가지 이상의 사건을 입증한다(Jones, 2003, p. 63).

일반적으로 내러티브 연구자는 자신의 구체적인 방법론과 상관없이 연구 목적을 투명하게 한 후에 "자료를 이야기로 만드는 적절한 맥락이라고 보는 것을 확정함"으로써 진실성을 획득한다(Clandinin & Connelly, 1989, p. 19).

Jones는 '본질'에 접근하기 위해 이 방법을 발전시켰는데, 그 본질은 관습적인 인터뷰 실행으로는 미미하거나 보이지 않게 묘사된다. 더욱이 그는 전통적인 방법들은 '감각적인 것' '감정적인 것' '운동감각적인 것'을 드러낼 수 없다고 제안한다(Law & Urry, 2004; Jones, 2006 재인용). 따라서 Jones는 자전적 내러티브 인터뷰라는 엄격한 방법을 맥락적·감각적·운동감각적 지식에 도달하는 한 방법으로서 옹호한다(Jones, 2006, p. 3).

내러티브 자문화기술지

자문화기술지에는 여러 접근법이 존재하지만(Holman Jones, Adams, & Ellis, 2013a), 이 논의를 위해서 나는 내러티브 자문화기술지에 초점을 맞추고자 하는데, 이는 내러티브 또는 이야기로서 재현되는 전통적인 자문화기술지 글쓰기이다. 내러티브 자문화기술지는 연속선 위에 존재하는데, 그 연속선은 연구 참여자와 개인 경험을 공유하는 연구자에서 시작해 더 큰 연구 내러티브의 일부가 되어 완전히 자전적인 프로젝트에서 명백하게 자전적 자료와 허구를 결합한 것으로 나아간다.

Carolyn Ellis는 자문화기술지 연구 발전의 선봉에 섰으며, 이 방법을 다음과 같이 규정한다.

당신은 '자문화기술지는 무엇인가?'라고 질문할 수 있다. 내 간략한 대답은 다음과 같다. 자전적이고 개인적인 것과 문화적·사회적·정치적인 것을 연결시키는 연구, 글쓰기, 이야기 방법이다. 자문화기술지 형태는 대화, 장면, 성격 묘사, 줄거리를 통해서 그려지는 구체적인 행위, 감정, 체화, 자의식, 자기성찰과 같은 특성을 지닌다(Ellis, 2004, p. xix).

이런 실행은 자전적 글쓰기와 내러티브 글쓰기의 결합인데, 종종 허구(비록 언제나 그런 것은 아니지만)를 통합한다. 자문화기술지는 단편소설, 수필, 시, 소설, 공연 작품 또는 기타 실험적 텍스트로서 소통된다. 연구자들은 종종 작품을 특정한 문화와 역사의 맥락 안에 있는 것으로 보기 위한 수단으로서 성격 묘사(그것은 합성물일 수 있다)를 창조하고자, 분위기와 감성을 불러일으키기 위해서, 또는 줄거리 관례를을 따르기 위해 작품의 여러 측면을 허구화한다. 따라서 자문화기술지 글쓰기에서 허구는 아마도 특정한 부분적 진실을 강조하고, 사회적 의미를 드러내며, 개인의 경험을 사회적 행위자들이 살아가는 더 큰 문화적·제도적 맥락에 연결하는 수단으로서 사용될 수 있다. 이러한 측면에서 실험적 글쓰기 형식은 연구자로 하여금 분석의 미시적 수준과 거시적 수준을 연결하고, 자기 작품의 특정한 측면(눌린 목소리와 같은)을 강조하도록 돕는다.

이 방법의 주된 장점은 **자의식을 높이고** 그렇게 함으로써 **반성을 증진**할 수 있는 가능성이다. 그러나 자신을 연구과정의 중심에 두는 것은 그 자체의 숙고와 부담을 초래한다. 자문화기술지는 연구자에게 자신을 취약한 상태로 둘 것을 요구한다. 그는 이 과정 동안 경험하게 될 감정을 예측할 수 없다. 게다가 연구자는 대중에게 자신의 개인적 삶을 공개함으로써 사생활을 내려놓고 비판의 가능성을 기꺼이 수용한다. 이런 측면에서 어떤 이들은 자문화기술지를 "가장자리에서, 안전망이 없는 상태에서의 글쓰기"로 여긴다(Vickers, 2002, p. 608). 이것은 고통스럽다. 이런 이유나 타당성 측정과 같은 이유로 연구과정 내내 피드백을 제공하기 위해 지원팀을 마련하는 것은 중요하다(Tenni, Smyth, & Boucher, 2003).

■ 왜 내러티브 자문화기술지를 사용하는가? 이 방법으로 어떤 종류의 연구 문제를
  다룰 수 있는가?

자문화기술지 연구는 다수의 연구 문제를 다루는 데 사용될 수 있는데, 이는 개인
적 또는 공유된 트라우마, 슬픔의 과정, 영성, 파트너 되기, 분리, 임신, 자녀 양육 등
의 생애 주기 또는 주요 생애 표지, 또는 조직 생활, 질병, 낙인, 억압, 예속 등의 주
제들, 또는 그 밖의 많은 쟁점을 탐구하는 문제를 포함한다.

Margaret H. Vickers(2002)는 내러티브 자문화기술지를 사용해 (자신과 남편의 퇴
행성 질병에 대한) 애통의 경험과 아울러 직장에서의 (그녀의 질병과도 연관된) 심각한
학대의 경험을 탐구하였다. Vickers는 그녀의 이야기에서 자신의 여러 경화증을 둘
러싼 감정과 경험 및 그로 인해 겪은 우울증, 남편의 질병(두뇌로 퍼진 만성 폐병 때문
에 남편의 능력과 성격이 영향을 받아 43세에 퇴직하게 됨)과 관련된 상실과 슬픔의 동
시적인 감정을 탐구하였다(그녀는 글에서 남편이 이미 죽었다고 느낀다고 썼다).

뇌리를 떠나지 않는 Vickers(2002)의 글은 질병-건강의 이분법을 개념화하고 아
울러 상실, 두려움, 절망이라는 극심한 감정을 소통하는 대안적 방법을 제공한다. 그
녀의 표현에 의하면, 이런 감정은 자신의 삶을 이제 단지 "존재하는 것"으로 만들고,
"아무것도 기대할 것이 없으며"(Vickers, 2002, p. 611), 일이 더 나빠질 뿐이라고 느끼
게 한다. 또한 Vickers는 다른 중요한 인생의 도전들과 아울러 직장에서 직면한 억압
과 그것을 다루는 대처 전략을 탐구할 수 있다. 자전적 이야기 형식은 독자에게 감정
을 불러일으키고 카타르시스를 느끼게 한다. 다음은 간략하게 발췌된 내용이다.

우울한 어두운 색 후드는 다시 한 번 나를 감싼다. 나를 느리게 만들고, 속박하
며, 상상할 수 없는 외로움을 불러일으킨다. 내 인생을 생각할 때 나는 속이 텅 빈
허전함과 마비됨을 느낀다. …… 나는 그저 존재한다. 나는 즐기지도 못하고 속이
텅 빈 공허함 외에는 거의 느끼지 못한다. 나는 불행한 또 다른 날을 기록한다. 추
락하는 바퀴 위에 있는 내게 다른 날이 말했다. 그러나 어디로? …… 나는 많이 울

었다. 내 생각은 멈추었고, 눈물은 급히 닦여졌다. 나는 서재로부터 중개자들 중한 사람에게서 전화를 받았다. Shelly의 건강이 좋지 못하다. ...... Michael은 눈물이 그녀 때문인 것으로 생각했다. 그 눈물은 나 때문이었다. 내 통증, 두려움, 상실 때문이다. 그녀와 그의 눈물이 아닌 내 눈물이다!(Vickers, 2002, p. 613)

앞의 사례에서 자전적 이야기 쓰기 방법은 통증, 상실, 슬픔, 질병의 '경험'에 대한 새로운 지식을 창조하기 때문에 매우 중요하다. 다른 방법과 달리 자문화기술지의 짧은 이야기는 감정적 경험을 지식 그 자체의 일부로서 전달되도록 한다. 글쓰기에서 나쁜 요소들을 제거하지 않았고, 오히려 실제로 읽기에 매우 어렵다. 이것은 매우 중요하다. 앞의 연구자는 또한 자신의 감정과 경험을 탐구하도록 허용하였고, 그리하여 그 경험을 연구자가 연구하려고 했을 수도 있는 다른 사람의 경험만큼 정당한 자료로 입증하였다. 더욱이 이 접근법은 연구자를 정보 제공자이자 저자의 위치에 두면서 "내부자 상태(insider status)"에 관한 전통적인 이해를 확장시킨다(Vickers, 2002, p. 609). 그러므로 이런 연구는 또한 어떤 질적 연구 실행을 이끄는 내부자–외부자 이분법을 문제화한다. 이런 면에서 내러티브 자문화기술지는 구술적인 소통과 시각적 관찰에 매우 의존하는 인터뷰와 현장 연구와 같은 방법보다 글쓰기, 즉 문어를 중심으로 더 이루어진다. 내러티브 자문화기술지의 경우, 연구자는 말을 하기 보다는 글을 쓰는데, 이것은 완전히 서로 다른 과정이다(예: 대부분의 사람은 글을 쓰는 것보다 말을 더 빨리 할 수 있다)(Hesse-Biber & Leavy, 2005; Maines, 2001, p. 109).

다른 연구자들은 슬픔을 탐구하기 위해 이런 방법을 비슷하게 사용하였으나 타인과 연결하려는 성급한 의도 때문이었다. 예를 들어, Jonathan Wyatt(2005)는 자신의 아버지의 죽음에 대한 (자전적) 문화기술지의 단편소설을 썼다. 아버지의 임종의 날, 죽음, 장례에 대해 쓰면서 그의 내러티브는 또한 가족, 상실, 부자 관계의 핵심 쟁점을 탐구하였다. 공연 작품으로서 알려지면서(훗날 단편으로 발표하려는 의도를 가지고), Wyatt는 내러티브를 인간을 연계하고 타인들과 함께 인간 조건의 핵심 측면을 탐구하는 하나의 수단으로서 관객들과 공유한다. 또한, 이야기의 형식은 Wyatt로 하여금 시간의 쟁점을 실험하도록 허용하였으며, 그 실험은 학술적 글쓰기의 경우에서 흔히 그러하듯이 단선적 설명으로 제시하는 것에 반대하는 것이다.

내러티브 자문화기술지는 종종 정체성 연구에 사용된다. 그 우수한 예는 Tony E. Adams에게서 찾아볼 수 있다. 그의 2011년 수상 저서인『벽장 이야기를 들려주기: 동성의 매력에 관한 자문화기술지(Narrating the Closet: An Autoethnography of Same-Sex Attraction)』라는 책은 Adams 자신이 동성애자임을 깨닫기 시작했을 당시의 분투에 대한 매력적인 명상이다. Adams는 능수능란하게 독자를 자기 개인의 내러티브에 참여시키면서 동성애자임을 밝히고 나온 후에 자살한 전 남자 친구(공식적으로 알려진 내러티브는 당뇨에 관한 것이지만 Adams는 다른 이야기가 있다고 믿는다)에 대해 이야기한다. 다른 형태의 학구적 학문 형식으로 전 배우자와 기타 인물들에 관한 자신의 개인적인 이야기를 구성함으로써 Adams는 독자를 '벽장'의 세계, 더 넓게는 정체성 구성으로 이끈다. Shamla McLaurin(2003)은 자문화기술지 단편소설의 형태를 사용하여 자신의 동성애 혐오와의 투쟁에 대한 작품을 썼는데, 이런 형태를 통해 작품을 자신의 전기적 맥락 안에 둘 수 있었다. 왜냐하면 그런 투쟁은 더 큰 사회적 맥락 안에 존재하기 때문이다. 그와 유사하게, Sarah N. Gatson(2003)은 이 방법을 인종 정체성을 탐구하는 데 사용하였으며, 자신의 개인적 다인종 정체성의 쟁점들과 미국 내의 인종 정체성의 맥락 간의 핵심적 연결 지점들을 만들어 냈다.

내러티브 자문화기술지는 개인 상호 간의 관계, 소통, 정체성을 탐구하는 데도 사용된다. Jonathan Wyatt와 Tony E. Adams(2014)는『존재함와 부재함, 사랑과 상실의 가족 자문화기술지(쓰기)에 대하여[On (Writing) Families Autoethnographies of Presence and Absence, Love and Loss]』라는 총서를 편집하였는데, 이것은 모든 종류의 가족 관계가 지닌 복잡성을 탐구한다. 책의 기고자들은 내러티브 자문화기술지를 사용하여 다음과 같은 문제를 다룬다. 즉, 가족과 함께 또는 가족이 없이 우리는 누구인가? 우리는 자녀로서 부모와, 부모로서 자녀와 어떤 관계를 맺는가? 부모-자녀 관계, 일반적으로 익숙한 관계는 어떻게 이루어지며 유지되는가(또는 유지되지 않는가)?

■ 허구기반 연구는 무엇인가?

■ 이 접근법은 어떻게 사용될 수 있는가?

허구기반 연구

우리는 단편 이야기나 소설 속으로 들어갈 때 마음을 빼앗긴다. 즉, 이야기의 세계에 완전히 빠져서 계속 읽고 싶어진다. 앞 장에서 언급했듯이, Jane Austen에 관한 신경과학적 문학 작품 안에서 해당 연구자는 좋은 소설을 읽을 때 모든 다른 것은 사라지고 집이 불타 내려도 알아채지 못했을 것이라고 말한 바 있다. 많은 사람이 그렇다고 느낄 수 있을 것이다.

연구 실행으로서의 허구는 (예술기반 연구라는 용어처럼) 허구기반 연구라고도 불릴 수 있다. 허구는 사회 연구를 창조하고 전파하는 데 있어서 독특한 능력을 지닌다. 왜냐하면 허구는 매력적이고, 생각을 상기키시며, 더 많은 독자에게 접근할 수 있다. 허구를 통해서 우리 자신을 자유롭게 표현할 수 있고, 인물의 내적인 삶을 드러내며, 독자가 들어가는 그럴듯한 세계를 창조한다. 연구 실행으로서의 허구는 체험된 삶의 복잡성을 그려 내는 데 아주 적합하다. 왜냐하면 그것은 세부, 뉘앙스, 특이성, 맥락을 허용하고, 질감, 나와 관련되는 인물을 통한 공감과 자기성찰을 고려하며, 말하기가 아닌 보여 줌으로써(이것은 비판 의식과 자각을 위해 사용될 수 있다) 지배적인 이데올로기나 편견을 단절하도록 한다.

전통적 사회과학 연구는 대중의 의식에 거의 파고들지 못한다. 왜냐하면 그것은 매우 전문적인 학술 저널에서만 배포되고, 특수한 용어로 차 있으며, 모든 면에서 접근 불가능하기 때문이다. 사람들 또한 좋은 이야기를 읽을 때 느낄 수 있는 즐거움 때문에 허구기반 연구를 읽을 때 관심을 갖게 된다. 독자들은 논픽션으로 불리는 작품보다 허구에 접근할 때 매우 다른 태도를 지닐 것 같다. 따라서 허구는 글쓰기의 한 형태이자 읽기의 한 방법이 됨을 이해하는 것이 중요하다(Cohn, 2000).

연구 실천으로서 글쓰기와 읽기의 두 가지 과정과 관계가 있는 허구의 주요 장점 중 하나는 독자 안에 **공감**을 개발한다는 것이다. 허구는 독특하게 '공감적 참여(empathetic engagement)'를 증진할 수 있다(de Freitas, 2003). 이것은 사회 정의 연구의 중심일 것이다. 독자가 허구를 읽고 그 인물들과 매우 개인적 관계를 맺어 나갈 때, 그들은 사실 "상상 속의 타자(the imagined other)"와 친밀한 관계를 구성하고 있는 것이다(de Freitas, 2003, p. 5). 공감을 기르기 위해 사용될 수 있는 허구적 내러티브에는 다음의 두 가지 주요 특징이 있다. 첫째, 허구는 우리에게 내적 대화(인물이 생각하고 있는 것)를 재현함으로써 '내부'로 들어갈 수 있는 독특한 접근을 제공한다. 허구는 우리에게 인물들의 내적인 삶에 들어가는 것을 허용한다. 1961년 유명한 문학 교수이자 문학 평론가인 Wayne Booth는 타인의 내적 삶에 접근하는 것이 허구의 가장 뚜렷한 특징이라는 점에 주목하였다. 그와 비슷하게, Inga Clendinnen은 "닫힌 타인의 내적 사고와 남모르는 행동들에 접근하게 함으로써 허구는 내가 알고 있는 것의 대부분을 가르쳐 주었다."라고 말했다(Flanklin, 2011, p. 15 인용). 사람들이 생각하고 느끼는 것에 대한 접근은 독자와 인물 사이를 깊이 연결시킨다. 둘째, 허구적 내러티브는 미완성이고 독자의 해석과 상상을 위한 공간을 남겨 둔다. 다른 말로 하면, 허구에는 종종 의도적으로 독자에 의해 포함되는 해석적 간격이 있다(Abbott, 2008; de Freitas, 2003). 독자들은 이러한 간격을 메우고, 그렇게 함으로써 적극적으로 인물들(그들이 재현하는 사람들의 종류)에의 공감적 연결을 발전시킨다. 더 나아가 소설을 읽을 때 우리는 상상력을 동원한다. Franklin(2011, p. 15)이 자신의 홀로코스트 소설에 대한 리뷰에서 적었듯이, "상상의 행위는 공감의 행위이다." 제안된 방법으로 공감을 키워 가는 소설의 뚜렷한 능력을 지지하는 과학이 있다. 사회심리학자 David C. Kidd와 Emanuele Castano(2013)는 다섯 가지 실험을 수행하였는데, 이 실험은 사람들이 문학 소설 읽기를 한 후에 공감 능력, 타인의 삶에 대한 이해, 정서지능을 측정하는 실험에서 (독서를 하지 않은 사람들이나 논픽션 또는 대중소설을 읽는 사람들보다) 더 좋은 결과를 보여 준다는 것을 알아냈다. 그들은 부분적으로 이 연구 결과가 독자들이 자신의 상상력을 발휘해야만 하는 사실 덕분이라고 보는데, 이 상상력은 정서적 복잡성 때문에 예민해질 수 있는 독자들이 간격들을 메우기 위한 것이다.

역사적 사실 대 허구라는 이진법에도 불구하고, 연구자의 작업과 소설가의 작업 간에는 분명하게 중첩되는 점뿐만 아니라 실제적인 유사성이 매우 크다(Franklin, 2011). Stephen Banks(2008, pp. 155-156)는 "소설가와 논픽션 작가가 하는 일의 중간 지대는 불분명하다. (왜냐하면 허구는) 단지 거의 '허구적'이기 때문이다."라고 기술했다. 허구와 논픽션 간의 관계를 고려할 때, '실제의 삶'이 허구라는 것을 명심하는 것이 중요하며, 그 때문에 이런 범주들이 중첩된다. 이런 측면에서 Primo Levi는 허구적 인물은 "전적으로 진실도 아니고, 전적으로 가공된 것도 아니다."라고 주장하였다(Franklin, 2011, p. 16 재인용). 소설가는 사회과학자와 비슷하게 그럴듯함을 위해 대규모 연구를 수행한다(Banks, 2008; Berger, 1977). 그럴듯함은 사실적·실제적·실물 같은 묘사를 만들어 내는 것을 뜻하며, 그것은 허구와 (문화기술지와 같은) 사회과학 양자의 목적이다. 문학이라는 광범위한 세계 안에서 역사 소설과 정치적 소설 간의 장르 간 구분이 흐려지는 것은 놀라운 것이 아니다. Plato, Niezsche, de Beauvoir, Sartre를 포함한 저명한 철학자들은 모두 자신의 철학을 전달하기 위해 (그리고 그것을 논쟁거리로 구성하기 위해) 허구를 사용하였다.

Wolfgang Iser(1997)는 어떻게 경험적 진리가 문학 작품 속에 결합되는지, 그리고 자신이 상세화한 과정이 어떻게 허구기반 연구에 잘 적용되는지 서술하기 위해 '선 넘기(overstepping)'라는 개념을 발전시켰다. Iser는 세 가지 허구화 과정인 ① 선택, ② 결합, ③ 자기노출에 대한 개요를 제시하였다. 선택은 사회적 실재로부터 "인식할 수 있는 항목"을 취해 허구의 세계로 보내서 "그 자체가 아닌 다른 어떤 것을 위한 기호"로 변형하는 과정이다(p. 2). 선택의 과정을 통해 우리가 참조하고자 하는 실증의 세계의 선을 넘는다. 선택은 결합과 함께 일어나며, 결합은 서로 다른 경험적 요소들이나 세부사항들을 함께 갖고 오는 과정이다. 우리가 선택한 일부 자료, 경험적 요소, 또는 세부사항은 (인터뷰 또는 현장 연구와 같은) 전통적 연구과정에서 올 수 있거나 연구, 교수, 개인적 경험의 축적(Freitas와 내가 사용했던 기법)을 통해 우리에게 더욱 추상적으로 올 수도 있다. 허구기반 연구물에 쓰인 묘사와 세부사항은 '자료'로 간주될 수 있다. 실제 세계에서 온 세부사항의 사용은 작가로 하여금 '실제 세계'가 무엇인지 재상상하게 하면서 독자를 허구 작품 속으로 이끌고 간다. 마지막으로, 자기노출은 허구가 그 자체를 허구로 드러내는 전략이다(허구기반 연구에서 이는 작품을 단편 이야기 또는 단편소설로 명명하는 것만큼 간단하다).

Katherine Frank(2000)는 "사실적 재현으로 인해 대안적 해석을 할 수 없을 때", 허구를 연구 설계의 한 부분으로 생각하라고 말한다(p. 482). 다른 말로 하면, 실증적 원리에 도전하는 연구자들이 파악한 대로, 전형적으로 한정된 결론을 도출하는 전통적인 재현 형식은 연구자가 말하지 않은 해석의 내용들을 자칫 보이지 않는 것으로 만들지 모른다. 아이러니하게도 허구는 '사실적 재현(factual representation)' 그 자체의 암시로 감추어진 것을 폭로할 수 있다. 이런 관점에서 허구기반 연구는 내러티브 탐구와 유사하게 진리(truth)보다는 **진실성**(truthfulness)에 관한 것이다. 허구는 진리를 감쌀 필요가 있으며, 그렇게 할 때 허구는 단지 '사실'보다 더 진실성에 다가갈 수 있다. Iser가 제안한 대로, 허구화하는 행위는 "그렇지 않을 경우 숨어 있는 것들을 상상할 수 있게" 만든다(Iser, 1997, p. 4). 더욱이 허구는 다중적인 의미를 열어 놓고, 독자로 하여금 자신의 경험과 해석으로 작품을 읽게 한다.

■ 어떻게 허구적 작업을 구성할 수 있는가?
■ 허구의 구성 요소는 무엇인가?

연구 프로젝트와 마찬가지로, 당신의 목적과 목표를 명확하게 한 후에 그것을 만족시킬 수 있는 잠재력이 있는 프로젝트로 만드는 것이 중요하다. 이것은 또한 당신이 짧은 이야기, 중편 또는 단편소설과 같이 적절한 형식을 결정하는 데 도움을 줄 것이다.

예술적 형식을 적용할 때, 형식과 아울러 구성 요소를 이끄는 주요 예술 원리에 주목하는 것이 중요하다. 고려해 볼 문학적인 이야기의 주요 구성 요소는 다음과 같다(각각에 대한 상세한 설명은 Leavy, 2013b 참조).

- 구조 설계 요소
  - 중심 구성
  - 구성과 줄거리
  - 장면과 내러티브
  - 결말/종결과 기대
- 내부 설계 요소
  - 장르
  - 테마와 모티브
  - 양식과 어조
- 인물(성격) 묘사
  - 유형과 인물 프로필
  - 대화와 상호작용
  - 내적 대화와 내부
- 문학적 도구
  - 묘사와 세부
  - 언어
  - 특이성
  - 은유와 직유
  - 허구의 제시(이름 붙이기)

다음 절에서 허구적 문화기술지와 소설, 정체성 연구, 비판적 이론 관점을 살펴볼 것이다(연구 실행으로서 허구에 대한 상세한 논의는 Leavy, 2013b 참조).

허구적 문화기술지

문화기술지 연구자(그리고 자문화기술지 연구자)는 여러 가지 이유로 허구에 의존하며, 허구적 문화기술지의 실제에 참여하는 것은 전통적인 문화기술지와 허구로부터 명확하게 구분된다(Rinehart, 1998). 예를 들어, 허구 자체의 사용에 관해 탐구하기 위해 정체성과 이중 의식에 관한 연구(Viewswaran, 1994), 교육 연구(Clough, 2002; de Freitas, 2003, 2008), 학교 행정(Ketelle, 2004)에 관한 연구, 관계와 자기존중감에 관한 페미니즘 연구(Leavy, 2011, 2013a) 그리고 학술 연구에 허구를 사용해 왔다(Wyatt, 2007).

Robin P. Clair라는 커뮤니케이션 학자는 기업의 탐욕에 관해서 쓴 자신의 문화기술지 연구로 상을 받았는데, 더 많은 독자에게 다가가고 대학생들을 더 심화된 수준으로 이끌기 위해서 이 연구를 서스펜스 소설로 변형시켰다. 『좀비 씨앗과 나비 블루스: 사회 정의의 사례(Zombie Seed and the Butterfly Blues: A Case of Social Justice)』(Clair, 2013)라는 소설은 인문학 수업을 듣는 학생들이 Delta Quinn 교수와 Caleb Barthes 기자를 도와서 과학 발전과 좀비 씨앗의 적용의 배후에 있는 정치적인 기업 이야기를 폭로한다는 내용이다. 이 소설의 형식은 Clair로 하여금 기업의 탐욕, 환경오염, 내부 폭력과 같은 쟁점을 탐구할 수 있게 해 준다. 더욱이 이 책은 독자로 하여금 문화적 폭력과 대인 관계 간의 연관성이 있는지를 반성하도록 하고, 사회적·정치적 삶에 대한 독자 자신의 참여 또는 안주에 대해 반성하도록 부담을 준다. 이런 면에서 Clair는 허구의 구성 방식을 사용하여 자신이 학술 연구를 통해 배운 '정보'를 주며, 독자에게 자아와 사회에 대한 반성의 과정에 참여하도록 이끌었다.

그와 유사하게, 사회학자인 Jessica Smart Gullion은 자신의 공중보건 연구를 소설로 작성하였다. 『10월의 새: 유행성 인플루엔자, 감염 관리, 최초의 응답자(October Birds: A Novel about Pandemic Influenza, Infection Control, and First Responders)』는 실생활의 공중보건 실천, 사회학 연구, 응급 처치를 기반으로 하고 있다. 『10월의 새』는 소설의 역할을 하는 동시에 건강의 위협에 대한 지역사회 수준의 반응에 대한 사회학 이론을 제시한다. 독자에게 '만일 ~하다면?' '만일 끔찍한 유행성 질병이 나타 난다면? 우리는 어떻게 반응할 것인가?' 등의 필연적인 질문에 대해 생각해 보도록 부담을 주는 것을 의도한다.

문화기술지 연구자들은 연구에 대한 생각을 해 나가거나 다시 구성하는 수단으 로서 허구에 의존한다. 예를 들어, Frank는 자신의 생각이나 발견이 기존 학술 문헌 과의 관련성 속에서 가능한 해석들을 막지 않은 채 어디에 위치해야 할지 모를 때 허구에 의지한다(Frank, 2000, p. 486). Frank(2000)는 성매매업에서의 다층적인 참여 관찰에 참여하기 위해 관찰하고, 체계적으로 인터뷰하며, 다섯 개의 스트립 클럽에 서 (참여자의 역할을 취하면서) 직접 일하였다. 그리고 나서 그녀는 '굶주림 관리(The Management of Hunger)'라고 불리는 허구적 내러티브에 문화기술지적인 정보를 포 함하였으며, 그 안에서 자신의 경험, 그 장소에 있던 사람들과 그들에 대한 그녀 자 신의 생각에 기초한 합성 인물들을 창조하였다. 허구를 사용함으로써 Frank는 그런 종류의 환경이 익숙하지 않았던 독자들에게 그런 장소의 뉘앙스와 구성 관계들을 복잡하고 세부적인 방법으로 묘사할 수 있었다. 더욱이 그녀는 성 산업 분야의 관계 들을 이 분야의 학술 문헌들이 지지하는 '억압' 또는 '유혹'의 일방향 관계로 평면적 인 묘사를 하지 않으면서도 이런 관계를 통해 생겨나는 권력 관계의 복잡성에 접근 할 수 있었다. 그녀는 자신의 연구에 대해 다음과 같이 되돌아본다.

성매매업 종사자로서 그리고 성매매업 종사자와 그 고객들을 연구하는 문화기 술지 연구자로서의 내 경험에 따르면, 성매매는 권한 부여, 친밀함, 만족의 순간 들과 아울러 수모, 소외, 또는 환멸의 순간들과 관련된다고 말할 수 있다. 내가 소 설에서 탐구한 것은 이 권력과 쾌락의 혼합물이다. 한 가지 이론적 설명으로, 심 지어 권력 관계와 인간 상호작용의 복잡성을 해명하려는 이론적 설명으로도 이해 되지 않을 수 있는 허구로써 현상학적 체험의 복잡성을 묘사하는 것이 가능하다 (Frank, 2000, p. 483).

Frank의 작품은 인간 경험의 질감이 구조적인 맥락들 간의 복잡한 관계에 의해 부분적으로 영향을 받는다고 제안하며, 그 맥락 안에서 우리는 일하고, 우리 자신의 대리인은 허구라는 도구를 통해서 접근될 수 있고 표현될 수 있다.

허구, 정체성 연구, 비판적 이론 관점

허구기반 연구는 정체성 연구에 있어서 연구자에게 유용하며 특히 비판적 이론 관점에서 일하는 연구자들에게 매력적이다. 허구는 권위적인 태도로 해석과정을 차단시키지 않으면서 복잡한 의미의 층위에 '이르고' 표현할 수 있다. 더욱이 허구 읽기에서 오는 즐거움과 그 익숙함 때문에 허구는 독특한 방법으로 독자 의식 속의 다른 차원에 다가갈 수 있고 반성적 참여를 증진할 수 있다(Leavy, 2013b). Douglas Gosse의 획기적인 수상작인 『재키타(Jackytar)』(2005)라는 소설을 예로 들어 보겠다. 이 책은 동성 매력을 다룬 Tony E. Adams의 자문화기술지와 유사한 주제를 다루지만, 이 쟁점을 탐구하는 대안적 방법을 제공한다.

『재키타』는 Alex Murphy라는 뉴펀들랜드의 혼혈 인종 정체성을 지닌 동성애자의 이야기를 들려준다. Alex는 '재키타'라는 이름이 붙여졌는데, 이것은 미크맥(Mi' Kmaq)과 프랑스 태생의 혼혈 인종인을 가리키는 경멸적인 단어이다. 이야기는 고향에서 주변적 존재로 자신의 정체성 때문에 몸부림쳤던 Alex가 이제 성인이 되어 고향으로 돌아간 후, 그곳에 맞서는 Alex를 따라 전개된다. Gosse는 자신의 의도를 "허구적 인물의 삶에서 인종, 계급, 젠더, 성적 지향, 지리적 위치, 비장애, 언어와 문화라는 정체성 표지들이 얽힌 상태를 조사하는 것"이라 설명하였다(Gosse, 2008, p. 183). 허구적 형식을 사용함으로써 그는 독자들이 인물들에 대해 인식하고 공감하기를 바랐으며, 이는 개인적이고 사회적인 반성으로 이끈다.

Gosse는 회상과 기억을 통해 내러티브 시간을 중단시켜 독자에게 Alex와 그의 정체성을 형성해 온 경험들에 대한 커다란 통찰력을 준다. Alex의 이야기에서 정체성은 인종과 성(그리고 다른 지위를 나타내는 특징들)의 교차점에서 형성된다. 또한 이 책은 주의 깊게 구성된 내러티브를 통해서 동성애 이론을 광범위하게 이끌어 낸다 (그리고 그 원리들을 독자에게 가르친다).

『재키타』는 몇 가지를 성취하는데, 모두 소설 형태와 관련된다. 그것은 인종과 성적 지향에 기초한 고정관념을 중단시키고 지배적인 편견과 이데올로기에 도전한다. 동시에 『재키타』는 자신과 사회에 대한 반성과 비판적 의식을 증진하고, 독자에게 자신의 가치관뿐 아니라 편견이 만들어지고 정상화되는 더 큰 사회 체계에 대해서도 반성하도록 도전한다. 소설 형식은 무장 해제시키고 즐거움을 주며 초청한다. 흥미롭게도 Gosse는 이 책을 두 가지 형태로 출판하였다. 한 형태에는 그가 '하이퍼텍스트'라고 여긴 학술적 각주로 구성된 내용이 들어 있고, 다른 형태는 단지 허구로서의 소설이었다. 이것은 자금과 여러 다른 현실적인 이유들 때문에 늘 가능한 것은 아니지만, 학술 논문 또는 책의 웹사이트상에 '각주'로 제시되는 경우처럼 이것을 비용 효율적으로 적용하는 방법을 상상해 볼 수는 있다.

허구는 페미니스트 연구자도 사용할 수 있는데, 그 목적은 우리가 연구 참여자의 의견에 관심을 갖고, 우리 자신의 페미니스트 이론에 전념하려고 애쓸 때 종종 느끼는 간격을 메우고자 하는 것이다. 페미니스트 연구자가 종종 지적하듯이, 연구 참여자의 목소리뿐 아니라 페미니스트 원리 및 연구의 바탕이 되는 페미니즘 자체에 이론적으로 전념하는 것 모두를 설명하려고 할 때 어려움이 있다(Leavy, 2007). 페미니스트에게는 특히 연구 참여자가 얼마나 두서없이 구성된 대상들인지를 설명하는 것과 동시에 그들의 관점과 경험을 표현하게 해 주는 것은 도전적인 일이다(Saukko, 2000). 허구가 매개가 되어 페미니스트 연구자의 이러한 갈등을 화해시키고, 연구 참여자들이 연구자들과 공유하는 정보에 대해, 어떻게 더 큰 맥락과 체제가 참여자들(그들의 태도, 인식, 경험)을 형성하였는지에 관한 연구자의 통찰에 대해 글을 쓰는 방법을 찾을 수 있다. 이것은 나의 첫 소설인 『저지방 사랑(Low-Fat Love)』을 쓰게끔 만들었다.

『저지방 사랑』(2011)은 연구, 교육, 개인적 경험에 영감을 받았다. 십여 년 동안 나는 관계, 신체 이미지, 성 정체성과 젠더 정체성, 관련 주제들에 관한 수백 번에 걸친 여성들과의 인터뷰, 몇몇 남성과의 인터뷰를 수집하였다. 같은 기간에 나는 젠더, 대중문화, 친밀한 관계에 관한 사회학 교과목을 가르쳤다. 이런 교과목들은 수업 안팎에서의 대화를 촉진하였고, 나는 내 학생들에게 끝없이 배웠다. 이러한 모든 상황에서 당황스러운 것은 면담자로서 교수로서 자유롭게 반응하는 데 있어서 내 능력이 제한적이라는 것이며, 그 이유는 내가 맡은 역할 때문이었다. 그렇지만 나는 종종 내 경험과 페미니스트 문헌에의 몰입에 기초한 해석과 조언을 갖고 있었다. 학생이나 인터뷰 대상자에게 다가가서 어깨를 잡고 "당신은 잘못된 선택을 하고 있어. 내가 당신에게 조언을 좀 하게 해 줘."라고 말하고 싶었던 무수히 많은 시간이 있었다. 나도 저널 논문에 몇몇 내 연구를 발표하긴 했지만, 그 형식은 매우 제한적이고 내가 들었던 이야기를 적절하게 공유하거나 내 해석을 모두 표현할 수 없었다. 더욱이 학술 저널은 '누적된 지식(cumulative knowledge)'을 발표하는 것에 집중하지 않고 특정한 연구에 초점을 맞춘다. 내 통찰력의 많은 부분은 누적된 것이고, 연구뿐만 아니라 교실 안팎에서 학생들과의 만남을 비롯해 내 자신과 지인들의 경험에도 기초하고 있다. 요컨대, 나는 남을 돕고 싶은 마음에서 공유하고자 많은 것을 배웠다고 느꼈으며, 그래서 허구기반 연구에 의지하게 되었다.

주제 면에서 『저지방 사랑』은 불만족스러운 관계, 정체성 형성, 대중문화 속에서 사회적으로 구성된 여성성, 자기수용의 중요성에 관한 심리학을 탐구한다. 이 소설은 여성들이 얼마나 자주 자신에 관한 제한된 시각에 갇히게 되는지에 대해 비판적으로 논평했다는 점에서 두드러진다. 이 책에서 내내 여성들의 미디어는 그들이 자신뿐 아니라 그들의 삶 가운데서 만난 남성과 여성들에 대해 생각하게 되는 맥락을 가시화하는 이정표가 된다. 이런 측면에서 『저지방 사랑』은 대중문화와 사회적으로 구성되는 여성성에 관한 논평을 제시한다. 궁극적으로 이 책은 여성의 삶 가운데서 만난 남성들과의 관련성 속에서 일어나는 여성의 정체성 투쟁과 여성이 어떻게 자신에 대한 근시안적 이미지를 '체면을 세우기 위한' 전략의 일부로 발전시켜 수치, 학습된 자기비하, 지원하지 않는 남성에게 매력을 느끼는 것을 은폐하려고 사용하는가를 탐구한다. 『저지방 사랑』은 여성들이 남성의 승인에 의존하지 않음으로써 자신을 가치 있게 여기고 모멸적인 관계를 거부하게 되는 새로운 관점을 추구한다고 제안한다. 더욱이 이 책의 주인공들이 깨달은 것처럼, 여성이 맺게 되는 가장 치명적인 관계는 종종 자기 자신과의 관계이다. 그래서 남성 인물들도 사람은 자신의 의견을 표현하든지, 그렇지 않으면 그 결과를 감수해야 한다는 것을 배우게 된다.

방법론적으로 나는 대중문화와 관계성에 대한 페미니스트 읽기와 아울러 내러티브를 다층화하기 위한 수단으로서 3인칭 화자의 내레이션을 사용하였다. 더욱이 나는 등장인물들의 감정, 동기, 심리적 과정을 드러내기 위해 그들의 머릿속에 들어가는 수단으로서 내적 독백을 사용하였다. 이런 과정을 통해 독자는 인물의 행동을 훨씬 더 깊은 수준에서 이해하게 되는데, 공감하고 공명하며, 때로 인물들이 스스로를 불리하게 만들어 그 결과로 고통하는 것을 보며 좌절하기도 한다. 인물들의 내적 삶을 재현하는 능력은 아마도 허구의 가장 독특한 측면이다. 사회과학자들은 미시적 수준과 거시적 수준을 연결하고, 개인에 대한 환경의 영향을 보여 주며, 심리적 과정을 드러내는 능력에 가장 매력을 느낀다. 이런 기법은 단지 논픽션에서 얻을 수 있는 것이 아니다.

허구의 힘은 다중 내러티브를 함께 조직하고 인물의 내적 삶을 재현하며, 독자의 공감을 증진하고 여러 종류의 독자에게 자신과 사회에 대한 반성을 자극할 수 있는 것이며, 그 힘 때문에 나는 두 번째에도 허구에 기초하여『미국의 상황(American Circumstance)』(Leavy, 2013a)이라는 소설을 출판하게 되었다. 『저지방 사랑』에 사용된 여러 기법을 사용하여 나는 인터뷰 자료, 수업, 개인적 경험, 페미니스트 문학과 아울러 상상력에 의지하였다.『미국의 상황』은 외양 대 실재, 즉 '우리의 삶과 인간관계가 어떻게 보이는가' 대 '우리가 그것을 어떻게 경험하는지와 사회 계급과 젠더가 정체성과 인간관계를 형성하는 복잡한 방법'을 탐구한다. 미국에서의 부, 권력, 특권의 재생산, 전 지구적 차원에서 인종, 계급, 젠더가 얽혀 있는 현상, 타인의 삶에 대한 우리의 가정을 탐구하기 위해 나는 주제들의 조직화를 통해 미시적인 것과 거시적인 것을 연결할 수 있었다.

특별한 고려사항

  연구에 대한 상이한 접근법은 각각의 장점과 가능성을 제공한다. 어떤 면에서 내러티브 탐구의 증가와 허구기반 연구의 등장은 모두가 연구를 더 진실성이 있고 의미 있으며 유용하고 접근이 용이하며 인간적인 것으로 만드는 것과 관련된다. Bochner와 Riggs(2014)가 지적했듯이, 전통적 사회 연구에서의 인간에 대한 연구는 종종 인간적인 면을 상실한다. 여기서 우리는 내러티브 탐구와 허구기반 연구에 스며들어 있는 진실성의 쟁점과의 관련성을 볼 수 있다. 역사적으로 양극화되어 온 허구와 논픽션을 감안할 때, 허구가 '사실'보다 더 진실성이 있다고 제안하는 것은 이상하게 보일지도 모르지만, 사실은 드러내는 만큼 또 감출 수도 있다. 자문화기술지에 영향을 끼친 내러티브 연구와 허구기반 연구에 대해 강하게 비판하는 것은 그것이 신뢰성 또는 사회과학적 지식의 기준을 충족시키지 못할 수도 있다는 점, 즉 지식이 단지 '너무 주관적'이라는 것이다. 이런 걱정은 타당도와 신뢰도를 측정하기 위한 실증주의와 후기실증주의의 기준에 기초하지만, 이것들은 ABR을 이해하는 적절한 방법이 아니다.

  내러티브 탐구에 있어서 연구자들은 종종 자전적인 정보가 들어 있는 자료와(또는) 연구 참여자로부터 나온 민감한 주제에 관한 자료를 가지고 작업을 하며, 그에 따라서 특별히 고려할 점들이 있다. 이런 종류의 자료를 사용하는 연구자들은 자신의 감정적·육욕적·심리적·인지적 지표에 의존해야 한다. 이런 종류의 내적 신호들은 예술기반 실행을 사용하면서 실제적이고 신뢰할 만한 지식을 구성하는 데 필수적이다. Colleen Tenni, Anne Smyth와 Carlene Boucher(2003)는 이것을 자신과의 '내적 대화'에 참여하는 것으로서 언급한다. 이것은 특별히 자문화기술지 또는 연구자가 불편함, 슬픔, 또는 당황스러운 감정을 경험할지도 모르는 민감한 현장 연구에 있어서 중요하다(Ellis, 2004; Tenni et al., 2003). 일기를 쓰는 것은 지속적으로 그 과정 속에서 연구자가 어디에 서 있는지를 적어 가는 전략이다(Tenni et al., 2003).

어떤 사람들은 특히 내러티브 탐구 또는 내러티브 자문화기술지의 자료 수집과 분석 과정 동안 외적 대화에 참여할 것을 제안한다. 이것은 연구과정에 두 가지 특징을 더해 준다. 첫째, 언급한 대로 연구과정에서 예상치 못한 감정을 경험할지도 모르는 연구자를 위해 내재된(built-in) 지원 체계가 있다. 둘째, 이것은 결과적으로 도달한 지식에 타당성의 내재된 차원을 더해 준다.

Tanni와 동료들(2003)도 데이터의 새로운 해석과 대안적 의미에 대해 열어 두기 위해서 데이터 분석 중 이론을 사용할 것을 분명히 제안한다. 이론을 사용하는 전략 중 하나는 연구가 진행되고 있는 분석 수준을 알아낸 후에 상이한 수준에 있는 이론의 렌즈로 데이터를 바라보는 것이다(Tenni et al., 2003). 다른 말로 하면, 연구자는 미시적 수준에서 작동하는 데이터를 거시적 이론의 관점에서 보거나 그 반대로 본다. Vickers(2002)가 자기 질병 및 그와 관련된 직장 내의 학대의 경험을 다룬 자문화기술지 연구를 예로 들어서 이 데이터 분석 전략을 적용해 보자. Vickers의 데이터는 개인적 차원에서 일어난다. 그러나 조직 이론과 같은 거시적 이론을 적용함으로써, 그녀의 질병 경험 및 그와 관련된 직장 내 학대에 대한 새로운 해석이 표면화될지도 모른다. 그녀가 남편의 투병 중에 겪은 상실의 경험과 그녀가 "자신을 위해" 울어야 할 필요에 대해 페미니즘과 같은 거시적 관점을 적용하는 것은 이러한 완전히 개인적인 경험을 젠더 관계라는 더 큰 문화적 맥락 안에 둠으로써 그 경험에 대해 새로운 깨달음을 제공할지도 모른다.

해석자로서 당신의 역할 및 참여자와 청중에 대한 당신의 기대치 면에서 그것이 의미하는 바를 고려하는 것 또한 중요하다. Ruthellen Josselson(2011)은 해석자로서 우리 자신의 목소리와 아울러 참여자의 말과 관점에 가치를 부여하려고 함에 따라 나타나는 긴장에 대해 광범위하게 저술하였다. 그녀는 "참여자들과의 관련성 속에서 내러티브 연구자로서 우리가 받는 도전은 그들의 주관성을 존중하는 것과 우리의 해석적 권위를 주장하는 것 둘 다이며, 그것은 언제나 어떤 면에서 그들을 객관화하기와 관련된다."라고 썼다(p. 46). 그녀는 이러한 실천이 연구자로 하여금 '이중성(doubleness)'을 지니도록 요구한다고 제안한다. Josselson은 참여자가 자신의 이야기가 서술되는 것을 바라볼 때 갖게 되는 반응을 무시했든지 아픔과 분노의 감정으로 연구자를 직면했든지 간에, 참여자와의 경험을 이야기한 후에 참여자도 '이중성'을 지닐 필요가 있으며, 이것을 촉진할 책임은 연구자에게 있다고 제안한다. 내러티브 연구자는 각 참여자에게 자신이 그/그녀에 대해 서술하고 있음과 서술하지 않고 있음 모두에 대해서, 그러나 연구 중인 주제에 대해 서술하기 위해 그들로부터 알게 된 점을 이용하고 있다고 어느 정도 자세하게 설명할 필요가 있다(Josselson, 2011). 마찬가지로 작업을 읽게 될 독자를 위해서 기대치가 정해질 필요가 있다. 그렇게 하기 위해서 그녀는 윤리적인 연구자는 주관적 해석자로서 자신의 역할을 인정해야만 한다고 제안한다.

허구기반 연구에는 또한 특별한 고려사항이 따른다. 가장 중요한 것은 허구적 묘사를 보여 주는 것이다. 어떤 사람들은 작품의 어떤 측면이 관찰 또는 인터뷰에 근거를 둔 것인지, 그리고 무엇이 개인의 생각에서 도출된 것인지를 분명하게 말하는 것이 신중하다고 제안한다(Frank, 2000). 선행연구 고찰 또는 발견된 문헌에서 도출된 소설화한 내러티브도 그와 같이 분명하게 설명되어야만 한다. 허구를 사용하는 사회 연구자들은 예를 들어, 복합적인 인물 또는 관습적 줄거리를 창조하고 있는 것은 언제인지와 구체적인 경험을 이야기하는 것은 언제인지 밝히라는 조언을 받는다. 제8장에서 평가에 대해 논의하듯이, 어떤 연구자는 이렇게 밝힘으로써 허구적 묘사가 예술작품처럼 진실성과 '신비로운' 차원을 지닐 수 없게 한다고 믿는다. 최종적인 허구가 그 자체로 문학 작품이기를 원하는 연구자는 그것을 밝히기 위해 어떻게 작품이 창작되었는지 간단하게 설명하는 서문, 머리말, 또는 후기를 포함할 수 있다. 최소한 그 작품은 허구, 실생활에 영감을 받은 허구, 또는 그와 같은 이름으로 지칭될 수 있다. 이러한 종류의 공개는 윤리적 실천의 한 부분인 동시에 데이터의 진실성을 강화한다.

고려사항 점검표

내러티브 탐구방법 사용과 연구 설계의 쟁점 숙고하기에 대해 고려할 때, 다음 내용에 대해 자문하는 것이 도움이 될 수 있다.

✓ 연구의 목표는 무엇인가? 내러티브 탐구가 연구문제와 어떻게 대응되는가?

✓ 자전적인 데이터를 사용한다면 어떻게 데이터 수집에서 포화 지점(saturation point)을 알게 될 것인가? 수집 과정의 초기에 데이터 분석을 시작할 것인가? 어떤 종류의 지원팀을 배치할 것이며, 그들은 데이터 분석과 해석에 있어서 어떻게 참여할 것인가?

✓ 이론을 어떻게 사용할 것인가? 서로 다른 수준에서 작동하는 이론적 렌즈뿐 아니라 내가 처음에 경도된 것과 다를 수도 있는 이론적 렌즈를 어떻게 사용할 것인가?

허구를 연구 실행으로 사용하는 것에 대해 고려할 때, 다음 내용에 대해 자문하는 것이 도움이 될 수 있다.

✓ 연구의 독자는 누구인가?

✓ 허구가 어떻게 연구 주제를 조명하는 데 도움이 될 것인가?

✓ 어떻게 유사성, 신뢰도, 통일을 만들어 낼 것인가?

✓ 어떻게 인물을 묘사하며, 그들의 상황을 차원적으로 민감하게 그려낼 수 있는가?

결론

이 장은 내러티브 탐구와 허구기반 연구에 대한 도입부를 제공하였다. 다음의 예는 나의 예술기반 소설『미국의 상황』(2013a)의 짧은 발췌문이다. 이 장면은 백화점의 탈의실에서 일어나는데, 이 장면에서 몰리는 야회복을 사고 있다(그 일은 그녀에게 편안하게 느껴지지 않는 일이었다). 여성 대상으로 인터뷰 연구를 해 온 십 년의 경험으로 볼 때, 이 장면은 여성들이 힘겹게 싸우고 있는 신체 이미지와 자존감의 쟁점을 부각한다. 독자들은 내적 대화, 즉 허구기반 연구의 독특한 강점을 통해 몰리의 생각에 접근할 수 있고, 어쩌면 공감적 이해나 느낌을 발전시킴으로써 주인공과 자신을 연결시킬 수 있게 되고 성찰에 이를 수 있다. 더욱이 내적 대화의 사용은 이 책을 지배하고 있는 외형 대 실재의 탐구의 테마, 즉 사람들이 다른 사람들에게 어떻게 보이는가 대 사람들이 개인적으로 경험하고 있는 것을 탐구하도록 허용한다.

토론 문제 및 활동

1. 자전적인 연구의 증가는 어떻게 예술기반 연구방법의 기초를 닦았는가?

2. 당신의 상황적 특성이 필수적 역할을 했던 특정 경험에 대하여 자문화기술지 단편을 써 보라(예: 젠더, 인종, 성적 지향성, 종교, 연령, 또는 건강이 직접적으로 어떤 경험에 영향을 끼쳤다). 장소, 줄거리, 문화적 맥락, 감정적 경험, 지적 과정의 측면에서 당신의 경험과 그 경험에 대한 성찰을 탐색하기 위해 이 방법을 사용하라. 그 후에 이 방법이 그 경험의 특정한 측면을 조명하는 데 어떻게 도움이 되었는지를 성찰하고, 아울러 이 방법이 외부 독자에게 무엇을 다루거나 소통하지 못했는지 성찰하라.

3. (문화기술지 연구 또는 인터뷰 작업으로부터) 데이터의 작은 표집을 수집하고 그것을 허구의 원리에 기초하여 단편 이야기 형태로 재현하는 것을 실험하라. 이 과정에 대한 당신의 경험은 무엇인가? 그리고 그 경험으로 인해 무슨 쟁점들이 당신 자신의 사고 속에 작동하는가?
최종 산출물은 데이터로부터 무엇을 강조하는가? 그것은 무엇을 감출 수 있는가? 동료로 하여금 작품을 읽고 단편 이야기에 기초해서 데이터에 대해 그/그녀가 이해한 바를 논의하도록 하라.

추천 도서

Abbott, H. P. (2008). *The Cambridge introduction to narrative* (2nd ed.). Cambridge, UK: Cambridge University Press.
　　내러티브에 대한 종합적인 안내서로서 삶 속의 내러티브, 내러티브의 정의, 내러티브 수사학, 내러티브의 요소, 진실의 쟁점을 다루지만 거기에만 국한되지 않는다.

Adams, T. E., Holman Jones, S., & Ellis, C. (2015). *Autoethnography: Understanding Qualitative Research*. New York: Oxford University Press.

　　자문화기술지에 관한 짧지만 포괄적인 지침서이다. 저자들은 자문화기술지 방법에 대해 자세히 검토하되 명확하고 따르기 쉬운 지침을 제공하였다. 철학, 방법론, 연구 설계, 연구 실행, 평가, 집필/재현과 아울러 부가적인 자료를 다루고 있다. 자문화기술지에 관심이 있는 사람을 위한 필독서이다.

Banks, A., & Banks, S. P. (Eds.). (1998). *Fiction and social research: By ice or fire*. Walnut Creek, CA: AltaMira Press.

　　필명으로 소설을 발표해 온 두 연구자가 편집한 책이다. 그들은 허구와 논픽션을 통해 어떤 '진실'이 소통되는지 알고자 하며, 더욱이 허구와 논픽션을 나누는 이원론이 왜 그토록 많은 연구자로 하여금 진정으로 창작하기 원하는 종류의 글을 쓰지 못하게 했는지 알고자 하였다. 이 책은 연구과정에서 허구의 통합과 관련된 쟁점과 방법론적 실행을 다룬다.

Bochner, A., & Ellis, C. (Eds.). (2002). *Ethnographically speaking: Autoethnography, literature, and aesthetics*. New York: AltaMira Press.

　　이 포괄적인 책은 ABR의 가장 유명하며 다작을 하는 연구자들이 쓴 논문과 에세이를 포함한다. 이 책은 자문화기술지의 혁신과 그 외의 내용에 관한 우수한 선집이다. 각 장들은 쟁점과 실행에 대한 상세한 정보를 주며 연상을 불러일으킨다.

Clandinin, D. J. (Ed.). (2007). *Handbook of narrative inquiry: Mapping a methodology*. Thousand Oaks, CA: Sage.

　　이 포괄적인 핸드북은 내러티브 탐구에 대한 회고적이면서 미래적인 논평을 제공한다. 주요 학자들의 원전을 모은 책으로서 다양한 학문 분야에서 내러티브 탐구를 하는 연구자를 위한 탁월한 참고서이다.

Ellis, C. (2004). *The ethnographic I: The methodological novel about autoethnography*. New York: AltaMira Press.

　　자문화기술지 연구에 대한 포괄적인 지침을 보여 주는 책으로서 이론적, 방법론적 쟁점을 다루고, 다수의 풍부한 실증적인 예를 제공한다.

Leavy, P. (2013). *Fiction as research practice: Short stories, novellas, and novels*. Walnut Creek, CA: Left Coast Press.

   이것은 허구기반 연구에 대한 최초의 포괄적인 입문서이다. 학술적이고 대중적인 글쓰기에서 허구와 논픽션의 얽힘, 허구기반 방법론의 강점, 연구 설계 지침, 평가 범주, 실제 연구로서 허구의 예, 교육학과의 연계에 대한 논의를 포함하며, 연구를 시작하거나 출판하기 위해 필요한 부가적인 자료를 포함한다.

Sameshima, P. (2007). *Seeing red: A pedagogy of Parallex*. Youngstown, NY: Cambria Press.

   문학적인 ABR의 멋진 예시이며, 저자들은 이 책을 '포스트모던 허구적 전기'로 간주한다.

관련 웹사이트와 저널

CTheory

   www.CTheory.net

   이 온라인 학술지는 대중 문화, 정치학, 기술, 방법론의 경계 위에 있는 첨단 연구를 발표한다. 실험적 글쓰기 형식의 연구가 종종 발표되는데, 허구를 포함한 비전통적 글쓰기를 사회과학 연구와 통합하는 방법에 대한 탁월한 원천을 제공한다.

Narrative Works: Issues, Investigations & Interventions

   www.taosinstitute.net/narrative-works-journal

   이것은 온라인, 개방형, 상호심사제의 학제적 학술지로 인간의 삶에 있어서 내러티브의 복합적인 역할을 탐구한다. 여기에 포함된 대표적 학문 분야는 심리학, 사회학, 인류학, 노인학, 문학연구, 젠더연구, 문화연구, 종교연구, 사회복지학, 교육학, 보건학, 윤리학, 신학, 그리고 예술이며 그 외에도 여러 분야가 있다.

Qualitative Inquiry

   www.sagepub.com/journalsProdDesc.nav?prodId=Journal200797

   이 학술지는 다수의 예술기반 접근을 포함해 질적 방법과 방법론에 대한 최첨단 논문을 정기적으로 발표한다. 또한, 사회 연구에 대한 혁신적인 질적 접근의 가장 포괄적인 선집을 일정하게 제공한다.

Qualitative Report

www.nova.edu/ssss/QR/index.html

이 온라인 학술지는 접근성이 좋으며, 혁신적인 질적 방법을 다루는 논문을 포함해서 내용적, 방법론적 논문을 모두 출판한다.

Reed Magazine: A Journal of Poetry and Prose

www.reedmag.org

이것은 산호세 주립대의 문학 잡지이다. 이 학술지는 미국의 여러 지역에서 투고된 시와 단편소설의 원본을 출판한다.

미주

1. 내러티브 탐구의 역사만으로도 긴 장이 되어서 이는 아주 엄선된 논평임을 주목하기 바란다.
2. 심리학에서 내러티브 탐구의 지도자인 Ruthellen Jesselson(2006)는 내러티브 연구에서 만들어진 축적된 지식을 바라보기 위한 도전과 가능성에 대해 서술하였다. 이것은 이 분야에서 미래의 중요한 방향이 될지도 모른다.

참고문헌

Abbott, H. P. (2008). *The Cambridge introduction to narrative* (2nd ed.). Cambridge, UK: Cambridge University Press.

Adams, T. E. (2011). *Narrating the closet: An autoethnography of same-sex attraction.* Walnut Creek, CA: Left Coast Press.

Bakhtin, M. M. (1981). *The dialogic imagination: Four essays by M. M. Bakhtin*. Austin: University of Texas Press. (Original work published 1975)

Banks, S. P. (2008). Writing as theory: In defense of fiction. In J. G. Knowles & A. L. Cole (Eds.), *Handbook of the arts in qualitative research* (pp. 155-164). Thousand Oaks, CA: Sage.

Banks, S. P., & Banks, A. (1998). The struggle over facts and fictions. In A. Banks & S. P. Banks (Eds.), *Fiction and social research: By fire or ice* (pp. 11-29). Walnut Creek, CA: AltaMira Press.

Barone, T. (2008). Creative nonfiction and social research. In J. G. Knowles & A. L. Cole (Eds.), *Handbook of the arts in qualitative research* (pp. 105-116). Thousand Oaks, CA: Sage.

Berger, M. (1977). *Real and imagined worlds: The novel and social science*. Cambridge, MA: Harvard University Press.

Bochner, A. P., & Riggs, N. (2014). Practicing narrative inquiry. In P. Leavy (Ed.), *The Oxford handbook of qualitative research*. New York: Oxford University Press.

Capote, T. (1966). *In cold blood*. New York: Signet Books.

Caulley, D. N. (2008). Making qualitative research reports less boring: The techniques of writing creative nonfiction. *Qualitative Inquiry, 4*(3), 424-449.

Cheney, T. A. R. (2001). *Writing creative nonfiction: Fiction techniques for crafting great nonfiction*. Berkeley, CA: Ten Speed Press.

Clair, R. P. (2013). *Zombie seed and the butterfly blues: A case of social justice*. Rotterdam, The Netherlands: Sense Publishers.

Clandinin, D. J., & Connelly, F. M. (1989). *Narrative and story in practice* and research. (ERIC Document Reproduction Service No. ED309681). Retrieved from *eric.ed.gov/ERICDocs/data/ericdocs2sql/content_storage_01/00000/9b/80/1f/3d/1f.pdf*.

Clandinin, D. J., & Rosiek, J. (2007). Mapping a landscape of narrative inquiry: Borderland spaces and tensions. In D. J. Clandinin (Ed.), *Handbook of narrative inquiry: Mapping a methodology* (pp. 35-75). Thousand Oaks, CA: Sage.

Clough, P. (2002). *Narratives and fictions in educational research*. Buckingham, UK: Open

University Press.

Cohn, D. (2000). *The distinction of fiction*. Baltimore: Johns Hopkins University Press.

de Freitas, E. (2003). Contested positions: How fiction informs empathetic research. *International Journal of Education and the Arts, 4*(7). Retrieved from www.ijea.org/v4n7.

de Freitas, E. (2008). Bad intentions: Using fiction to interrogate research intentions. *Educational Insights, 12*(1). Retrieved from www/ccfi.educ.ubc.ca/publication/insights/v12n01/articles/defreitas/index.html.

Denzin, N. K., & Lincoln, Y. (Eds.). (2000). *The Sage handbook of qualitative research*. Thousand Oaks, CA: Sage.

Dumont, J. (1978). *The headman and I: Ambiguity and ambivalence in the fieldworking experience*. Austin: University of Texas Press.

Ellis, C. (2004). *The Ethnographic I: The methodological novel about autoethnography*. New York: AltaMira Press.

Frank, K. (2000). The management of hunger: Using fiction in writing anthropology. *Qualitative Inquiry, 6*(4), 474–488.

Franklin, R. (2011). *A thousand darknesses: Lies and truth in Holocaust fiction*. New York: Oxford University Press.

Freeman, M. (2007). Autobiographical understanding and narrative inquiry. In D. J. Clandinin (Ed.), *Handbook of narrative inquiry: Mapping a methodology* (pp. 120–145). Thousand Oaks, CA: Sage.

Gatson, S. N. (2003). On being amorphous: Autoethnography, genealogy, and a multiracial identity. *Qualitative Inquiry, 9*(1), 20–48.

Geertz, C. (1973). *The interpretation of cultures*. New York: Basic Books.

Goodall, H. L. (2000). *Writing the new ethnography*. Walnut Creek, CA: AltaMira Press.

Goodall, H. L. (2008). *Writing qualitative inquiry: Self, stories, and academic life*. Walnut Creek, CA: Left Coast Press.

Gosse, D. (2005). *Jackytar: A novel*. St. Johns, Nova Scotia, Canada: Jesperson.

Gosse, D. (2008). Queering identity(ies) and fiction writing in qualitative research. In

M. Cahnmann-Taylor & R. Siegsmund (Eds.), *Arts-based research in education: Foundations for practice* (pp. 182-193). New York: Taylor & Francis.

Guillion, J. S. (2014). *October birds: A novel about pandemic influenza, infection control, and first responders.* Rotterdam, The Netherlands: Sense Publishers.

Gutkind, L. (2012). *You can't make this stuff up: The complete guide to writing creative nonfiction–from memoir to literary journalism and everything in between.* Boston: Da Capo/Lifelong Books.

Halpin, T. (1989). Scientific objectivity and the concept of "the other." *Women's Studies International Forum, 12*(3), 285-294.

Harding, S. (1993). Rethinking standpoint epistemology: What is "strong objectivity"? In L. Alcoff & E. Potter (Eds.), *Feminist epistemologies* (pp. 49-82). New York: Routledge.

Harris, M. Y. (2005). Black women writing autobiography: Autobiography in multicultural education. In J. Phillion, M. Fang He, & F. M. Connelly (Eds.), *Narrative and experience in multicultural education* (pp. 36-52). Thousand Oaks, CA: Sage.

Harvey, M. R., Mishler, E. G., Koenan, K., & Harney, P. A. (2000). In the aftermath of sexual abuse: Making and remaking meaning in narratives of trauma and recovery. *Narrative Inquiry, 10*(2), 291-311.

Hesse-Biber, S. N., & Leavy, P. (2005). *The practice of qualitative research.* Thousand Oaks, CA: Sage.

Hesse-Biber, S. N., & Leavy, P. (2011). *The practice of qualitative research* (2nd ed.). Thousand Oaks, CA: Sage.

Holman Jones, S., Adams, T. E., & Ellis, C. (Eds.). (2013a). *Handbook of autoethnography.* Walnut Creek, CA: Left Coast Press.

Holman Jones, S., Adams, T. E., & Ellis, C. (2013b). Introduction: Coming to know autoethnography as more than a method. In S. Holman Jones, T. E. Adams, & C. Ellis (Eds.), *Handbook of autoethnography* (pp. 17-47). Walnut Creek, CA: Left Coast Press.

Iser, W. (1997). The significance of fictionalizing. *Anthropoetics III, 2,* 1-9. Retrieved from www.anthropoetics.ucla.edu/ap0302/iser_fiction.htm.

Jones, K. (2001, May). *Beyond the text: An Artaudian take on the nonverbal clues revealed within the biographical narrative process*. Expanded version of a paper presented at the International Sociological Association International Conference, Kassel, Germany.

Jones, K. (2003). The turn to a narrative knowing of persons: One method explored. *Narrative Studies, 8*(1), 60–71.

Jones, K. (2006). A biographic researcher in pursuit of an aesthetic: The use of arts–based (re)presentations in "performative" dissemination of life stories. *Qualitative Sociology Review, 2*(1). Retrieved from *www.qualitativesociologyreview.org/ENG/index_eng.php.*

Josselson, R. (2006). Narrative research and the challenge of accumulating knowledge. *Narrative Inquiry, 16*(1), 3–10.

Josselson, R. (2011). "Bet you think this song is about you": Whose narrative is it in narrative research? *Narrative Works: Issues, Investigations, and Interventions, 1*(1), 33–51.

Ketelle, D. (2004). Writing truth as fiction: Administrators think about their work through a different lens. *Qualitative Report, 9*(3), 449–462.

Kidd, D. C., & Castano, E. (2013). Reading literary fiction improves theory of mind. *Science, 342*, 377–380.

Kim, J. (2006). For whom the school bell tolls: Conflicting voices inside an alternative high school. *International Journal of Education and the Arts, 7*(6), 1–19.

Labov, W. (2006). Narrative pre-construction. *Narrative Inquiry, 16*(1), 37–45.

Law, J., & Urry, J. (2004). Enacting the social. *Economy and Society, 33*(3), 390–410.

Leavy, P. (2007, August). *Merging feminist principles and art–based methodologies*. Paper presented at the annual conference of the American Sociological Association, New York.

Leavy, P. (2011). *Low–fat love*. Rotterdam, The Netherlands: Sense Publishers.

Leavy, P. (2013a). *American circumstance*. Rotterdam, The Netherlands: Sense Publishers.

Leavy, P. (2013b). *Fiction as research practice: Short stories, novellas, and novels*. Walnut Creek, CA: Left Coast Press.

Maines, D. (2001). Writing the self versus writing the other: Comparing autobiographical and life history data. *Symbolic Interaction, 24*(1), 105–111.

McLaurin, S. (2003). Homophobia: An autoethnographic story. *Qualitative Report, 8*(3), 481–486.

Norris, J. (2009). *Playbuilding as qualitative research: A participatory arts–based approach.* Walnut Creek, CA: Left Coast Press.

Pelias, R. J. (2004). *A methodology of the heart: Evoking academic and daily life.* Walnut Creek, CA: AltaMira Press.

Phillion, J., Fang He, M., & Connelly, F. M. (2005). *Narrative and experience in multicultural education.* Thousand Oaks, CA: Sage.

Pinnegar, S., & Daynes, J. G. (2007). Locating narrative inquiry historically: Thematics in the turn to narrative. In D. J. Clandinin (Ed.), *Handbook of narrative inquiry: Mapping a methodology* (pp. 3–34). Thousand Oaks, CA: Sage.

Rhodes, C. (2000). Ghostwriting research: Positioning the researcher in the interview text. *Qualitative Inquiry, 6*(4), 511–525.

Richardson, L. (1997). *Fields of play: Constructing an academic life.* New Brunswick, NJ: Rutgers University Press.

Rinehart, R. E. (1998). Fictional methods in ethnography: Believability, specks of glass, and Chekhov. *Qualitative Inquiry, 4*(2), 200–224.

Sarbin, T. R. (1986). *Narrative psychology: The storied nature of human conduct.* Westport, CT: Praeger.

Saukko, P. (2000). Between voice and discourse: Quilting interviews on anorexia. *Qualitative Inquiry, 6*(3), 299–317.

Skinner, J. (2003). Montserrat Place and Mons'rat Neaga: An example of impressionistic autoethnography. *Qualitative Report, 8*(3), 513–529.

Smith, D. (1987). *The everyday world as problematic: A feminist sociology.* Boston: Northeastern University Press.

Spence, D. P. (1984). *Narrative truth and historical truth: Meaning and interpretation in psychoanalysis.* New York: Norton.

Stout, C. (2014, April). *Considering the bonds between narrative art and narrative inquiry.*

Paper presented at the annual conference of the American Educational Research Association, Philadelphia, PA.

Tenni, C., Smyth, A., & Boucher, C. (2003). The researcher as autobiographer: Analyzing data written about oneself. *Qualitative Report, 8*(1), 1–12.

Vickers, M. H. (2002). Researcher as storytellers: Writing on the edge–and without a safety net. *Qualitative Inquiry, 8*(5), 608–621.

Visweswaran, K. (1994). *Fictions of feminist ethnography*. Minneapolis: University of Minnesota Press.

Wyatt, J. (2005, May). *The telling of a tale: A reading of "A Gentle Going?"* Symposium conducted at the First International Congress of Qualitative Inquiry, Urbana–Champaign, IL.

Wyatt, J. (2007). Research, narrative and fiction: Conference story. *Qualitative Report, 12*(2), 318–331. Retrieved from *www.nova.edu/ssss/QR/QR12–2/wyatt.pdf*.

Wyatt, J., & Adams, T. E. (2014). *On (writing) families autoethnographies of presence and absence, love and loss*. Rotterdam, The Netherlands: Sense Publishers.

『미국의 상황』(발췌)

-Patricia Leavy

형광등 불빛이 자신의 머리를 내리 비추는 탈의실에 서서 몰리는 목을 최대한 돌려 거울로 볼 수 있는 모든 각도에서 자신을 살펴보았다. 이 거울이 뚱뚱하게 보이는 거울인지 궁금하다. 왜곡된 것 같아. 그녀는 반대 방향으로 목을 돌리면서 혼자 생각했다. 그런데 왜 그렇게 해놓겠어? 그렇게 하면 옷이 밉게 보일 테니 그렇게 하지는 않을 거야. 모든 것이 더 좋아 보이도록 날씬하게 보이는 거울로 해 놓았을 가능성이 더 높아. 세상에, 날씬하게 보이는 거울인데도 내 모습이 이렇다면…

"다 괜찮으세요?" 커튼 반대편에서 판매원이 부르는 소리에 몰리는 다시 급작스럽게 현실로 돌아왔다. 판매원에게 들릴 정도로 생각의 소리가 너무 컸던 건 아니었나 싶었다.

"아, 네. 감사합니다. 전부 괜찮아요."

"수선된 부분은 어떠세요? 더 고칠 부분이 있으시면 재단사 불러 드릴게요."

"음, 괜찮은 것 같아요." 몰리가 말한 후, 뒤로 돌아서며 커튼을 밀어서 열었다.

"오, 아름다우세요." 활기찬, 44 사이즈인 판매원이 말했다. "손님께 어울리는 근사한 색이네요."

"고마워요." 몰리가 기분이 나아지며 말했다. "전 항상 로얄 블루를 무척 좋아했어요."

"여기 와서 한번 서 보세요." 판매원이 삼단 거울 앞의 단을 가리키며 말했다.

단에 올라가서 자신의 모습을 바라보며 몰리는 긴 드레스의 양 옆을 손으로 펴면서 새틴이 피부에 닿을 때의 촉감이 얼마나 놀라운지에 대해 생각했다.

"정말 근사합니다." 판매원이 말했다. "단순한 보디스가 굉장히 돋보이게 해 주고 참 좋아요. 손님께 잘 어울리는 것 같아요. 착용감은 어떠세요?"

"오, 좋은 것 같아요." 몰리가 다시 한 번 모든 각도에서 자신을 살펴보기 위해 목을 최대한 돌리며 말했다.

"함께 신을 만한 신발은 있으세요? 몇 켤레 신어 보시도록 가져다 드릴 수 있어요."

"아, 모르겠어요. 기본 검은색 구두가 있고, 또 신을 만한 옅은 연홍색 구두가 한 켤레 있어요."

"물론 그것들도 괜찮을 것 같지만 굉장히 격식을 차린 행사라면 제가 몇 가지 좀 가져와서 한번 보여 드리면 어떨까요?"

"정장 차림의 행사이긴 하니까 한번 신어 보는 것도 좋겠네요. 저는 9호 신어요. 제가 신발 매장 쪽으로 가야 하나요?"

판매원이 무심코 피식 웃었다. "제가 드레스랑 같이 신어 보실 수 있게 몇 켤레 골라서 가져오겠습니다. 금방 돌아올게요."

"아, 너무 높은 것 말고요. 제가 그런 뾰족한 힐은 잘 못 신어서요." 몰리가 그녀의 뒷모습을 향해 외쳤다.

무엇을 해야 할지 몰라 몰리는 다시 탈의실로 들어가서 작은 오토만 의자에 앉아 기다렸다. 그녀가 간 지 꽤 오래 됐어. 내 발이 너무 커서 내 치수에 맞는 게 하나도 없는 건지도 몰라. 드레스에 주름이 지지 않았으면 좋겠는데. 일어나 있는 게 낫겠다. 그런데 그녀가 그러기도 전에 판매원이 "존스턴 부인?" 하고 불렀다. 커튼을 열어젖힌 몰리는 지나치게 열성적인 판매원이 지미추 신발 상자를 한 무더기 쌓아 올려서 들고 있는 모습과 마주했다. 자신이 지금 무엇을 하고 있는 것인가에 대한 불안감으로 몰리의 심장이 좀 더 빠르게 뛰기 시작했다. 버그도프에 가보라는 그웬의 추천을 받아들이면서 그녀는 이미 드레스에 거금을 들인 상황이었다. 오, 안 돼. 땀을 흘리면 드레스를 망치게 될 테니 마음을 가라앉히고 진정해야지. 첫 번째로 신어 본 구두는 몰리가 자신이 신는다고 상상할 수 없는 반짝이고 끈이 달린 것이었다. 세상에나, 사람들은 내가 무슨 유행을 따르는 20대처럼 보이려고 한다고 생각할 거야. 그녀가 미리 일렀음에도 불구하고 판매원이 가져온 모든 신발에는 몰리가 거의 걷지 못할 정도로 뾰족하고 높은 굽이 있었다. 몰리가 과소비에 대한 염려로부터 스스로 벗어나기 위해 자신이 이미 갖고 있는 것을 신겠다고 말하기 바로 직전에 판매원이 마지막 상자를 열었다.

"자, 이게 전형적인 선택이 아니라는 건 알지만, 다른 길도 있다는 것을 보여 드려야 할 것 같아서요."

몰리의 입이 떡 벌어졌다. 구두 바깥쪽 표면에 보석 색깔—사파이어, 에메랄드, 루비 레드—이 흩뿌려진 단순한 검은색 새틴 슬링백 구두였다. 만약 신발이 캔버스라면, 이건 칸딘스키와 폴락의 만남이다. 그녀는 생각했다. 그것은 그녀가 이때까지 본 신발 중 가장 아름다운 신발이었다.

"신발에 있는 파란색 때문에 모든 게 잘 어울려 보일 거예요." 몰리가 그 구두에 발을 살짝 끼웠을 때 판매원이 말했다. "굽도 낮아서 더 편안하실 거예요."

몰리는 몸을 돌려 거울을 다시 본 후에 그 말에 공감하면서 말했다. "이 구두로 할게요."

시적 연구

시는 침묵에 대한 간섭이다. 시는 공간을 갖고 있기 때문에 감각을 확장시킨다.
시는 그 공간에 존재하지만 공간의 나머지 부분을 그대로 유지한다.
시가 침묵에 대한 간섭이라면 일상적인 언어는 과학의 점유, 즉 소음의 연속이다.

−Billy Collins, 전 미국 계관 시인(Stewart, 2004에서 발췌)

공간으로 둘러싸이고 침묵으로 무게 지워진 시는 소음을 뚫고 본질을 보여 준다. 잘 배치된 단어와 의도적인 정지로 완성된 감각적 장면인 시는 돋보기로 보는 것처럼 사회적 실제의 가장 중요한 순간들을 포착하여 감정을 가장 앞으로 밀어낸다. 시적 연구의 개척자인 Carl Leggo는 "시인은 인간을 연구하는 사람이다."라고 주장하였다(2008, p. 165). 이어서 "시는 우리가 독창적이고 상상력 가득한 방법으로 경험을 창조하고, 이해하고, 참여하기 위해 언어로 실험하도록 한다."(p. 165)라고 하였다. Ronald J. Pelias(2004)는 예술은 불분명하고 과학은 명료하다는 과학적 가정과 정반대되는 주장을 하였다.

과학은 나무를 보고 목재를 찾는 행위이다. 시는 나무를 보고 나무를 찾는 행위이다.

가슴으로부터 머리를 떼어 내는 연금술사는 금을 찾지 못할 것이다(p. 9).

이에 대해 William Ellery Channing은 다음과 같이 주장하였다.

시인을 가장 기쁘게 하라,
그를 통해 모든 인간이 그 기쁨을 볼 것이다.

연구방법으로서의 시는 사실과 허구를 양분하는 방식에 변화를 주고 자료를 생생하게 제시할 수 있는 형식을 제공한다.

시는 단어와 서정적인 호소에 의존하는 방식으로 두 가지 표현 형식을 합친 것이다(Hirshfield, 1997). 또한 시는 종종 "서로 다르게 여겨지도록 이질적인 요소들과 이미지들을" 병렬한다(Rasberry, 2002, p. 106). 일반적으로, 시는 내가 감정의 그림이라고 부르는 것을 그려 내기 위해 단어를 듬성듬성 사용함으로써 호흡과 정지를 포함한 공간에 상당한 주의를 기울인다. 다르게 표현하자면, 시는 언어와 침묵을 주의 깊게 쌓아올려 의미를 드러내는 감각의 장면을 만들기 위해 단어, 리듬, 공간을 사용한다. 이런 방식으로, 시는 가장 중요한 순간을 예술적으로 표현한 인간 경험의 일부를 떠오르게 하는 것으로 이해될 수 있다.

최근 사회과학적 지식을 생성하는 데 시를 사용하는 비율이 극적으로 늘어났다. 말과 음악 사이에 존재하는 시는 어떤 연구자들에게는 다중적인 의미, 정체성 연구를 주의 깊게 다루고 종속적 관점에 접근하게 하는 등 여러 방식으로 자료를 표현할 수 있게 한다. 다른 표현 방식과 달리, 시에서는 단어와 소리, 공간이 하나로 합쳐지고 그럼으로써 사회적 의미를 구성하고 분명하게 한다. 시는 단순한 표현 방식이 아니라 해석의 또 다른 방식이자 이해의 방식이다(Brady, 2003, 2004, 2007). 따라서 허구기반 연구의 예에서 글을 쓰는 행위가 연구 수행인 것처럼 시를 쓰는 행위는 연구 수행이나 연구방법이 될 수 있다.

배경

　시는 공예이다. 사회과학적 자료를 시적으로 표현하는 것은 어떤 의미에서는 질적 연구자들에게 표현의 형식을 제공한다. 어떤 의미에서는 질적 연구자들이 이미 수행하고 있는 것들을 확장시킨다고도 볼 수 있다. 그러나 시는 인간의 경험을 해석하고 표현하는 매우 특정한 형식을 제공하므로 단순히 또 다른 글쓰기 형식으로 보아서는 안 될 것이다.

　사회학적 연구에서 시는 심층 면접이나 구전 역사 녹취처럼 자료를 제시하는 대안적 방법이 된다. 시적 연구는 전통적 시의 기술과 규칙을 질적 연구의 근본적인 취지와 결합한다. 시의 형식으로 자료를 표현하는 것은 연구자가 자료에서 다른 의미를 도출하거나 다른 일련의 문제를 해결하고 독자가 자료를 다르게 받아들이게 한다. 이런 맥락에서 보면, 연구과정에서 시를 사용하는 것은 예술기반 연구(arts-based research: ABR)가 전반적으로 증가하는 것뿐만 아니라 포스트모던과 후기구조주의 이론들이 제시하는 인식론적이고 이론적인 관점을 확대하는 것과도 관련이 있다.

　　■ 예술기반 패러다임의 발전을 넘어, 왜 시는 연구 실행에서도 부상하게 되었는가?

이론적 발전

　이 책 전체에서 반복되는 주제는 방법론적 혁신은 대부분의 경우 연구 패러다임이 변하고, 사회를 바라보는 새로운 관점과 연구의 실천이 부상한 다음 이론이 발전한다. 그렇다면, 연구에 대한 새로운 방법이나 접근법은 방법론적 혁신이 새로운 이론적 관점에서 도출되는 쟁점들을 제시하기 위해서 필요한 '방법적 공백기'를 갖게 된다(Hesse-Biber & Leavy, 2006, 2008). 시와 연구의 경우는 표현의 형식이 이론적 발전에서 탄생하였다.

특히 포스트모던 이론, 후기식민주의 이론, 페미니스트 포스트모더니즘 그리고 페미니스트 후기구조주의는 전통적인 앎의 방식을 변화시켜왔다. 예를 들어, 이러한 종류의 사상은 특정 관점에 부합하는 지식을 생성하고, 피지배자에게 관심을 기울이고, 권위를 해체하고, 경험을 형성하는 개별적 사건과 인간의 경험에 대한 우리의 분명한 표현에 관심을 기울인다. 제1장에서 살펴본 바와 같이, 이런 비판적인 접근들은 역사적으로 지식을 생성하는 방식을 지배해 온 이성과 감정의 분리와 같은 부자연스러운 이분법에도 주목한다. 이러한 이론적 진보는 시가 전통적 산문에 대한 대안이 될 수 있는 환경을 만들어 주었다. 더 상세히 언급하겠지만 시는 그 자체로 침묵에(아니면 시인이 말하듯 공간에) 주의를 기울이게 하고 의미 형성에 있어 의미의 유동성과 다중성을 드러냄과 동시에 감정을 불러일으킨다.

Norman Denzin(2003)과 Laurel Richardson(1997)은 새로운 이론적 통찰력, 패러다임의 변화, 과학 예술적 표현으로의 전환 간의 관계에 대하여 광범위한 글을 썼다. Richardson은 인터뷰 자료를 시적으로 표현하는 방법을 개발하는 것만큼 실험적 글쓰기와 시적 표현의 가능성을 이론화하는 데 앞장서 왔다. Richardson은 말해진 것과 말해지지 않은 것 사이에 담겨진 의미를 주름치마의 주름에 비유하여 '주름진 문장'이라는 용어로 사용한다. 주름치마에서 겉에서 보이는 부분은 말해진 것이고 안쪽에 있어 보이지 않지만 존재하는 주름의 안쪽은 말해지지 않은 것을 의미한다. 또 내러티브적인 시와 서정적인 시의 차이에 대해서도 언급하였다. 내러티브적인 시는 인터뷰를 통해 수집된 자료들이 인터뷰 참가자들의 목소리를 사용해 그들의 이야기를 들려주는 시의 형태로 바뀌는 것으로 보았다. 서정적 시는 '이야기'를 덜 강조하면서 감정적인 측면을 드러낸다. Richardson은 이러한 글쓰기 방식은 연구자들이 인터뷰 참가자들이 사용한 단어에 말의 속도를 포함함으로써 말의 리듬, 조성, 패턴을 묘사할 수 있도록 한다고 하였다. 그럼으로써 시는 연구자들이 연구 참가자들이 '목소리를 낼 수 있게' 하는 방법을 이해하도록 하고, 해석적 연구와 페미니즘 연구를 확장시키는 데 핵심적인 역할을 하며, 이론적 변화가 어떻게 시적 연구 방법을 촉발시키는지 보여 준다.

시적 연구 또는 연구방법으로서의 시

지난 25년간 시적 연구가 빠르게 성장하면서 이러한 연구를 설명하고자 하는 용어가 넘쳐났다(〈표 3-1〉 참조). 〈표 3-1〉에 포함된 용어들 외에, 내러티브적 시 또는 유사한 용어들이 해석적 시(Langer & Furman, 2004)와 **문화기술지적 시**(Brady, 2004, 2008; Denzin, 1997)라고도 불려왔다. Arthur Bochner(2000)가 사용한 **시적 사회과학** 역시 마찬가지이다.

Monica Prendergast(2009)는 시에서 나온 목소리에 기반을 두고 시적 연구를 분류하였다. 그녀는 최근 빈번히 사용되는 시적 연구를 ① 연구자 목소리 기반, ② 참가자 목소리 기반, ③ 문헌 목소리 기반의 세 종류로 나누었다(p. xxii).

〈표 3-1〉 시적 연구에 대한 다양한 용어

- 리서치 시 또는 리서치 시가(Cannon Poindexter, 2002; Faulkner, 2007; O'Conner, 2001)
- 자료 시, 시적 자료(Commeyras & Montsi, 2000; Ely et al. 1997; Neilsen 2004)
- 시적 표현(MacNeil, 2000; L. Richardson 1994, 1997; Waskul & van der Riet, 2002)
- 시적 전사(Freeman, 2006; Glesne, 1997; Whitney, 2004)
- 시적 내러티브(Glesne, 1997)
- 시적 울림(Ward, 1986)
- 발견된 시(Butler-Kisber, 2002; Prendergast, 2004b, 2006; Pryer, 2005 2007; Sullivan, 2000; Walsh, 2006)
- 인류학적 시(Brady, 2000; Brummans, 2003)
- 내러티브 시가(Finley, 2000; Norum, 2000; Patai, 1988; Tedlock, 1972, 1983)
- 미적 사회과학(M. Richardson, 1998)
- 시적·사실적 내러티브(P. Smith, 1999)
- 문화기술지-시(W. N. Smith, 2002)

- 문화기술지 시(Kendall & Murray, 2005)/문화기술지-시가(W. N. Smith, 2002)
- 문화기술지시학(Rothenberg, 1994)
- 전사 시(Evelyn, 2004; Luck-Kapler, 2004; Santoro & Kamler, 2001)
- 인터뷰 시(Santoro & Kamler 2001)
- 지도 시(Hurren, 1998)
- 구어적 내러티브의 시적 응결(Öhlen, 2003)
- 현장노트 시(Cahnmann, 2003)
- 현장 시가(Flores, 1982)
- 혼성 시(Prendergast, 2007)
- 시적 초상화(Hill, 2005)
- 시적 자기분석(Black & Enos, 1981)
- 시적 분석(Butler-Kisber et al., 2003)
- 시적 형식(Chesler, 2001)
- 산문 시(Brady, 2004; Clarke et al., 2005; Saarnivaara, 2003)
- 시적 문장(Dunlop, 2003)
- 시적 독백(Durham, 2003)
- 자서전적 시(Furman, 2004)
- 시적 형태(Furman, 2006)
- 수집적 시(Gannon, 2001)
- 시적 성찰/저항(Kinsella, 2006)
- 시적 반추(Leggo, 1999, 2002, 2004a, 2005a)
- 독백/합창 독백(Prendergast, 2001, 2003a)
- 연구기반 시가(Rath, 2001)
- 자문화기술지적 운문, 자문화기술지적 시가(Davis, 2007; Ricci, 2003)
- 연기 시(M. Finley, 2003; L. Richardson 1999)
- 운문(Simonelli, 2000)
- 연기적 자문화 기술지적 시가(Spry, 2001)
- 조사적 시가(Hartnett, 2003)

출처: Prendergast (2009, pp. xx-xxi)에서 인용. Copyright 2009 by Sense Publishers. 허락하에 게재. 참고문헌은 Prendergast (2009) 참조.

Prendergast의 주석에 따르면, **연구자 목소리 기반 시**는 모든 시가 이에 해당될 수 있으므로 문제의 소지가 있다. 그럼에도 불구하고 시적 연구의 절반에 해당하는 이런 종류의 연구는 구분이 될 수 있다. 이러한 시의 자료는 자문화기술지적 관찰이나 현장 조사 일지, 문화기술지적 연구에서의 성찰 등 연구자가 생산해 낸 출처에서 온다. 예를 들어, 문화기술지적 시는 문화기술지적 자료(관찰 일지, 메모 등)를 수용하고, 자료를 되새겨 보고(현장 연구자들이 종종 하는 연구 행위인), 시의 형식으로 결과를 보여 준다(Denzin, 1997). 또한 시는 자문화기술지 연구자들이 사용하는 형식 중 하나이다. 예를 들어, Ronald J. Ricci(2003)는 두 개의 서로 다른 가족 문화 속에서 성장한 자신의 어릴 적 기억을 드러내는 자문화기술지적 자료를 표현하는 데 시를 사용하였다. 그는 의미를 제공하고, 감정을 환기시키고, 회상하게 하기 위해 자문화기술지와 시를 혼합하였다. Kakali Bhattacharya(2013)는 미국에 온 다른 두 명의 인도 학생들과 함께 첫 일 년 동안 교육을 받는 동안 겪은 자신의 개인적 경험을 내부인이며 동시에 외부인의 관점에서 탐색하는 데 시를 사용했다.

　전체 시적 연구의 1/3에 해당하는 **참가자 목소리 기반 시**는 참가자 인터뷰를 전사한 자료에 기반을 두고 작성하거나 참가자가 직접 작성하거나 연구자와 참가자가 함께 작성하기도 한다(Prendergast, 2009). 참가자 목소리 기반 시는 참가자의 언어, 말하는 방식, 반복, 멈춤 등을 존중한다는 뜻을 담고 있다(Prendergast, 2009; Sparkes, Nilges, Swan, & Downing, 2003). **해석적 시**는 참가자의 말을 연구자의 관점과 통합하는 방식이다(Langer & Furman, 2004). 그러므로 대규모 페미니즘 프로젝트 등에서 알려진 것처럼 해석적 시는 연구자가 참가자의 '목소리'를 연구자의 통찰력과 통합해야 할 당위성을 제공한다. 페미니스트들이 자주 말하였듯이 참가자의 목소리를 연구자의 통찰력과 통합하는 것은 끊임없는 도전이므로, 어떻게 ABR이 연구를 실행하는 것에 관련하여 오랜 관심사였던 것들을 다룰 수 있도록 하는지 알 수 있다. 다른 예로, Langer와 Furman은 정제된 이야기를 만들기 위해 연구 참가자의 말과 말하는 스타일을 가지고 시를 쓰는 리서치 시를 제시하였다. 참가자 목소리 기반 시는 자료 분석과정에서 자료에 대한 신뢰도를 높이기 위한 분석 전략으로도 사용될 수 있다. Rosemary Reilly(2013)는 인터뷰 참가자들에게 인터뷰 전사 자료를 검토하게 한 뒤 전사 자료에서 '발견된 시'를 창작하게 하는 혁신적인 연구 대상자 검증방법을 개발했다. Reilly는 이렇게 하는 것이 연구 대상자 검증방법으로 사용될 수 있을 뿐 아니라 발견된 시는 전통적인 질적 자료에 감정적 깊이를 더해 준다는 것을 발견했다. 이 장 후반부의 시적 전사 부분에 인터뷰 전사 자료를 사용해 창작된 시를 자세히 제시하였다.

끝으로, 문헌 목소리 기반 시는 최신의 것이나 다른 형식들보다 덜 사용되고 있다. 문헌 목소리 기반 시는 연구자가 시를 쓰는 데 문헌이나 이론을 출처로 사용하거나 시나 연구 자체에 대한 시를 쓸 때 사용된다(Prendergast, 2009). Prendergast는 이 형식을 "발견된 시"의 문학적 전통의 토대로 삼았다(p. 76). 예를 들면, 한 연구에서 그녀가 쓴 시는 Herbert Blau와 공동 집필한 책 『청중(The Audience)』(1990)을 발전시킨 것이다. Prendergast는 "Blau의 이론을 종합하고, 가공하고, 의미를 만들고, 연구를 전달하는 방법을 전달하기" 위해 "문헌 목소리 기반 연구 시"를 사용했다(p. 75). 연구자의 서술로 뒷받침되고 맥락이 설명된 시는 연기자이자 교육자인 Blau가 자신의 직업에서 가장 중요한 두 가지인 청중과 연기를 이해하는 과정을 보여 준다.

■ 연구자가 연구에서 시를 쓰는 방법은 무엇인가?
■ 시나 시적 몽타주의 구조는 무엇인가?

연구로서의 시 쓰기

무엇이 '좋은' 시를 만드는지 생각해 보는 것은 시 쓰기에 대한 우리의 관심을 바른 방향으로 이끌어 줄 수 있다. Richardson(2000)은 잘 쓰인 시는 사회적 삶에 대한 우리의 이해를 확장시키고, 독자에게 영향을 주며, 현실을 표현하고, 성찰을 촉진하고, 심미적인 성향을 갖는다고 하였다(p. 254).

이러한 기준에 부합하는 리서치 시를 구성하고자 한다면, "시의 건축적인 면"을 이해하는 것이 중요하다(Sullivan, 2009: Butler-Kisber, 2010, p. 97 재인용). Anne McCrary Sullivan은 시의 네 가지 측면을 구체성, 감정, 모호함 그리고 연상의 법칙이라고 하였다.

시는 리듬, 형식, 은유, 그리고 언어의 힘을 사용한다. 허구기반 연구의 경우, 그리고 아마도 시의 경우 더욱 강화되겠지만, 몇 개의 단어에 의존하기 때문에 시에 사용되는 언어는 면도날처럼 날카로워야 한다. 단어는 그 무게와 감정적 의미, 소리 그리고 당연히 그 의미를 고려하여 신중히 선택되어야 한다. 특별함과 은유는 두 가지 모두 시에서 중요하다. Prendergast(2012)는 시적으로 사고하기와 시적으로 연구하기의 핵심적 특징이 은유라고 설명함으로써 '방법으로의 은유'가 갖는 중요한 역할을 강조하였다. 리서치 시가 만들어지는 과정은 프로젝트의 더 큰 목표와 방법론만큼이나 시의 종류(목소리와 관련된)에도 의존한다. 연구자에게서 시작되었든, 참가자 또는 문서에서 시작되었든 간에, 대부분 의미를 통합하는 데 사용될 수 있는 단어나 절을 발견하기 위해 자료 전체를 정리하는 과정이 있기 마련이다(Glesne, 1997; Prendergast 2009).

시적 전사

시적 전사는 코드의 범주가 자료에서 귀납적으로 개발되는 근거이론적 관점에서 출발한(같은 것이라 볼 수는 없지만) 분석과 글쓰기 방법이다. 예를 들어, 인터뷰 자료의 경우, 시적 전사에 관심이 있는 연구자는 처음에는 주제와 반복되는 언어를 찾기 위해 인터뷰 전사 자료를 연구하고, 그다음에 자료에서 정확한 단어와 절을 끄집어낸다. 선택된 단어와 절은 시의 토대가 된다. 이 접근법은 참가자의 언어를 사용하기만 하는 것이 아니라 서술자의 말투까지 보존한다(Faulkner, 2005; Glesne, 1997). 근본적으로 이런 기법은 한 개의 단어로 인터뷰 전사 자료의 일부를 표현할 수 있도록 압축하는 과정에서 나오는 광범위한 주제적 코딩을 필요로 한다. 참가자의 언어가 시의 틀을 만들지라도, 연구자 자신의 언어를 포함하기도 한다. 예를 들어, 인터뷰 중 나눈 대화의 일부가 시에 포함될 수 있다. Glesne(1997)는 시적 전사를 참가자와 연구자 간의 대화에서 나오고 해석의 과정에서 발전되는 '제3의 목소리'로 분류하였다. 또한 문헌 검토나 이론적 연구에서 얻어진 이해 역시 제3의 목소리가 될 수 있다. 다시 말하지만, 시는 기존에 **저자**와 **권한**이라는 용어로 표현되었던 갈등으로 연구자들이 참가자의 목소리를 지켜야 한다는 책임감과 연구자 자신의 통찰과 정치적 동기 간의 갈등을 설명할 수 있는 방법을 제시하고 있음을 알 수 있다.

D. Soyini Madison(2005)은 페미니스트와 다문화주의자들에 의해 개발된 이 접근법이 화자의 목소리를 드러내는 것과 관련이 있고 대규모 페미니즘 프로젝트의 핵심과 관련이 있다고 하였다. 피지배층의 목소리에 관심이 많은 연구자들은 특히 이런 해석 방식을 선호한다. 또한 많은 비판적인 학자가 주장하듯 참가자의 이야기는 말하는 중에 만들어지므로 화자의 말하는 방식을 포착하는 것은 화자의 목소리를 보존하는 것뿐만 아니라 인터뷰 상황을 전달하는 데 도움이 된다(Calafell, 2004; Faulkner, 2005). 시적 전사가 사용되든 그렇지 않든 근거이론의 분석방법을 변형하는 것은 연구자가 자료를 해석하려고 할 때나 화자의 목소리나 인터뷰 중의 대화 그 자체의 소리를 담아 표현하고자 할 때 유용할 것이다. 또한 해석에 대한 근거이론적 접근은 자료에 진정성의 측면을 추가한다.

다음의 경험적 사례들은 분석과 제시하는 방법 중 하나를 보여 준다. 자료는 내가 대학생 연령의 남성과 여성을 대상으로 성적 정체성과 신체 이미지 간의 관계에 대해 연구했던 것에서 가져왔다[이 연구는 성과학연구협회재단(Foundation for the Society for the Scientific Study of Sexuality)에서 연구 기금을 지원받았다]. 이 사례는 자신을 양성애자, 이성애자, 또는 동성애자라고 한 18명의 여성 참가자에게 초점을 맞추었다. 참가자들은 심층 면담, 개방적 면담에 참여하였다. 각 참가자들은 쟁점을 명확히 하기 위한 동일한 질문들을 받았지만 자신에게 중요한 문제를 이야기할 수 있고 대화의 흐름을 주도할 수 있도록 했다. 인터뷰는 말한 대로 전사되었고, 참가자들은 번호로 표기되었으며(전사 자료에서 개인 정보를 삭제함), 그 후 신뢰성 확보를 위해 두 명이 코딩을 하였다. 그 결과, 매력, 신체 이미지, 가족, 데이트 등을 포함하는 긴 목록의 메타 코드(대 코드 범주)가 확보 되었다. 각각의 메타 코드 범주에는 매력적 이상형인 타인, 매력적 이상형인 자신, 신체 만족, 신체 불만족, 첫 데이트, 데

이트 준비 등과 같은 더 작고 상세한 코드 범주가 포함되어 있었고 이 코드 범주의
목록은 더 길었다.

　아래는 하위 코드 범주 중 가슴에 대해 언급한 부분을 코드화한 전사 자료이다.
이 범주는 신체 이미지라는 메타코드 범주에 속해 있다. 18명의 참가자 중 5명이 특
별히 묻지 않았는데도 이 주제에 대해 이야기하였기 때문에 이 부분은 이러한 종류
를 설명하는 데 도움이 될 것이다.

13

그리고 내 가슴이요!!! 내 가슴이 더 컸으면 좋겠어요!

(인터뷰어) 왜요?

모르겠어요. [킥킥] 왜냐하면… 모르겠어요. 어, 모르겠어요. 아마 내가 본 이미지
인 거 같아요… 아마도요. 아마 그걸 거예요, 그치요? 내 사이즈인 5피트 2의 마르
고 큰 가슴을 가진 여성을 본 거요. 그치요? 그 사람들은 날씬한데, 그런데 큰 가
슴을 가졌잖아요! 모르겠어요, 아마 내가 가슴골이 있었으면 하나 봐요… 셔츠를
좀 채우게요. [킥킥] 그래서 그런 거 같아요…

8

네, 난 속옷이 좋아요. 속옷이 익숙하지 않고 난 가슴이 작아서 와이어가 있는 브
라나 가슴을 모아 주는 브라나 뭐 그런 걸 입는 게 익숙하지 않아요. 난, 왜 그런
거 있잖아요, 그냥 천으로 만들어서 유두를 덮는 속옷이 편해요. [웃음] 음, 언제부
터 진짜 브라를 입었더라? 대학교 3학년부터였던 거 같아요. 아닌가? 2학년 때부
터 진짜 브라를 입기 시작했어요. 그리고 그건 여자들에게는 되게 늦은 거 거든
요. 어, 왜 그랬냐면요, 글쎄요, 브라를 입지 않았던 때는 내 몸을 원래 모습대로
보고 싶었고, 그 모습 그대로이고 싶었고, 다른 사람들처럼 보이기 싫었어요. 그
런데 많은 여자가 자기 겉모습에 신경 써서 그런다고 생각했는데 지난 몇 년 동안
은 속옷을 진짜 좋아하게 되었고 속옷이 장점을 부각시켜 줄 수 있어서 좋아요.

그리고 그게 개성을 반영하는 게 아니고 몸의 형태가 어떤지랑 상관없이 개성은 그대로라는 걸 깨달았어요. 개성은 그대로지요, 다른 거랑 상관없이. 있잖아요, 난 속옷이 좋아요. 하지만 내 작은 가슴이 좋아요. 그 모습 그대로요.

17

(인터뷰어) 당신의 신체에서 가장 좋아하는 부위는 어디예요?

음, 어… 음, 아마, 제[웃음] 가슴이[웃음] 예뻐서 그게 잘 보이게 달라붙는 셔츠를 입어요. 어, 그렇죠!

난 우리 사회가 늘씬하고, 큰 가슴을 갖도록 강요한다고 느끼고 완벽한 몸매, Jessica Simpson 같은 몸매와 완벽한 몸매를 가진 광고 모델처럼 보이도록 강요한다고 느껴요.

MTV를 항상 보는데, 〈진짜 세상(Real World)〉이라는 프로그램에 나오는 사람들도 멋지잖아요, 모두 가슴 수술을 한 거 같고 날씬하고, 남자들은 탄탄한 몸이고, 그래서 내가 못났다고 생각했는데, 세상 사람들이 모두 그렇지는 않다는 거지요.

14

내 가슴이 싫어요!

(인터뷰어) 왜요?

너무 축 처진 데다가 간격이 멀어요![킥킥] 가슴 수술 받고 싶어요, 받으면… 변호사가 되고 싶으니까, 큰 사건을 맡으면 가짜 가슴을 살 거예요.

3

내 가슴이 크면 진짜 즐길 거예요, 큰 B컵 정도 되면 좋을 텐데 난 B컵 중 작은 편에 속해요.

(인터뷰어) 그러니까 가슴이 큰 게 좋다고요?

네, 아니면, 아마도, 제 가슴이 완벽하진 않다고 느껴요.

(인터뷰어) 완벽한 가슴은 어떤 것인가요?

음, 모양이 있는데요, 유두의 크기가 완벽하고, 모르겠어요[웃음].

(인터뷰어) 어떻게 그런 생각을 하게 되었어요?

음, 어, 있잖아요, 아마도 남자들이 좋아하는 가슴을 안 거 같아요, 여자들이 좋아하는 가슴을 말하라고 하면 작은 가슴일 거예요. 큰 가슴은 불편하거든요. 있잖아요, 운동할 때 출렁거리거나 하거든요. 남자들이 큰 가슴을 좋아해서 그런 거 같아요.

이 사례처럼, 인터뷰 자료를 수집하고 분석하는 과정은 전형적인 질적 연구과정과 같다. 이제 자료가 수집된 이후 추가로 자료가 분석되고 시적인 형태로 표현되는 과정을 살펴볼 것이다. 전사 자료에서 참가자들이 전하고자 하는 핵심을 포착한 단어들을 골라 **진하게** 표기하였다.

13

그리고 내 가슴요!!! 내 가슴이 더 컸으면 좋겠어요!

(인터뷰어) 왜요?

모르겠어요. [킥킥] 왜냐하면⋯ 모르겠어요. 어, 모르겠어요. 아마 내가 본 이미지인 거 같아요⋯ 아마도요. 아마 그걸 거예요, 그치요? 내 사이즈인 5피트 2의 마르고 **큰 가슴**을 가진 여성을 본 거요. 그치요? 그 사람들은 날씬한데, 그런데 **큰 가슴**을 가졌잖아요! 모르겠어요, 아마 내가 **가슴골**이 있었으면 하나 봐요⋯ 셔츠를 좀 채우게요. [킥킥] 그래서 그런 거 같아요⋯

8

네, **난 속옷이 좋아요. 속옷이 익숙하지 않고 난 가슴이 작아서** 와이어가 있는 브라나 가슴을 모아 주는 브라나 뭐 그런 걸 입는 게 익숙하지 않아요. 난, 왜 그런 거 있잖아요, 그냥 천으로 만들어서 유두를 덮는 속옷이 편해요. [웃음] 음, 언제부터 진짜 브라를 입었더라? 대학교 3학년부터였던 거 같아요. 아닌가? 2학년 때부터 진짜 브라를 입기 시작했어요. 그리고 그건 여자들에게는 되게 늦은 거 거든요. 어, 왜 그랬냐면요, 글쎄요, 브라를 입지 않았던 때는 내 몸을 원래 모습대로 보고 싶었고, 그 모습 그대로이고 싶었고, 다른 사람들처럼 보이기 싫었어요. 그런데 많은 여자가 자기 겉모습에 신경 써서 그런다고 생각했는데 지난 몇 년 동안은 속옷을 진짜 좋아하게 되었고 속옷이 장점을 부각시켜 줄 수 있어서 좋아요. 그리고 그게 개성을 반영하는 게 아니고 몸의 형태가 어떤지랑 상관없이 개성은 그대로라는 걸 깨달았어요. 개성은 그대로지요, 다른 거랑 상관없이. 있잖아요, 난 속옷이 좋아요. 하지만 내 작은 가슴이 좋아요. 그 모습 그대로요.

17

(인터뷰어) 당신의 신체에서 가장 좋아하는 부위는 어디예요?

음, 어… 음, 아마, 제[웃음] **가슴이**[웃음] 예뻐서 그게 잘 보이게 달라붙는 서츠를 입어요. 어, 그렇죠!

난 우리 사회가 늘씬하고, 큰 가슴을 갖도록 강요한다고 **느끼고** 완벽한 몸매, Jessica Simpson 같은 몸매와 완벽한 몸매를 가진 광고 모델처럼 보이도록 강요한다고 느껴요.

MTV를 항상 보는데, 〈진짜 세상(Real World)〉이라는 프로그램에 나오는 사람들도 멋지잖아요, 모두 **가슴 수술**을 한 거 같고 날씬하고, **남자들은 탄탄한 몸이고**, 그래서 내가 못났다고 생각했는데, 세상 사람들이 모두 그렇지는 않다는 거지요.

14

내 가슴이 싫어요!

(인터뷰어) 왜요?

너무 축 처진 데다가 간격이 멀어요![킥킥] **가슴 수술 받고 싶어요**, 받으면…변호사가 되고 싶으니까, 큰 사건을 맡으면 **가짜 가슴을 살 거예요.**

3

내 가슴이 크면 진짜 즐길 거예요, 큰 B컵 정도 되면 좋을 텐데 난 B컵 중 작은 편에 속해요.

(인터뷰어) 그러니까 가슴이 큰 게 좋다고요?

네, 아니면, 아마도, **제 가슴이 완벽하진 않다고 느껴요.**

(인터뷰어) 완벽한 가슴은 어떤 것인가요?

음, **모양**이 있는데요, **유두의 크기가 완벽하고,** 모르겠어요[웃음].

(인터뷰어) 어떻게 그런 생각을 하게 되었어요?

음, 어, 있잖아요, **아마도 남자들이 묘사하는 가슴을 안 거 같아요,** 여자들이 좋아하는 가슴을 말하라고 하면 작은 가슴일 거예요. **큰 가슴은 불편하거든요.** 있잖아요, 운동할 때 **출렁거리거나** 하거든요. **남자들이 좋아해서** 그런 거 같아요.

연구를 통해 창작된 시는 다음과 같다.

…그리고 내 가슴

큰 가슴

큰 가슴

너무 축 처지고

너무 벌어졌고

출렁거리고

큰 키에 날씬하고 거대한 가슴

사회가 강요해

남자들이 묘사하는

남자들이 좋아하는

남자들은 탄탄해

내 가슴은 작아

하지만 작은 가슴이 좋아

있는 그대로가 좋아

나는 큰 가슴이 갖고 싶어

가짜 가슴을 살 거야

내 가슴이 크다면

큰 가슴

　완벽한 유두의 크기

나는 그렇게 생각하지 않아　　내 가슴이 완벽하다고

　이 사례에서 볼 수 있듯이, 참가자의 언어를 그대로 사용해 보고서가 쓰였다. 하지만 나는 연구자로서 자료의 어떤 부분을 사용할지 결정하였으므로 자료 해석에 대한 통제권을 갖고 있었다고 볼 수 있다. 시는 자료를 응축하는 동시에 여러 참가자의 자료를 조합하여 만들어 낸 가상의 여성이 겪는 감정과 지극히 개인적인 경험을 묘사하는 데 집중한다. 또한 간략하지만 시는 여성의 경험, 특히 가부장제, 미디어 그리고 성형 수술 산업의 영향을 받은 여성들의 자기개념 발달과정을 거시적 맥락에서 설명한다. 시는 이렇게 미시적 수준에서의 분석과 거시적 수준에서의 분석을 연결할 수 있게 해 준다.

　■ 왜 연구자는 시를 사용하는 것을 고려해야 하는가? 시는 어떤 연구 목표 달
　　성에 도움이 될 수 있을까?

사회학 연구에서의 시의 사용

시는 감정적 반응을 이끌어 내는 데 적합한 방법이고, 인간 간의 연결과 이해를 증진시키고 정치적 성격을 갖고 있기도 하다(Faulkner, 2005). 이런 이유로 시는 모든 연구자나 연구 주제에 적합하지는 않다. 그렇지만 연구 프로젝트와 시적 형식은 유사한 면이 있기 때문에 이런 표현 방식은 인간이 가진 독특한 측면을 포착할 수 있고 그렇기에 사회적 현상에 대한 우리의 이해를 확장시킨다.

내러티브 연구에서 볼 수 있는 짧은 이야기들처럼, 시적 형식은 전통적인 형태의 학술적인 글보다 다양한 독자가 이해하기 쉬워서 사회과학적 지식을 대중에게 알릴 수 있다. 전 미국 계관시인인 Billy Collins는 시의 기쁨은 모순, 감정, 드라마, 상상, 말장난이라고 하였다(2005, p. xviii). 또 시는 독자들이 감정적 반응을 일으키므로 특정한 연구 목적 달성에 도움이 될 수 있다.

Sandra Faulkner(2005)는 전하고자 하는 메시지를 전달하기에 산문이 충분하지 않을 때 시를 사용하는 것을 고려해 보라고 한다. 특히 "경험을 공유하기 위해 독자들에게 감정적 반응"을 불러일으키고자 할 때 시를 사용하라고 했다(p. 9). Miles Richardson(1998)은 진실의 순간을 드러내고자 할 때 시가 유용하다고 하였다. "시가 가진 강렬함과 함축적 성격은 (순간의) 생생함을 강조"하므로 시는 "순간"을 포착할 수 있다(Ely, Viz, Downing, & Anzul, 1999, p. 135). 또한 Laurel Richardson(1997)은 시는 사회과학자들이 밝혀내지 못하는 인간성의 어떤 부분들을 독자가 그들 자신의 깊은 내면의 모습과 연결지음으로써 스스로 그 모습을 드러내게 한다고 하였다(p. 459). 시를 통해 향상된 인간 간의 연결, 상호 공명, 감정은 다른 글쓰기 형식과 차별되는 시만의 독특한 형식과 형태의 결과이다. 시는 독자들이 경험을 볼 수 있게 새로운 창을 제공한다.

예를 들어, bell hooks(1990)는 Langston Hughes의 시는 그의 인생에 지대한 영향을 미친 고통과 충족되지 못한 '성적 갈망'을 드러내며 역사적·문화적 배경에서

혹인 동성애 남성의 경험을 제시한다고 하였다. hooks의 분석에서 알 수 있듯이 시는 큰 맥락에서의 관계뿐 아니라 지극히 주관적인 '진실'을 포착할 수 있다. 시는 언어, 리듬, 공간을 사용하여 강렬한 이미지와 감정을 일으키는 "장면"을 묘사함으로써 "사건의 정수"를 보여 준다(Ely et al., 1999, p. 135). 시는 사회적 삶을 보여 주는 창을 넘어서 일상생활 속의 경험보다 훨씬 강렬한 현실을 돋보기를 통해 보듯 보게 한다. 다시 말해, 시는 독자에게 사회적 경험의 어떤 측면을 알리기 위해 독자의 반응을 이끌어 내는 강렬하고 감각적인 장면을 만들어 낸다. 시인은 사람들이 경험하고 느낀 사건의 외관, 즉 '경험'의 모습을 창조하고, 가상의 삶, 순수하고 완전하게 경험된 현실이 될 수 있도록 구성한다(Langer, 1953, p. 212: Ely et al., 1999 재인용). 시의 형식에서는 자료가 응축되어 들어가지만, 독자가 사회적 현실의 어떤 측면을 이해하는 데 걸림돌이 되지 않는다. 사실, 의사소통의 수단으로서 시가 갖고 있는 힘은 문자만큼이나 문자 간의 공간을 통해 형성되는 감각적 장면들을 만들어 낼 수 있는 능력에 있다. 이와 관련하여, Cynthia Cannon Poindexter(2002)는 시에서 매우 중요한 은유의 힘을 사용하여 연구자가 시를 쓰는 과정을 설명하였다. Poindexter는 명료함을 극대화하기 위해 언어를 정련하는 이 과정을 '다이아몬드 커팅'이라고 은유적으로 표현하였다.

■ 연구자는 정체성 연구에서 시적 연구방법을 어떻게 활용할 수 있을까? 어떤 이점이 있는가?

시와 정체성 연구

정체성과 정체성 형성에 대해 연구하는 연구자는 시적 표현이 자료를 표현하는 데 적합함을 발견할 수 있을 것이다. 이와 관련하여 레즈비언-양성애자-성전환자-남자 동성애자(LGBTQ)인 유대계 미국인들의 정체성 절충에 관한 Faulkner (2006)의 연구는 좋은 예를 보여 준다. Faulkner는 13명의 LGBTQ 유대인을 대상으로 '나 자신이 된다는 것은 무슨 뜻인가?'라는 질문을 중심으로 개방형 인터뷰를 실행했다. 이 그룹은 많은 고정관념과 가정을 불러일으키고 갈등과 긴장을 만들어 내고, 동성애 혐오와 반유대주의의 위험을 갖고 있고, 각각의 이런 정체성은 다양한 시대의 다양한 사람의 자기개념에서 가장 중요한 것일 수 있다(Faulkner, 2006). 이 그룹은 연구와 관련된 정체성은 감추어질 수 있는 반면 인종과 같이 다른 종류의 정체성은 감추기 어렵다는 점에서 흥미롭기도 하다. 그러므로, 이 그룹의 정체성 절충, 다른 말로 '정체성 관리'는 유대인 정체성 그리고/또는 LGBTQ 정체성을 어디까지 드러내고 감출지 그리고 다양한 상황과 시기에 따라 어떻게 달라지는지에 초점을 두고 있다(Faulkner, 2006, 2009). 이 점은 다음에서 보듯 인터뷰 자료에 기초해 만들어진 시의 주요 주제였다.

> 랍비는 한숨을 쉬고 두 손을 쳐들었지: 정통파 유대교
> 게이를 어떻게 하지, 그들이
> 문젯거리인가? 아베는, 난 그런 유대인이 아니에요,
> 옷장에 자신을 가두고, 종교에서 멀어졌어
> 다른 상자에 정체성을 밀어넣고, 부모님께 드렸어
> 진짜 유대인처럼(게이가 아니라), 유대 교회에 있을 때는……

'정체성'에 대한 이 연구에서 시는 최종 버전이 나오기 전에 참가자와 연구자가 함께 인터뷰 전사 자료를 다듬고 정돈했고 참가자의 이야기를 직접적으로 사용해 시를 썼다.

■ 왜 시적 표현이 이 프로젝트에서 사용되었으며 연구자의 목적에 어떻게 부합하였는가?

이전에 언급하였듯이, 시는 통계나 단일한 의미를 거부하는 대신 다중적 의미를

드러낸다. Faulkner 연구의 초점은 LGBTQ 유대인들의 정체성 관리과정이다. 자료의 시적 표현은 이 연구 목적과 목적의 실천에 잘 맞아떨어진다. Faulkner가 이야기했듯이, "시는 단일한 정의나 설명을 거부한다. 이것은 정체성 규정의 어려움, 즉 우리가 누구이고 누구이고 싶은지가 계속 바뀌는데 그러한 속성을 포착하기 어렵다는 점을 보여 주고 정체성이 우리의 이야기와 상호작용을 통해 형성되고, 유지되고, 변화하는 정체성의 모습을 잘 보여 준다"(2006, p. 99). 이어서 Faulkner는 시는 정체성이 전통적으로 표현되는 방식을 보여 주는 동시에 관련된 학술적 문헌에서 제시되는 복잡한 정체성을 확장시킨다고 했다. 또한 시는 저자, 글 속의 인물 그리고 사회 참여적 성격을 갖는 정체성 연구에서 가장 중요한 독자 간의 감정적 공감과 인간적 결속을 강화한다. 이런 공감과 결속은 나와 다른 종류의 사람에 대해 갖고 있던 선입견을 다시 생각해 보게 하여 사회정의 운동과 관련된다. 시가 말하고자 한 '진실' 역시 이 연구가 '감추어진 정체성'(Crocker, Major, & Steele, 1998)과 관련해 어떻게 정체성 관리가 이루어지는지와 밝혀진, 부분적으로 밝혀진, 또는 전혀 밝혀지지 않은 이런 정체성들이 동성애 혐오와 반유대주의에 대한 공포와 관계가 있는지에 대한 우리의 이해를 돕고자 한 이 연구에서 중요한 부분이다.

정체성 연구에서 시를 사용한 또 다른 예로 Cynthia Cannon Poindexter의 연구가 있다. 그녀는 시를 사용해 50세 이상 미국 흑인 여성 중 후천성 면역결핍증 환자들을 대상으로 한 포커스 그룹 자료를 제시하였다(Poindexter, 2006). 이 연구는 편견을 줄 수 있는 감추어진 정체성에 대한 또 다른 연구이다. Poindexter는 이 여성들이 자신이 어떻게 치료받고 있고 그들의 전략을 소개하기 위해 '낙인'과 '회복'이라는 제목의 시를 지었다.

정체성에 대해 연구할 때 사용할 수 있는 수단으로서의 시적 연구 중 가장 잘 알려진 예는 멕시코계 미국인 남성/멕시코계 미국인 여성과 남자 동성애자 이론의 선구자인 Gloria Anzaldua의 연구물이다. 그녀가 1987년 출판한 혁신적인 책인 『국경지대(Borderlands)』에서, Anzaldua는 뒤섞인 정체성이 담긴 경험을 표현하기 위해 산문과 함께 시를 사용했다. 이 부분에서 인터섹션 이론과 같은 이론적 변화가 시적 연구의 발전에 어떻게 영향을 주는지 알 수 있다. 다음은 〈국경 지역에서 살기(To Live in the Boderlands)〉라는 그녀의 시의 한 부분이다.

국경 지역에서 산다는 것은 말이지

중남미계도 인도인도 흑인도 에스파냐계도

가바차[1]도, 에스파냐 사람도, 이슬람도 아니라, 혼혈

수용소 사이의 집중 포화에 갇힌 거야

등에는 다섯 개의 인종을 매달고

어디로 가야 할지, 어디로 가야 할지 모르는 채……

국경 지역에 산다는 건

보르시치[2]에 고추를 넣고,

통밀 또띠아를 먹고,

브루클린 억양으로 텍사스–멕시코어를 쓰고;

국경검문소에서 이민 경찰대가 멈춰 서게 하는 거야……

시와 피지배층의 관점, 억압, 그리고 공짜 특권

Anzaldua의 연구는 정체성 연구를 살펴보는 것과 소수자들의 경험에 접근하는 것 간의 완벽한 다리 역할을 해 준다. 연구자는 피지배층과 권리를 박탈당한 사람들의 경험을 이해하고 알리는 데 시를 쓸 수 있다. 이 부분에서 시가 갖고 있는 특정한 형식과 형태가 소수자들이 목소리를 높이는 데 가장 중요하다. 시에서 의미는 단어만큼이나 공간에 의해서도 부여된다. 공간과 호흡은 의미를 만들어 내는 데 불가분하다. 이런 방식으로, 시의 일부를 구성하는 공간은 무게를 갖고 있다. Lisa

---

1) 역자 주: 스페인어에서 프랑스 사람을 이르는 말이다.
2) 역자 주: 러시아 스프를 뜻한다.

Mazzei(2003)는 의도적으로 침묵을 "배치하는" "침묵에 대한 시적 이해"라는 개념을 제시하였다(p. 356). Mazzei는 인종에 대해 쓴 백인 시인들에 대해 "인종과 권력의 관계는 그들의 시에서 침묵과 숨겨진 의미의 형태로 가장 많이 발견된다."라고 비판하였다(Rich & Lehman, 1996, p. 32). 그러므로 시적 형식은 전통적인 형태의 과학적인 글에서는 더 드러나기 어려운 계급사회의 이런 측면에 접근할 수 있게 한다. 다시 말해, 시는 사회적 현실에 대한 우리의 경험과 관점, 이해를 구성하는 숨겨진 의미에 접근할 수 있게 해 준다. 이는 특히 지배층에 의해 많은 사람이 주변인이 되고 소수의 사람만이 수혜자가 누구인지 확인되지 않는 특혜, 즉 지위에 따른 '특권'을 누리는 사회에서 침묵된다.[1]

시와 공동의 전기적 연구

시는 자료가 여러 개인의 인터뷰 형태이든 공동저자의 이야기이든 아니면 포커스 그룹 인터뷰이든 공동의 기억과 공동의 전기적 연구에도 유용하다. Susanne Gannon(2001)의 연구는 좋은 예이다. Gannon은 여성 그룹이 그녀도 참여하였던 많은 워크숍을 통해 개발되고 '기억에 대한 기록'이라고 명명했던 이야기들을 분석해야 했을 때 (은유적으로 말해) '마비' 되었다고 하였다. 그녀는 '공동'의 분석 결과를 제시하고자 했으나 전통적인 질적 분석과 해석 방법으로 작업을 시작하자 곧 서로 관련된 개별적 이야기 사이에서 '허우적거리게' 되었다. 이 문제를 해결하기 위해 분석방법을 바꾸었고 Laurel Richardson의 연구를 참고하여 시를 쓰기 시작했다.

워크숍을 통해 발전된 "기억에 대한 기록"을 사용하면, Gannon은 "함께하는 여성의 삶"에 대한 두 편의 시를 썼다(2001, p. 791). 분석과정은 기록 전체에서 중심이 되는 이미지, 단어, 아이디어를 추출하고 공동의 또는 합성된 여성을 창조해 내는데, 그러나 그 여성을 만드는 씨줄과 날줄은 유지하면서 사용된 각 여성의 '목소리'(문법, 리듬, 언어를 통해)를 유지하는 것이었다. 이 과정에 대한 Gannon의 성찰적이고 솔직한 이야기는 예술기반 접근법의 효과만큼이나 어떤 것이 잘 되지 않을 때 다른 것을 시도해 볼 수 있는 용기가 얼마나 중요한지에 대해서도 보여 준다. ABR을 대하는 연구자들은 종종 기존의 개념이나 연구 계획을 포기하고 유연하고 새로운 시각에 개방적인 태도를 가져야 한다. Anita Sinner, Carl Leggo, Rita Irwin, Peter Gouzouasis, Kit Grauer(2006)는 유연함이 ABR이 갖는 가장 핵심적인 강점이라고 하였다.

특별한 고려사항

이 장에서 언급된 모든 ABR이 그러하듯이, 사회과학적 자료를 시적으로 표현하는 데 가장 먼저 고려할 점은 학계와 출판계가 이런 연구들을 어떻게 볼 것인가이다. 타당성과 ABR과 관련된 쟁점들에도 불구하고, 시의 사용은 매우 새로운 혁신이며 그렇기 때문에 일부에서는 성급한 결론을 내리기도 하고 또 다른 쪽에서는 철저한 검증을 하기도 한다. 연구를 평가할 때 고려해야 할 점은 이런 종류의 연구는 낙관주의자나 (익숙함 때문에) 전통적인 질적 연구의 '해석적' 기준에 따라 판단해서는 안 된다는 것이다. 제8장에서 평가에 대해 자세히 다루겠지만, 시적 연구에 대한 평가에 대해서 간략히 언급하고자 한다.

시는 시만의 규칙과 문학적 법칙을 가진 복잡한 예술이다. 시적 프로젝트를 시작하는 연구자는 시의 규칙과 같은 시의 전통에 대해 배우고(Percer, 2002) 시 창작을 철저하게 이해해야 한다. 다시 말해, 허구기반 연구의 경우와 마찬가지로, 연구에서 시를 사용할 때는 해석과 글쓰기 과정이 더 엄격해야 한다. 또한 시의 형식 자체에 주의를 기울이는 것은 연구물의 미적 수준을 높여 준다. 그렇게 함으로써 독자에서 긍정적인 반응을 끌어낼 수 있다. 독자의 반응 자체가 ABR에서는 타당성 평가의 기준이다.

시를 연구하는 것을 넘어 사회학 연구만큼이나 시의 '규칙'에 대해 배우면, 시는 감정을 불러일으키고, 관계를 만들어 내고, 진정성을 느낄 수 있는 상황을 만들고, 정치적·사회적 행동을 이끌어 낼 수 있는가에 따라 평가될 수 있다(Faulkner, 2005). Richardosn(2000)과 Bochner(2000)의 연구에 기초하여, Faulkner는 독자에게 전달하기 위한 시에 담긴 감정과 느낌에 특별한 주의를 기울여야 한다고 했다. Richardson에게 독자의 감정적 반응은 매우 중요한 반면, Bochner는 독자들에게 시−연구자가 표현한 감정의 진실함에 대해 생각하라고 한다. 다시 말해, 연구 시를 읽을 때 당신의 내면은 무어라 하는가? 당신은 어느 정도로 감정적 반응을 일으키고 있는가? 시는 어떻게 사회 정의나 차이의 이해와 관련된 문제를 알리는가? 시가 당신의 경험을 상기시키는가, 아니면 경험해 보지 못한 것들을 이해하도록 하는가? 이런 질문들은 시를 평가할 때 우리가 자신에게 물을 수 있는 것들이다.

시를 평가하는 또 다른 기준은 시학 자체에서 온 것으로 의미를 명확하게 하기 위해 어떻게 하면 시를 '이해하기 쉽도록' 할 수 있는가에 관한 논의에서 만들어졌다. Billy Collins는 '이해하기 쉽다'는 것은 '들어가기 쉽다'로 바꿔 말할 수 있다고 했다(2005, p. xiv). 이와 관련해서 Collins는 시는 '들어가기 쉬워서' 독자가 시에 담긴 의미에 다가갈 수 있어야 한다고 했다. "이해하기 쉬운 시는 독자를 시의 주요부로 이끄는 통로의 역할을 하는 명확한 도입부가 있거나 시의 전반적인 이해하기 쉬운 면이, 다시 말해 의미를 형성할 수 있는 면이 가시적이고 매우 다양할 수도 있다." 이 원칙은 사회과학적 시에도 적용될 수 있다. 이러한 기준을 달성하기 위해서는 구체적인 것에서 시작해야 한다. 왜냐하면 구체성은 독자가 시에 담긴 의미를 이해하기 위해 해석을 시작할 수 있도록 관심을 끌어 주기 때문이다.

지금까지 살펴본 기준들 이외에, Sandra Faulkner(2005)는 '시적 기준'과 함께 과학적·예술적 기준을 제시했다. 과학적 기준은 질적 연구 기준에 기초하여 만들어졌다.

과학적 기준	예술적 기준	시적 기준
깊이	자료의 축약	예술적 집중
진정함	기교의 이해	체화된 경험
신뢰성	사회 정의	발견/경이
인간 경험의 이해	도덕적 진실	상황적
유연성	감정적 신빙성	이야기된 진실
유용성	평가	변형
기교적 표현/방법	절묘함	
윤리	공감	

　Falulkner의 과학적 기준에 과학적 연구에서 타당성을 높이기 위해 사용하는 기법은 **삼각 기법**을 추가할 수 있다. 시적 연구에는 Laurel Richardson(1997)과 Ronald J. Pelias(2001)가 삼각 기법을 넘어 제안한 **결정화**가 추가될 수 있다. 다시 말해, 연구자는 언어를 엄격히 사용하여 말로 그림을 그리는데, 그렇게 하여 의미는 명료해지고 다양한 독자가 수용할 수 있게 된다.

　보다시피, 질적 연구 평가에 사용되는 신뢰성에 대한 기준과 예술 작품의 질을 평가할 때 사용되는 기준들이 시적 기준에 반영되었다. 그런 의미에서 '시적 기준'은 창작하고 '진실'을 이해하는 사회과학적 또는 예술적 방식에 도움을 주지는 않는다. 그보다는 사회과학적 방식과 예술적 방식을 통합하거나 참고하도록 하여 지식이라 할 수 있는 것을 구성하도록 시적 전사에서 만들어지는 '제3의 목소리'와 유사한 제3의 공간을 만들어 준다. 그렇게 함으로써 리서치 시에 대해 판단하고 비교하는 기준을 만들어 내는 것은 사회과학자들이 지식 자체를 규정하는 기준에 대해 다시 생각하고 확대하는 방법이 되기도 한다. 그에 따라 시는 표현의 방식이면서 연구계가 사회적 연구, 진실, 지식에 대해 확장된 질문을 만들어 내도록 하는 통로가 된다.

고려사항 점검표

자료를 표현하는 방법으로 시를 사용하고자 할 때 다음을 질문해 볼 수 있다.

✓ 연구 목적이 무엇이고 그 목적을 달성하는 데 시적 분석과 표현이 어떤 도움을 줄 수 있을까? 시적 형식이 쟁점들에 도달하도록 드러내는 데 전통적인 산문과 달리 줄 수 있는 도움에는 어떤 것이 있을까?

✓ 시를 통해 독자에게서 이끌어 내고 싶은 것은 무엇인가?

✓ 자신의 연구는 지식의 본질에 대해 어떤 관점을 취하고 있고 이 관점은 시를 사용하는 데 적합한가?

✓ 자료에서 시를 어떻게 구성할 것인가? 예를 들면, 어떤 수준에서 근거이론 접근법이 사용될 것인가?

✓ 자신의 연구방법이 결과물을 평가하기 위해 시적 기준에 도달하는 데 도움이 될 것인가?

결론

April R. Mandrona가 수행한 연구 사례에서 볼 수 있는 지식 형성, 경험, 개인적/사회적 지식, 감정의 본질에 대해 이 장에서 고려해야 할 몇 가지 쟁점이 있다. 시적 연구는 현상이나 경험의 본질을 이해하고 표현하는 데 강력한 도구가 될 수 있다. 대학원생인 Mandrona는 어린이들의 이야기를 이용해 시를 썼다. 강력한 결과를 가져온 시는 어린이들의 투쟁과 관점에 대해 이야기하고 있고, 저자가 말하였듯이 이들을 이해하게 할 뿐만 아니라 우리 자신을 이해할 수 있게 한다. 대학원 학생들이 얼마나 ABR을 효과적으로 사용할 수 있는지 강조하기 위하여 이 연구를 사례로 들었다. 이 연구가 다른 사람들에게 용기를 주고, 예술적 기술을 배우는 것이 중요하긴 하지만 위축될 필요는 없다는 것을 보여 주었으면 한다. 현재의 상태에서 시작해 보길 바란다. 훌륭한 연구들이 다양한 직업과 경력을 가진 사람들에 의해 수행되었다.

토론 문제 및 활동

1. 직장에서의 성추행, 인종적 또는 성적 편견에 대한 경험, 게이나 레즈비언 가족 내에서의 동성애 혐오 경험에 대한 연구는 왜 연구 도구로 시를 사용하는 것을 고려해야 하는가? 이런 종류의 쟁점들은 시에서 어떤 식으로 말해질 수 있을까? 다른 표현방법이 종종 왜곡하거나 모호하게 표현하는 이런 주제들에 대해 시는 어떻게 우리가 접근하도록 돕는가?

2. 다른 나라에서 태어난 부모와 함께 살고 있는 미국 이민 1세대들이 고등학교, 가족, 동료들 사이에서의 정체성 관리에 대해 연구하고자 하는 연구자들을 시는 어떻게 도울 수 있을까?

3. 부록 3.1에 있는 자료를 사용해 시적 분석을 하고, 시로 표현하시오(이 자료들은 앞에서 제시된 신체 이미지와 성적 정체성에 대해 인터뷰했던 자료와 같은 연구에서 발췌한 것이다. 이 자료들은 매력적 이상형인 자신 범주에 속한다).

추천 도서

Faulkner, S. L. (2009). *Poetry as method: Reporting research through verse.* Walnut Creek, CA: Left Coast Press.

연구방법에 대한 자세한 설명을 포함하여 시를 연구 도구로서 소개한 첫 번째 책이다. 초보자를 위한 연습과 제안을 포함하여 시적 연구의 역사, 장점, 연구방법의 사용, 창작과 평가에 대한 탄탄한 검토, 상세한 연구 사례도 소개한다.

Leggo, C. (2012). *Sailing in a concrete boat: A teacher's journey.* Rotterdam, The Netherlands: Sense Publishers.

시적 연구와 짧은 소설을 엮어 쓴 장문의 아름다운 이야기이다. 이 이야기는 Caleb Robinson이라는 모로스 코브라는 뉴펀들랜드 외곽의 작은 도시의 보수적인 기독교 학교의 교사의 경험과 감정에 대한 것이다. Caleb는 교사, 남편, 연인, 친구, 아버지, 기독교인 그리고 인간이 된다는 것은 무엇을 의미하는지 이해하기 위해 분투한다. 멋진 장문의 사례는 특히 교육학 분야에 종사하는 사람들에게 추천한다.

National Association for Poetry Therapy. (2006). *The National Federation for Biblio/Poetry Therapy guide to training requirements.* Delray Beach, FL: Author.

시치료에 입문하고자 하는 사람들이 고려할 만한 종합적인 안내서이다.

Prendergast, M., Leggo, C., & Sameshima, P.(2009). *Poetic inquiry: Vibrant voices in the social sciences.* Rotterdam, The Netherlands: Sense Publishers.

시적 연구에서 엄선된 사례들을 보여 주는 탄탄한 문집이다. 29명의 집필진과 Ivan Brady의 서문, 그리고 세 부분으로 구성된 심오한 소개문 외에도 수많은 중요한 내용이 담겨 있다.

vanMeenen, K., Rossiter, C., & Adams, K. (Eds.). (2001). *Giving sorrow word: Poems of strength and solace.* Delray Beach, FL: National Associaton for Poetry Therapy.

개인과 전문가들을 위한 안내문뿐만 아니라 국제적으로 알려진 시들을 포함한 책으로, 시를 읽고, 쓰고, 대화하는 것이 어떻게 개인을 치유하고 성장을 돕는지에 대해 고찰하였다. 또한 각 시에 관해 간략한 논평과 글쓰기 활동도 포함되어 있다.

관련 웹사이트와 저널

Alba: A Journal of Short Poetry

www.ravennapress.com/alba/submit.html

연 2회 출판되는 이 저널은 창작된 시를 모집한다(이메일로만 접수 가능/이메일 본문에 시 삽입). 관심이 있는 사람은 12줄을 넘지 않는 짧은 시를 albaeditor@yahoo.com으로 제출할 수 있다. 이 저널은 모든 종류의 시를 모집하기는 하지만 기성 형식에 따른 것보다 자유시를 선호한다.

Journal of Poetry Therapy: The Interdisciplinary Journal of Practice, Theory, Research, and Education(JPT)

www.tandf.co.uk/journals/printview/?issn=0889_3675%20&linktype=1

JPT는 전미시치료학회(National Association for Poetry Therapy)의 지원을 받는 간학문

적 논문으로 제3자 검토를 하는 저널이다. 치료의 실제에서 언어 예술을 사용하는 것에 대한 논문을 출판한다. 기본적으로 이론, 역사, 문학, 치료, 또는 평가에 대한 논문이 출판된다. 시와 4~7쪽 정도의 짧은 보고서도 출판한다.

National Association for Poetry Therapy

www.poetrytherapy.org

이 학회의 웹사이트는 회원 가입, 책, 학술대회, 이벤트, 그 외의 다양한 자료를 제공한다. 특히 연 3회 출판되는 공식적인 소식지인 『뮤즈의 편지(The Museletter)』가 특히 흥미롭다. 이 소식지는 책에 대한 논평, 예술기반 치료, 시치료에 대한 논문 등 많은 주제를 다룬다.

미주

1. Peggy McIntosh는 자신의 유명한 에세이 "백인의 특권: 보이지 않는 가방 열기(White Privilege: Unpacking the Invisible Backpack)"(1989)에서 이에 대해 썼다.

참고문헌

Anzaldua, G. (1987). *Borderlands/La Frontera*. San Francisco: Aunt Lute Books.

Bhattacharya, K. (2013). Voices, silences, and telling secrets: The role of qualitative methods in arts-based research. *International Review of Qualitative Research, 6*(4), 604-627.

Blau, H. (1990). *The audience*. Baltimore: Johns Hopkins University Press.

Bochner, A. (2000). Criteria against ourselves. *Qualitative Inquiry, 6*, 278-291.

Brady, I. (2003). Poetic. In M. Lewis-Beck, A. E. Bryman, & T. Futing Liao (Eds.), *The Sage encyclopedia of social science research methods* (pp. 825-827). Thousand Oaks, CA: Sage.

Brady, I. (2004). In defense of the sensual: Meaning construction in ethnography and poetics. *Qualitative Inquiry, 10,* 622–644.

Brady, I. (2007). Poetics, social science. In G. Ritzer (Ed.), *The Blackwell encyclopedia of sociology* (pp. 3424–3426). Oxford, UK: Blackwell.

Brady, I. (2008). Ethnopoetics. In L. M. Given (Ed.), *Sage encyclopedia of qualitative research methods* (pp. 296–298). Thousand Oaks, CA: Sage. Butler-Kisber,

Butler-Kisber, L. (2010). *Qualitative inquiry: Thematic, narrative and arts-informed perspectives.* Thousand Oaks, CA: Sage.

Calafell, B. M. (2004). Disrupting the dichotomy: 'Yo Soy Chicana/o?' in the new Latina/o south. *Communication Review, 7,* 175–204.

Collins, B. (2005). *180 more: Extraordinary poems for every day.* New York: Random House.

Crocker, J., Major, B., & Steele, C. (1998). Social stigma. In D. Gilbert, S. Fiske, & G. Lindzey (Eds.), *Handbook of social psychology* (pp. 504–553). Boston: McGraw-Hill.

Denzin, N. K. (1997). *Interpretive ethnography: Ethnographic practices for the 21st century.* Thousand Oaks, CA: Sage.

Denzin, N. K. (2003). *Performance ethnography: Critical pedagogy and the politics of culture.* Thousand Oaks, CA: Sage.

Ely, M., Viz, R., Downing, M., & Anzul, M. (1999). *On writing qualitative research: Living by words.* London: Falmer Press.

Faulkner, S. L. (2005, May). *How do you know a good poem?: Poetic representation and the case for criteria.* Symposium conducted at the First International Conference of Qualitative Inquiry, Urbana-Champaign, IL.

Faulkner, S. L. (2006). Reconstruction: LGBTQ and Jewish. *International and Intercultural Communication Annual, 29,* 95–120.

Faulkner, S. L. (2009). *Poetry as method: Reporting research through verse.* Walnut Creek, CA: Left Coast Press.

Gannon, S. (2001). Representing the collective girl: A poetic approach to a methodological dilemma. *Qualitative Inquiry, 7*(6), 787–800.

Glesne, C. (1997). That rare feeling: Re-presenting research through poetic transcription. *Qualitative Inquiry, 3,* 202–222.

Hesse-Biber, S. N., & Leavy, P. (2006). *Emergent methods in social research.* Thousand Oaks, CA: Sage.

Hesse-Biber, S. N., & Leavy, P. (2008). Pushing on the methodological boundaries: The growing need for emergent methods within and across the disciplines. In S. N. Hesse-Biber & P. Leavy (Eds.), *Handbook of emergent methods* (pp. 1-15). New York: Guilford Press.

Hirshfield, J. (1997). *Nine gates: Entering the mind of poetry.* New York: Harper- Collins.

hooks, b. (1990). *Yearning: Race, culture, and politics.* Boston: South End Press.

Langer, C. L., & Furman, R. (2004, March). Exploring identity and assimilation: Research and interpretive poems. *Forum Qualitative Sozialforschung/Forum: Qualitative Social Research* [Online journal], 5(2). Available at *www.qialitativeresearch.net/fqs-texte/2-04/2-04langerfurman-e.htm.*

Langer, S. (1953). *Feeling and form.* New York: Scribner.

Leggo, C. (2008). Astonishing silence: Knowing in poetry. In A. L. Cole & J. G. Knowles (Eds.), *Handbook of the arts in qualitative social science research* (pp. 165-174). Thousand Oaks, CA: Sage.

Madison, D. S. (2005). *Critical ethnography: Method, ethics, and performance.* Thousand Oaks, CA: Sage.

Mazzei, L. A. (2003). Inhabited silences: In pursuit of a muffled subtext. *Qualitative Inquiry,* 9(3), 355-368.

McIntosh, P. (1989). *White privilege: Unpacking the invisible backpack.* Ann Arbor: University of Michigan. Retrieved from *www.isr.umich.edu/home/diversity/resources/ white-privilege.pdf.*

Pelias, R. J. (2004). *A methodology of the heart: Evoking academic and daily life.* Walnut Creek, CA: AltaMira Press.

Pelias, R. J. (2011). *Leaning: A poetics of personal relations.* Walnut Creek, CA: Left Coast Press.

Percer, L. H. (2002, June). Going beyond the demonstrable range in educational scholarship: Exploring the intersections of poetry and research. *Qualitative Report,* 7(2). Retrieved from www.nova.edu/ssss/QR/QR7-2/hayespercer.html.

Poindexter, C. C. (2002). Research as poetry: A couple experiences HIV. *Qualitative Inquiry, 8,* 707–714.

Poindexter, C. C. (2006). Poetic language from a focus group with African American HIV-positive women over age 50. *Journal of Women and Social Work, 21*(4), 416.

Prendergast, M. (2009). Introduction: The phenomena of poetry in research. In M. Prendergast, C. Leggo, & P. Sameshima (Eds.), *Poetic inquiry: Vibrant voices in the social sciences* (pp. xix–xlii). Rotterdam, The Netherlands: Sense Publishers.

Prendergast, M. (2012). Education and/as art: A found poetry suite. *International Journal of Education and the Arts, 13*(Interlude 2), 1–19. Retrieved from www.ijea.org/v13i2.

Rasberry, G. W. (2002). Imagine, inventing a data-dancer. In C. Bagley & M. B. Cancienne (Eds.), *Dancing the data* (pp. 106–120). New York: Peter Lang.

Reilly, R. (2013). Found poems, member checking and crises of representation. *Qualitative Report, 18*(30). Retrieved from www.nova.edu/ssss/QR/QR18/reilly30.pdf.

Ricci, R. J. (2003). Autoethnographic verse: Nicky's boy: A life in two worlds. *Qualitative Report, 8*(4), 591–596.

Rich, A., & Lehman, D. (1996). *The best American poetry.* New York: Scribner Paperback Poetry.

Richardson, L. (1997). Skirting a pleated text: De-disciplining an academic life. *Qualitative Inquiry, 3,* 295–304.

Richardson, L. (2000). Evaluating ethnography. *Qualitative Inquiry, 6,* 253–255.

Richardson, M. (1998). Poetics in the field and on the page. *Qualitative Inquiry, 4,* 451–462.

Sinner, A., Leggo, C., Irwin, R., Gouzouasis, P., & Grauer, K. (2006). Artsbased education research dissertations: Reviewing the practices of new scholars. *Canadian Journal of Education, 29*(4), 1223–1270.

Sparkes, A. C., Nilges, L., Swan, P., & Downing, F. (2003). Poetic representations in sport and physical education: Insider perspectives. *Sport, Education and Society, 8*(2), 153–177.

Stewart, R. (2004). The end of boredom: An interview with Billy Collins. *New Letters: A Magazine of Writing and Art, 70*(2), 143–159.

Sullivan, A. (2009). Defining poetic occasion in inquiry: Concreteness, voice, ambiguity, tension, and associative logic. In M. Prendergast, C. Leggo, & P. Sameshima (Eds.), *Poetic inquiry: Vibrant voices in the social sciences* (pp. 111–126). Rotterdam, The Netherlands: Sense Publishers.

부록 3.1

5

알겠어요. 그러니까 앞서 말한 것은, 다른 사람들에게 매력적으로 보이기 위해 그랬다는 거지요. 그러니까 당신을 매력적으로 만드는 것은 무엇일까요? 의도했던 것이, 당신이 매력적이고 싶었다는 건가요?

음, 난요. 아마 내 배가 나를 덜 매력적이게 만드는 것 중 하나예요. 배가 작질 않으니까, 나 정도의 작은 키라면, 작은 배를 가져야 해요. 내가 운동하려고 하는 이유예요. 그리고 운동하러 가면 배를 작게 만드는 데 집중하려고 하지요.

6

좋아요. 이런 걸 하지요. 운동이나 먹거나 그런 거, 어떤 식으로든, 다른 사람에게 매력적으로 보이기 위한 것이라는 뜻인가요?

오, 음… 지금 생각하기로는, 단언컨대, 안 그러는 사람 있나요? 하지만 길게 보면 단지 건강 때문이라고 생각해요. 왜냐하면 성장하고 싶지 않고 이런 습관을 갖고 싶지 않아요. 왜냐하면 점점 그렇게 되기가 더 어려우니까요. 하지만 현재로서는, 당연히, 멋지게 보이고 싶어서예요.

탄력 있는 몸매를 갖고 싶을 뿐이에요, 살을 빼기보다는요. 지금의 신체 이미지를 유지하고 싶은데, 우리가 말한 것처럼, 현재 내 모습에 만족하고, 그래서 바꾸고 싶지 않아요. 음, 다른 사람들이 보기에도 멋지고, 또 자신감 문제도 있어요. 당신 모습에 만족할 때는, 자신감을 갖기 더 좋잖아요.

2

무엇 때문에 그런 생각을 하게 되었나요?

음… 말하자면 많은 부분이 칭찬이에요. 좋은 건 사람들이 칭찬하잖아요, 어떤 사람이, "오, 오늘 머리 예쁘네."라고 하면, 당신은, "오, 오늘 머리 진짜 예쁘네!" 하게 되고 의식하게 되지요. 만약 사람들이 당신의 미소를 칭찬하면, 당신은 의식하게 되고, "오, 내 미소가 보기 좋은가 보다." 하고, 특히 한 사람 이상이 그럴 경우, 여러 사람이 좋다고 하면, 진짜로 여기기 시작하잖아요.

13

키가 작은 게 왜 싫어요?

왜냐하면, 모르겠어요. 가끔 내가 절대 못 입을 옷을 키 큰 사람들이 입으면 멋져 보인다고 느껴요. 카프리 팬츠 같은 것도 가끔씩, "카프리 팬츠 입기에는 내 키는 너무 작아!" 하거든요. 길고 늘씬한 다리를 가졌으면 해요.

18

개인적으로, 당신이 건강한 식습관을 갖고 있고 운동을 하고 하는데 이런 것들이 기본적으로 다른 사람들에게 매력적으로 보이기 위한 것이라고 생각하나요?

음, 좋은 점이 있다고 생각해요. 저는, 저는, 정말 좋아서 그렇게 생각하지 않아요. 하지만 저는, 어, 집에 가면, 눈이 온다고 가정하면, 운동하러 갈 수 없어서 먹는 걸 더 가려 먹어요. 그런 점에서 보면 내 모습을 걱정한다고 볼 수도 있지요. 하지만 동시에 건강 때문에 이렇게 하는 걸 좋아해요. 그러니까 제 뜻은 여전히 날씬하고 싶다는 거지요. 몸매를 유지하고 보기 좋게 하기 위한 것이기도 하지만 다른 이유도 있다고 생각해요.

10

대학에 있는 여성들이 특정한 방식으로 옷을 입어야 한다는 압력이 있다고 느끼나요?

1학년이요? 음, 가끔, 그러니까 모두 매력적으로 보이고 싶고, 놀러 나가고 싶고, 사람들이 많이 모이는 곳이나 파티에 갈 때는 다들 매력적으로 보이고 싶고, 친해지고 싶은 사람이 되고 싶고 그런 게 있어요. 모르겠네요. 하지만 내 친구 대부분은 외모에 신경 안 써요. 그런 단계는 넘어섰지요. 아시겠어요? 그러니까 신경 쓰는 사람들이 있고 아닌 사람들이 있다고 할 수 있어요.

8

어떤 사람이 귀여운 여성이라고 생각하나요?

음, 흠, 여러 가지가 합쳐진 사람, 다른 귀여운 여성들과는 다른 눈에 띄는 점이 있는 사람, 그러니까, 어, 모르겠어요. 당신을 당당하게 만들어 주는 젊음의 현상과 같은 거.

여성에게 그건 많이 늦은 거예요. 어, 그리고 왜 그랬냐면, 음, 내가 브라를 입지 않았을 때는 내 몸을 그 모습 그대로 보고 싶어서였어요. 그리고 몸의 형태대로 보이고 싶었고 절대 다른 사람처럼 보이고 싶지 않았어요.

4

음, 어, 옷을 입고 보기 좋다고 느낄 수 있었으면 좋겠어요. 그래서 어떤 옷을 입어봤는데 내 모습이 마음에 들지 않는다고 느끼면 사지 않아요. 아니면, 어, 내가 어떻게 보이는지는 나에게도 중요해요. 그래서 운동을 하지요―그렇다고 일주일에 네다섯 번씩 갈 만큼 성실하지 않아요. 그랬으면 좋겠지만, 일주일에 서너 번은 가려고 해요. 왜냐하면 계속해서 몸매가 유지되도록 하고 있어 체중이 많이 늘지 않는다고 생각하면 기분이 좋아요.

매력적으로 보이기 위해 표준 체중을 유지하는 것이 중요하다고 생각하는 이유는 무엇인가요?

음, 우선은 건강 때문이고, 두 번째로는, 관계를 시작하기 더 어렵기 때문에 중요해요. 그러니까 자신의 신체에 대해 갖고 있는 이미지가 부정적인 경우예요. 그러니까 표준이라고 느낀다면, 건강하다고 느껴지고, 건강하게 보이고, 다른 사람에게 더 매력적으로 보일 거고, 그래서 더 나은 관계를 형성할 수 있지요. 올바른 것을 하고 있다는 것을 알고 행복감을 유지하지요.

15

그럼 당신은 어떤가요. 사람들에게 신체적으로 매력적이라고 느끼는 것은 중요한가요?

음, 제게 어떤 수준이 있는 거 같아요. 다른 사람들에게 매력적으로 보이고 싶은 면이 있지만 또 다른 사람들에게 매력적으로 보이는 모습이 될 필요가 없다고 느끼고 싶은 면도 있는 거 같아요.

14

그러니까 날씬한 허벅지를 갖고 싶다는 거지요?

네!

왜요?

음, 모르겠네요. 좋은 질문이네요![킥킥] 모르겠어요, 그런데 남자들에게 매력적으로 보여서인 거 같아요. 남자들에게 매력적으로 보이고 싶지 않은 사람이 어디 있어요?

일주일에 5번 운동을 하려고 하는데 20분 일립티컬 기구를 쓰고 파워 요가를 해요. 그게 다예요, 아닌가, 파워 요가 맞나? 파워 요가 같아요… 복근 요가, 복근 요가예요! 입립티컬 기구 20분에서 15분 정도 복근 요가를 해요. 그렇게 오래 운동하는 건 아니지요. 그래도 일단은, 꾸준히 운동하고 너무 많이 먹지 않도록 노력하고 있고, 또 살을 뺄 수 있다는 걸 생각해 보면, 제가 갖고 싶은 신체 이미지, 그 이미지를 갖기에 충분하다고 느껴요.

그러면 운동하는 이유가 무엇이지요?

날씬하고 싶어서요.

항상 먹지 않으려는 이유는 무엇이지요?

날씬하고 멋져 보이는 것이 먹고 싶은 것을 먹는 것보다 중요하기 때문이지요.

어린이들의 시적 목소리

-April R. Mandrona

시는 모든 것이 모습을 드러내는 순간, 현재를 붙잡아 주는 닻이다. 시는 우리의 감정과 기억, 의식을 뒤흔들어서 마음속 깊은 곳에 도달한다. 시는 본질적으로 모호하여 분석을 거부하면서도 동시에 해석되길 갈망한다. 세상과, 서로와, 우리 자신과의 교감의 장소이기도 하다. 지난 몇 십 년 동안, 자료를 생산, 수집, 분석 및 탐구하는 데 활용된 시적 연구 또는 시의 사용은 전통적인 연구 접근법에서 종종 간과되었던 관련성과 미묘함을 드러내는 강력한 도구로서의 중요성을 인정받아 왔다. 효과적인 성찰적 연구 또는 자신 연구 기술인 시의 형식은 삶의 경험이 가진 긴장과 복잡성을 분명하게 보여 준다. 시는 앎의 방식이 하나라는 가정이 가진 한계를 넘어서서 우리가 당연시했던 사고와 표현의 방식을 다시 생각해 보도록 한다. '발견된 시' 또는 '참가자 목소리 기반 시'(Prendergast, 2003)는 인터뷰 전사 자료의 문장들을 스탠자[1]로 바꾸고, 시구, 운율, 멈춤 등을 사용하여 전사 자료에서 나온 단어와 절을 그대로 사용한다(Richardson, 1992). 발견된 시 쓰기는 몰입의 과정이다. 우리가 다른 사람의 말을 곰곰이 생각할 때 순간적으로 그 사람의 입장이 되는 것과 같다.

얼마 전부터 내가 함께 작업하고 연구하는 어린이들을 더 잘 이해하기 위해 시적

---

1) 역자 주: 4행 이상의 각운이 있는 시구이다.

연구를 사용하기 시작했다. 미술교육 박사과정생이면서 초등학생에게 미술을 가르치는 동안, 어린이들의 통찰력과 인식 능력이 종종 고려되지 않고 있는 상황을 조명할 필요성을 느꼈다. 어린이들의 경험이 갖고 있는 독특한 광채와 강렬함이 알려지지 않았기 때문에 내가 알고 있던 일반적인 환원주의적 표현과 분석 방법은 적합하지 않았다. 2010년 봄, 맥길 대학에서 Lynn Butler-Kisber의 질적 연구 강의에서 발견된 시에 대해 들을 때까지 이 문제를 어떻게 해결할 수 있을지 확신할 수가 없었다. 그 강의에서 과제를 하기 위해 내가 석사 학위 논문을 쓸 때 사용했던 비디오테이프를 다시 살펴보았다. 석사 논문은 어린이들이 인물을 그리고 만드는 것에 초점을 맞춘 것이었지만 어린이들이 작품을 제작하는 동안 나와 나눈 대화를 주의 깊게 탐구하지 않았다. 이전에는 어린이들의 이야기가 충동적이고, 별로 관계가 없고, 손으로 하고 있는 작업과 상관이 없어 보여서 그냥 넘어갔다. 하지만 비디오를 다시 보았을 때 내가 놓친 것들, 어린이들의 말에 담긴 풍부하고 시적인 요소들을 알아채고는 큰 충격을 받았다. 어린이들은 자신의 경험을 말하고 있었다. 종종 짧고 끊어진 문장이었지만, 어린이들의 이야기는 장난스러운 신랄함을 드러냈다. 무엇인가가 내 마음을 흔들었다. 무언가를 깨달은 진정한 '유레카의 순간'이었다(Butler-Kisber, 2010). 이 자료를 사용해서 "원본과 거의 같은 순서, 문법, 의미를 담은" 여러 개의 "무처리" 시를 만들었다(Butler-Kisber, 2010, p. 84). 첫 번째 시는 점토를 사용한 경험과 완성된 작품이 집에 소중히 보관되어 있다고 이야기한 어린 소년의 이야기에서 만들어졌다. 두 번째 시는 점토로 사람, 자동차, 차고를 만들었던 5세 소년의 이야기에서 만들어졌다. 두 시 모두 전달하고자 하는 메시지는 단순하지만, 각각의 시는 신비로운 울림을 담고 있다. 순수하게 분석적인 사고를 넘어 직관적-연상적 이해의 형태로 가는 움직임이었다.

그릇 속의 배

그릇 속의 배를 만들었어,

그릇 속의 해적선,

점토로 만든 배.

주변은 온통 파랗지.

작은 배를 만들었어,
돛대는 지푸라기,
종이 돛이 달렸지.

주변은 온통 파랗지.
(6세 소년 지음)

차고

차고, 자동차는
우리에서 나오려고 하지
그리고 열렸지.
(5세 소년 지음)

시를 창작하는 것은 "스톤뱅크 방법"의 변형된 버전을 적용하는 것과 관련이 있다(Butler-Kisber, 2010, p. 87에서 인용). 절차는 다음과 같다.

- 자료를 여러 번 반복하여 듣고 전사한 다음, 자료에 담긴 주제들이 스스로 떠오르도록 하면서 전사 자료를 자세히 읽는다.
- 시를 쓰는 데 도움이 될 만한 단어들에 밑줄을 그으면서, '시에 생명을 불어넣는' 절과 단어들을 추출한다(〈표 1〉 참조).
- 시를 쓰는 세계와 경험담, 성공적인 시 쓰기에 몰두한다(이 사례에서 나는 Adrienne Rich, Carl Leggo, Christian Bok, Margaret Atwood, William Carlos Williams 그리고 Leonard Cohen을 읽었다).

〈표 1〉 강조된 단어와 절이 포함된 전사 자료의 일부

> 17: 사람을 아직 못 만들었어요. 자동차 만드는 중이에요. **차고**를 갖고 있어요(주먹으로 점토를 짓이
> 기 시작하면서)
> 18: 야호. **차고**다! 있잖아요. **차고는 자동차가 빠져나오려고 하는 우리 같아요.** 그리고
> 19: **열렸다**(손바닥을 펴는 동작과 함께)

- 문장 끊기, 리듬 등을 시도하면서 전사 자료에서 절을 조합한다.
- 시에 의미를 부여하기 위해서 전사 자료의 핵심어들로 제목을 쓴다.

이런 연습과정을 통해서, 주변에서 발견한 것과 상상한 것들로 가득 찬 이야기를 하곤 했던 잊고 있던 어린 시절의 마음 상태로 돌아갔다. 내가 태어난 후 몇 년 동안 나의 어머니는 내가 새롭게 하는 행동이나 말들을 기록했다. 혼자 글을 쓸 수 있기 전이나 그다음에도, 어머니는 내 전사자가 되어 새로운 발견과 성장 단계에 있어 중요한 사항들 그리고 언어 발달 등을 기록했다. 가끔씩 내 말을 듣고 싶어서 적어 달라고 했고, 그래서 나와 다른 사람들이 이런 실증적인 기록을 탐구할 수 있도록 했다([그림 1] C 참조). [그림 1] A는 어머니가 첫 번째 하이쿠[2]라고 부른 것으로 인간과 다르게 야생 동물들이 옷을 입지 않는다는 것을 알고 했던 이야기이다. [그림 1] B는 공기에 떠다니는 작은 먼지들이 햇빛에 비친 것을 보고 놀라워했던 것을 기록한 것이다. 내가 주변에 아무도 요정을 믿지 않는다는 것을 알고 느꼈던 놀라움을 표현하기 위해 가족이 소유하던 거대한 구식 타자기를 사용해서 쓴 시이다.

이러한 기록과 시를 다시 보면서, 세상을 경이롭게 보고 존재하는 것들에 놀라워했던 나 자신의 일부를 목격했다. 나는 세상에 대해 배우면서 느꼈던 나의 기쁨과 그것을 바라보는 어머니의 기쁨을 볼 수 있었다. 잘 훈련된 정신에 높은 가치를 두기는 하지만 깊은 수준의 이해에 도달하기 위해서는 학자의 엄격함에서 벗어나야

---

2) 역자 주: 일본의 전통 단시이다.

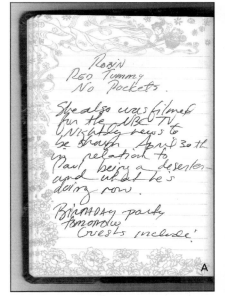
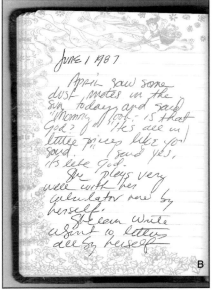

[그림 1] 보존된 일지와 기록물

패널 A는 '하이쿠' 또는 'Robin red tummy no pockets(주머니 없는 빨간 배를 가진 로빈)'이라는 로빈의 대사를 보여 준다. 패널 B는 햇빛에 비친 먼지에 대한 관찰을 보여 준다. "April saw some dust motes in the sun today and said, 'Mom, look-is that God?'(오늘 April은 햇살 속 먼지를 보고 '엄마, 저것 봐요– 저게 신이에요?' 하고 물었다.) 'He's all in little pieces like you said.' I said 'Yes, it's like God.('엄마가 말했듯이 신이 아주 작아요.' 나는 '그래, 신이랑 비슷한 거야.'라고 대답했다.)" 패널 C는 죽음을 주제로 쓴 시이다. 패널 D는 요정의 존재에 대해 쓴 시를 타이핑한 것이다.

한다고 믿는다. 경험의 가능성에 다시 한 번 열려 있어야 하고 세상으로부터 신선한 자극을 받아야 한다. 내 자신의 반성적 과정은 학습과 경험의 나선형적이고 반복적인 본질을 보여 준다. 우리는 계속해서 밖으로 향하고, 지식과 기술을 습득하고, 자신으로부터 멀리 나아가려 하지만 우리 자신의 세계로 다시 돌아오게 된다.

하지만 우리는 빠르게 어린이의 마음 상태에서 벗어나 이성적이고 논리적으로 사고하게 되는 현실로 돌아오게 된다. 우리가 어릴 적 사용했던, 어린이의 언어는 우리의 관심에서 멀어지고 사소하고, 공허하고, 귀엽기만 한 것으로 생각된다. 성인이 되면서 자신을 어린이의 세계에서 분리시키고, 어린이와 대화하기보다 그들을 위해 또는 그들에 대해 이야기하기 시작한다. 어린이와 거리를 둔 상태에서 너무도 자주 무신경해지고 항상 설교만 하게 된다. Wareing(2003)이 말했듯, "언어는 권력 행사에 사용되는 만큼이나 실제로 권력을 만들어 낸다."(p. 11) 이것을 어린이에게 적용하여, Peccei(2003)는 "어린이는 어린이의 특정한 사회적·경제적·법적 지위 때문이 아니라 그들을 묘사하고 분류하는 데 사용하는 언어 때문에 사회에서 차별받는다."(p. 117)라고 했다. 이런 표현 방식은 어린이의 사회적 지위를 반영하고 그렇기 때문에 지식이 만들어지는 다양한 분야에서 어린이의 참여 정도를 결정한다. 최근에서야 어린이의 경험을 전통적 지식의 기준에서 바라보지 않게 되었고, 지배적인 연구 구조 내에 존재하는 권력 시스템이 드러났다. 예술기반 연구(ABR)처럼 더 비판적이고 다양한 접근법이 어린이의 소외와 침묵에 관심을 끌게 할 것이다. "목소리 또는 경험 말하기는 말할 권리뿐만 아니라 들어야 할 권리에 대한 것이기도 하다. 이는 정치적 인식, 자기결정, 지식의 완전한 존재에 대한 은유적 표현이 되었다."(Thorne, 2002, p. 251) 그러나 Punch(2002)가 이야기했듯, 어린이에 대해 연구할 때 문제점 중의 하나는 "성인 연구자가 어린이가 바라본 세상을 완전히 이해하기 어렵다는 점이다. …… 과거에 어린이였지만 우리 성인들은 곧 어린이의 문화를 망각하고 버려 둔다."(p. 235) 성인들은 빠르게 변화하는 어린이의 사회적·문화적 환경과 개별 어린이의 다양한 경험 때문에 어린이에게서 멀어진다(Dockett & Perry, 2007). 이는 어린이에 대해 연구하는 사람들에게 해결하기 어려운 딜레마이지만 어린이들의 현실을 더 많이 접함으로써 '성인으로서의' 편견들을 현저히 감소시킬 수 있다고 믿는다.

'어린이'와 '성인'을 양분하려는 것은 아니지만 Paolo Freire와 같은 학자의 연구를 사용했던 Thomson(2007)이 우리는 모두 '인간인 것'이 아니라 '인간이 되는 것'이라고 한 말에 동의한다. 이는 우리가 태생적으로 불완전하고, 끝없이 학습, 성장, 확장되는 것을 뜻한다. Thomson은 "완전한 성인이라는 것은 신화에 불과하다. 모든 사람은 나이와 상관 없이 인간이 되어 가고 있는 중이며 정체성은 본질적으로 다중적이고 유동적이며, 상황 속에서나 상황을 통해(연구 상황을 포함하여) 끊임없이 변화한다."라고 주장하였다(p. 214). 학습은 예정되거나 선형적으로 이루어지는 것이 아니라 구불구불하고 평생에 걸쳐 이루어진다. 정체성은 여러 층위를 갖고 역동적이며 개인적 현실은 지속적으로 변하고 중첩된다. 나에게 시적 공간은 정체된 형태, 즉 존재의 핵심에 다가가게 벗겨내어진 형태를 제공하며, 그렇기 때문에 어린이와 하나가 되는 또는 어린이와 공유할 수 있는 장소가 된다. 시는 언어의 범주를 확장하여 지배적인 현실을 변화시키고 전복시킨다. Leggo(2004)는 "진실은 예술에 의해 공개된 개방적인 장소에서 만들어진다. …… 예술은 익숙하지 않은 것들을 불러낸다. 그러므로 이것이 언어와 대화에서 창조적 유연성을 유지하고 우리의 삶에서 진실을 구성하는 데 시가 중요하다고 주장하는 이유이다."(23절)라고 제안하였다.

시를 쓰는 것이 새로운 언어를 배우는 것은 아니지만 기억 깊은 곳에 있는, 잘 몰랐을 적에, 과거에는 익숙했던 의사소통의 기본적인 형식으로 돌아가는 것이라고 말하고 싶다. 시인인 John Steffer(1995)는 "시는 언어의 힘을 통해 우리 삶이 갖고 있는 심오하고 신비로운 의미인 경이로움에 대한 근본적이고 독창적인 우리의 감각에 가까워지게 한다."(p. 47)라고 했다. 이 삶의 경이로움은 어린이들에 의해 잘 알려져 있다. Sullivan(2009)은 "시는 구체적이어야 한다. 보고, 듣고, 냄새 맡고, 맛보고, 만질 수 있어야 한다. …… 구체성은 체화이다. 우리는 신체의 감각 기관을 통해 삶의 결끄러움과 기쁨을 경험한다. …… 진실하고 경험으로 진동하는 인간의 목소리는 그것만의 구체성을 갖고 있다."(pp. 112-114)라고 주장하였다.

어린이의 말에는 무엇인가가 담겨 있다. 어린이는 어른들은 갖기 힘든 신선함, 꾸미지 않음, 조작되지 않은 기발함을 갖고 있다. 어린이의 이야기는 구체성과 즉흥성에 기반을 두고 있는 동시에 선지적이고 심오함이 담겨 있다.

나는 새로운 호기심과 목적을 갖고 초등학교 1, 2학년 미술 교실로 돌아갔다. 어린이들이 내게 하는 이야기에 좀 더 주의를 기울여야 할 필요성을 느꼈다. 하지만 많은 수의 학생들 때문에, 자르고 붙이고 꾸미는 것을 도와주고 교실을 관리해야 하는 교사로서의 일반적인 업무와 균형을 맞추기가 어려웠다. 학생들을 작은 그룹으로 나누자 개별 어린이에게 집중하기 쉬워졌고 어린이들의 생각과 경험에 대해 길게 이야기할 수 있었다. 녹음 자료를 전사한 뒤, 구어에 담긴 리듬과 어린이의 독특한 말투를 강조하기 위해 스탠자로 이야기를 재구성함으로써 여러 개의 시로 전환하였다.

주제를 중심으로 한 '일련의' 시 또는 시 시리즈는 일반적인 것과 특징적인 것을 함께 섞었다. Butler-Kisber는 다음과 같이 이야기했다.

> 일련의 시는 각각의 해석이 잠정적이라는 것을 보여 주는 데 도움이 된다. 이는 주제, 토픽 또는 개념에 대한 이해가 시를 쓸 때 연구자의 상황, 시간, 공간, 맥락에 의해 어떻게 제한되는지 보여 준다. 서로 다른 사건, 분위기, 주제 등을 표현하는 일련의 시는 각 시에서 말하는 '진실'을 이해하게 하는 동시에 더 많은 것을 발견하게 해 준다. '더 많은 것'이란 일련의 시가 알리고자 하는 것들을 의미한다. 독자와/또는 작가 자신은 알려지지 않을 수도 있었던 그 어떤 주제를 처음으로 볼 수 있게 된다(2009, p. 4).

많은 어린이가 동물이나 동물에 대해 아는 것을 다루는 미술 작품을 만들거나 이야기했다. 나는 특정한 관점들을 모자이크처럼 표현하기 위해 일련의 시로 제시하기로 했다. 하지만 일련의 시를 읽으면서 이 시들은 어린이와 동물의 특별한 관계와, 자연계에 대한 미묘하지만 놀라운 어린이들의 이해를 표현하고 있다는 것을 알았다. 어린이들의 말은 같은 주제에 대한 미술 작품과 함께 제시하였다.

사냥개

내 개는 특별한 개.
개 사료와 비스킷을 좋아해
무서울 때는 울부짖어.
언젠가 사냥개가 될 거야.
동물 냄새를 맡으면 울부짖어.
그러면 사냥꾼이 쏘지.
(7세 소년 지음)

나는 알아

어떻게
    개구리가   뛰는지
가끔씩
    아주   멀리
개구리는
    녹색
        파랑
            빨강
              검정색

(7세 소년 지음)

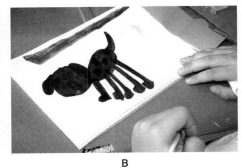

A   B

[그림 2] 7세 소년이 묘사한 작품 '쿵쿵이'

패널 A는 '쿵쿵이' 판화이다. 패널 B는 '쿵쿵이' 그림이다.

[그림 3] 7세 소년이 만든 점토 개구리

올챙이

자라면

개구리가 되지

녹색 물 속에서

살게 될 거야

우리랑

다른 점이 있어

우린 숨을 쉴 수 없어

물 속에서

걔네들은 숨을 쉴 수 없어

물 밖에서는

그래서 우리는

다른 곳에 있어야 해

함께

살기   위해서

(7세 소녀 지음)

[그림 4] 7세 소녀가 만든 점토 올챙이

돼지 시

네 꿈을 꿔

너에 대해 말하고,

너를 사랑해

돼지가 소녀에게.

(7세 소녀 지음)

일련의 시에서 마지막 시는 학생 중 하나가 썼다. 미술 수업 중 학생이 쓰길 원한다면 시나 이야기를 쓰도록 장려한다. 또 재미있거나 눈에 띄는 시가 있으면 학생들과 공유한다. 학생들에게 그림을 그리거나, 생각, 꿈, 성찰을 기록할 수 있는 일지를 나누어 주었다. 일련의 시는 아니지만 다음에 제시된 시 모음은 어린이들이 세상을 어떻게 바라보는지 알려 준다. 어린이의 말은 삶의 경이에 대한 관심과 함께 삶의 한계를 인식하고 있다는 것을 보여 주고 있어 달콤쌉쌀하다.

말

나는 말이 있었어
그리고 물가로 갔지

엄마가 어릴 때 엄마도 말이 있었어
오랫동안 함께 했지

하지만 지금은 팔렸어
그리고 이제는 플로리다에 콘도가 있어
(7세 소년 지음)

A

B

[그림 5] 7세 소녀 작품
패널 A는 일지에 쓴 시이다. 패널 B는 시에서 묘사한 '돼지'와 소녀이다.

점

점을 찍어요
당신 주변에
여러 색깔로

특별하고 독특하다고 생각해요
시간이 오래 걸렸죠
하지만 나는 환자예요
(6세 소녀 지음)

[그림 6] '하트 모양과 점에 둘러싸인 April'
6세 소녀의 그림이다.

나는 달라

우리 반
다른 사람들과
달리

유니콘-재규어
같은 생물을
만들었어요

뿔을
가졌고
빠르고
날아다녀요
(6세 소녀 지음)

마법이 떨어졌어

마법이
다 떨어졌어.
말도 안 되는
과학이야.

마법이
다 떨어졌어.
잘못된 걸
고른 거야.

마법이

다 떨어졌어.

다시 돌아갔으면

좋겠어요.

(7세 소년 지음)

　이 시들을 쓰기 위해 어린이들의 말을 정련하는 과정 중에, 전에는 알아차리지 못했던 어린이들이 겪고 있는 모호함, 양면성, 복잡성을 발견할 수 있었다. 어린이와 그들의 말은 나에게 실체를 드러내기 시작했다. 생소한 동시에 익숙했다. 기쁨과 고민으로 가득 찬 작은 존재들. 이들은 현명하고, 천진하며, 활기 넘치며, 잠재성을 갖고 있다. 나는 어린이에게서 존재의 유연성을 빌려 끊임없이 변화하는 경계선을 갖는 공간으로 들어갔다. 나는 교사이자 학습자로 현실과 상상의 세계에 모두 속하게 되었다. 시 쓰기는 어린이와 공유하는 다중적인 교육 상황을 기록하고 탐색하는 수단이 되었다. 어린이의 미술 작품과 함께 보았을 때, 어린이의 말은 단순한 묘사를 넘어 감정과 지적 성장에 대해 이해하도록 했다. 나는 이것이 수업 시간의 실험과 대화를 이해하는 내 능력을 향상시키는 데 도움이 되었다고 믿는다. 결과적으로, 나의 수업은 더 즐겁고 다차원적이게 되었다. 학생들과 자주 그리고 더 깊이 이야기하면서 학생들의 결정을 더 믿고 존중하게 되었다.

　인터뷰 전사 자료에서 발견된 시를 쓰는 것에 대해 Richardson(1992)는 "다른 사람의 입장이 되는 것뿐만 아니라 다른 사람의 몸이나 감정에 들어가는 것을 더 잘하게 되었다. 다른 사람이 주관적으로 경험한 생생한 경험에 더 잘 맞춘다. 나 자신과 다른 사람을 다른 방식으로 더 알도록 하고 싶었다. …… 다른 사람들에 대해 쓰면서 우리는 자신에 대해서도 (다시) 쓸 수 있다."(pp. 135-136)라고 하였다.

　어린이에 대한 시적 연구는 대화, 질문, 배움을 시작하게 해 준다. 어린이는 무의식적으로 이야기하는 듯하고, 덜 여과된 앎의 방식으로 움직이는 것 같다. 어린이의 지각은 마치 존재의 본질적 측면을 말하고 상상력과 창조력을 일깨우는 신탁처럼 '진실'의 형태와 더 유사해 보인다. 어린이의 말을 시로 변형함으로써 변화하고,

공유되고, 상호작용하는 공간을 창조할 수 있다. 그 결과는 경계를 허무는 노력으로 외적인 '어린이'와 '성인'의 구분만이 아니라 우리 안에 있는 어린이와 성인의 경계를 지우는 것이다. 이런 형태의 탐구는 그들의 이야기에 신빙성과 목소리를 부여하고 잠시 동안이라도 새롭고 자연스러운 이해의 상태에 머물게 해 준다.

작가의 말

이 장은 현재 나의 박사 논문과 관련이 없는 프로젝트에 대한 것이다. 코코디아 대학의 연구윤리위원회와 영국 몬트리올 교육청에서 제안한 대로, 양 기관에서 연구 윤리 승인을 받을 필요는 없었다. 그러나 학부모와 아동의 동의, 학교 기관장의 허가 등은 모두 취득하였다. 무기명과 개인 정보 보호를 위해 아동의 이름은 포함하지 않았다.

참고문헌

Butler-Kisber, L. (2009). The use of poetry clusters in poetic inquiry. In M. Prendergast, C. Leggo, & P. Sameshima (Eds.), *Poetic inquiry: Vibrant voices in the social sciences* (pp. 3-12). Boston: Sense Publishers.

Butler-Kisber, L. (2010). *Qualitative inquiry: Thematic, narrative and arts-informed perspectives*. Thousand Oaks, CA: Sage.

Dockett, S., & Perry, B. (2007). *Transitions to school: Perceptions, expectations, experiences*. Sydney, Australia: University of South Wales Press.

Leggo, C. (2004). Living poetry: 5 ruminations. *Language & Literacy, 6*(2), n.p. Retrieved September 20, 2010, from *www.langandlit.ualberta.ca/archivesAuthor.html*.

Peccei, J. S. (2003). Language and age. In L. Thomas, S. Wareing, I. Singh, J. S. Peccei, J.

Thomborrow, & J. Jones (Eds.), *Language, society and power: An introduction* (2nd ed., pp. 114–132). London: Routledge.

Prendergast, M. (2003). Data poetry in qualitative research: An annotated bibliography. *Arts-Informed, 2*(1), 20–24. Retrieved September 20, 2010, from *http://home.oise. utoronto.ca/~aresearch/arts-informed.pdf.*

Punch, S. (2002). Research with children: The same or different from research with adults? *Childhood, 9,* 321–341.

Richardson, L. (1992). The consequences of poetic representation: Writing the other, writing the self. In C. Ellis & M. G. Flaherty (Eds.), *Investigating subjectivity: Research on lived experience* (pp. 125–137). Newbury Park, CA: Sage.

Steffer, J. (1995). Language as matter. In T. Lilburn (Ed.), *Poetry and knowing: Speculative essays and interviews* (pp. 45–51). Kingston, Ontario, Canada: Quarry Press.

Sullivan, A. (2009). On poetic occasion in inquiry: Concreteness, voice, ambiguity, tension and associative logic. In M. Prendergast (Ed.), *Poetic inquiry: Vibrant voices in the social sciences* (pp. 111–126). Rotterdam, The Netherlands: Sense Publishers.

Thomson, F. (2007). Are methodologies for children keeping them in their place? *Children's Geographies, 5*(3), 207–218.

Thorne, B. (2002). From silence to voice: Bringing children more fully into knowledge. *Childhood, 9,* 251–254.

Wareing, S. (2003). What is language and what does it do? In L. Thomas, S. Wareing, I. Singh, J. S. Peccei, J. Thomborrow, & J. Jones (Eds.), *Language, society and power: An introduction* (2nd ed., pp. 1–16). London: Routledge.

CHAPTER 04

연구방법으로서의 음악

음악은 인간을 변화시킴으로써 세상을 변화시킨다.

-Bono

　"재즈 음악가들처럼, 우리가 연주하는 것이 삶이다."라는 Louis Armstrong의 유명한 명언이 있다. 문학계의 거장 Leo Tolstoy는 "음악은 감정의 즉각적 표현이다."라고 고백하였다. 사회과학 연구 분야에서 음악으로의 전환에 대해 신뢰하지 못하는 사람들도 있지만, 흔히 사회를 살아 있는 신체에 비유한다면 몸의 동맥을 통해 흐르는 것이 음악일 것이다. 사회과학 연구방법에서 음악의 활용은 실험이라기보다는 **실재**에 가깝다. 사실상 연구에 대한 음악기반의 접근을 통해 연구자들은 다른 실행 연구에서는 드러나지 않은 것들에 접근하고, 조명하고, 묘사하고, 설명할 수 있다. Aldous Huxley는 "말로 형언할 수 없는 것에 가장 근접하게 표현할 수 있는 수단은 침묵 다음으로 '음악'이다."라고 하였다.

　음악을 듣고 음악 창작에 참여하는 것은 우리의 정신을 치유하고 마음에 권한을 갖게 하는 특유의 잠재력이 있다. 사회과학 분야와 창의적 예술치료 분야에서는 음악이 심리학적·육체적 치유과정임을 보여 주는 많은 연구물이 있다(예: Daykin, 2004; Malchiodi, 2005, 2012; Trier-Bieniek, 2013; Vailancourt, 2009; Vick, 2012 참조). 최근 간학문적 프로젝트에서는 음악 현상을 연구하였다. '가창 분야에서 간학문적 연구의 실행과 발전(Advancing Interdisciplinary Research in Singing: AIRS)'은 Annabel Cohen이 7년간 실행한 복합 프로젝트 연구로, 세계 70여 명 이상의 연구자가 참여하였다. 다양한 주제 중 가창과 복지라는 주제의 프로젝트에서는 단지 음악을 듣는 것의 잠재적 효과뿐만 아니라, 가창에 참여하는 것의 심리적·사회적 복지 차원의 효과가 있음을 밝혔다(Cliff, Nicol, Raisbeck, Whitmore, & Morrison, 2010). 합창과 같은 공동체적 가창에 참여하는 것은 개인적·집단적 효과가 있었다(Riley & Gridley, 2010; Slottje, 2010). AIRS의 한 그룹의 연구자들은 공동체에서의 가창은 사회적 활동 참여로서 탐구할 만한 가치가 있다고 밝혔다(Dore, Gillett, & Pascal, 2010). Joan Harrison(개인적 소통, 2014)은 은퇴자들의 거주지에 주말마다 방문하여 연주를 해 주는 청소년 오케스트라를 관찰하여 '청소년들의 노인에 대한 태도'에 대한 자료를 수집하였다.

음악은 모든 문화를 관통하는 공통의 부분을 가지고 있다는 점에서 내재적으로 사회적 속성을 지닌다고 할 수 있다. 최근 음악이 학문을 관통하는 예술기반 연구 실행들 중 하나의 분야로 대두되고 있으나, 음악은 오래전부터 민속 인류학적 연구 및 음악교육 분야에서 뿌리 깊은 사회 연구의 한 분야였다. 사회과학적 관점에서 음악은 유용한 것, 이상적인 문자, 정치적 도구, 저항적 도구, 그리고 문화적 관습과 일상적·사회적 삶의 핵심적(통합적) 요소 등 많은 기능을 담당한다. 최신 음악교육 분야의 연구자들은 음악이 단순한 예술이 아니라 사회적 행위이며 사회적 수행의 원천임을 시사한다(Blaukopf, 1992; DeNora, 2000; Regelski, 2008). 이런 점에서 음악은 사회를 구성하는 필수 요소이다(Regelski, 2008).

음악은 특히 문화적 배경에 따라 다양한 방식으로 정의될 수 있어 내가 제시하는 음악에 대한 정의나 개념은 제한적일 것이다. 그럼에도 불구하고 음악은 전형적인 리듬과 멜로디를 포함한다는 점에서 소리를 지속적으로 통합하는 정렬(배열)

의 예술로 간주된다(en.wikipedia.org/wiki/definition_of_music). 음악은 일반적으로 멜로디로 정렬되고 리듬이라는 패턴으로 조직화된 독특한 음의 고저를 가진 소리를 가리킨다. Peter Gouzouasis(2013)는 조성, 박자, 형식이 모두 앞의 방식으로 음악에서 기능한다고 하였다. 다양한 장르의 노래는 (음악과 문자를 조합하는) 연계 다리로서 기능하는 내러티브인 시와 반복적인 합창을 포함한다. 노래는 역사적, 지속적으로 모든 문화에서 발견된다는 점에서 "인류 공통의 관습"으로 간주된다(Bakan, 2013, p. 6). 서구 문화에서는 음악 창작의 핵심인 조화를 창조하는 규칙이 있다. 음악은 또한 상징 체계 또는 문자로 쓰인 언어를 갖는다. Robert Walker(1992)는 "시각적·상징적 형식인 음악은 음악적 또는 말하는 소리 생산에 필요한 신체적 행위를 위한 약칭 기호로서 기능한다."(p. 344)라고 설명한다. 다른 학문과 마찬가지로, 음악교육은 전문 용어, 고유의 인식론과 구조를 지닌다(Richardson & Whitaker, 1992, p. 549).

노래와 음악 악보는 감정의 표출, 아름다움의 창조, 그리고 음악가 개인의 성장 등 다양한 목적을 위해 존재하며, 많은 문화적 관습의 한 부분이다. 음악은 진실에 접근하는 수단일 수 있다. Gouzouasis(2006)는 그가 음악을 듣거나, 작곡하거나, 음악을 연주하는 것은 음악에 대한 견식을 가지고 있다고 설명한다. 음악의 오랜 역사와 사회 정의 운동이 있다(Bakan, 2013). 어떤 맥락에서 음악은 언어, 경제, 다른 사회의 장벽을 초월하는 감정 표현을 통해 사람들을 연결시킬 수 있다. 시인 Robert Browning은 이러한 감정을 가장 잘 표현하였다. "음악을 감상하는 사람은 그의 고독이 일시에 무너지는 것을 느낀다."

다른 예술과 마찬가지로, 음악은 특정 시대와 공간에 만연된 음악적 관습일 뿐만 아니라 창조의 기점에서 물질적·상징적인 것들로 새겨진 문화적 산물이다. 음악은 문화적·역사적인 맥락에서 창조되며, 시간과 공간에 따라 다양하다. 보편성의 이념과 반대로, 음악만이 어떤 맥락 안에서 사람들을 통합시키고, 문화와 민족 간 차이를 식별할 수 있으며, 그러한 차이에 대한 비평을 명료화할 수 있다(Elliot, 1989; Jordan, 1992).

배경

철학자들은 음악이란 사회적으로 구축된 예술 형태로서 그 위상을 확장한다는 점에서 본질적으로 사회적이라고 가정한다. Karl Marx의 자본주의에 대한 분석에 영향을 받은 Theodor Adorno와 경제학자 Jacques Attali는 사회과학 분야에서 음악을 중요하게 다루기 오래전부터 이미 음악의 사회적 중요성에 대해 이론화하였다.

음악의 정치적 경제성에 대해 고려했던 (Marx의 영향을 받은) Adorno는 음악을 인간의 경험에 추가된 부수적인 것이 아닌, 인간의 의식을 형성하는 강력한 힘으로 간주하였다. Adorno(1984)는 모든 음악이 동일한 가치를 갖는 것은 아니라고 하였다. 시장 경제에 의해 좌우되는 대중음악은 순응성, 수동성을 창조하고, '거짓 의식'에 기여한다. 그러한 스펙트럼의 다른 끝에는 다른 종류의 음악이 있는데, 이것은 전형적으로 유순한 집단적 사고에 저항하고 불복하여, 변혁의 사회적 의식을 촉발하고, 주류의 질서를 깨뜨릴 수 있는 저항적 가능성을 지닌다.

Attali(1985)는 권력, 특히 경제적 · 정치적 권력과 관련된 음악의 영향에 대해 연구하였다. Adorno와 같이, Attali는 음악이란 엔터테인먼트로서 음악에 대한 대중적 인식에서 보이는 것과는 거리가 먼, 서서히 사회에 영향을 미치는 작업들을 통해 사회적 권력의 실행과 유지를 위한 사회적 통제의 수행원이라고 분석하였다.

Attali(1985)에 따르면, 소리와 '소음'은 우리가 감지하는 것 이상으로 우리의 일상 경험을 형성하는 데에 깊이 관여하며 보편적으로 사회생활을 구성하는 불변의 요소이다. 보다 구체적으로 음악은 많은 목적을 위해 사용되며, 사회의 많은 부분에 개입되어 있다. 예를 들면, 음악은 종종 종교적 또는 정신적 관습과 관행, 결혼식이나 장례식 등과 관련된 의식의 한 부분이며, 졸업, 대중적 엔터테인먼트 또는 레저 활동, 그리고 문화의 많은 요소와 같이 교육적 생산원이다. 또한 이 매개체는 특정 역사적 시기, 권력 관계, 사회적 투쟁 또는 사회 운동, 사회 정치적 저항, 그리고 어떤 상황이나 특성과 관련된 개인적 또는 집단적 경험(예: 인종 또는 성 불평등, 전쟁,

폭력, 성 정체성, 약 사용의 유토피아적 경험 또는 고통, 극도의 황홀감과 기쁨의 경험 등)에 대해 통찰하는 눈을 갖게 함으로써 사회에 대한 다양한 정보와 소통한다. 이러한 방식 또는 다른 방식으로 정보 공유를 위한 전달 매체로서 음악이 갖는 특별한 힘은 문자 또는 행위 기반의 대표적인 형태로서뿐만 아니라 데이터 분석 및 해석을 위한 모델로서 음악을 활용하는 연구방법론을 개발하는 연구자에게 매우 도움이 된다.

시적 노래의 내러티브적 잠재력으로 인해, 많은 문화 속에서 음악은 스토리텔링의 주요 형식으로 간주된다. 예를 들어, 한국의 공연예술의 형식인 판소리는 노래와 스토리텔링을 결합한 것이며, 한국 문화의 사회적·정치적 요소를 드러낸다. 음악의 내러티브적 잠재력은 사회 연구를 위한 대표적 형식으로의 음악의 변형을 이끌어 낸 주요 요인이다.

■ 음악교육과 다문화주의는 어떤 관계가 있는가?

다문화주의, 혼종성, 민족음악학

과거 40여 년 이상 음악교육은 미국에서 문화주의와 다원주의를 지향하는 대규모 운동에서 관심이 집중된 분야였다(Jordan, 1992, p. 735). 그러나 미국이 아닌 다른 문화에서 음악교육에 대한 관심은 과거 몇 십 년 동안 다문화주의 운동이 일어나기 훨씬 이전부터 음악교육의 주요 부분이었다(Anderson, 1974; Jordan, 1992). 집단 속 사회적 행위자들이 생산한 음악은 그것을 창조한 문화나 사람들, 민족 간 공통성과 차이, 정체성에 대한 이슈 등에 대해 깊이 이해할 수 있도록 한다. 문화적 다양성을 띤 음악이 대중교육에 포함될 수 있으며, 포함되는 방식은 다양하다. 전형적으로 다른 문화의 음악은 미국의 음악과 교육과정에 포함되어 있으나, 이러한 음악은 음악과 교육과정 내에서 이국적인 것으로 간주되었거나 외부 방문자와 같은 위상으로 격하되었다(Jordan, 1992). 문화적으로 다원적인 미국의 사회적 맥락에서, 세계적 관점—다문화적 음악교육을 위한 루브릭에서 찾아볼 수 있는 중요한 것으로, 다양한 음악을 포함하지만 서양의 기준을 벤치마크로서 사용하여 특정 음악적 전통을 특권화하는 것과는 반대되는 관점—을 함양하기 위한 의도로 음악과 교육과정에 다양한 문화적 배경의 음악을 포함시킬 수 있다. 미국 교육에서 세계 음악의 역할과 이들의 다양성, 목소리, 그리고 문화적 재현 등과 같은 보다 큰 이슈와의 관계에 주시해 보면, 사회 현상에 대한 통찰과 다음과 같은 질문을 떠올리게 된다. 세계의 음악에 대한 교육과정은 어떤 것들로 구성되며, 그것은 어떤 방식으로 조직되는가? 세계의 음악에 대한 교육과정은 인류학, 세계화, 발전, 민족성, 다양성, 민주주의, 국가주의 그리고 음악의 관점에서 다른 음악 시스템에 대해서 학생들에게 무엇을 가르칠 것인가?

사회과학적 관점에서, 음악과 다문화주의와의 관계에 대해 고려하는 인식의 확장은 혼종성의 발생 지점—다른 문화, 다른 시대 또는 다른 장르 등과 같은 다른 요소를 결합하여 새로운 어떤 것을 창조하는 공간—으로서 음악에 대해 검증하는 것을 가능케 한다. 혼종성에 대해 연구하는 자들은 음악을 다른 문화의 측면들이 결합할 때 나타나는, 문화의 생산과 협상을 위한 새로운 장소를 여는 '제3의 공간'이라고 하였다(Bhabha, 1993). '제3의 공간'은 부가적인 모델에서 도출된 것이 아니라 새로운 어떤 것이 발전하는 공간의 개방으로부터 생성된다. 음악의 혼종성에 대한 연구의 기회와 필요성은 세계화와 다각적인 문화적 소통을 통해 증가하고 있다. 이러한 점에서 사회 탐구의 대상으로서 음악으로의 전환은 세계화의 문화적 측면에 관심을 갖고 있는 연구자들에게 혼종성의 과정이 진행되는 데이터 출처를 제공한다. 혼종의 음악은 항상 소리, 장르, 문화의 혼합을 필요로 하기 때문에 이러한 매개체를 통한 집단적 정체성의 투쟁과 협상 연구를 위한 많은 잠재력을 지니고 있다.[1] 이러한 탐구 목적을 위해, 음악에서 혼종성의 급증에 따라 음악의 형식에 근거한 혼종의 예술기반 연구방법의 활용이 급증하고 있다. 즉, 우리가 음악 창작에서 발견하는 혼종성은 음악기반 연구 실행에서도 발견된다. 또한 이 장의 마지막 부분에 제시한 바와 같이, 혼종의 음악적 형식은 음악기반 연구를 보다 발전시키는 공간—소리 파일이 인터넷에서 교환되거나, 인터뷰 데이터의 재현이 인터뷰 참여자 문화의 음악적 요소 또는 소리 요소를 포함하게 되면서 국제적 연구의 협력이 발전하는 공간—을 열어 준다.

▣ 민족음악학이란 어떤 것인가?

음악 연구의 범주 안에서, **민족음악학**(ethnomusicology)이란 인류학과 음악학에 뿌리를 둔 학문적 혼성이다. 민족음악학은 다른 문화의 음악에 대한 연구를 포함한다. 음악학에서는 종종 간문화적 음악 시스템을 비교하는 연구가 포함된다. 인류학에서의 연구는 문화적 맥락에서 특정 문화의 음악과 그 안에 살고 있는 사람들의 상호작용을 이해하는 데 목적을 둔다(Bresler & Stake, 1992, p. 80). 문화기술지의 다른 형식과 함께, 이러한 연구들은 전형적으로 연구자가 보다 넓은 문화적 맥락 안에서 음악을 이해하기 위해 해당 문화에 들어가는 자연스러운 상황에서 시작된다(Bresler & Stake, 1992, p. 80). Nicole Carrigan(2003)은 이러한 방법을 사용하여 연구를 실행해 왔는데, 그녀는 하나의 음악 문화에서 다른 음악 문화로 옮겨 갈 때 사회적 연구자가 음악이 문화에 어울리는 방식의 세 가지 차원에 대해 고려해야 한다고 하였다. 그것은 개념과 관련된 것, 맥락과 관련된 것, 상황과 관련된 것이다. 또한 그녀는 간문화적 관점을 발전시키기 위한 네 개의 범주, 즉 ① 음악에 대한 이념, ② 음악의 사회적 조직, ③ 음악의 레퍼토리, 그리고 ④ 음악의 물질 문화(Carrigan, 2003: Stobin & Titon의 드로잉, 1992)를 강조한다.

▣ 음악이 체화된 경험이라는 것은 어떤 의미인가?

체화(embodiment)와 정신-육체의 이분법

음악(그리고 춤)을 탐구하는 사회과학 연구 프로젝트의 증가와 음악기반 연구방법을 개발하는 것은 체화, 육체, 육체적 경험에 대한 연구의 증가와 연결된다. 이에 대해서는 제5장 '탐구로서의 춤과 움직임'에서 상세하게 검토한다(Grosz, 1994; Merleau-Ponty, 1962; Pillow, 2001; Spry, 2001 참조). 이러한 증가는 페미니스트와 전통적 사회과학이 고수해 온 (제1장에서 실증주의와 관련하여 논의한 것처럼) 마음−육체의 이분법을 지속적으로 깨뜨리고자 하는 사람들의 노력과도 관련된다(Bordo, 1993; Butler, 1993; Hesse-Biber, 1996; Leavy, Gnong, & Sardi-Ross, 2009; Sprague & Zimmerman, 1993; Wolf, 1991 참조). 그것이 연습이든 공식적 연주이든, 음악 연주와 불가피하게 연결되는 음악의 창작이란 연주자와 감상자에게 모두 (사상의, 상징의) 체화를 위한 장소(site)이다. 이러한 맥락에서 Liora Bresler(2005)는 다음과 같이 기술한다.

> 신체적 움직임을 통해 탄생된 음악—육체의 확장으로서 기능하며, 연주자가 소리를 생산하기 위해 도구와 결합되는 곳인 목소리 또는 악기—은 육체에 주어진 어떤 것이 아닌, 육체를 통해 그리고 육체와 함께 행해진 어떤 것으로서 경험된다. 소리는 시각적인 방식과는 근본적으로 다른 방식으로, 우리가 육체적 차원에서 관여하도록 하여 우리를 관통한다(pp. 176-177).

이와 유사하게, Eleanor V. Stubley(1995)는 청중은 악기와 연주자를 각각 구별짓기보다는 하나로서 경험해야 한다고 지적한다. 이러한 음악 공연의 측면은 불가분하게 연구방법론의 발전과 연결된다.

체화된 경험으로서의 음악과 합치되도록 음악을 연주하는 것 또는 음악을 창작하는 것은 사회 연구에 의미 있는 방식으로 정신−육체의 이분법을 드러내고, 도전하고, 해체한다. Stubley(1995)는 음악이라는 독특한 경험은 우리의 "감각과 인식론적 경계"를 흐릿하게 만들고, 음악을 연주하는 것은 "통합된 하나"로서 정신적인 특질을 갖는다고 가정한다(p. 59). Bresler(2005)는 마음과 육체 모두는 우리가 음악을 인식하고 해석할 때 활성화되고, 이러한 '정신−육체의 현존'은 연구 참여자들과 함께 작업하는 데 있어—우리는 연구하는 작업 내내 연구 참여자들에게 몸짓 언어, 자세, 육체적 근접 등을 통해 끊임없이 메시지를 보낸다—핵심적인 요소라고 본다. 이러한 요소들은 특히 간문화적 연구 또는 외부자의 위치에서 연구할 때 중요하다 (Bresler, 2005, p. 177). 더구나 연구자들이 상호작용과 대화의 공간을 창조하고자 할 때, 음악 안에서 일어나는 정신—육체의 통합은 많은 도움을 준다(p. 177). 나아가 연구의 재현 단계에서 음악을 활용함으로써, 연구자들은 청중에게 새로운 방식으로 영향을 줄 수 있다는 점에서 사회적 행동 연구자의 주목을 끈다.

공연(performance)으로서의 음악

음악이란 문화적 '문자(글)' 또는 '대상'으로서 분석될 수 있는 것이지만, 음악은 단순히 하나의 문자 또는 대상이 아니다. 음악은 연주되고 감상된다. 이러한 관점에서 음악은 생각과 감정 표현의 순간에 존재하게 되는 것, 즉 연주의 순간이다 (Rhodes, 1963, p. 198). 이와 유사하게, 음악은 사건 또는 '해프닝'일 수도 있으며, 두 개의 공연이 똑같을 수 없고, 특정 악보나 노래도 성악가의 목소리에 따라 달라지기 때문에 공연은 유일한 것이다. 이와 같은 방식으로, 음악 공연은 포커스 그룹 인터뷰(focus group interview)와 유사하며, 또한 '해프닝'을 제공하고, 부여된 구조나 통제 수위와는 상관없이 동일하지 않다(Hesse-Biber & Leavy, 2005). Stubley(1998)는 음악가들은 그들이 창작한 악보 이면의 어떤 것을 찾고자 한다고 설명한다(p. 93).

게다가 시와 같이 서정적인 음악은 감정적 반응을 일으키는 공간(space)과 호흡 (breathing)을 활용한다. 그리고 시와는 달리 음악 속 공간은 공연 내내 존재한다.[2] 또한 공간은 음악의 모든 음(note)들을 에워싸며, 성악가와 연주자는 기대하는 청중의 반응을 만들어 내고 의미를 전달하기 위해 이러한 공간을 길게 늘이면서 조정하고 조각한다. 음악의 구성을 들을 수 있는 소리로 변형하는 것은 청중의 감정적 반응을 유도해 내거나 감정에 다가가고 감정을 드러내도록 하는 음악의 잠재력을 촉발하는 것이다.

저항적이고, 선험적이며, 변혁적인 음악의 가능성 또한 공연을 통해 구현된다. 이것은 사회과학자들이 음악에 특별히 관심을 갖는 이유이다. 음악 공연은 앎과 소통의 변혁적인 방식이다(Bakan, 2013; Bresler, 2008; Gouzouasis, 2013).

Stacy Holman Jones(2002, 2007, 2009)의 토치송[1]으로 시작되는 감정적이고 저항적인 공간(space)에 대한 연구는 음악기반 연구의 단면을 보여 주는 예이다. (토치송을 통해 그녀는 Barbra Strisand가 노래한 〈추억(memories)〉과 같은, 여성 예술가가 연주했던 짝사랑을 주제로 한 정형화된 노래에 대해 언급하고 있다.) 이러한 노래 장르는 많은 (이성애자) 여성들이 사회 체제 속에서 그들의 성별의 특성을 반영한 장소와 관련된 관계 규범(relationship norms)에 따른 경험의 공통점에 대해 말해 준다. 이러한 연구가 보여 주는 바와 같이, 토치송은 공연의 순간에 참여와 초월의 공간을 열어 준다.

'참여(engagement)'의 차원에서, Holman Jones는 토치송 공연을 통해 여성이 지닌 본질적 특성만을 보여 주고 여성과 남성의 차이를 부인하지 않으면서, 여성이 유대감을 형성하고 공동체를 구축하면서 여성으로서 겪는 공통의 경험을 공감하는 방식을 청중에게 보여 주기 위해 후기식민주의적 페미니즘 및 다른 비판적 관점을 활용하였다. 따라서 이것은 참여의 함축적인 **정치적** 형태라고 할 수 있다. 초월(transcendence)이라는 용어는 공연하는 동안 차이의 금지 또는 유예를 의미한다. '초월'이란 차이를 넘어 "공동의 이해(common understanding)"가 나타나는 공간이다 (Holman Jones, 2002, p. 748). 또한 열린 공간은 대화를 위한 기회, 생각의 교환, 목소리의 다양성 등을 제공할 수 있다(Conquergood, 1985; Holman Jones, 2002, 2007, 2009).

Holman Jones는 공연은 대중의 많은 생활권에서 분명히 존재할 수 있는 "반대하는(대립하는) 의식"을 위한 수단을 제공한다(2002, p. 748). 토치송은 여성이 경험한 짝사랑—Holman Jones는 짝사랑의 노래란 본질적으로 여성 성악가들이 이성애적 관계에 대한 성적 경험을 불러일으키는 저항적 매개체(그리고 행위)라고 보았다—

---

1) 역자 주: 실연·짝사랑 등을 읊은 감상적인 블루스곡이다.

에 대한 고통을 표현한다. 토치송 성악가는 청취자에게 스토리를 이야기함으로써 새로운 이해와 "새로운 가능성"을 상상하도록 한다(p. 739). 음악기반 연구방법론적 혁신의 측면에서, 연구의 다음 단계에서 '들을 수 있는' 소리의 형태로 데이터를 분석하고 재현함으로써, 이 연구 자체를 예술기반 연구(ABR)로 변형시킬 수 있는지를 파악하기란 어렵다. 예를 들면, 다중기법적 프로젝트에서는 여성들과의 인터뷰는 녹음된 유행하는 토치송—공연 콜라주(performance collage, 추후 검토)와 같이 기록된—과 결합할 수 있다. 공연 인터뷰(performance interviews)를 통해 자화상을 창조하기 위한 데이터를 추가로 끌어낼 수 있다.

토치송의 공연적 차원과 결합된 정치적·공동체 구축적·초월적 가능성은 어떠한 음악 장르에서든 다수의 연구 질문을 선정할 때 적용될 수 있으며 적절하게 조절될 수 있다. 예를 들어, 아프리카계 미국인 청중이 특정 시간과 장소에서 블루스 음악 공연과, 그러한 공연이 차이를 초월하고, 연합체를 구축하고, 의식을 확장시키는 공간들—민중의 사회운동을 위한 선제 조건들인—을 어떻게 경험할 것인지를 생각해 보라. Bresler가 제안한 음악적 범주를 활용하여 데이터를 분석하고 해석하여 사회적 행동의 가능성을 지닌 홀리스틱 프로젝트를 창조함으로써, 연구 목적과 청중 간의 시너지뿐만 아니라 주제와 형식의 조화를 창조해 낼 수 있다. 더 나아가 그러한 데이터는 음악적 초상화(musical portraiture)로 기록되거나, 음악적 공연(musical performance, 추후 검토)으로 제작될 수 있다.

질적 연구를 위한 모델로서의 음악

Liora Bresler(2005)는 음악이 질적 연구방법을 사용하는 연구자들이 어떻게 사회적 삶의 가변성에 민감하도록 만들고, 이미 많은 관심이 집중된 이슈에 더욱 주목하도록 만드는지에 대해 이론을 정립하는 데 선두에 서 왔다. 서양 문화는 '시각 문화'로 여겨진다. 이러한 맥락에서 Bresler는 사람은 시각에 의존하기 때문에 연구자는 시각적 관찰을 통해 지식을 구축하는 것과 같은 시각기반 연구방법론을 발전시킨다고 설명한다. 그러나 모든 질적 연구자가 아는 바와 같이, 문화기술지 그리고 인터뷰 연구에서 '듣기'는 지식 구축과정의 핵심이고, 음악과 연계된 기술들은 연구자들이 심도 있고 정교하게 그들의 듣기 기술을 발전시킬 수 있도록 돕는다. Bresler는 "음악적 렌즈" 또는 "음악적 민감성(감수성)"을 채택함으로써 질적 연구자들이 미연구된 주체들과 연구과정의 다양한 차원에 접근할 수 있다고 주장한다(pp. 170-171). Brydie-Leigh Bartleet과 Carolyn Ellis(2009)는 음악은 우리의 연구를 재현하는 방식과 독자들이 우리의 텍스트와 접할 때 갖게 되는 경험을 고양시킬 수 있다고 제안한다.

Bresler(2005)는 은유에 기초한 하나의 모델을 제안한다. 이 모델에서는 전통적인 질적 연구 프로젝트에서 충분히 다루어지기 어려운 사회적 경험의 차원을 고양시키도록 음악의 모든 형식적 요소를 각색할 수 있다. 이러한 음악의 요소들은 형식, 리듬, 강박, 음색, 멜로디, 다성음악, 조화를 포함한다. 이러한 음악적 요소의 새로운 개념화와 적용으로, 연구자들은 질적 연구와 관련된 세 가지의 주요 기술, 즉 일반적인 용어로 인식(perception), 개념화(conceptualization), 의사소통(communication)을 지원할 수 있다(Bresler, 2005, p. 172). 나아가 문화기술지 연구 또는 인터뷰 연구를 실시하고자 하는 연구자들은 Bresler의 범주가 하나의 코딩 전략 또는 연구 결과의 재현적 기록을 구조화하기 위한 프레임워크로서 어떻게 적용 및 실행될 수 있는지를 고려해야 한다.

■ 음악의 이러한 차원은 질적 연구방법을 발전시키기 위해 어떻게 활용될 수 있을까? 그리고 효과적인 듣기 기술을 어떻게 구축할 수 있을까? 재현을 위한 코딩 전략 또는 프레임워크로서 어떻게 적용될 수 있을까?

형식(form)은 음악의 조직을 의미한다. 즉, 형식은 변화, 통일, 반복이 어떻게 조직되고 부분들과 전체가 어떻게 관련되어 있는지를 말해 준다. Bresler(2005)는 이러한 점에서 형식은 사회적 삶과 그것에 대한 기록에 있어 핵심적인 부분이라고 언급한다. 형식을 통해 개인적 스토리의 조각들을 조화롭게 끼워 맞추는 방식, 의미를 부여하기 위해 변화와 반복을 활용하는 지점, 데이터를 시작과 중간 그리고 결말을 지닌 스토리로 조직하는 관습의 적용방식을 조정해야 한다(p. 172). 연구자는 삶과 연구에서 형식의 중요성에 대해서 숙고하기 위해서 음악을 활용할 수 있다. 음악의 선험적인 특성은 이러한 과정에 대해 새롭게 인식하도록 하고, 연구자가 전체 안에서 부분들의 관계를 고려하도록 돕는다. 결과적으로, 연구자들이 그들의 기록 방식의 포맷에 '음악기반 템플릿'을 적용함으로써, 연구 결과물 기록의 관습들은 변화될 수 있다.

또한 음악의 몇 가지 특성은 의미가 교류되는 방식에 관심을 갖게 하고, 질적 연구자들에게 연구 참여자들이 의미를 창조하고 소통하는 방식을 보도록 하는 렌즈를 제공할 수 있다. 음악의 이러한 차원들은 패턴, 속도, 톤, 억양 그리고 질감(텍스처)에 초점을 둔다. 리듬은 시간적 패턴(속도가 있는 박자), 박자들 간의 관계를 의미한다(Bresler, 2005, p. 173). 리듬에 대한 관심은 연구자들이 지식을 교환하는 방식을 형성하도록 돕는다. 예를 들어, 연구자들이 학회 발표와 공공의 대화를 구성하는 방식을 명료화한다. 강박(dynamics)은 맥락에 따라 "음량(loudness)"과 "부드러움(softness)"이 어떻게 서로 다를 수 있는지와 관련된다. 예를 들어, 같은 소리는 다음에 어떤 소리가 오는지 또는 이전의 악보가 강한지 또는 부드러운지에 따라 보다 강하게 또는 보다 부드럽게 인식될 수 있다. Bresler는 "침묵이 클라이맥스 바로 다음에 오는지 또는 결말 다음에 오는지를 비교하면, 음악이 시작되기 직전의 침묵과는 다르게 느껴진다."라고 기술한다. 강박은 또한 "예측, 긴장, 대립, 결정"을 형성하는 사회적 상호작용 안에서 적극적으로 작동한다(p. 173).

다음으로, 연구자들은 음색(timbre)을 고려할 수 있다. 음색은 음악이 전달되는 방식에서 핵심인 음악적 색상, 어조, 톤을 의미한다. 이 차원은 특히 심층 면담, 포커스 그룹 인터뷰, 구술 역사, 문화기술지와 같은 상호작용에 기초한 연구방법을 활용하는 연구자에게 중요하다. 이러한 연구방법은 참여자들이 말하는 것뿐만 아니라,

그들이 말하는 방식과 의사소통 스타일이 의미를 내포하는 방식보다 예민한 관심을 요구하기 때문이다. 권리와 권력을 박탈당한 사람들을 다루는 연구자들, 페미니스트 및 비판적 관점을 지닌 사람들과 작업하는 연구자들, 여성, 유색인종, 동성애자 및 사회적 소수자들에 대한 통제된 지식에 관심이 있는 연구자들에게 '음색'에 대한 관심은 유용하다. Bresler(2005)는 음색은 개인차뿐만 아니라 젠더의 차이, 인종의 차이에 대해 소통하는 창을 제공한다고 말한다.

음악의 구성에서 다성음악(polyphony)은 선들(lines)의 상관관계를 통해서, 그리고 소리의 동시적 선들을 통해서 질감(텍스처)을 창조한다. 이러한 구조적 개념은 삶의 질감(텍스처)에 대해 생각하고, 상호작용하고, 경험하고, 창조함으로써 때로는 침묵하지만 늘 현존하는 다양한 목소리로 구성되는 사회적 삶의 유동성과 직접적으로 관련된다(Bresler, 2005, p. 174). 또한 "질감(텍스처)은 조화를 창조하고 가능하게 한다"(p. 174). 이것은 차이와 다양성에 대한 연구를 위한 훌륭한 은유이며, 질감(텍스처)과 조화가 발현되는 사회적 삶의 측면으로 연구자들을 전환하게 하는 방식이다. 이러한 점에서 Bresler는 "연구자로서 우리는 사회적 삶의 불협화음과 협화에 주목하며, 종종 불협화음의 순간과 그들의 결정 또는 미결정 사이의 상호작용의 진정한 가치를 인정한다."(p. 174)라고 기술한다. 이러한 접근은 인종, 성, 관련된 주제를 연구하는 학자뿐만 아니라 특히 페미니스트 연구자에게 설득력이 있을 것이다.

또 다른 중요한 개념은 대위법(counterpoint)이다. 이것은 "개인의 목소리는 리듬과 선에서 차이가 있지만, 그들이 조화를 이루기 위해 함께 연주될 때 서로 연결된다."는 것을 의미한다(Bartleet & Ellis, 2009, p. 13). 음악의 이러한 측면에 대한 주목은 연구자가 다양한 연구 참여자에 대해 재현하는 방식을 변화시킨다. 예를 들면, 표적 집단 데이터를 해석하고 재현하기 위한 가능성들을 고려해 보라.

마지막으로, 멜로디(melody)는 드라마와 같이 감정과 절정이 전체 구성에 포함되는 것을 의미하는 "줄거리"이다(Bresler & Stake, 1992, p. 84). 연구자는 면담 데이터 또는 포커스 그룹 데이터에 대한 해석 및 분석에 이 개념을 적용할 수 있다. 또한 연구자가 그들의 결과물을 작성할 때 강조점을 두는 방식과 다양한 청중이 곡에 대해 반응하는 방식을 고려하면서 기록의 선율적 구조에 주목할 수 있다. 뿐만 아니라 연구 참여자들의 목소리를 보존하는 데(단어와 톤의 차원에서) 관심을 가진 연구자들은 연구자들이 기록한 스토리에 연구 참여자들의 이야기를 반영하는 선율적 구조로 작성할 수 있다.

Bresler가 제안한 범주들은 (듣기 기술을 활용한) 질적 연구의 데이터 수집 단계에서 (현장 기록과 인터뷰 전사물을 조직하고 코딩하는 방법을 활용한) 데이터 분석, 해석 그리고 재현을 위한 포맷으로 활용될 수 있다. 이러한 접근들은 전통적 질적 연구방법과 연계되어 활용될 수 있으며, 자문화기술지 또는 다성적 자문화기술지와 같이 관습적인 방법들을 많이 활용하지 않는 프로젝트에 도움이 된다(Davis & Ellis, 2008 참조) Bartleet과 Ellis(2009)는 연구자들이 감각을 두드려 사람들의 감정적 차원에서 다가갈 수 있도록 돕는 자문화기술지를 위한 "프레임워크로서 음악"을 활용하는 것에 대한 연구를 광범위하게 실행해 왔다(p. 13).

■ 이러한 은유들은 어떻게 예술기반 연구의 가능성을 보다 확대할 수 있을까? 예술기반 연구는 어떻게 음악을 끌어들일 수 있을까?

방법론으로서의 음악

음악(춤과 함께)은 예술기반 연구(ABR)에서 가장 적게 활용되는 예술적 매개체이다. 우리가 음악을 중심에 두고 실행해 온 대부분의 연구는 ① 내용 분석(음악적 내용에 대한 연구) 또는 ② (가창 및 앞서 논의한 복지에 대한 최근 연구에서 살펴본 바와 같이) 개입(중개)으로서의 음악에 대한 것이다. 사회 연구에서 음악을 포함하는 이와 같은 경우들이 모두 ABR로 간주되는 것은 아니다. 그러나 이들은 예술기반 실행을 위한 시사점을 제공한다. 전자(내용 분석)는 음악에서의 의미 만들기에 중점을 두고, 후자는 '음악 듣기' 및 '청중 또는 연구 참여자들에 대한 음악 만들기'에 중점을 둔다. 음악 만들기에 필요하거나 핵심이라고 여겨지는 훈련이라는 것이 이러한 예술 장르(음악)가 ABR에서 불완전하게 구현되는 이유를 설명해 주기도 하지만, 음악 기반 연구 실행을 창조하는 연구자도 있다.

Norma Daykin(2004)는 ABR에서 음악의 주요 세 가지 활용 방안은 재현(representation), 내러티브(narrative) 그리고 권한 부여(empowerment)라고 제안한다. 예술 기반 탐구에서, 무엇보다도 음악은 연구자들에게 음악이 아니면 그 밖의 다른 어떤 예술 장르를 통해서는 접근할 수 없는 것을 재현하는 방식을 제안한다. Daykin은 "연구자에게 문제는 직선적 형식에서 복잡한 논의들을 그려내는 것이다. 음악에서는 그러한 문제들이 오케스트라의 원리를 통해서 조정되고, 음악은 다른 어떤 재현적 형식들보다 가장 복잡한 정도를 포괄할 수 있다는 것은 틀림없다. 이러한 관점에서 방법론으로서 음악은 연구자들이 다른 형식의 장르에서는 소통될 수 없는 의미의 다의성, 중층적 의미들을 이해하고 표현하도록 한다."(Bakan, 2013, p. 6)라고 기술한다. 가사의 '질감적(textual)' 측면은 산문과는 다른 차원에서 소통될 수 있다. 가사에서 단어들은 시간의 흐름에 따라 전개되고 다양하고 은유적인 의미를 띠게 된다(Bakan, 2013; Bresler, 20087; Neilsen, 2008). 이러한 맥락에서 Bakan은 "내가 그것을 말할 수 있다면, 그것을 노래할 필요는 없을 것이다."(p. 6)라고 말하면서 많은 가수에게 반향을 일으켰다.

■ 연구자들은 어떠한 음악기반 방법론을 발전시키는가?

음악적 묘사, 소리 분석 그리고 공연 콜라주

질적 연구를 위한 하나의 모델로서 음악의 흥미로운 각색과 명확한 확장을 보여 주는 Terry Jenoure(2002)의 작품 〈성전을 휩쓸고(Sweeping the Temple)〉에서 그녀는 두 가지의 음악기반 연구방법을 개발하였다. 첫 번째 방법은 음악적 생생한 묘사(musical portraiture)로 부르는 것인데, 음악적 구조를 활용하여 데이터를 코딩하는 과정으로서, 소위 '재즈의 리프(jazz riffs: 반복 음절)'에 비유한 소리의 내러티브이다. 두 번째의 방법은 **공연 콜라주**(performance collage)로, 음악 공연에서 구현되는 데이터를 음악적으로 코딩하고 기술하는 과정을 의미한다. 그녀는 이 두 가지의 음악기반 방법들에 묘사(portraiture)와 공연 콜라주(performance collage)로 제목을 붙였으나, 이들 두 가지 방법 및 이와 관련된 접근을 활용하는 연구자들은 '소리의 해석 스키마(sonic interpretation schema), 다차원적 소리 공연(multidimensional sonic performance), 음악적 콜라주(musical collage), 음악적 태피스트리(musical tapestry), 소리 연구 기술(sonic research writing), 소리 내러티브 기술(sonic narrative writing)'이라는 용어들을 고려할 수 있을 것이다.

ABR의 선두에 있는 많은 연구자처럼 Jenoure의 방법론적 혁신은 전통적 방법론을 적용한 프로젝트가 미완료된 느낌을 준다는 것을 인식하면서 개발되었다. 또한 그러한 프로젝트는 개인적 영역과 전문적 영역이 복잡하게 교차하는 지점에서 모습을 드러낸다. Jenoure는 역사적으로 백인 전통의 대학에서 아프리카계 미국인 예술가들에 대한 저서를 쓴 사회학자이며 음악가이다. 이 시기에 그녀의 가장 친한 친구이자 20년 지기의 예술적 협력자, 무용수인 Patti는 유방암 진단을 받았다. Patti는 그 저서의 면담 대상자 중 한 명이었고, 말기 단계에서 하나의 면담 세션을 비디오로 기록하는 데 동의하였다. Patti는 2년 동안 병마와 싸우다 세상을 떠났다. Jenoure는 인터뷰 데이터를 기초로, 네 개의 '초상' 중 하나로서 그녀의 소중한 친구를 그린 책을 출간하였다.

Jenoure가 자신의 저서에서 활용한 초상 기법은 음악적 기술과 연구 기술을 동시에 적용한 것으로서 분석, 해석 그리고 기술에 대한 예술적 접근을 통해 구현되었다. 데이터 검토과정에서 Jenoure는 가상으로 '자동적인' 기술 방식으로 특별한 종류의 논평을 일렬로 나열하기 시작했다. 이러한 기법이 질적 연구자에게는 평범하게 보일지 모르지만, Jenoure의 예술성은 이러한 과정에서 음악성을 발견했다. 그녀는 "나는 그녀와 일련의 짧은 대화를 나누었던 것을 깨달았다. 나는 소리를 구성하고 있었다. 나는 곡을 만들고 머릿속에서 그것을 들을 수 있었고 그 곡은 나름대로 완벽한 듯했다. 무엇보다도 나 자신과 같은 느낌이었다."(2002, p. 77)라고 기술하였다.

이렇게 연구과정 중에 떠오르는 방법을 활용하면서, Jenoure는 인터뷰 데이터를 바탕으로 "특성"을 창조했고, 긴장, 질감(텍스처), 색, 리듬, 명암, 휴지, 속도 등과 같은 이슈에 집중하게 되었다(2002, p. 77). 음악의 이러한 특성들은 은유와 Bresler가 기술했던 개념적 범주를 훨씬 확장시켰다. 그리고 이들은 데이터의 음악성을 구현하는 질적 성격의 조각들을 조직하고 기술하는 방식이 되었다. 이러한 과정을 통해 Jenoure는 "정적" "비명" "드럼 소리" "심벌즈의 굉음"을 창조했다(p. 77).

혁신적 방법을 활용해서 연구할 때 종종 그런 경우가 있듯이, 예상치 못했던 이슈들이 그 과정에서 새롭게 나타난다. 이런 경우에 Jenoure는 작업에 대한 윤리적 측면에서 함축적인 의미에 대해서 철저하게 숙고한다. 그녀가 분석을 통해 산출했던 소리 형식은 그녀의 연구 참여자들이 실제로는 일어나지 않았던 대화 상황에 출연한 듯한 느낌을 갖게 한다. 그녀는 누군가의 말을 개조하는 것을 좋아하지 않기 때문에 착실하게 연구를 진행하면서 면담자 입장에서의 그녀 자신의 목소리를 포함시켰다.

이러한 전체 분석과정을 통해 Jenoure는 재즈라는 즉흥연주의 언어에서 빌려 온 리프(반복 악절)를 탄생시켰고, 자신의 저서에 포함시켰다(2002, p. 78). 그녀는 재즈에서 리프는 "음악적 아이디어에 간간이 구두점을 찍는 데" 사용된다고 한다. 이러한 개념적 분석 틀을 기반으로, 강렬한 '리프들'은 이 책 전반에 걸쳐 섞여 구성되었다.

그녀 작품 속에 음악성을 성공적으로 불어넣었음에도 불구하고, 비탄에 빠트린 친구의 죽음으로 그녀는 프로젝트의 완성이 만족스럽지 않게 느껴졌다. 그녀는 Patti의 이야기와 그들의 우정과 협업이 모노그래프 속에서 충분히 설명되지 못했다고 느꼈다. 또한 그녀 저서의 주인공—학문적, 예술적으로 삶을 균형 있게 살아온 사람들과의 인터뷰—은 특히 공연 2년 후에 Jenoure의 프로젝트에서 '외부자'로서 느끼게 했다. 그녀 작업의 음악적 요소는 여전히 그녀를 '연구자'의 역할에 머무르게 했으며, 많은 예술기반 연구자가 그런 것처럼, 그녀는 아직 실현되지 못한 예술적 정체성을 유지하고 있었다. Jenoure는 다음과 같이 기술한다. "예술가로서의 나의 자아는 내가 음악적 금욕의 길고 건조한 시기를 겪게 되면, 콘서트에서 나의 동료들에게 귀 기울이게 하여 뻣뻣하고 긴장되고 겁먹은 나와 무대에 서서 영혼이 충만한 신체, 날개 그리고 모든 것에 의해 조명받게 되는 그들을 느낀다. 그러한 순간들 속에서, 나는 슬프고, 기쁘고, 좌절하고, 영감이 고취되고, 침울해지고, 활기 넘치고, 동시에 혼란스럽다."(2002, p. 76) 이 분야에서 Jenoure의 솔직함은 매우 관대하고 중요하다고 생각한다. ABR을 실행하는 많은 연구자는 예술적 정체성을 활용한다. 질적 연구에 대한 관습적인 접근을 포함한 전통적이고 표준화된 과학적 방법들은 출판 가능한 저서를 산출해서 정규 교수로서의 승진, 자금 지원 등을 위해 종종 예술 연구자들로 하여금 그들의 정체성의 일부를 부인하도록 만든다. ABR이 타당성을 추구하는 과학적 연구의 범주를 확장시킴에 따라, 학문과 예술적 삶의 균형을 맞추기 위해 애쓰는 연구자들이 좀 더 편안하게 시간을 보내도록 한다. Jenoure의 바람과는 달리, 공연 요소의 부재로 인해 작품의 차원이 과소평가되었다. 그녀는 그녀의 삶의 다른 부분들을 통합하여 이 작품을 완성해야 한다고 느꼈고, Patti의 미완성된 이야기는 그것을 위한 자료를 제공했다.

Jenoure는 자신의 자전적 기술의 데이터뿐만 아니라, 다시 Patti의 미완성된 이야기로 돌아왔고, 그녀는 두 개의 주요 데이터 그룹—Patti의 이야기와 그녀의 시들—을 확보하고 있음을 발견했다. 그 데이터로부터 Jenoure는 녹음된 것과 라이브를 발췌—'깊이'와 '반향'을 창조하기 위해서 이 두 가지의 의도적인 혼합—해서 하나의 뮤지컬 공연을 구성했다. 구어체로 된 산문은 시를 라이브로 부르는 동안 녹음하여 깔았다. 리듬을 형성하기 위해 반복적인 문구들도 활용되었다.

Jenoure의 연구는 그녀의 목표에 비해 매우 성공적이었다. 그녀는 두 가지의 음악기반 방법을 효과적으로 개발했다. 문장기반 연구방법과 공연기반 연구방법이 그것이다. 전자의 경우, Jenoure가 창조한 소리의 초상화는 음악기반 연구방법의 혁신뿐만 아니라 내러티브 분석에 대한 우리의 이해를 높여 실행으로 이끄는 잠재력이 내재되어 있다. 후자의 방법은 다음 장에서 검토한 춤과 드라마 형식 외에 재현을 위한 구현방법을 추가로 제시한다.

이러한 연구를 위한 다른 가능성을 상상해 보자. 예를 들어, 예전에 재즈 클럽에서 일했던 뉴올리언즈 허리케인 카트리나 생존자들과의 인터뷰 프로젝트를 생각해보자. Jenoure가 〈성전을 휩쓸고〉에서 사용한 방법을 적용하여 인터뷰 전사 자료—Jenoure의 연구의 경우에서와 같이 연구자의 목소리가 아니라 라이브 또는 녹음된 재즈 음악으로 압축된, 하나의 소리의 대화로 엮인 인터뷰 전사 자료—를 분석하고 해석하는 것을 상상해 보자. 연구의 목적과 맥락에 따라 행사 후의 오디오 뉴스 보도는 음악 콜라주에 포함될 수 있다. 그러한 가능성은 열려 있다.

연구로서 음악 작곡과 노래를 구성하는 것

악보와 노래는 탐구 행위 또는 재현의 형태로 창조된다. 연구의 한 부분으로서 음악 창조의 훌륭한 사례는 창의성에 대한 아이디어를 탐색하고 그러한 아이디어가 음악가의 정체성에 어떠한 영향을 미치는지에 대해 다방법론을 적용한 Norma Daykin의 연구(2004)에서 찾을 수 있다. 창의성은 사회적 차원의 성격을 지니지만, 개인적 차원의 논의의 한 부분이기도 하다. 그녀의 연구에서 연구 참여자들은 음악 작품을 만들었다. Daykin은 13명의 프리랜서 음악가를 인터뷰하고, 질병과 같은 심각한 혼란에 대응하여 재협상할 때 창의성의 이념에 대해 탐색하기 위해 내러티브 분석을 사용했다. 창의적 정체성이라는 개인의 감각에 영향을 미치는 것이 '핵심 창의성 내러티브'이고, 그녀는 혼란이 발생될 때마다 이러한 핵심 창의성 내러티브가 도전받았다는 사실을 발견했다. 내러티브 분석에서 핵심적 은유가 나타났다. 연구 결과를 기반으로, 그녀의 연구에 두 번째 단계를 추가했다. 그녀는 다음과 같이 두 번째 단계에 대해 설명한다.

이야기가 전개되면서 특정 소리의 세계 속에 각자 존재한다는 것이 명확해졌다. 예를 들어, 사람들이 그들의 악기 기술(instrumental technique)의 변화 또는 때때로 어려운 상황에 의해 강요되었던 공연에 대한 접근법의 변화를 설명할 때, 새로운 연주(playing) 방식이나 기술(writing) 방식뿐만 아니라 음악의 특정 형식에 대한 미학적 재평가도 실시한다. 이러한 소리의 세계에 대한 평가는 특정 이야기에 주의를 기울이는 것에 있어 중요한 차원으로 보인다. 따라서 연구의 두 번째 단계는 분명하게 이러한 소리의 세계에 중점을 두며, 재현적 장치 그리고 새로운 통찰을 발생시키는 수단으로서 그들의 영향을 탐색한다. 각 참가자는 연구 인터뷰에서 나오는 주제의 맥락 속에서 그들에게 의미 있는 특별한 음악을 제공하도록 초대받는다. 인터뷰 과정은 이러한 의미를 논의하기 위해 확장되고, 그러한 과정은 연구가 공유되고 각각의 새로운 청중이 소리라는 매개체를 통해서 부분적으로 도움을 받으며 연구의 주제에 대해 고려하면서 진행된다.

Daykin은 궁극적으로 두 번째 단계가 재현적일 뿐만 아니라 음악가들은 그들이 창조한 음악에 기초해서 새로운 의미를 발전시켰으며, 프로젝트의 음악 창작의 단계를 통해 새로운 통찰과 이해를 얻게 되었다는 것을 발견했다.

노래 역시 연구로 구성될 수 있다. Danny Bakan(2013)은 예술기술법(a/r/tographical) 탐구의 한 분야로서 노래의 제목을 〈노래의 아름다움(The Beauty of Song)〉이라고 썼다. 노래 자체는 그가 예술가부터 연구자의 역할까지 이행해 가는 학문적 과정에서의 "하나의 전환─ABR 과정의 한 부분으로서 이해하기 위해 중요한 전환─적 순환의 순간"을 기록한다(p. 4). 노래는 예술가─연구자─교사의 역할 경계를 흐릿하게 만드는 것을 보여 준다. 그것은 슬픔에 잠긴 아들(그는 그의 어머니의 죽음 직후 그 노래를 썼다)로서뿐만 아니라 새로운 학자로서의 Bakan의 여정에 대한 개인적 노래이기도 하지만, 또한 이론에 관한 노래이기도 하다. 이러한 맥락에서, 그의 탐구과정은 그의 슬픔의 과정에 대한 자전적 성찰과 ABR의 이론과 철학을 포함한다. 그는 다음과 같이 기술한다. "'노래의 아름다움'은 이론에 대한 자전적 기술을 한 노래이지만…… 아토그래피(a/r/tography)로서 노래에 대해 노래한 것이다." (p. 60) 연구과정에서 Bakan은 그 노래의 '탄생'을 비디오로 기록했다. 그 노래가 당시 완전하고 완벽한 예술적 재현은 아니었지만, 그의 연구과정을 보여 주는 '현장 노트'로서 비디오를 개념화하였다. 여기서 우리는 질적 연구의 언어와 실행이 어떻게 음악을 '연구'로서 보여 줄 수 있는지, 그리고 Bresler가 제안했던 음악성이 질적 연구에 어떻게 적용될 수 있는지를 알 수 있다.

Bakan은 노래를 작곡하는 동안 ABR 참여자들인 자신의 청중에 대해서 두 가지의 방식으로 생각했다. 첫째, 그가 노래를 만들었을 때 어떤 언어가 그 집단에 반향을 일으킬 수 있을 지에 대해서 생각했다. 여기서 우리는 ABR의 중요한 트렌드—연구과정에서 청중의 논쟁거리에 대해 생각하기—를 찾아볼 수 있다. 예를 들어, 의도된 청중에게 의미 있어 보이는 언어에 대한 Bakan의 고려는 연구자가 의도하는 청중에게 다가가기 위해 허구기반 연구에서 적합한 장르를 선택하는 것에 비유될 수 있다. 둘째, 그는 청중의 참여를 고려하고 합창에 따라 부르기 위해 청중을 위한 노래[합창: 음악에서 '후크(hook)'라고도 불린다]를 기획했다. 이러한 기술은 음악이 참여적 학습 그리고 참여자 또는 청중의 관여를 유발하기 위해 어떻게 연구에 활용될 수 있는지에 대한 많은 생각을 제안한다. 예를 들어, 기억하기 쉬운 합창처럼 머릿속에서 떠나지 않는 지식이 가진 함의(含意)뿐만 아니라 청중이 사용하는 지식에 따라 노래 부르는 것의 잠재성에 대해서도 생각해 보라.

자전적 기술 연구로서의 음악

Bakan의 연구에서 본 바와 같이, 음악은 자전적 기술 연구에서 활용될 수 있다. Bartleet와 Ellis(2009)는 음악과 자전적 기술 간의 관계 및 음악의 방법론적 가능성에 대해 면밀하게 기술했다. 그들은 음악과 자전적 기술 간의 공통점으로 "청중들이 반응하고, 성찰하고, 많은 경우에는 화답하도록 촉발하는 매력적인 개인적 이야기로 소통하는 기대감"을 들었다(p. 8). 그들은 또한 음악가와 자전적 기술학자의 과정은 "의식의 서로 다른 층위에 있는" 영감과 감동을 유발하는 다양한 자원을 활용하면서 "창조, 반성 그리고 정련의 순환"을 포함한다는 점에서 많은 유사성을 갖는다고 언급하였다(pp. 8-9).

이러한 작업의 훌륭한 사례는 Mirsolav Pavle Manovski의 연구에서 찾아볼 수 있다. 이 연구는 미국교육연구협회(American Educational Research Association)의 예술 기반 교육 연구 특별 관심 그룹이 선정하는 명망 있는 2013년 우수 박사 논문상을 수상했다. Manovski의 연구는 가수이자 음악 교육가가 되어 가는 그의 여정과 조롱과 소외, 괴롭힘을 당하고 동성애자라고 불리는 개인적 경험에 대한 멀티미디어 자전적 기술이다. Manovski는 데이터로서 활용될 그가 쓴 자전적 스토리에 맞춰 삶 전체를 노래하여 기록한 것뿐만 아니라, 그 외 수업에 대한 기록을 전사하고 분석하였다. 이러한 과정을 거치면서, 그는 가수로서, 음악가로서, 음악을 배우는 학습자로서, 음악 교육가로서 그리고 인간으로서 자신의 삶의 재미있는 순간을 정리하고 맥락화하며 반성할 수 있었다. 많은 사진을 담고 있는 그의 멀티미디어 프로젝트는 2014년도에 출간되었다.

특별한 고려사항

음악 분야에서 예술기반 실행(arts-based practices)을 위한 새로운 길을 열고 있는 연구자들은 훈련된 음악가임을 인정하는 것이 중요하다. 초보자들은 일상적으로 이 책에서 검토된 많은 접근으로 실험을 하지만, 연구로서 음악을 활용하는 경우는 많지 않다. 그 이유는 악기를 연주하고 곡을 쓰는 것은 훈련이 필요하다는 것을 의미한다. 많은 사람이 노래를 부르는 것을 샤워하는 것처럼 즐기지만, 일반적으로 노래를 잘 부르는 것은 경험과 교육을 요한다. 하나의 음표가 음악의 언어로 쓰이는 것처럼, 음악을 쓰고 읽는 것은 지도 없이는 불가능하다. 음악에 대한 훈련을 받은 사람들이나 그러한 훈련을 추구하는 사람들을 위해, 나는 이 장에서 소개한 몇 가지의 연구 사례가 도움이 되기를 기대한다. 그러나 초보자에게조차 음악을 연구로서 간주하도록 만드는 많은 요인이 있다고 생각된다.

비음악가가 음악 산문으로 연구하기 위해서는 여러 도전이 있겠지만, 우리는 음악을 들었던 많은 경험이 있다. 음악 또는 음악성을 ABR에 담아낼 수 있는 최소한의 몇 가지 방식이 있다. 첫째, 당신은 인터뷰 전사물 또는 문화기술지에서 작성하는 현장 노트와 같은 질적 데이터를 포함하는 연구 프로젝트에 대한 Bresler(2005)의 사고를 적용함으로써 음악적으로 생각하는 법을 배울 수 있다. 둘째, 당신은 공동 연구자로서 음악가들과 협업할 수 있다. 많은 예술기반 연구자들은 그들이 기초 학문적 프로젝트를 수행하기 위해 다른 사람의 전문성을 추구한다(Leavy, 2011). 셋째, 당신은 참가자들이 연구의 한 부분으로서 음악을 창조하도록 할 수 있다. 이것은 Daykin(2004)의 연구에서처럼 훈련된 음악가를 포함한다. 그러나 창의적 예술치료사는 비음악가와 함께 종종 음악적 소리를 창조하는 것을 기억하라.

결국 가장 중요한 것은 음악은 당신의 삶 속에 있는 것과 다름없고, 음악은 적어도 당신의 사고 안으로 스며들 수 있다는 것이다. 음악가이든 아니든 이것을 생각하라. 당신은 오늘 시계의 알람, iPod, 차 안의 라디오 또는 그 밖의 다른 곳에서 이미 음악을 듣지 않았는가?

고려사항 점검표

당신의 연구에 음악을 사용하고자 할 때 다음을 고려하시오.

✓ 연구의 목적은 무엇이며, 이 토픽을 조명하기 위해 음악은 매개체로서 어떻게 기여할 수 있는가?

✓ 내가 생각하는 음악의 개념은 어떤 것인가? 이 연구에서 음악은 문장으로서, 사물로서, 신호 시스템으로서, 행위로서, 또는 이들의 조합으로서 개념화되는가? 나는 명료화를 위해 음악의 질적 형식, 음악 자체, 혹은 둘 다에 관심을 가지고 있는가?

✓ 음악적 데이터는 어떤 형식에 포함될 수 있는가? 예를 들어, 구성, 음표, 노랫말 등의 형식 속에 데이터가 존재하는가? 또는 나는 음악의 행위적이고 청취할 수 있는 특성을 좋아하는가? 후자의 경우, 라이브 공연은 기록될 것인가? 또는 오디오 테이프가 활용될 것인가? 물리적 공연은 데이터로 기여할 것인가? 아니면 음악 그 자체만이 기여할 것인가?

✓ 분석 전략이란 무엇인가? 예를 들어, 음악만 따로 분석될 것인가? 데이터는 음악 공연에 대한 사람들의 주관적 경험에 대해 인터뷰나 다른 방법을 통해서 수집될 것인가? 후자의 경우, 나는 연구 참여자로부터 무엇을 알게 되기를 원하는가? (예: 그들이 음악의 의미를 창조하는 과정, 그들의 정체성의 협상, 저항이나 공동체 구축에 대한 경험, 공연의 초월적 특성들)

✓ 질적 연구를 수행하기 위한 모델로서 음악을 활용한다면, 나는 관찰과 인터뷰를 통해 강약법, 질감, 조화에 관심을 가질 것인가? 형태에 대한 나의 이해는 나의 글쓰기 과정에 어떻게 영향을 줄 것인가? 나는 차이와 다양성의 논쟁거리에 주의를 기울이기 위해서 이러한 원리들을 채택할 것인가? 어떠한 유형 또는 형태가 나의 글쓰기/재현에 적합할 것인가?

결론

음악은 아직 사회 연구에서 충분히 활용되지 않고 있지만, 나는 이 장에서 제시한 개관이 음악기반 방법론의 독특한 가능성을 탐구하는 데 관심이 있는 사람들에게 영감을 줄 수 있기를 기대한다.

토론 문제 및 활동

1. 음악이 표현될 때 무엇이 일어나는가? 음악 공연은 청중뿐만 아니라 음악을 어떻게 창조하고 변형시키는가? 사회적 저항을 위해 어떠한 가능성이 음악 공연을 통해서 나타나는가? 음악을 만들고 듣는 것이 구현된 활동들이라고 제안하는 것은 무엇을 의미하는가?

2. 여기 당신이 음악 데이터를 분석하는 것을 돕는 연습이 있다. 이것은 파트너와 함께 또는 혼자서 실행할 수 있다. 우선, 음악 장르를 선택하라(랩, 헤비메탈, 포크 뮤직, 발라드 등). 그리고 사전에 선택된 노래의 수(6~8개의 노래)대로 샘플을 추출하라. 분석 전략을 발전시켜라. 당신이 선택한 장르에서 당신이 관심 있는 것(성별, 권력, 정체성, 성적 취향, 낭만적 사랑 등)의 재현은 무엇인가? 당신이 선택한 샘플에 특별한 관심이 없다면, 주제들이 귀납적으로 나타나도록 하라. 다음에는 당신

의 인상. 주제. 주요어 그리고 소리에 대해 메모 노트를 작성하면서 그 노래 전체를 다 듣도록 해 보자. 노래들 간에 나타날 수 있는 유사성과 차이에 대해 기술하라. 그다음 분석 단위(음악의 부분 또는 음악 전체 등)를 결정하고 코드의 범주를 개발하여 보다 체계적인 분석을 진행하라. 분석을 지속하라. 마지막으로. 작은 코드들이 하위에 배치되는 메타 코드(주요 주제들)를 발전시켜라. 이러한 과정을 통해 소리. 노랫말과 함께 유지. 숨쉬기. 조성 등에 주의를 기울여라. 이러한 연습은 당신에게 청각적 데이터를 분석하는 실질적인 경험—코딩 절차를 발전시키는 것을 포함하여—을 제공할 뿐만 아니라. 주의 깊게 듣도록 연습하는 것을 돕는다.

3. 하나의 인터뷰 전사 자료를 선택하고 음색. 멜로디. 강약. 리듬과 같은 주요 음악적 차원을 그 전사 자료 안에서 찾아보라. 이러한 종류의 전사 자료에 대한 '주의 깊게 듣기'가 당신의 이해에 어떻게 영향을 미치는지에 대해 메모 노트에 기술하라.

추천 도서

Bartleet, B., & Ellis, C. (2009). *Music authethnographies: Making autoethnography sing/ making music personal*. Samford Valley, QLD: Australian Academic Press.

음악과 자문화기술지 통합의 가능성에 대한 편저의 모음집. 이 책은 네 개의 주제를 중심으로 조직된 16명의 기고자의 장으로 구성되었고, 편집자들이 작성한 탄탄한 서문을 포함한다. 작곡과 즉흥연주, 해석하기와 공연하기, 학습과 교수 그리고 정체성과 간문화적 맥락에 대한 연구이다.

Bowman, W., & Frega, A. L. (2012). *The Oxford handbook of philosophy in music education*. New York: Oxford University Press.

음악 교육가가 당면한 일상적인 관심사에 대한 국제적 학자 그룹의 연구물을 총망라한 모음집. 철학이 음악교육의 일상적이고 전문적인 삶을 살아가는 방법을 제공하고, 비판적 탐구가 수업 실천을 향상시키고, 풍부하게 하고, 변화시킨다는 것을 검증하고 있다.

Manovski, M. P. (2014). *Arts-based research, autoethnography, and music education: Singing through a culture of marginalization*. Rotterdam, The Netherlands: Sense Publishers.

이 책의 초판은 2013년 예술기반 교육 연구에서 미국교육연구협회 우수 박사 논문상을 수상하였다. 이 책은 사진들이 실려 있는 자문화기술지와 정체성, 음악, 성적 취향에 대한 장편 ABR이다. 이 책은 조롱당하고 '동성애자'로 놀림당한 저자의 경험과 음악가로서 그리고 음악 교육가로서의 성장을 탐색한다.

McPherson, G. E., & Welch, G. F. (2012). *The Oxford handbook of music education* (Vols. 1 & 2). New York: Oxford University Press.

『옥스퍼드 음악교육 핸드북(The Oxford Handbook of Music Education)』은 맥락의 다양성과 관련지어 음악적 경험, 행위, 발전의 많은 파편에 대한 광범위한 개관을 제공한다. 국제적 기고자들 명단은 음악적 학습과 교수와 연계된 주요 이슈와 개념에 대해 논의한다.

관련 웹사이트와 저널

Journal of aesthetic education

    www.press.uillinois.edu/journals/jae.html

『미학교육저널(Journal of aesthetic education)』은 철학적 미학교육, 커뮤니케이션 매체, 환경 미학 등 다양한 관점에서 논문을 게재하는 공동 전문가 심사 저널이다.

Popular Music and Society

    www.tandf.co.uk/journals/titles/03007766.html

『대중음악과 사회(Popular Music and Society)』는 사회적 또는 역사적 관점에서 다양한 음악 장르에 대한 검토문과 논문을 출판하는 공동 전문가 심사 저널이다. 논문은 이론적이거나 실험적일 수 있다. 이 저널은 문화 연구의 배경을 가진 학자뿐만 아니라 사회학자를 위한 매우 유익한 자원이다.

Research studies in Music Education

    www.rsme.callaway.uwa.edu.au/home

『음악교육 논총(Research Studies in Music Education)』은 음악교육에서 활용되는 연구 방법론에 대한 논문을 출간하는 공동 전문가 심사 저널이다. 이 저널은 특히 연구방법론뿐만 아니라 음악교육을 전공한 연구자에게 매우 적합하다.

UNESCO Multi-Disciplinary Research in the Arts

　　www.web.education.unimelb.edu.au/UNESCO/ejournal/index.html

　　『유네스코 다학문적 예술 연구(UNESCO Multi-Disciplinary Research in the Arts)』는 공개적으로 열람할 수 있으며, 음악과 아토그래피 또는 ABR에 대해 광범위하게 출판하는 전자 공동 전문가 심사 저널이다.

Music Education Research

　　www.tandf.co.uk/journals/titles/14613808.asp

　　『음악교육 연구(Music Education Research)』는 음악교육 분야의 논문을 출판하는 공동 전문가 심사 저널이다. 논문 제출자는 연구 분석과 방법론적 이슈들에 대해 철학적·사회학적, 비교 연구 또는 심리학적 관점에서의 접근을 하는 것이 필요하다.

Ethnomusicology

　　www.press.uillinois.edu/journals/ethno.html

　　『민족음악학(Ethnomusicology)』은 민족음악학을 위한 사회(Society for Ethnomusicology)의 공식 저널이다. 논문들은 민족음악학과 관련 분야에서 최근 동향의 이론적 작업과 실험적 연구들을 반영한다. 이 저널은 음악가, 음악학자, 민속학자, 대중문화학자 그리고 문화적 인류학자 등 다양한 독자들의 접근이 가능하다. 그리고 이 저널은 책, 레코드, 영화 논평과 함께 최근 동향의 참고서적, 디스코그래피 그리고 영화그래피 등을 출판한다.

Music Perception

　　ucpressjournals.com/journal.asp?jIssn=0730-7829

　　『음악 인식(Music Perception)』은 논평 이외에도 실험적·이론적·방법론적 논문을 출판하는 공동 전문가 심사 저널이다. 학문 분야의 범주는 심리학, 정신물리학, 언어학, 신경학, 신경생리학, 인공지능, 컴퓨터 테크놀로지, 신체적·건축학적 음향, 그리고 음악 이론 등을 포함한다.

International Journal of Community Music

　　www.intljcm.com/index.html

『국제 공동체 음악 저널(International Journal of Community Music)』은 공동체 음악과 관련된 연구 논문, 실제 토론 내용, 논평, 독자 노트, 그리고 특별한 이슈 등을 게재하는 공동 전문가 심사 저널이다.

Studies in Musical Theatre

www.intellectbooks.co.uk/journals.php?issn=17503159

『뮤지컬 연극 연구(Studies in Musical Theatre)』는 연극 공연과 연계하여 성악과 기악을 사용하는 라이브 공연에 대한 논문을 게재하는 공동 전문가 심사 저널이다. 오페라, 음악 연극 또는 뮤지컬 연극, 배우의 음악적 기교, 뮤지컬 연극을 위한 공연자들의 훈련, 말과 음악, '순수' 연극 내에서의 노래라는 언어의 융합, 준언어학과 노래 속 음악의 수사적 표현, 뮤지컬 연극에서 예술과 오락의 경계의 협상, 뮤지컬 연극의 학문적 연구 등 현장의 다양한 측면이 고려된다. 저서에 대한 논평도 게재되어 있다.

미주

1. 예를 들어, '영국식 방그라'라고 부르는 영국의 도시 뮤지컬 장르가 출현했고, 현재는 대중음악으로 자리 잡았다. 이 음악은 편잡 사람들의 전통 음악 요소들이 결합된 것이다. 편잡 지방은 파키스탄과 인도에 걸쳐 다양하고 광범위한 국경을 따라 위치하고 있으며, 흑인 음악 장르와 영국의 팝 음악이 혼합된 대중음악이다(Dudrah, 2002, p. 363). 영국식 방그라는 편잡의 가사, 인도의 드럼 비트, 편잡의 드럼, 흑인 음악 장르 그리고 영국의 팝 등을 혼합한다(p. 363). 이러한 음악의 혼합 장르 및 그것의 영국의 주류 음악 장르로의 수용은 예술에 관련된 폭넓은 이슈, 문화적 세계화의 과정, 영국 국적의 남아시아 청중의 정체성 협상 등의 문제들을 거론한다. Rajinder Dudrah(2002)에 따르면, 이러한 음악 형식에는 성별, 계층/카스트 제도의 함축이 담겨 있으며 청중에게 그들만의 의미를 창조할 수 있는 공간을 부여함으로써 정체성 이슈의 범주에 대해 이야기한다.
2. 몇몇의 ABR 실천가/시적 탐구자가 구어체로 공연하는 것은 주목할 만하다.

참고문헌

Adorno, T. (1984). *Aesthetic theory* (C. Lendhardt, Trans; G. Adorno & R. Tiedemann, Eds.). London: Routledge.

Anderson, W. M., Jr. (1974, Autumn). World music in American education. *Contributions to Music Education*, pp. 23-42.

Attali, J. (1985). *Noise: The political economy of music* (B. Massumi, Trans.). Minneapolis: University of Minnesota Press.

Bakan, D. (2013). This is the beauty: Song as a/r/tographical exploration. *UNESCO Observatory Multi-Disciplinary Journal in the Arts, 3*(2). Available at *web.education. unimelb.edu.au/UNESCO/pdfs/ejournals/vol3iss2_2013/003_BAKAN_PAPER.pdf.*

Bartleet, B., & Ellis, C. (2009). Introduction. In B. Bartleet & C. Ellis (Eds.), *Music autoethnographies: Making autoethnography sing/making music personal* (pp. 1-20). Samford Valley, Queensland: Australian Academic Press.

Bhabha, H. (1993). Culture's in between. *Artform International, 32*(1), 167-171.

Blaukopf, K. (1992). *Musical life in a changing society* (rev. ed.) (D. Marinelli, Trans.). Portland, OR: Amadeus Press.

Bordo, S. (1993). *Unbearable weight: Feminism, Western culture, and the body.* Berkeley: University of California Press.

Bresler, L. (2005). What musicianship can teach educational research. *Music Education Research, 7*(2), 169-183.

Bresler, L. (2008). The music lesson. In J. G. Knowles & A. L. Cole (Eds.), *Handbook of the arts in qualitative social science research* (pp. 225-238). Thousand Oaks, CA: Sage.

Bresler, L., & Stake, R. E. (1992). Qualitative research methodology in music education. In R. Colwell (Ed.), *Handbook of music teaching and learning* (pp. 75-90). New York: Schirmer Books.

Butler, J. P. (1993). *Bodies that matter: On the discursive limits of sex.* London: Routledge.

Carrigan, N. (2003). Muscianship in the 21st century: Issues, trends and possibilities. In

S. Leong (Ed.), *Thinking about music: For a construction of meaning* (pp. 39–50). Sydney: Australian Music Centre.

Clift, S., Nicol, J., Raisbeck, M., Whitmore, C., & Morrison, I. (2010). Group singing, wellbeing and health: A systematic mapping of research evidence. *Multi-Disciplinary Research in the Arts: e-JOURNAL, 2*(1). Available at *http://web.education.unimelb. edu.au/UNESCO/pdfs/ejournals/clift-paper.pdf*.

Conquergood, D. (1985). Performing as a moral act: Ethical dimensions of the ethnography of performance. *Text and Performance Quarterly, 5*(2), 1–13.

Davis, C. S., & Ellis, C. (2008). Emergent methods in autoethnographic research: Autoethnographic narrative and the multiethnographic turn. In S. N. Hesse-Biber & P. Leavy (Eds.), *Handbook of emergent methods* (pp. 283–302). New York: Guilford Press.

Daykin, N. (2004). The role of music in arts-based qualitative inquiry. *International Journal of Qualitative Methods, 3*(2), Article 3, 36–44. Retrieved from *www.ualberta. ca/~iiqm/backissues/3_2/pdf/daykin.pdf*.

DeNora, T. (2000). Music in everyday life. Cambridge, UK: Cambridge University Press.

Dore, C., Gillett, S., & Pascal, J. (2010). Community singing and social work: A new partnership. *Multi-Disciplinary Research in the Arts: e-JOURNAL, 2*(1). Available at *http://web.education.unimelb.edu.au/UNESCO/pdfs/ejournals/dore-paper.pdf*.

Dudrah, R. K. (2002). British bhangra music and diasporic South Asian identity information. *European Journal of Cultural Studies, 5*(3), 363–383.

Elliot, D. J. (1989). Key concepts in multicultural music education. *International Journal of Music Education, 13*, 11–18.

Gouzouasis, P. (2006). A/r/t/ography in music research: A reunification of musician, researcher, and teacher. *Arts and Learning Research Journal, 22*(1), 23–42.

Gouzouasis, P. (2013). Tonality as metaphor in music. *UNESCO Observatory E-Journal, 3*(2). Available at *http://web.education.unimelb.edu.au/UNESCO/pdfs/ejournals/ vol3iss2_2013/009_GOUZOUASIS_PAPER.pdf*.

Grossberg, M. (2005). Professor to present Korean narrative singing. *Columbus Dispatch,*

p. 3.

Grosz, E. (1994). *Volatile bodies: Toward a corporeal feminism*. Bloomington: Indiana University Press.

Hesse-Biber, S. (1996). *Am I thin enough yet: The cult of thinness and the commercialization of identity*. New York: Oxford University Press.

Hesse-Biber, S. (2006). *The cult of thinness*. New York: Oxford University Press.

Hesse-Biber, S., & Leavy, P. (2005). *The practice of qualitative research*. Thousand Oaks, CA: Sage.

Holman Jones, S. H. (2002). Emotional space: Performing the resistive possibilities of torch singing. *Qualitative Inquiry, 8*(6), 738-759.

Holman Jones, S. H. (2007). *Torch singing: Performing resistance and desire from Billie Holiday to Edith Piaf*. Walnut Creek, CA: AltaMira Press.

Holman Jones, S. H. (2009). Bye bye love. In B. Bartleet & C. Ellis (Eds.), *Music autoethnographies: Making autoethnography sing/making music personal* (pp. 87-100). Samford Valley, Queensland: Australian Academic Press.

Jenoure, T. (2002). "Sweeping the Temple": A performance collage. In C. Bagley & M. B. Cancienne (Eds.), *Dancing the data* (pp. 73-89). New York: Peter Lang.

Jordan, J. (1992). Multicultural music education in a pluralistic society. In R. Colwell (Ed.), *Handbook of research on music teaching and learning* (pp. 735-748). New York: Schirmer Books.

Leavy, P. (2011). *Essentials of transdisciplinary research: Using problem-centered methodologies*. Walnut Creek, CA: Left Coast Press.

Leavy, P., Gnong, A., & Sardi-Ross, L. (2009). Femininity, masculinity, and body image issues among college-age women: A multi-method interview study of mind-body dichotomy. *Qualitative Report, 14*(2), 261-292.

Malchiodi, C. A. (2005). Expressive therapies: History, theory and practice. In C. A. Malchiodi (Ed.), *Expressive therapies* (pp. 1-15). New York: Guilford Press.

Malchiodi, C. A. (2012). Art therapy and the brain. In C. A. Malchiodi (Ed.), *Handbook of art therapy* (2nd ed., pp. 7-26). New York: Guilford Press.

Manovski, M. P. (2014). *Arts-based research, autoethnography, and music education: Singing through a culture of marginalization*. Rotterdam, The Netherlands: Sense Publishers.

Merleau-Ponty, M. (1962). *Phenomenology of perception* (C. Smith, Trans.). London: Routledge & Kegan Paul.

Neilsen, L. (2008). Lyric inquiry. In J. G. Knowles & A. L. Cole (Eds.), *Handbook of the arts in qualitative social science research* (pp. 93-102). Thousand Oaks, CA: Sage.

Pillow, W. S. (2001). Exposed methodology: The body as a deconstructive practice. *International Journal of Qualitative Studies in Education, 10*(3), 349-363.

Regelski, T. A. (2008). Music education for a changing society published in German in *Diskussion Musikpadagogik, 38*(8), 34-42.

Rhodes, W. (1963). Musicology and musical performance (comments on Hood, "Musical Significance"). *Ethnomusicology, 7*(3), 198-200.

Richardson, C. P., & Whitaker, N. L. (1992). Critical thinking and music education. In R. Colwell (Ed.), *Handbook of research on music teaching and learning* (pp. 546-560). New York: Schirmer Books.

Riley, K., & Gridley, H. (2010). Harmony in the community: Group perspectives on the health benefits of singing. *Multi-Disciplinary Research in the Arts: e-JOURNAL, 2*(1). Available at *http://web.education.unimelb.edu.au/UNESCO/pdfs/ejournals/riley-paper.pdf*.

Slottje, E. (2010). The community choir. *Multi-Disciplinary Research in the* Arts: e-JOURNAL, 2(1). Available at *http://web.education.unimelb.edu.au/UNESCO/pdfs/ejournals/slottje-paper.pdf*.

Sprague, J., & Zimmerman, M. (1993). Overcoming dualisms: A feminist agenda for sociological method. In P. England (Ed.), *Theory on gender/feminism on theory*. New York: DeGruyter.

Spry, T. (2001). Performing autoethnography: An embodied methodological praxis. *Qualitative Inquiry, 7*(6), 706-732.

Stobin, M., & Titon, J. T. (1992). The music culture as a world of music. In J. T. Titon (Ed.), *Worlds of music: An introduction to the music of the world's peoples* (pp. 1-30).

New York: Schirmer Books.

Stubley, E. V. (1995). The performer, the score, the work: Musical performance and transactional reading. *Journal of Aesthetic Education, 29*(3), 55-69.

Stubley, E. V. (1998). Being in the body, being in the sound: A tale of modulating identities and lost potential. *Journal of Aesthetic Education, 32*(4), 93-105.

Trier-Bieniek, A. (2013). *Sing us a song piano woman: Female fans and the music of Tori Amos.* Lanham, MD: Scarecrow Press.

Vaillancourt, G. (2009). *Mentoring apprentice music therapists for peace and social justice through community music therapy: An arts-based study.* Unpublished doctoral dissertation, Antioch University.

Vick, R. M. (2012). A brief history of art therapy. In C. A. Malchiodi (Ed.), *Handbook of art therapy* (2nd ed., pp. 5-16). New York: Guilford Press.

Walker, R. (1992). Auditory-visual perception and musical behavior. In R. Colwell (Ed.), *Handbook of research on music teaching and learning* (pp. 344-359). New York: Schirmer Books.

Wolf, N. (1991). *The beauty myth.* New York: William Morrow.

대학원생들에게 약간의 영감을 주는 사례로 앞서 논의한 Danny Bakan이 공연한 〈노래의 아름다움(The Beauty of Song)〉을 www.youtube.com/watch?v=OMe0dbWXGYk에서 들어 볼 수 있다.

탐구로서의 춤과 움직임

춤은 발견 그 자체이다.

−Martha Graham

　사진작가로 유명한 Annie Leibovitz는 몇 년간 춤 촬영을 하면서 '춤은 공중에 있고, 그것은 오로지 공중에 있기' 때문에, 그것이 불가능한 목표라는 것을 깨달았다고 말했다. 춤은 어떤 행위에만 존재하고 완전히 한 순간에만 존재해서 묘사하려고 해도 쉽지 않다. Elaine Clark-Rapley는 춤은 "삶의 실천적인 측면을 보여 주는 대표적인 사례"이며(1999, p. 89) 행위 언어로 가장 잘 묘사될 수 있다고 하였다. 인간의 신체는 춤의 도구로서 춤의 핵심적인 요소이다. 따라서 이러한 예술 형태는 실증적이고, 감각적이며, 감동적이다(Wiebe & Snowber, 2011). 무용수들은 예술적인 목적을 위해 동작을 조정한다(Blumenfeld-Jones, 2008).

　춤의 역동적인 성격에도 불구하고, 의식과 수련을 통해 고도로 훈련된 도구인 무용수의 신체뿐만 아니라 춤의 여러가지 활용을 창조할 수 있다. 그리고 춤과 젠더에 관한 초기의 학문적 관심에 중점을 두도록 한다. 더욱이 춤의 추상성은 여러 예술의 형태를 재구조화하는 것과 관련된다. 사실 춤은 이 책에서 다루고 있는 다른 예술 요소와 혼합되어 있다. 이는 음악적·행위적·시각적·시적·자전적이며, 내러티브도 될 수 있다. 물론 춤이 다른 예술을 도입한 측면도 있지만, 다른 예술의 범주를 훼손한다고 볼 수는 없다. 춤이 추상적인 예술 형태이지만, 아마도 이 때문에 '보편적인 언어' '모든 언어의 어머니' '영혼의 거울' 등으로 묘사되어 왔다(Warren, 1993). 그러나 제4장의 음악에 관한 논쟁에서도 살펴보았듯이 춤 역시 역사적이고 문화적인 경계가 있어 맥락에 따라 다르게 나타났다.

춤은 이 책에서 다루고 있는 여러 분야 중에서 가장 추상적인 예술 형태이다. 그러나 춤은 또한 **공연의 장르**(genre of performance)이며, 다음 장에서 다시 다루겠지만 공연 연구는 상당히 확장되고 있다. 그러므로 공연기반 방법에서 제시되거나 개선된 기법들은 춤기반 방법을 보여 주고자 할 때 유용할 수 있다. 연극적인 공연처럼, 춤은 공감적 관계 형성에 유용할 수 있고, 의식성을 높여 주며, 교육적이고, 사회적 정의를 촉진할 수 있다.

춤은 게다가 어떤 단어를 내포할 수 있고, 대본을 근거로 만들어질 수 있어서 청중에게 글의 형식으로 제시되거나 그렇지 않을 수도 있다(예를 들어, 〈로미오와 줄리엣〉, 〈백조의 호수〉와 같은 발레에서처럼, 많은 극본이 춤 공연으로 만들어질 수 있다). 달리 말하면, 춤은 내러티브로 의사소통할 수 있다. 따라서 춤을 활용해 자신의 연구 자료를 제시하는 연구자들은 많은 시각 예술가가 그들의 작품에 대해 어떤 설명을 추가하는 것처럼, 춤의 행위를 맥락화하기 위해 재현을 표현하는 문장 요소를 가미하는 것을 고려해야 한다.

마르크시스트의 관점에서 춤을 탐색한 이론적인 학문도 등장했는데, 춤은 역사적 시점을 초월한다고 주장한다. Clark-Rapley(1999)는 Karl Marx가 인간 활동을 목적적인 물질 측면에서 도구적인 인간 행동으로 분석하는 데 중점을 두고 있다고 주장한다. 그녀는 춤이 **의도적인 목적 없이** 개인의 존재를 표현하는 전위적 인간 행위의 형식이며, 결국 공동의 관계를 지원하고, 도우며, 손상시키지 않고, 자아실현을 가능케 한다고 말한다. 더욱이 즉흥적인 춤은 정형화된 움직임을 깨고 발견을 촉진시키는데, 이는 Marx의 노동과 사회 통제에 대한 견해와는 상당히 다르다. Clark-Rapley는 24명의 대학 댄스반 재학생을 대상으로 문화기술지 연구를 수행하였다. 연구 참여자에 대한 관찰 연구에는 관찰 기록지, 녹음, 촬영, 무용수 연구물이 포함되었다. 이러한 자료를 통해 외부자적 관점에서 춤의 즉흥성을 여러 차례 관찰하였다. Clark-Rapley는 다음과 같이 기술하고 있다. "즉흥적인 활동은 무용수(주체)와 춤(객체) 간의 일치된 관계가 시작부터 끝까지 지속된다는 점에서 실질적인 활동과는 구분된다. 무용수의 춤, 그리고 무용수와 춤의 과정과의 관계는 주체와 객체의 구분을 희미하게 하는 단일체의 관계이다. 무용수는 활동이며 무용수는 춤이다." (p. 92) 이 연구에서 제시한 것은 춤이란 춤 학문 연구의 전반에 다시 나타나는 주제인, 초월적이고 의식을 일깨우는 잠재적인 것을 지니고 있다는 점이다.

연구자들은 춤의 초월적이고 의식을 일깨우는 능력을 꾸준히 연구하였다. 예를 들어, 사회적 행동 연구자들은 춤 행위가 차이점을 인정하거나 사회적·문화적·경제적 장벽의 한계를 벗어나는 데 유용할 수 있다고 한다. 동성애 연구, 페미니스트, 비판적, 인종, 또는 다문화적 관점의 연구자들은 춤을 의식을 일깨우는 데 도움이 되는 대표적인 매개로 간주하기도 하였다. 이런 점에서 연구 참여자들은 창조적인 움직임 운동에 참여하도록 요청받을 수 있고 그 밖에 의식을 일깨우는 원천으로서 심층 또는 포커스 그룹 인터뷰와 자료 분석 과정의 반성 작업에 참여하게 된다. 연구자들은 또한 춤을 자아와 사회적 반성을 이끌어 내고, 당연시하고 있는 가정에 도전하도록 하며, 우리가 다르게 느끼거나 보도록 충격을 주는 데 이용할 수 있다고 본다. 이는 Jack Migdalek의 작품에서 증명되었고, 이 장의 후반부에 다시 살펴보게 된다. 그는 질문과 중재의 형태로서, 젠더에 대한 가장 기본적인 가정을 변화시키는 방법으로서 춤기반 연구를 도입하였다.

배경

춤과 움직임은 예술기반 연구(ABR)에서 가장 소극적으로 탐색된 분야이지만, 이책의 초판을 집필한 이래 예술기반 실행 연구가 상당히 증가하였다. 가장 활용도가 낮은 예술 형태들이 탐색되었지만, ABR이 정통성과 대중성을 얻으면서 선구적인 연구자들과 이러한 접근법으로 작업하는 학생들은 그들의 작업을 문서화하기 위해 합의되고 추천할 만한 결과를 얻고 있다. 예를 들어, 그 분야의 선구자격인 Celeste Snowber는 삶의 행위를 비롯해 지난 몇 년간 춤을 기반으로 한 논문이나 문서를 엄청나게 출판했다. 더구나 방법론적인 도구로서 춤 분야의 증가는 (제6장에서 탐색한) 실행 연구들을 전반적으로 증가시켰다. 체화 연구가 범람하면서 현상학이 증가하였고, 치료적 도구와 긍정적인 사회성 함양을 위한 수단으로서 춤을 자리매김하는 건강과 교육 연구가 증가하였다.

행위와 춤 연구가 증가하는 상황에서, **움직임 분석**은 양적 연구에서 발생하는 몸짓이나 비언어적 의사소통을 체계적으로 파악하는 데 도움을 줄 수 있는 문화기술지 및 인터뷰와 같은 전통적인 질적 연구방법을 실행 가능하게 하는 중요한 연구방법으로서 등장하였다(Daly, 1988).

인류학에서의 춤 연구

최근 춤은 다양한 학문 분야에 걸쳐 탐구와 재현의 한 방법으로 탐색되었으나, 몇십 년 동안 민속과 민중의 삶에 관한 인류학적 연구에서 하나의 주제로 다루어져 왔다. 『호주 인류학 저널(Australian Journal of Anthropology)』(2000년 12월호)의 특집호에서 춤의 인류학에 관한 주제를 다루었는데, Rosita Henry는 춤의 인류학적 연구에서 공식화된 새로운 방향에 대해 검토하였다. 그녀는 1980년대부터 춤과 움직임에 대한 인류학적 연구가 확산되었다고 추정했다(공식적으로 연구의 주변적인 주제).

그녀는 '춤 연구'의 증가는 사회적 삶에서 춤이 얼마나 역동적이고 생산적인가에 대한 새로운 이해에서 비롯되었다고 말한다. 특집호의 공헌자들을 대신하여 Henry는 다음과 같이 기술하였다.

> 우리는 춤의 실천을 살아있는 경험 영역에서 이론화했다. 그리고 이전의 정치적 · 개인적 · 사회적 · 우주론적인 관계에 대해 성찰하고, 이들의 관계를 구축하는 사회적 상호 변화의 행위적 순간으로서 위치 움직임(position movement)을 이론화하였다. 춤이 인간의 사회적 삶 속에서 활동적이고 충만하며 역동적인 힘으로 온전히 인식되기 위해서 춤과 인류학과의 관계에 대한 재조정이 필요하다. …… 춤이 개념의 통상적인 범주에 대해 행위적 동작의 변증법적 공간을 연구하는 데 초점을 맞춤으로써 이의를 제기할 수 있는데, 이는 정치적 · 미학적 · 제례적이고 문화적인 형태가 낳을 수 있는 확산적인 지점이다. 움직임이 공간 속에서 사회−종교적이고 사회−정치적 의미를 불러일으킬 수 방법에 대한 관심은 춤의 실천을 역사적으로 체화되고, 맥락적이며, 살아 있는 경험의 상호 연결된 영역으로 인식해야 함을 요구한다(2000, p. 1).

그녀의 논문 「반복 부분: 춤 민속학(Reprise: On Dance Ethnography)」에서 Deidre Sklar(2000)는 그녀의 에세이 '춤 민속학(On Dance Ethnography)'을 1991년에 출판했을 때 그러한 주제는 거의 없었다고 회상한다. 그러나 10년 후 춤과 움직임의 연구가 활발해졌고, 이론들과 방법, 그리고 '춤에 관한 문화적 연구' '행위 연구' '춤의 인류학' '인간 움직임의 인류학' '춤 민속학' '민속무용학' 등의 범주에서 실행한 사례 연구들이 나왔다.

논쟁이 되고 있지만, 낮은 지위의 춤이 학문 연구 분야에서 역사적으로 인정받아 왔다는 점은 다른 예술과 비교하여 낮은 지위의 춤이 향유되어 왔다는 사실을 잘 보여 준다(비슷한 경력을 가진 다른 분야의 예술가들과 비교했을 때, 무용수들의 급여 규모를 포함하여 많은 면에서 춤이 낮은 지위의 예술이라는 점이 증명된 바 있다). Susan W.

Stinson(1995, 1998, 2004)은 춤의 낮은 지위는 여성과 여성의 몸과 뗄 수 없는 관계가 있다고 한다. 그러나 문화인류학에서 춤을 연구하는 것을 보면 문화에서 춤의 생산적 역할뿐만 아니라 여러 문화적 의식을 위해 춤과 움직임이 중심적 위치에 있음을 반영하고 있다. 춤은 다른 문화의 여러 측면을 통찰하게 한다.

■ 사회적 연구에서 춤의 이용은 체화 연구 발전에 어떻게 기여했는가?
■ 현상학자들은 신체를 주요 자료 또는 대표적인 매개체로서 신체를 증진하는 방식으로 신체적인 모든 경험에 대한 우리의 이해를 어떻게 도모해 왔는가?

체화 연구와 현상학

춤은 반드시 체화된 예술 형태라는 사실을 간과한 채 이해될 수 없다. 이런 점에서 Snowber(2012)는 "우리는 몸을 소유하고 있는 것이 아니라 우리 자체가 몸이다."라고 강조한다. 체화에 대한 이해는 모든 ABR 실행을 위한 맥락의 일부분이라는 점을 기억하는 것이 중요하다. Charles R. Garoian은 "예술 작품이 몸을 만드는 것처럼 몸은 예술을 만든다."라고 기술하고 있다(2013, p. 21). 이러한 춤의 유일한 본성 때문에 이 장에서 다소 깊이 있게 체화에 대해 논의한다. 20세기 초, 발레 안무가인 Ted Shawn은 "춤은 우리 스스로가 만드는 요소의 예술에 불과하다."라고 선언한 바 있다. 지난 몇 십 년에 걸쳐 '몸'은 페미니스트의 진보, 포스트모던, 후기구조주의, 체화의 심리분석적 이론들 덕분에 학문 분야에서 상당한 관심을 갖게 되었다. 비록 이것은 이론적 전통에 속하는 하나의 넓은 범주이지만, 이러한 비판적 관점의 공통점은 사회적 권력 및 모든 사회적 행위자들이 **체화된** 행위자가 되기를 요구하는 지위에 관심을 갖는다는 것이며, 그러한 경험은 반드시 체화된다는 것이다. 사회적 현실은 체화된 관점에 근거하여 경험되는 것이다. 이러한 전통 속에서 연구하는 사회적 정의에 전도된 연구자들은 신체가 인종화되고, 성적이며, 젠더화되는 방식들에 관심을 갖는다. Pierre Bourdieu(1971)가 이론화한 것처럼, 문화는 신체에 스며들게 된다.

세계적으로 저명한 Elizabeth Grosz(1994)는 체화 연구에 대한 '명명하는' 접근과 '살아 있는 신체' 접근을 구분한다. 명명된 신체는 사회적 의미를 산출하고 저항하는 장소(site)로서 기여한다. Michel Foucault(1976)와 Susan Bordo(1989)의 연구에 영향을 받은 Grosz(1994, p. 148)는 "신체는 역사의 밖에 있지 않고 역사를 통해 또는 역사 속에 있다."라고 언급하였다. 책에 적힌 글은 "미묘하거나" "폭력적"일 수 있지만, 결과적으로는 매우 누적적이다(p. 141). 우리가 신체를 성이나 젠더, 인종으로 생각하는 것은 힘의 관계가 존재한다는 것을 상당히 내포하고 있는 것이다. 여기서 우리는 여러 분야의 간학문적 연구(또는 초학문적 연구)로 신체를 개념화할 수도 있다. Beatrice Allegranti(2011)에 따르면, "신체는 철저하게 간학문적이다. 인간은 사회적·생물학적으로 구성된다. 그리고 신체는 중립적이지 않다. 젠더, 성, 민족과 계급은 우리의 정신적·정서적·신체적 측면을 형성하고 윤리적 가치를 알려 주는 사회-정치적 차원들이다."(p. 487) 인간의 신체에 관한 간학문적 또는 초학문적 특성은 예술기반 초학문적 연구의 도구로서 신체의 미개발된 힘을 보여 준다.

체화 연구와 현상학 간의 분명한 관련성은 '살아 있는 신체(the lived body)' 이론에 의해 입증된다. 체화 연구에서 '살아 있는 신체'는 사람들의 경험적 지식을 말한다. Grosz는 Maurice Merleau-Ponty(1962)의 영향을 받았는데, Merleau-Ponty는 마음과 몸의 "필수적 상호관계성"에 주목해야 한다고 강조하였다(Grosz, 1994, p. 86). Merleau-Ponty는 경험은 몸과 마음 간에 존재하며, 결국 몸은 '육체'일 뿐이라고 언급하고 있다. 따라서 몸을 객체로 보지 말고, 사회적 행위자가 객체와 관계를 갖고 정보를 주고받는 "상황과 맥락"으로 바라보아야 한다(Grosz, 1994, p. 86). Stephanie Springgay와 Debra Freedman은 페미니스트 철학자 Moira Gatens(1996)의 저서를 인용하면서 "우리가 내재하거나 의미를 부여하는 컨테이너와 반대의 의미로 신체를 이해하는 것은, 내부와 외부 간의 관계에 대해 의문을 품는 것과 마찬가지이다."라고 기술했다(2007, p. xx). 뿐만 아니라 체화된 존재의 경험은 타자와의 상호관계에 의해 항시 중재된다(Springgay & Freedman, 2007; Weiss, 1999). Sean

Wiebe와 Celeste Snowber가 지적하듯이, 모든 경험은 체화되는 것이다. "우리는 감각을 통해서 앎에 도달한다는 것이다."(2011, p. 111) 이와 유사하게, Gatens는 "체화된 앎은 특정 신체적 존재를 통해 가능하다."고 강조한다. 이는 연구 경험이 증명하고 있다.

Wiebe와 Snowber(2011)는 '체화된 지적인 것들'이라는 용어를, 앎에 도달하는 데 있어 무시할 수 없는 감각의 역할을 설명하기 위해서 사용한다. 혁신적인 질적 연구자인 Tami Spry(2006)는 경험적 지식 연구자의 용이한 이해를 위해서는 '체화된 지식'에 다다르기 위한 방법을 찾아야 한다고 제안한다. Snowber는 "나는 '몸에 대한 지식'이라는 재능이 일급 비밀인지 종종 의심한다. 우리 자체가 몸이고 우리는 몸을 소유하지 않는다. 그것들은 심층적 학습에 해당하며, 신체적 지식과 신체적 지혜는 항상 이용 가능하다."라고 비슷한 언급을 하였다(2012, p. 119).

Snowber(2012)는 GPS 시스템에 비유해 설명하고 있다. 신체적 지식은 우리가 이용 가능하고 춤과 움직임을 통해 도달할 수 있으며, 그렇지 못한 경우는 내부의 GPS 시스템을 소유한 것에 지나지 않고, 이를 제대로 사용하지 못한다(p. 121). 이는 체화되고, 마음과 몸이 상호 연결된 것으로서의 경험을 전체론적인 관점에서 보는 것이다. 이론적인 학문 분야에서 크게 부각된 우리의 체화와 경험에 대한 이해의 진보는 어떻게 '체화된' 지식에 도달할 수 있을지에 대한 의문을 갖게 한다. 따라서 이러한 이론적 배경은 연구 도구로서 춤과 움직임에 대한 최근의 연구들을 포함해 다양한 방법론적 혁신을 위한 하나의 맥락으로서 활용되고 있다.

예를 들어, Stinson(2004)은 춤은 인간이 내적으로 느끼게 하여 지식의 원천이자 의미 있는 장소로서 몸을 어떻게 활용할지 알려 준다고 하였다(p. 163). 춤과 움직임을 연구의 공식적인 방법으로 활용하는 체화에 관한 이론들을 도입함으로써, Stinson은 몸이 세계의 소우주이고 의미를 이해하는 밀회의 공간이라고 주장한다(p. 160). 그리고 그녀는 지식 체계 수립을 위한 현상학적 접근에 영향을 받아, 완전한 몸은 실험적이고 우리가 "알아야 할 것"을 위한 저장 공간으로 볼 수 있으며, 우리의 앎은 예상치 못한 방식으로 춤을 통해 나타날 수 있다고 제안하였다(p. 160).

Wiebe와 Snowber(2011)는 또한 "우리의 기억은 우리의 감각 속에 들어 있다."(p. 163)라고 주장하였다. 예를 들어, 사랑하는 이의 향기, 어릴 적 맡았던 냄새, 휴일 날 준비된 음식에 대한 기억을 불러일으키는 냄새의 힘을 떠올려 보라.

여성, 페미니즘 그리고 춤

역사적으로 Descartes의 이분법은 여성과 몸의 여성다움을 동일한 것으로 간주해 왔다. 많은 페미니스트(Bordo, 1993; Butler, 1990, 1993; Classen, 1993; Grumet, 1988; Springgay & Freedman, 2007; Weitz, 2003; Wolf, 1991)는 '정신-육체라는 이분법'은 남성과 여성, 남성다움과 여성다움 등을 서로 반대되는 것으로 보고 있다고 주장한다. 이는 남성다움은 마음의 질에 해당하고 여성다움은 육체에 해당하며(Hess-Biber, 1996, 2006), 마음은 몸보다 상위의 것으로 보는 것이다. 즉, 이는 여성을 비하하는 방식이며 여성다움을 남성다움보다 낮은 것으로 귀속시키게 한다. 체화와 현상학 분야에서 살펴보았듯이, 춤과 움직임기반 연구 실행은 반드시 인위적인 '정신-육체라는 이분법'에 대해 문제를 제기한다. Jack Migdalek의 연구에서 나중에 확인할 수 있겠지만, 춤기반 연구는 젠더 이분법에 이의를 제기하기도 한다.

이 장에서 입증하듯이 춤기반 연구물의 상당 부분은 젠더를 중심적으로 다루고 있다. 예를 들어, Caroline Joan Picart(2002)는 춤이라는 형식에서 표현된, 상호작용의 젠더화된 특성에 대한 연구를 위해 미국 볼룸 춤을 연구하였다. Picart의 연구에서는 선도/추종의 젠더화된 정치학에 대해 여러가지를 통찰하게 하고, 여성답고 남성다운 몸이 어떻게 만들어지며, '시선'과 관련된 이슈들을 공론화하였다. Cancienne, Sharp, Migdalek, Picard 등의 연구에서는 여성의 몸과 관련된 이슈들, 남성다움과 여성다움의 행위 등이 탐색되었다. Barbara Bickel(2008)은 그녀의 행위 연구에서 페미니즘과 몸기반 연구 실행과 밀접한 관계가 있다는 것을 인정하였다. 그녀는 Helene Cixous, Adrienne Rich, Susan Bordo, Arlene B. Dallery, Celeste Snowber, Luce Irigaray를 포함한 페미니스트 연구자들이 "여성들이 자신의 몸으로 저술하고, 저항의 형태로서 몸으로 저술하는 것"을 촉구한다고 언급하였다(2008, p. 2).

상당수의 춤기반 연구에서 젠더, 여성의 경험과 몸에 대한 강조는 춤이 상당히 여성적인 활동이며, 여성이 춤을 더욱 추구하는 경향이 있다는 것을 지적하고 있음을 인식하는 것이 중요하다.

건강과 교육 연구에서 치료적 도구로서의 춤

창의적 예술치료에서 춤의 증가는 사회과학 연구자들의 연구를 위한 길을 열어 주었다. 최근 몇 십 년간 춤과 움직임이 정신적·심리학적·신체적 건강에 미치는 장점에 대해 연구해 온 학자들뿐만 아니라 건강 연구자들과 참여자들도 크게 변화시켰다. 이는 마치 연구자들이 이러한 예술기반 치료적 도구를 (글로벌 시대에) 재발견한 것과 다름없다. 사실 이러한 도구들은 많은 아시아권의 건강 관리나 생활방식의 실천에서 표준이 될 뿐만 아니라 토착민들이 오랫동안 사용해 온 것들이다. 예를 들어, Yvette Kim(2004)은 고대 '다차원적 힐링' 실천의 장점에 대해 기술하고 있다. 그녀의 연구는 춤과 음악을 포함해 토속적인 힐링의 방법을 활용한 교수 워크숍에 초점을 두었다. Ebru Yaman(2003)과 같이 최첨단 분야를 연구해 온 연구자들은 예술기반 또는 춤과 같은 '특별한 치료법'이 힐링과 타당성—예술기반 치료법이 건강 관리와 교육에 왜 도움이 되는지 설명할 수 있는 복합적인 결과—을 확보해 줄 수 있다고 제안한다. 후자와 관련해 Fay Burstin(2004)은 움직임과 음악은 의사소통과 리터러시 기술의 발달을 돕는 교육에 활용될 수 있다고 한다. Bernie Warren(1993)은 춤이 수줍음이 많은 사람들을 위한 선택적인 창조적 탈출구라고 한다.[1] Jennifer Kingma(2004)은 춤과 '자신감과 같은 긍정적 자아존중감'의 지표들 간의 관계를 탐색한 연구를 수행하였다.[2]

방법론적 혁신으로서의 춤

춤과 전통적인 연구방법은 다른 종류로 보이겠지만, 안무의 과정과 즉흥성의 활용 측면에서 실질적인 유사성을 갖고 있다. Marybeth Cancienne과 Celeste Snowber(2008)는 "안무의 과정은 분류, 검토, 편집, 구성, 제작, 재구성의 하나이다. 이는 본질적으로 발견의 행위이다."(p. 198)라고 한다. Donald Blumenfeld-Jones (2008)는 안무의 과정은 (문학 검토, 관찰 등) 주제를 찾고, 주제를 발전시키고, 움직임을 구성하는 것과 관련되어 있다고 한다. 안무는 춤을 개념화하고 춤이 실질적으로 가능한 것을 관찰할 수 있도록 한다. Blumenfeld-Jones는 "안무는 관찰된 세계를 분석하고, 동작 반응을 하고, 동작을 통해 세계를 다시 해석하고 정리한다."(p. 177)고 하였다. 이들은 무용수 관찰을 번갈아 가며 실시하였다. 명백하게 이는 문화기술지의 과정과 비슷한데, 동작을 언어로 표현하는 것이다. 춤과 움직임의 다른 요소인 즉흥성은 따라 할 수 있는 동작을 나타낼 뿐만 아니라 많은 사회적 연구에서 요구하는 실험을 반영할 수 있다.

춤과 움직임의 방법론은 질문을 가정하고, 감정을 연결하며, 이론적인 개념을 이해할 수 있고, 의식을 일깨우며, 연구 결과를 재현하고(광범위한 청중의 접근성을 높이는 잠재성), 발견의 장소로서 자신을 활용할 수 있다(Cancienne & Snowber, 2008). 후자와 관련하여, 체화 연구와 현상학은 실행 가능한 탐구의 중심지로서의 자신으로 선회하도록 한다. 제2장에서 살펴봤지만, 지난 20년간 자문화기술지가 급속히 발전하면서 지식의 원천으로서 자신에게 주목해 묘사하는 일이 가능해졌다. 이는 또한 춤기반 방법론적 혁신의 일부 맥락에 해당된다. 춤기반 실행으로 다른 연구방법을 통해서 불가능한 많은 신체적 지식을 얻을 수 있다. Blumenfeld-Jones(2008)는 춤에서 얻은 통찰은 다른 방식으로 활용할 수 있고, 이러한 통찰은 동작과 "동작을 통한 생각"의 결과로서 가능하다고 설명한다(p. 176). 따라서 춤은 "분석적인 도구나 분석가"로 규정된다(p. 176). 달리 말하면, 춤 그 자체는 탐구의 행위로서 활용될 수 있다(Blumenfeld-Jones, 2014). 춤이 우리의 이해에 상당히 기여할 잠재적인 다른 영역은 공적-사적인 변증법에 관한 것이다. 만약 우리가 춤교육의 담론을 채택한다면, 훈련으로서의 춤은 무용수의 몸이 항상 환경의 범위 내에서 움직이기 때문에 공적인 부분과 사적인 부분 또는 내부와 외부를 결합하게 한다. 그러므로 이러한 현대적 연구가 실행되고 정리되면서 이러한 관계를 탐색하는 학문(춤교육의 외부)을 보다 많이 발견하게 될 것이다.

초반에 언급했듯이, 춤은 다른 형태의 예술보다 덜 활용된 연구 도구이지만, 지난 몇 년간 극적으로 증가해 왔다. 다음 절에서 살펴보게 될 새로운 연구들 외에도, 탐구의 일부로서 움직임과 춤기반의 연구들을 활용한 논문이 증가하였고, 이러한 연구들은 예술기반 연구자들이 다음 세대에게 이러한 접근법을 전수하는 것을 보여준다. 이와 관련된 여러 가지 사례가 있다. 예를 들어, Cheryl Annetta Kay(2012)는 춤으로 학생들을 가르치는 방법에 대한 이해를 도울 목적으로 연구한 그녀의 박사 학위 논문에서 '사진시학(photopoetics)'이라는 용어를 사용했다. Raisa Foster(2012)는 그녀의 학위 논문에서 eragraphy라는—교육, 연구, 애니메이터링—용어를 처음 사용했는데, 정체성과 상호성의 탐색 속에서 자료 수집과 재현의 방법으로 춤을 활용하였다. Karen Mckinaly Kurnaedy(2013)의 박사 학위 논문은 춤을 추는 동안 발생하는 육체적 인식과 교수·학습을 위한 춤의 중요성을 검증한 것이다. 심지어 '당신의 박사 학위(Dance Your PhD)' 대회도 있었다(Myers, 2012).

■ 안무를 연구하는 학자들은 사회 연구에서 춤을 어떻게 이용하는가?

탐구와 재현으로서의 춤: 단독 연구물

춤 훈련 경험이 풍부한 연구자들은 어떤 주제를 연구하기 위해 춤기반 연구 계획을 발전시킬 수 있다. 연구자들은 자전적인 관찰 또는 다른 방법(현장 관찰 또는 면담)을 동원한 자료 수집을 통해 작성한 글이나 연구를 바탕으로 춤을 안무할 수 있다.

Mary Beth Cancienne는 잘 훈련된 춤 안무가이자 춤 전문가이자 협력적이고 단일 연구자 프로젝트에 관한 사회 연구를 재현하기 위해 춤을 활용하였다. 그녀는 가사, 젠더와 문화적 정체성 간의 상호 관계에 관심을 가지면서, 그녀의 케이준 정체성에 영향을 받은 집안의 가사를 탐색한 '여성 일'이라고 불리는 춤을 안무하였다 (Cancienne & Snowber, 2009). 춤은 '길들여진 여성'의 이상적인 이미지를 표현하고, 이에 대해 의문을 던진다. 음악 선택을 포함해 춤의 구안은 의미를 소통하기 위한 것이었다. Cancienne은 춤 공연의 음악에 여성의 신체적 경험을 나타내기 위해 청소에 사용할 물을 이용한 물 드럼을 선택하였는데, 그들이 만든 소리는 심장박동 소리와 일하는 동안의 호흡을 투영한다. 그녀가 선택한 춤은 그녀의 목표, 주제와도 일치했다. 움직임은 일상의 소소한 일을 은유적으로 표현하였다. 젠더라는 주제, 함께 일하는 여성과 개인주의와 공동체 간의 관계는 화두가 되었다. 그녀는 다음과 같이 기술한다. "본질적으로 몸은 단순히 고기나 뼈가 아니다. 오히려 문화와 사회적 신념의 살아 있는 제정이다."(Cancienne & Snowber, 2008, p. 205)

Jack Migdalek(2012)은 그의 박사 학위 논문에서 젠더 연구를 위한 춤기반 접근을 활용하였다. 그는 춤과 일상생활에서 체화된 남성다움과 여성다움의 규범에 대해 자기반성적으로 검토하는 데 목표를 두었다. 달리 말하면, 그는 그의 젠더 행위와 관련된 '체화된 습관'(우리가 후천적으로 갖게 되는 습관들)이나 어떻게 우리는 일상생활(그리고 춤)에서 남성다움과 여성다움을 나타내는지를 조사하였다. 그의 연구는 이론과 자문화기술지, 동료들과 함께 한 직업적인 성장 경험, 공연(청중의 피드백)을 포함하였다.

자료 수집의 일환으로, 직업적 성장 시기에 Migdalek은 29명의 행위예술 교육자 및 전문가와 함께 '소리 콜라주'를 활용하였다. 신중함은 여성스러운 움직임의 느낌을 자아내는 반면, 강렬한 비트의 음악은 남자다운 움직임의 느낌을 불러일으킨다. 11분짜리 즉흥 공연 동안 참가자들은 관습적인 젠더 움직임으로 빠져들었다. Migdalek은 의도적으로 저항하기 시작했고, 음악에 고취되어 동작하면서, 그가 어떻게, 왜, 어떤 움직임(예를 들면, 전형적인 여성적인 움직임 체화하기/나타내기)에 불안

정감을 느끼는지 관찰하였다. Migdalek(2012)은 "요약하면, 나는 나 자신의 안정감과 체화된 남성다움과 여성다움으로 생긴 불안정감을 재탐구하기 위한 통로 장치로서 춤을 활용한다."라고 기술했다.

그는 모든 자료를 수집했고, 춤이나 신체적 연극 공연인 〈젠더 아이콘(Gender Icons)〉을 안무하였다. 이 작품은 소품, 음악적 변화, 구두 연설, 수많은 춤 양식을 포함한다. 이러한 요소는 당연한 것으로 간주되고 있는 젠더 이분법과 젠더 규범성에 의문을 제기하게 한다. 예를 들어, 두 가지 향수병 모양의 오리기용 그림 종이 소품이 있다. 각각은 다른 모양인데, 어떤 방식으로 하나는 여성적인 것이고 다른 것은 남성적인 것이라고 추정하는지에 대해 Migdalek은 의문을 제기한다. 다른 음악 양식과 이에 상응하는 움직임에 대해서도 동일하게 의문을 제기하였고, 음악이 우리를 어떤 방향으로 움직이게 만드는지에 대해 청중에게 물었다.

〈젠더 아이콘〉은 체화되고 '너무 깊게 체화되어 잘 보이지 않게 된' 규범에 도전한다. 자신과 청중이 이러한 관습을 보고 경험하는 유일한 방법은 신체 자체를 통한 것이었다. 그것은 중요한 포인트이고, 춤과 움직임의 필요성에 대한 확신은 연구로 이어졌다. Migdalek은 춤은 의식을 일깨우려는 **중재 형태**라고 본다. 그는 춤을 통해 자신의 관점이 변화했고 젠더와 체화에 대한 그의 이해는 고양되었다. 공연은 청중에게도 상당한 충격이었다.

이러한 초창기 공연은 동료들과 학문을 위한 것이었고, 완전히 맥락적이었다. 나중에는 엄청난 전율과 함께 Migdalek은 고등학생들에게 〈젠더 아이콘〉을 도입하였다. 그는 그들의 반응을 우려했지만 대담하게 접근하였다. 그는 청중인 학생들과 교육자들로부터 매우 긍정적인 피드백을 받았는데, 그러한 의견들은 그들의 의식이 일깨워진 것임을 나타냈다. 또한 연기자가 동성애자이며 '진짜 남자'이기 때문에, 이것을 충분히 할 만큼 용감하다고 부적절하게 가정하는 논평들도 있었다. 그러한 모든 의견은 공연을 통해 도전하고자 했던, 바로 젠더에 대한 예상을 보여 주었다.

Migdalek(2012)은 경험은 개인을 계몽시켰고, 감정적으로는 도전받도록 한다고 제안하면서, 다른 방법으로는 도저히 알아내기 불가능한 체화와 관련된 문제들을 다루는 춤기반 연구의 독특한 역량을 제시한다. 그는 "나는 비판적 탐구 및 체화된 젠더 불평등에 대한 조사를 발전시키는 춤의 유용성을 옹호한다. 이러한 방법들이 보다 확산되면 문화적 경계들, 영향, 매개 변수, 우리가 어떻게 습관적으로 작동하는지를 규정하는 규정문에 도전하는 효과적인 수단이 될 수 있다."라고 기술하였다. Migdalek은 최신 연구에서 이러한 주제를 지속적으로 연구하기 위해 학생 160명, 교육자 160명이 참여하는 확장된 '문화기술적 춤기반 현장 연구'를 유사한 주제로 다루고 있다.

■ 안무가들과 다른 학문 분야의 연구자들은 어떻게 춤기반 연구를 함께 구안할
   수 있을까?

탐구로서의 춤과 재현: 간학문적 공동 연구

간학문적 협력은 분리된 듯 보이는 분야 간 시너지를 탐구하거나, 전통적 방법으로 이해하기 어려운 개념들을 탐구하기 위해 계획될 수 있다. 이러한 경우 중 춤은 탐구와 재현의 두 가지 형식을 모두 지닌다. 이것이 Celeste Snowber과 Susan Gerofsky(1998)의 협업 배경이다.

Snowber는 학자, 무용수 그리고 춤 전문가이며, Gerofsky는 수학 교육자이다. 그들은 한계와 무한대의 개념을 탐색하기 위해 공동 연구를 하게 되었다. 이 개념은 수학 분야의 연구에서는 상호 연결된 것들이며 육체를 통해 탐구될 수 있다. 협업의 결과, 45분의 혼합 미디어 공연인 〈나의 수족의 폭을 넘어서(Beyond the Span of My Limbs)〉를 창조하였다. 이 공연은 현대 무용, 창의적 움직임, 즉흥 연주, 음악, 시, 그들의 저술 그리고 청중의 참여로 혼합되었다. 이 작품은 공연에 대한 감상문을 작성한 고등학교 학생들을 위해서, 그리고 다양한 장소에서 공연되었다.

Snowber는 이러한 경험을 통해 수학과 춤이 많은 공통성을 가지고 있음을 배웠다고 설명한다. "수학이 형식, 원칙 그리고 패턴을 가지고 있는 것처럼, 안무가

는 구성, 디자인, 패턴, 반복, 형태, 공간, 움직임의 질과 같은 것들을 활용한다.” (Cancienne & Snowber, 2008, p. 207) Snowber는 체화된 학습을 통해 그녀의 이해를 높임으로써 수학적 개념을 춤으로 구현할 수 있었다. 그녀는 다음과 같이 설명한다. “나는 나의 신체와 몸으로 그러한 형태를 이해함으로써 기하학적 형태를 만들 수 있었다.”(p. 207) 이것은 성별에 대해 당연시하던 전제들에 대한 이해를 제고하기 위해 ‘여성스러운’ 그리고 ‘남성스러운’ 움직임을 체화하는 Migdalek의 경험과 유사한데, 탐구 행위 그 자체가 학습으로 이어지는 방법을 보여 주는 사례이다.

이화수분(異化受粉), 즉 지식이나 생각 등의 교류는 하나의 형태에서 데이터를 얻고, 춤을 통해서 그것을 재현하는 것을 목적으로 하는 연구에서 활용되는데, 연구에서 춤의 가장 일반적인 활용 방식이라고 할 수 있다. Carl Bagley와 Mary Beth Cancienne(2002)의 연구는 교육 연구에서 재현적 형식으로서 춤을 활용한 훌륭한 사례이다. 이미 언급한 바와 같이, Bagley는 교육학자이고, Cancienne는 안무가, 춤 전문가이며 학자이다. 학회에 참석했을 때 Cancienne은 데이터 한 세트를 재현하는 춤을 발표하도록 갑작스럽게 요청받았다. 결국 마지막 시도에서 실패했으나, Cancienne은 춤은 재현의 형식으로서 사회적 지식에 기여할 수 있다고 확신했기 때문에 최적의 상황에서 다시 시도하고 싶었다.

그들이 발전시킨 프로젝트를 위해, Bagley는 ‘특수교육을 필요로 하는 어린이의 가족에게 미치는 사회적 선택의 영향’이라는 주제에 대한 데이터를 수집했다. 그는 인터뷰를 실시했고, 그중 공동 프로젝트를 위한 최종 데이터로 활용할 10개의 인터뷰를 선택했다. 그리고 그 데이터를 Cancienne에게 주었고, 그녀는 그것을 재현할 수 있는 춤을 창조할 수 있었다. Cancienne은 부모들의 목소리를 보존하고 그 데이터를 가장 잘 전달하기 위해서 말로 해석적 춤을 구성했다. 그녀는 추상적인 방식(추상적이나 의미는 명확한)으로 목소리를 재현했다. 예를 들어, 부모가 자신의 아이는 글을 쓸 수 없다고 말하자 무용수는 그의 발로 그 아이의 이름을 바닥에 그렸다.

Bagley는 데이터의 재현 방식으로 인해 사람들이 그 데이터와 연결될 수 있었다는 점에서 프로젝트가 성공적이라고 느꼈다. 또한 연구자들은 데이터(또는 정보)를 전통적인 원문 형식과 동일한 것으로 간주했으나, 춤 공연은 데이터에 새로운 빛과 통찰을 불어넣었다. 이러한 관점에서 그들은 춤은 새로운 이해라기보다는 새로운 차원을 더한다고 결론지었다(Bagley & Cancienne, 2002, p. 15).

마지막으로, 모든 예술 그리고 공연기반 연구방법들과 함께, 춤의 형식을 통한 데이터의 재현은 하나의 세트로 된 주제라는 제약이 있지만, 다양한 의미가 나타날 수 있는 공간을 열어 준다. Bagley과 Cancienne은 다음과 같이 기술한다.

> '데이터를 춤추게 하는 것'에서, 우리는 인쇄된 종이 속에 담긴 목소리의 단선율적이고 독백적인 특성에서 벗어난 움직임과 이 특성의 분열을 도모할 수 있었다. 연출된 공연을 통해, 우리는 다양한 목소리와 대화를 포획하기 위한 기회, 그리고 다양한 의미, 해석, 청중을 질적 다양성과 복잡성에 대한 인식 속으로 관여하도록 만드는 시각을 함양할 수 있는 기회를 얻을 수 있었다(2002, p. 16).

이러한 맥락에서, 춤은 재현적 전략으로서 전통적 연구 실천에서 창조되었던 통찰에 깊이와 질적 특성을 더한다.

Bagley와 Cancienne의 재현적 형식으로서의 춤에 대한 탐색은 무엇이 가능한지를 보여 주는 사례이다. 어떤 종류의 인터뷰 또는 문화기술지의 데이터가 춤을 통해서 재현될 수 있을까? '감정 경험'의 범주에 대한 인터뷰 데이터가 적절할지도 모른다. 슬픔, 병, 침울, 외상후 스트레스, 사랑, 무기력 등과 같은 사례들과 많은 다른 주제가 포함된다. 이와 같이 성, 인종 또는 이성애주의는 춤 공연을 통해 표현될 수 있다. 또한 설문조사로부터 얻어진 양적 데이터와 같은 것은 춤과 함께 분석될 수 있으며 춤으로 발표될 수 있다.

물론 간학문적 공동 연구는 항상 까다롭고 힘들며, 하나의 형식에서 데이터를 수집하고, 그 데이터를 글이나 춤과 같은 다른 형식으로 해석해야 하는 문제에 봉착할 때 고양된다. Elizabeth Sharp(2013)는 이러한 종류의 복잡성과 훌륭한 사례를 제공한다.

Sharp는 25~40세의 독신 여성들과 함께 두 가지의 사회과학 면담 연구를 실시했고, 결혼 및 재혼한 경험에 대해 하나의 연구를 실행했다. 이 연구는 저녁의 긴 춤 공연을 위한 추동력이 되었다. Sharp는 보통 사적인 것으로 간주되는 주제들에 대한 여성의 생각과 경험을 공공의 문제로 만들겠다는 것을 목표로, 세 명의 안무가에게 데이터를 검증하도록 했다. 이러한 정신에 근거하여, 그녀는 여성의 삶에 대한 공적 학문에 기여하겠다는 목적으로 춤으로 관심을 전환하였다. Sharp는 "이 프로젝트는 사회과학의 질적 데이터를 보고, 해석하고, 재현하는 렌즈로서 신체적 지식과 생생한 경험을 강조했다."라고 기술한다(2013). 그 결과로 만들어진 춤은 〈일상 속 전쟁(Ordinary Wars)〉이라는 작품으로, 전문적 춤 회사가 200명 이상의 청중을 대상으로 공연하였다. 인터뷰 전사물의 몇 부분은 공연의 일부로서 활용되었다.

그들이 적극적인 청중의 피드백을 받는 동안, Sharp는 연구자로서 경험했던 어려움 또는 '까다로움'에 대해 썼다. 그녀는 그것을 간학문적 프로젝트의 본질적인 부분으로서 제시한다. Sharp는 이러한 어려움이 발생된 근원지를 발견한다. 사회과학자들과 안무가들은 데이터에 대해 매우 다른 성격의 관계를 갖는다. 그녀는 사회과학자들은 데이터에 매우 몰입하며 자신을 그 데이터 안에 기반을 두도록 훈련받는다고 주장했다. 반대로, 그녀가 함께 일했던 안무가들은 시작점으로 데이터를 활용한다. Sharp가 예리하게 지적한 바와 같이, 확실히 예술기반 공동 작업은 이러한 문제에 봉착한다. 자연과학과 사회과학 분야의 연구자들은 경험적 데이터에 기반을 두도록 훈련받지만, 창의적 예술로 훈련된 자들은 질적 자료와 다른 자원들을 영감을 주는 원천으로서 활용하는 데 훨씬 익숙해 보인다. 이것은 협업 관계에 있는 사람들에게 도전으로 작용하기도 하지만, 예술기반 연구자로서 성숙할 수 있는 잠재력이 될 수 있다. 인식의 기술을 배우고 자신의 학문적 훈련으로부터 벗어나 다르게 보고 경험하는 것은 데이터를 보고 경험하는 것을 포함하여 결국 위대한 자산이 된다.

춤과 다중 기법 연구[3]

춤 또는 움직임은 다중 기법 연구 설계에서 데이터 수집 도구 중 하나로서 활용될 수 있다. 모든 다중 기법 연구 또는 혼합방법 연구에서와 같이, 요점은 단순하게 방법론을 추가하는 것이 아닌 각각의 방법론을 이해하여 효과적으로 작용하도록 하는 것이다(Hesse-Biber & Leavy, 2005, 2012).

Carol Picard(2000)는 춤이 혼합 기법 연구 중 하나로, 어떻게 건강 관리 연구에 통합될 수 있는지에 대한 사례를 제공한다. Picard의 연구는 중년기 여성이 두 가지의 서로 다른 표현 수단—내러티브와 창의적 움직임—을 통해 그들의 의식을 확장해 나가는 과정에 대해 검증하였다. 그녀의 사례는 17명의 중년기 여성과 세 단계에서 나타나는 데이터 수집으로 구성된다. 첫 번째 단계는 심층 인터뷰, 두 번째는 창의적 움직임 그룹, 그리고 세 번째에는 다시 심층 인터뷰를 진행한다(이 모든 단계는 각각의 여성들이 5주 동안 경험한다).

첫 번째 인터뷰는 50분에서 2시간까지 지속되며, 평균 75분이 걸린다. 이 인터뷰에서 여성들에게 그들의 삶에서 가장 의미 있는 것이 무엇이었는지를 공유하도록 하였다. 두 번째 단계에서, 그룹이라는 상황에서 창의적인 움직임의 요소가 나타났다(여성들은 두 그룹으로 나뉘었고, 집단 세션에 3시간 반이 할당되었다). 여성들 중 한 사람도 이전에 창의적 움직임 그룹에 참여해 본 적이 없었기 때문에 새로운 경험이었다. 각 그룹은 믿음 연습으로 시작했고, 여성들은 그룹 안에서 그들의 신체를 움직이는 데 편안함을 느꼈다. 다음으로 각각의 여성은 움직임을 통해서 스스로에게 가장 의미 있는 것을 표현하는 기회가 주어졌다. 마지막으로, 움직임 닫기 활동을 한 후 숨쉬기 활동으로 마무리를 지었다. 이러한 창의적 움직임 세션은 비디오로 녹화되었고, 연구자들은 "의미와 움직임 전체의 특성들, 즉 전체 공간의 사용, 표현의 복잡성, 길이 또는 간결성"에 대해 분석하였다(Picard, 2000, p. 152). 비디오 녹화를 통해 얻어진 음성 데이터는 전사되고 분석되었다. 다음으로, 연구자는 각 참여자의 패턴에 대한 다이어그램을 만들었다(해석과정에서 시각적 요소를 추가하면서). 두 번째 인터뷰 세션에서 참여자들에게 다이어그램을 제시하고 그들이 수정할 기회를 제공하였다. 다음으로, 각각의 여성은 그녀의 움직임을 담은 비디오테이프를 연구자와 함께 보았고, 전체 연구과정뿐만 아니라 비디오테이프에 대해 성찰하도록 하였다.

이 연구에서, '모두가 서로에게 말한다(speak to each other)'라는 색다른 방법은 지식 구성에 대한 **통합적 접근방법**의 일부이다. 즉, 방법론들은 시너지를 내면서 작동한다. 전통적 질적 연구의 인터뷰 요소와 창의적 움직임 요소가 서로 관련되고, 두 가지 방법 모두 동일한 것—여성의 삶에서 가장 의미 있는 무엇인지—에 대한 통찰을 창조하고자 한다. 그리고 마지막 단계의 인터뷰는 특정 경험이 참여자에게 어떤 것이었는지 참여자가 생각해 보고, 데이터로부터 도출된 의미를 참여자가 명료화하는 성찰적·협력적 기회를 제공했다. Picard는 이러한 경험이 참여자의 **자기탐구**를 증진시켰다는 사실을 참여자가 스스로 성찰했고, 그룹이라는 상황 요소는 여성들이 스스로 가치 있고 다른 사람들에게 허용되고 있다는 느낌을 갖도록 했다고 밝혔다. 그리고 한 여성을 제외한 모든 여성은 그들이 비디오테이프에서 본 창의적 움직임에 대해 성찰했다고 밝혔다(참여자가 언급한 그녀의 과거의 삶과 그녀가 꿈꿨던 삶 간의 괴리와 같이, 그녀의 내러티브 과정에서 성찰했던 삶과 창의적 움직임 표현에서의 삶 간의 괴리와 같은 이례적인 경험을 통해 중요한 데이터를 얻을 수 있었다).

많은 여성에게 그들의 내러티브를 구두로 공유하는 것과 그들의 신체를 공공 장소에서 창의적으로 사용하는 것의 결합은 연구 프로젝트의 한계를 넘어 그들의 삶에 대한 성찰의 기회를 제공했다. 심지어 참가자 한 명은 이 연구에 참여한 이후 집에서도 창의적 움직임을 사용했다고 보고했다. Picard는 여성들의 의식이 어떻게 발전하는지에 대한 그녀의 연구에 '창의적 움직임의 사용'을 추가하였고, 참여자들 스스로 이러한 표현 형식의 효용을 입증했다고 결론지었다. 마지막으로, 그녀는 다양한 표현 방식의 활용은 사회 연구에 깊이와 차원을 부여할 수 있음을 제안한다.

특별한 고려사항

당신이 춤기반 방법론에 따라 연구를 실행하고자 한다면 고려해야 할 세 가지의 주요 문제가 있다. 번역, 다중적인 의미 그리고 움직임을 연구하는 훈련과 방법이 그것이다. 이러한 문제는 ABR의 다른 장르에도 존재하지만 춤기반 연구에서 더욱 드러난다.

번역

하나의 형식에서 데이터를 수집했을 때, 복잡한 번역의 과정이 필요하고, 그 데이터를 다른 형식으로 재현한다. 춤의 매우 추상적인 특성을 고려하면 이러한 문제는 증폭된다.

창의적 예술치료사인 Elizabeth Manders와 Gioia Chilton(2013)이 1년간 실행한 연구는 번역과정에 대한 이해를 제고한다. 그들은 창의적 예술치료사들이 치료 세션의 예술적인 측면에서 발생하는 것들을 설명할 수 있도록 하는 것의 중요성 때문에 이 연구를 수행하였다. 그들의 연구는 창의적 예술치료실에서 상호 주관성을 검사하기 위해 예술적인 조사를 활용했다. 2명의 교수와 4명의 대학원생이 참여했고, 방법은 6명의 참가자(Manders와 Chilton을 포함하여)를 예술적 탐구에 참여하게 했고 (다양한 매체를 사용하여) 30분간 저널을 쓰고 30분간 그룹 토의를 거쳤다.

그 그룹은 '춤에서 텍스트/구두의(혹은 심지어 시각적) 재현까지의 의미 전환은 특히 복잡하고 어려운 번역과정을 필요로 한다는 것을 발견했다. Manders와 Chilton은 Panhofer와 Payne(2011)의 연구를 인용했는데, 이 연구에서는 전문적인 언어로 움직임을 기술하도록 훈련을 받았음에도 불구하고 춤/움직임 치료사들이 번역에 어려움을 겪었다는 사실을 밝혔다. 그들은 그들이 훈련받은 전문적인 언어에 대한 설명 수단으로 은유와 시를 선호했다. 이것은 1년 연구에 참여한 Manders 자신의 경험을 반영한다. 그녀는 춤을 글로 번역하는 것이야말로 매우 어려운 작업이라는 것을 발견했는데, 그것은 단어로 완전한 경험을 설명하지 못하기 때문이었다. 그 그룹은 때때로 복수 번역이 그러한 과정을 용이하게 한다는 것을 발견했다. 한 번의 순환과정에서, Manders는 춤에 대한 경험을 묘사하는 동화를 쓰면서, 춤에서 소설로 옮겨 갔다. 이 허구적인 글은 예술과 언어 해석 사이의 가교 역할을 했다. Manders와 Chilton이 지적하듯이, 한 예술 양식을 다른 예술 양식을 통해 번역하는 것은 해석의 한 방법이며, ABR에만 있는 것이다. Manders와 Chilton은 이번 연도 연구에 참여함에 따라 ABR에서 가장 유용한 창의적인 번역 전략의 표를 만들었다(이 표는 해석 및 평가 전략을 검토한 것으로, 제8장에서 허락하에 게재).

다중적인 의미

Manders와 Chilton의 연구에서 논의된 상호 주관성의 번역과정 및 발전 또한 다중적인 의미의 문제와 관련이 있다. 우리가 본 춤 공연을 어떻게 이해할 수 있을까? 연구자로서 청중이 우리가 의도하는 메시지를 수용할 수 있을지 어떻게 알 수 있을까?

물론, 앞의 질문들은 양적·질적인 것을 포함한 모든 종류의 연구에서 물어볼 수 있다. 우리는 항상 데이터를 제시하는 작업에 관여하고 있기 때문에 오해나 예상치 못한 해석의 가능성이 있다. 의심할 여지없이 이것은 춤과 같은, 특히 추상적인 표상 형태를 가진 작업에서 두드러진다.

Carl Bagley와 Mary Beth Cancienne, Donald Blumenfeld-Jones(2002)에 의해 편집된 획기적인 책 『데이터를 춤추게 하는 것(Dancing the Data)』에서 Donald Blumenfeld-Jones(2002)는 춤이 재현을 위한 매개체로 사용될 때 나타나는 예술과 연구의 연결성에 대해 탐색한다. 그는 연구자들이 의도한 의미 전달을 위해 춤을 사용할 수 있다고 제안한다. 그러나 그는 예술과 사회 탐구와 관련된 더 큰 문제와 함께 예술은 반드시 한 번에 여러 가지 해석을 불러일으킨다는 것에 주목한다. 그렇다고 해서 모든 해석이 정확하다는 의미는 아니다(ABR과 심지어 질적 연구에 대한 많은 비판을 일으킬 우려, 모든 것이 상대적이고 포괄적이라는 것에 대한 두려움).
Blumenfeld-Jones 교수는 춤을 재현적인 도구로 활용할 때, 연구자들이 자신이 소통하는 차원에서 다루고자 하는 주제에 적합한 범주의 의미만을 전달하는 움직임에 주의를 기울여야 함을 강조한다. 이 충고를 가장 효과적으로 실행하기 위해서 나는 또한 연구의 외부적인 검토 단계를 제안한다.

특히 안무가 마련된 후, 연구 설계에서 춤에 대한 인상, 다양한 움직임을 해석하는 방법, 그리고 춤의 주제에 대한 피드백을 연구자에게 제공할 수 있는 동료나 전문가들을 위한 '실험적 공연'을 실시할 수 있다. 그러면 연구자는 필요에 따라 수정하여 자신이 원하는 정련된 해석 세트를 도출해 낼 수 있다.

움직임을 연구하는 훈련과 방법

고려해야 할 최종적인 문제는 훈련과 자질이다. 이 책 전체에서 반복되고 있는 것처럼, 창의적인 예술가들은 당신이 경험하거나 경험하지 못한 광범위한 훈련에 참여한다. 이 장의 여러 예에서 볼 수 있듯이, 춤에 대한 훈련 없이도 사회 연구를 잘 반영하여 안무를 기획한 공연을 만들기 위해서는 다른 사람들과 협력할 수 있어야 한다. 훈련받지 않은 무용수가 배우려고 하는 동작을 연구하는 방법도 있다. 예를 들어, Diane C. Freedman(1991)은 LMA(Laban Movement Analysis) 방법을 사용하여 움직임을 체계적으로 연구하는 연구 프로젝트를 설계했다. LMA는 춤과 움직임 분석에 '효과적인' 접근법을 사용한다. Freedman에 따르면, 이 접근 방식은 ① 신체의 사용, ② 공간의 사용, ③ 노력의 사용의 세 가지 관점을 고려한다. LMA의 추가적 요인으로 신체 부위, 공간에서 움직이는 방법, 움직임을 동기화하는 에너지 유형이 포함된다(Freedman, 1991). 또한 몸과 공간도 분류된다. 몸의 차원은 신장, 무게 및 깊이를 포함하고, 공간의 세 축은 수평, 수직 및 시상(앞에서 뒤로)을 포함한다.

고려사항 점검표

춤/움직임을 탐구 그리고/또는 재현(표현)에 사용하고자 할 때 다음을 고려하시오.

✓ 나는 체화된 지식 또는 신체적 지식을 추구하고 있는가? 만약 그렇다면 어떻게 춤이나 움직임이 나의 목표에 도움이 될 수 있을까?

✓ 이 프로젝트를 설계하는 데 필요한 교육을 받고 있는가? 그것은 협력적인 프로젝트가 되어야 하는가?

✓ 협력적이라면, 나의 협업자들과 나는 데이터 사용과 우리의 과정에 대해 어떻게 기대치를 설정할 수 있을까? 번역과정에 무엇이 포함될 수 있을까?

✓ 만약 있다면, 다양한 의미를 다루기 위해 연구 설계가 어떻게 구성될 것이며, 청중은 춤을 어떻게 해석할 수 있을까? 실험적인 공연이 있을까? 그렇다면 누구를 위한 공연인가? 청중들로부터 피드백을 어떻게 받을 것인가? 만약 그렇다면, 미래의 공연은 청중의 피드백에 기초하여 어떻게 수정될 것인가?

결론

이 장의 목적은 춤의 현재 혁신 기술인 탐구와 재현에 관심을 기울이고, 사회적 지식을 구성함에 있어 춤과 움직임의 주요 용도를 검토하고, 이러한 실행을 가능하게 하는 요인들을 살펴보는 것이었다. 나는 이 장에서 체화와 신체적 지식에 주의를 기울이는 독특한 가능성을 제시했기를 기대한다.

토론 문제 및 활동

1. 체화 연구의 이론적 진보와 춤과 움직임 연구의 방법론적 혁신은 어떤 관계인가?

2. 신체에 주의를 기울임으로써 다룰 수 있는 어려운 주제는 무엇인가?

3. 어떻게 사회 연구자가 춤을 방법론적인 도구로 사용할 수 있을까? 연구하는 동안 춤을 사용하기 위해 어떤 전략을 이용할 수 있을까? 춤이 어떻게 표상의 형태로 이용될 수 있을까? 다중적 방법이나 혼합 연구에서 춤과 움직임을 어떻게 사용할 수 있을까? 이 접근법의 잠재적인 장점과 단점은 무엇인가?

4. 이 활동을 위해서 움직임을 체계적으로 연구하는 것을 목표로 LMA와 작업을 해 보라. 전문적인 춤(모든 장르)의 비디오 녹화를 하고, 이 장에서 검토한 대로 LMA를 기반으로 코딩 절차를 개발하고, 데이터를 코딩하라. 이 전략이 어떤 점에서 주의를 끄는가? 이 과정에서 무엇을 배웠는가?

추천 도서

Bagley, C., & Cancienne, M. B. (Eds.). (2002). *Dancing the data*. New York: Peter Lang.

　　이 책은 유명한 학자들의 춤과 사회 연구에 대한 읽을거리를 포함하여 예술과 사회 연구와 관련된 많은 주제를 다룬다.

Blumenfeld-Jones, D. S. (2012). *Curriculum and the aesthetic life: Hermeneutics, body, democracy, and ethics in curriculum theory and practice*. New York: Peter Lang.

　　이 책은 저자의 방대한 춤과 교육 경험을 종합한 것이며, 연구로서 춤을 탐구하는 데 관심 있는 사람이라면 누구나 이해할 수 있는 중요한 책이다. 특별한 관심 분야로는 신체적인 지식과 춤 교육에 관한 장들, 춤 교육과정들에 대한 검토, 연구의 한 방법으로서 춤 그리고 사회과학 연구에서의 춤과 안무를 포함한다. 책 전체적으로 미학과 윤리를 연결한 것은 교육과정 및 교육철학의 이론적 토대에 기여한다.

Springgay, S., & Freedman, D. (Eds.). (2007). *Curriculum and the cultural body*. New

York: Peter Lang.

이 책은 체화의 주제, 신체적 지식, 양극성, 교육에서의 내면화의 역할에 대한 체계적인 서문을 제공하며, 그 뒤를 이어 선도적인 학자들이 지식과 신체의 역할에 대해 논한다. 이 책의 본문은 교육, 교육과정 연구 및 기타 문헌에 관심 있는 사람들에게 특별한 관심사가 될 것이지만, 체화와 신체적 지식에 관심이 있는 사람들에게는 귀중한 자료가 될 것이다.

Williams, D. (1991, 2004). *Anthropology and the dance: Ten lectures.* Urbana and Chicago: University of Illinois Press.

이 책은 사람들이 춤을 추는 이유에 대한 광범위한 인류학적 설명을 제공한다.

관련 웹사이트와 저널

Journal of Dance Education

www.tandfonline.com/loi/ujod20#.UfBg2Y21GSo

이 저널의 논문은 유아원과 유치원, 유치원부터 고등학교까지, 대학 교육, 개인 스튜디오, 특수교육과 장애인 그리고 사회적 배려 대상 어린이들을 포함한 모든 환경에서의 춤교육의 범주를 다룬다. 또한 교수 방법 및 실천, 커리큘럼과 순차적 학습, 심미적 및 창의적 과정, 고차원적 사고력 및 문제 해결 능력의 활용, 국가, 주 및 지역 교육 수준의 표준(성취 기준)을 다룬다.

Research in Dance Education

www.tandf.co.uk/journals/titles/14647893.asp

이 저널은 전 세계의 학습자 및 교사와 관련된 춤교육에 관한 연구를 싣고 있다. 여기서 다루는 주제는 유치원에서 고등교육까지 그리고 그 이상의 모든 교육 분야, 춤, 이론, 실습에서의 가르침과 배움, 새로운 방법론과 기술, 그리고 교육에서의 전문 무용가들을 포함한다. 이 저널에는 특별 섹션도 있다. 원근법 섹션은 더 이상 인쇄물로 이용할 수 없을지도 모르는 널리 알려지지 않은 중요한 연구들을 다시 출판하는 것을 목표로 하고 있으며, 춤 라인의 섹션은 뛰어난 학생들의 글을 소개한다.

Electric Journal of Folklore

www.folklore.ee/folklore

　전자 민속학 저널은 민속학 연구, 비교신화학적 연구, 문화인류학 그리고 관련 분야의 독창적인 학술 기사들을 싣고 있다. 이 저널은 인쇄물과 완전 무료의 온라인 판으로 발행된다. 이 전자 저널은 비디오와 오디오 샘플을 포함한다.

미주

1. Warren(1993)은 왜 춤이 아픈 사람들에게 유익한지에 대한 몇 가지 이유를 제시한다. 철학적인 차원에서, 신체는 생각, 감정 그리고 다양한 정보를 전달하기 위한 도구로 사용된다(p. 58). (사회 및 행동 과학에서는 상징적인 상호작용을 통해 심층적으로 탐색되는 것으로 설명한다.) 이런 맥락에서, 어린이들은 춤을 통해 그들의 몸을 움직이고 환경과 상호작용함으로써 세상에 대해서 배운다(p. 58). 그러므로 춤과 움직임으로 실험하는 것은 자신에 대해 배우는 한 방법이다. 더 나아가 Warren은 환자와 장애인의 복지를 돕는 차원에서 자기표현의 수단이 필요하다고 주장한다. 신체적 이득도 있다. Warren은 춤과 움직임이 뇌성마비 환자들이 경험한 근육 경련을 통제하는 데 도움이 될 수 있고, 미세하고 총체적인 운동 기능, 신경 기능, 혈액 순환 통제를 강화할 수 있다고 제안한다(p. 59).

2. Kingma는 춤에 대한 사회적 성 차별은 남자아이들을 이런 형식의 예술적 표현에 참여하는 것을 종종 배제한다고 가정하는데, 이는 춤을 '여성적인' 행동이라고 보기 때문이다. 하지만 Kingma가 지적하듯이 춤은 자기표현을 위한 매개체를 제공하고 춤을 통해 자신감을 기를 수 있다. Kingma는 춤을 발견하기 전까지 매우 수줍음이 많았던 한 소년의 예를 드는데, 소년은 춤을 통해 긍정적인 자아개념을 함양할 수 있었다. 이제 성인이 된 그는 젊은 사람들이 긍정적인 자부심을 키우는 것을 돕기 위해 춤을 추는 호주의 청소년 목사로 재직 중이다.

3. 질적 연구방법에 있어 패러다임이나 도구 세트로서 어떻게 ABR을 개념화하느냐에 따라 다음의 예는 혼합방법이나 다중방법 연구로 분류될 수 있다는 점에 유의한다.

참고문헌

Allegranti, B. (2011). Ethics and body politics: Interdisciplinary possibilities for embodied psychotherapeutic practice and research. *British Journal of Guidance and Counseling, 39*(5), 487–500.

Bagley, C., & Cancienne, M. B. (2002). Educational research and intertextual forms of (re) presentation. In C. Bagley & M. B. Cancienne (Eds.), *Dancing the data* (pp. 3–32). New York: Peter Lang.

Bickel, B. (2008). Writing the body/resistance/endurance: An a/r/tographic ritual inquiry. *Educational Insights, 12*(2).

Blumenfeld-Jones, D. S. (2002). If I could have said it, I would have. In C. Bagley & M. B. Cancienne (Eds.), *Dancing the data* (pp. 90–104). New York: Peter Lang.

Blumenfeld-Jones, D. (2008). Dance, choreography, and social science research. In J. G. Knowles & A. L. Cole (Eds.), *Handbook of the arts in qualitative social science research* (pp. 175–184). Thousand Oaks, CA: Sage.

Blumenfeld-Jones, D. (2014, April). *Aesthetics and analysis in arts-based educational research: View of a dancer/poet*. Paper presented at the annual conference of the American Educational Research Association, Philadelphia, PA.

Bordo, S. (1989). Feminism, postmodernism, and gender skepticism. In L. Nicholson (Ed.), *Feminism/postmodernism* (pp. 133–156). New York: Routledge.

Bordo, S. (1993). *Unbearable weight: Feminism, western culture, and the body*. Berkeley: University of California Press.

Bourdieu, P. (1971). *Outline of a theory of practice*. Cambridge, UK: University of Cambridge Press.

Burstin, F. (2004, September 4). New beat to speech skills. *Courier Mail* (Brisbane, Australia), p. L13.

Butler, J. P. (1990). *Gender trouble: Feminism and the subversion of identity*. New York: Routledge.

Butler, J. P. (1993). *Bodies that matter: On the discursive limits of sex.* London: Routledge.

Cancienne, M. B., & Snowber, C. N. (2009). Writing rhythm: Movement as method. In P. Leavy (Ed.), *Method meets art: Arts-based research practice* (pp. 198-214). New York: Guilford Press.

Clark-Rapley, E. (1999). Dancing bodies: Moving beyond Marxian views of human activity, relations and consciousness. *Journal for the Theory of Social Behavior, 29*(2), 89-108.

Classen, C. (1993). *Worlds of sense: Exploring the senses in history and across cultures.* New York: Routledge.

Daly, A. (1988). Movement analysis: Piecing together the puzzle. *Drama Review, 32*(4), 40-52.

Foster, R. (2012). *The pedagogy of recognition: Dancing, identity and mutuality.* Tampere, Finland: University of Tampere Press.

Foucault, M. (1976). Power as knowledge. In R. Hurley (Trans.), *The history of sexuality: Vol. 1. An introduction* (pp. 92-102). New York: Vintage Books.

Freedman, D. C. (1991). Gender signs: An effort/shape analysis of Romanian couple dances. *Studia Musicologica Academiae Scientiarum Hungaricae, 33*(1), 335-345.

Garoian, C. R. (2013). *The prosthetic pedagogy of art: Embodied research and practice.* Albany: State University of New York Press.

Gatens, M. (1996). *Imaginary bodies: Ethics, power and corporeality.* New York: Routledge.

Grosz, E. (1994). *Volatile bodies: Toward a corporeal feminism.* Bloomington: Indiana University Press.

Grumet, M. (1988). *Bitter milk: Women and touching.* Amherst: University of Massachusetts Press.

Henry, R. (2000). Introduction-anthropology of dance. *Australian Journal of Anthropology, 11*(3), 253-260.

Hesse-Biber, S. (1996). *Am I thin enough yet?: The cult of thinness and the commercialization of identity.* New York: Oxford University Press.

Hesse-Biber, S. (2006). *The cult of thinness.* New York: Oxford University Press.

Hesse-Biber, S. N., & Leavy, P. (2005). *The practice of qualitative research.* Thousand

Oaks, CA: Sage.

Hesse-Biber, S., & Leavy, P. (2012). *The practice of qualitative research* (2nd ed.). Thousand Oaks, CA: Sage.

Kay, C. A. (2012). *Photopoetic moments of wonder: Photography as an artistic reflective practice in secondary dance education.* Unpublished doctoral dissertation, Simon Fraser University, Burnaby, British Columbia, Canada.

Kim, Y. (2004, September 12). Exploring ancient multi-dimensional healing methods. *Sarasota Herald-Tribune,* p. BS4.

Kingma, J. (2004, April 7). Using dance to help boys find out who they are. *Canberra Times,* p. A25.

Kurnaedy, K. M. (2013). *Uncovering the essence of what animates us beneath the dance: Investigating the lived experiences of bodily perceptions generated while dancing.* Unpublished doctoral dissertation, Simon Fraser University, Burnaby, British Columbia, Canada.

Manders, E., & Chilton, G. (2013). Translating the essence of dance: Rendering meaning in artistic inquiry of the creative arts therapies. *International Journal of Education and the Arts, 14*(16).

Merleau-Ponty, M. (1962). *Phenomenology of perception* (C. Smith, Trans.). London: Routledge & Kegan Paul.

Migdalek, J. (2012). *Dance as intervention: Disrupting gendered norms of embodiment.* Unpublished manuscript.

Myers, N. (2012). Dance your PhD: Embodied animations, body experiments, and the affective entanglements of life science research. *Body and Society, 18*(1), 151-189.

Panhofer, H., & Payne, H. (2011). Languaging the embodied experience. *Body, Movement and Dance in Psychotherapy, 6*(3), 215-232.

Picard, C. (2000). Patterns of expanding consciousness in midlife women. *Nursing Science Quarterly, 13*(2), 150-157.

Picart, C. J. (2002). Dancing through different worlds: An autoethnography of the interactive body and virtual emotions in ballroom dance. *Qualitative Inquiry, 8*(3),

348-361.

Sharp, E. (2013). Live dance performance as a means to re-analyze and re-present social science exposes differing relationships to data. Blog post5/30/2013. Available at *www.tandfonline.com/doi/full/10.1080/03069885.2011.621712#.U-ALrvldWSo.*

Sklar, D. (2000). Reprise: On dance ethnography. *Dance Research Journal, 32*(1), 70-77.

Snowber, C. (2012). Dancing a curriculum of hope: Cultivating passion as an embodied inquiry. *Journal of Curriculum Theorizing, 28*(2), 118-125.

Snowber, C., & Gerofsky, S. (1998). Beyond the span of my limbs: Gesture, number and infinity. *Journal of Curriculum Theorizing, 15*(2), 39-48.

Springgay, S., & Freedman, D. (2007). Introduction: On touching and bodied curriculum. In S. Springgay & D. Freedman (Eds.), *Curriculum and the cultural body* (pp. xvii-xxvii). New York: Peter Lang.

Spry, T. (2006). Performing autoethnography: An embodied methodological praxis. In S. N. Hesse-Biber & P. Leavy (Eds.), *Emergent methods in social research* (pp. 706-732). Thousand Oaks, CA: Sage.

Stinson, S. W. (1995). Body of knowledge. *Educational Theory, 45*(1), 43-54.

Stinson, S. W. (1998). Seeking a feminist pedagogy for children's dance. In S. Shapiro (Ed.), *Dance, power, and difference: Critical and feminist perspectives in dance education* (pp. 23-48). Champaign, IL: Human Kinetics.

Stinson, S. W. (2004). My body/myself: Lessons from dance education. In L. Bresler (Ed.), *Knowing bodies, moving minds: Toward embodied teaching andlearning.* London: Kluwer Academic.

Warren, B. (Ed.). (1993). *Using the creative arts in therapy: A practical introduction.* New York: Routledge.

Weiss, G. (1999). *Body image: Embodiment as intercorporeality.* New York: Routledge.

Weitz, R. (Ed.). (2003). *The politics of women's bodies: Sexuality, appearance, and behavior.* New York: Oxford University Press.

Wiebe, S., & Snowber, C. (2011). The visceral imagination: A fertile space for non-textual knowing. *Journal of Curriculum Theorizing, 27*(2), 101-113.

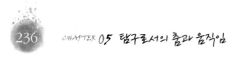
Wolf, N. (1991). *The beauty myth*. New York: William Morrow.

Yaman, E. (2003, September 6). Music as medicine reaches a crescendo. *Weekend Australian*, p. B55.

이 장의 사례는 앞서 자세히 검토한 Jack Migdalek의 〈젠더 아이콘(Gender Icons)〉이다. 이 공연은 http://dro.deakin.edu.au/eserv/DU:30047367/stream_migdalek_performance_2012.flv를 통해 볼 수 있다.

연극, 드라마와 영화

온 세상은 연극 무대이다.

–William Shakespeare

무대나 스크린에 올리기 위한 드라마 재구성은 각각의 방식으로 인간의 경험과 사회의 모습들을 포착한다. Judith Ackroyd와 John O'Toole은 드라마 재구성을 면밀히 관찰하여, 이는 연구자가 연구과정에서 배운 것을 풍부하게 재탄생시키게 한다고 하였다. Johnny Saldaña(2011)는 역설적이게도 공연이 모든 것을 '현실'처럼 보이게 만든다고 하였다. 연극, 드라마와 영화는 소통의 강력한 수단이고 연구와 인간의 경험을 표현하는 데 강한 영향력이 있는 접근방법으로 사용될 수 있다. 이러한 장르는 **공연적**(performative)이라고 분류될 수 있다. **공연학**(performative studies)이나 **공연 장르**(performative genres)들은 앞서 언급했던 것처럼 음악과 춤도 포함한다.

일종의 공적 학문의 동향처럼, 이러한 매체들은 다양한 관객의 접근이 가능하다. 공연은 관객과 공연자(들) 사이의 교환이나 전환으로 구성되어 있다(이러한 교환은 영화나 극본의 형태로 중재된다). 게다가 이러한 '교환'에는 복합적인 의미의 협상이 포함된다. 공연자와 관객 간의 상호작용은 환경과 분위기에 따라 다양하게 결정된다(Langellier & Peterson, 2006).

사회학 연구에 있어서 공연은 의식을 일깨우거나, 권한의 부여, 해방, 정치적 어젠다, 발견, 탐구 그리고 교육을 포함한 다양한 많은 연구 목적을 수행할 수 있다. 공연은 표현의 형식으로서 인식되지만, 데이터를 표현하는 데뿐만 아니라 데이터의 일반화와 분석을 포함한 전체적인 연구방법이 될 수도 있다. 따라서 공연은 탐구이면서 동시에 하나의 재현(representation)이 된다(Worthen, 1998). 또한 다른 연구방법으로 수집된 데이터도 공연적 텍스트나 영화와 같은 방식으로 변환될 수 있다.

공연은 방법적 또는 재현적 형식을 넘어서 확장되며, 사회학 연구를 수행하고 사유의 새로운 방식으로 사용될 수 있다. 이러한 측면에서 Ross E. Gray(2003)는 공연이 앎에 있어서 전통적인 방법에 도전하고 저지한다고 주장하였다(p. 254). Helena Oikarinen-Jabai(2003)는 공연기반 연구방법론이 연구자들과 그들의 연구 참여자들 간의 경계를 넘어서고, 서로의 역량을 강화하는 공간으로서의 역할을 하고, 연구에서 드러나는 모순과 아울러 공감을 형성하는 수단으로의 역할을 한다고 하였다(p. 578). Oikarinen-Jabai는 이러한 방법론의 경험을 적으면서, "공연적인 접근은 우리의 관계와 아울러 문화적 담론에 숨겨져 있는 욕구, 열망, 모호함, 무기력함, 불확실성, 수치심, 사랑, 두려움 등의 감정을 찾고, 경험하고 표현할 수 있도록 도와준다."(p. 578)라고 하였다. 공연을 통한 재구성의 가능성은 광범위하다고 할 수 있다.

배경

사회학적 연구에 있어서 공연적인 접근—연극, 드라마 그리고 영화—의 사용은 최근 몇 십 년 동안 폭발적으로 성장하였다. 현재 질적 연구 및 예술기반 연구(ABR) 학회들은 공연 발표, 드라마에 입각한 워크숍, 그리고 연구 결과를 기반으로 한 영화 상연을 정기적으로 발표한다. Mary Gergen과 Kenneth Gergen(2011)이 말한 것처럼, **공연 문화기술지**(performance ethnography)는 학제 간 연구의 맥락에서 발전하였다. 예를 들어서, 그들은 극본 쓰기가 발전하는 것처럼 공연이 소통을 키웠다고 지적하였다. 또한 역사적으로 ABR에 더욱 저항적이던 심리학과 같은 분야들까지도 공연학에서 중요한 성장을 보여 주고 있다.

Mary Gergen와 Kenneth Gergen의 연구와 함께, Kip Jones(2006, 2010, 2012a, 2012b, 2013)는 **공연 사회과학**(performative social science)이라는 용어를 사용하여 예술과 과학을 융합한 연구를 지칭한다. Jones는 "예술과 인문학에서 사용하는 도구를 활용하는 새로운 모델은 사회과학적 주제를 풍부하게 하기 그리고/또는 현재 독자들에게 전파하고 제시하기"가 된다고 설명하였다(2010, para.12). 그들은 공연이 극본 쓰기가 자란 것처럼 소통을 키웠다고 말했다. 공연 사회과학은 이 장에서 다루는 장르를 지칭할 뿐 아니라, ABR에 더 포괄적으로 적용될 수 있기 때문에, 이 용어의 사용은 공연 작품이 많은 분야에서 보편적인 최근 동향을 고려할 때 중요한 부분을 차지하고 있다.

공연적인 접근의 성장에 기여한 모든 요소를 다루는 것은 너무 방대한 일이지만, 나는 이론적 발달, 전통적 질적 연구 실행과 극예술 간의 시너지 효과, 개인적인 성장과 의식 함양 수단으로서의 연극의 이점, 그리고 공적 학문과 공공 정책과 관계되는 쟁점을 간략히 검토해 보겠다.

이론적 발달

공연에 대한 관심은 Victor Tuner(1974)가 '공연적 패러다임'으로 생각한 **체화인지연구**(embodiment research)의 발달, 정신−육체 간의 연결(이전 장에서 다루어짐), 포스트모더니즘의 이론적 발달과 관련된다(이러한 부분에서 Denzin의 1997년 연구는 '숭고한' 포스트모던 공연 맥락을 의미한다). 이는 새로운 이론적 · 인식론적 · 방법론적 혁신을 의미하며, 질적이고 예술기반의 연구 패러다임을 개선 및 확장할 뿐 아니라 학제 간 그리고 초학문적인 연구 동향으로 변화하게 하였다.

Joan McLeod(1988)는 교육과정에서 단어, 수와 같은 명확한 두 형식뿐 아니라 이미지, 몸짓 그리고 소리를 포함해야 한다고 주장한다. 이를 통해 우리는 질적, 양적인 접근을 넘어서는 연구를 할 수 있게 된다. Joe Norris(2000)는 이러한 방식의 앎은 연극에 모두 통합되어 있다고 주장하였다. 공연 연구방법은 연구과정에서 전체론적 관점과 일치한다. 공연 연구를 적용하는 관점은 체화인지 연구의 장점들을 통합시키고 정신－육체 간의 분리, 그리고 (그동안 종속되어 온 시각에 접근하기 위한 시도로서) 경계를 허물거나 넘어서려는 움직임과 함께한다.

Kristin M. Langellier와 Eric E. Peterson(2006)은 공연 연구는 경계선을 넘어서고 "학문적 경계선의 틈"을 노출시킨다고 말하였다(p. 153). 더구나 개인적인 내러티브의 공연에서 '나' 그리고 '너'가 공생하면서 존재하는 것을 볼 수 있다. 이러한 면에 있어서, Langellier와 Peterson은 "개인적인 내러티브를 공연하는 것은 신체와 목소리를 모두 되찾고 선언하는 것이다. 개인은 내러티브에 자리를 주게 되고, 내러티브는 경험에 목소리를 준다."(p. 156)라고 기술했다. 더군다나 공연은 공연을 하지 않았더라면 드러내기 힘든 것을 드러내는 역할을 수행한다. Langelir과 Peterson이 정의한 공연의 세 가지 특징은, 틀이 있고(framed), 성찰적이며(reflexive), 드러나는(emergent) 것에서 이러한 잠재력이 나오게 되는 것이다. 마찬가지로, W. B. Worthen(1998)은 공연의 방법론적인 장점은 포장되지 않고, 다시 만들어질 수 없는 특성을 갖고 있다고 설명하였다(p. 1101).

가장 최근의 인식론적 · 이론적 · 방법론적인 발전이 공연 장르의 확장을 가능하게 했지만, 오랫동안 사회학자들은 공연이 사회생활과 분리할 수 없는 측면을 갖고 있다고 주장해 왔다. 이러한 측면에서 Erving Goffman(1959)은 **드라마투르기**(dramaturgy)라는 용어를 만들어 그들의 일상생활 중에서 나타나는 자기 자신을 의미하는 단어를 만들었다.[1] '세계는 무대이며 우리는 결국 그 무대 위의 배우이다.'라는 유명한 아이디어를 기반으로 Goffman은 사회생활에는 '**무대 전면**(front stage)'과 '**무대 후면**(backstage)'이 있다고 하였다. '무대 전면'은 다른 사람들이 보는 것이고(극장에서는 실제 공연을 의미한다), 무대 후면은 다른 사람들이 보지 않는 것이다(극장에서는 대본을 쓰는 것, 리허설 그리고 헤어와 메이크업 등을 의미한다). 이러한 이론적인 틀 속에서 인생은 공연을 포함하며, 이 공연에는 Goffman이 말하는 것처럼 '체면을 지키는 전략(face-saving)'까지도 들어 있을 것이다. 비슷한 맥락에서 Worthen(1998)은 사회생활이 길거리 공연, 정체성 공연, 그리고 매일의 일상생활마저도 드라마와 같이 너무나 많은 공연으로 채워져 있다고 하였다.

사회적 구성주의자이자 포스트모던 이론가들은 우리의 일상생활에서의 공연의 복합성을 이해하는 데 또한 기여하였다. 예를 들어, Judith Butler(1990, 1993)의 젠더 퍼포먼스(gender performance) 이론에 따르면, 젠더는 담론적으로 구성되며 구성되는 주체들(constituting subjects)에 의해 형성된다. 다른 말로, Butler는 젠더 자체가 퍼포먼스라고 설명한다. 페미니스트 연구자들은 섹슈얼리티, 전형(embodiment), 권력, 그리고 여성의 건강과 관련된 주제들을 공연적인 수단(Gergen & Gergen, 2011)을 통해서 탐구하였다. 퍼포먼스란 또한 정체성과 관련된 소재들이 재타협되고, 다루어지고, 도전될 수 있는 공간이 될 수 있다.

포스트모던 이론과 연결되어, 혼성성(hybridity)에 관한 연구와 학계는 마찬가지로 퍼포먼스와 정체성과 관련된 것들을 이해하는 데 영향을 주었다. Homi Bhabha(1993)는 전통적인 개념적인 틀에서는 이해하기 힘든 혼성의 '제3의 공간'(두 가지 문화적인 형태가 합쳐질 때 형성되는)에 대해서 글을 썼다. 하나의 예로, Bhabha에게 영향을 받아서 Helena Oikarinen-Jabai(2003)는 감비아 여성과 관련된 퍼포먼스에 대해서 글을 썼다. 퍼포먼스들은 사회문화적으로 구성되고 있는 정체성에 대해서 감비아 여성이 도전해 가는 과정을 보여 준다. "나는 감비아 여성의 퍼포먼스에 감동받았다. 그들은 문화적이고 성 고착화된 정체성에 도전하고, 이질적 · 전통적, 외부에서 수용된 장르들을 도입하여 문화적인 전통과 계급 사회에 대해 질문하고 비판하는 데 사용한다. 그들은 예술을 매일의 경험에 연결한다."(p. 576) 이 장에서 다루지는 않지만 퍼포먼스에 관한 인류학적인 연구는 일상생활에서 드라마의 개념처럼 공연기반 방법론적 실천에 영향을 준다.

질적 연구와 극예술 사이의 시너지

앞서 음악에 관한 장에서 개관한 것처럼, 많은 질적 연구는 질적 연구 활동과 미술 활동들 간의 시너지를 설명하고 이용한다. 공연예술 연구자에게는 최근의 사회과학자들이 퍼포먼스에 대한 관심이 전혀 놀랍지 않다. 대본 쓰기와 공연 그리고 질적 연구의 기술 간에는 상당한 연관성이 존재한다. Johnny Saldaña(1999)는 질적 연구자와 극작가 간의 목표에 유사성이 있으며, 둘 다 "인간 환경에 대해서 독특하고 참여적이며 통찰력 있는 내용을 만들고 싶어 한다."(p. 60)라고 하였다. 그는 공연자들이 근본적으로 다음의 질적 연구 기술을 따라야 한다고 주장한다.

① 발전된 감각적 인식과 관찰 기술은 해당 분야의 환경에 대해서 세심하도록 만들어 준다.
② 캐릭터와 극본을 분석하는 능력은 인터뷰 대본과 참여자의 행위와 그들의 인간관계에 관한 필드 노트를 분석하는 능력으로 전이된다.
③ 목표와 참여자의 언어적 · 비언어적 행동 속의 함의를 추론하는 능력은 사회적 통찰력을 기른다.
④ 시노그라피[1] 리터러시(scenographic literacy)의 사용 능력은 현장 연구의 배경, 공간, 인공물, 참가자들의 옷 등에 대해서 시각적인 분석을 도와준다.
⑤ 개념적, 상징적 그리고 은유적으로 생각할 수 있는 능력은 질적 자료의 분석에 있어서 중요하다.
⑥ 스토리텔링의 능력은 넓은 의미에 있어서 내러티브 연구를 보고하는 데에 전이될 수 있다.

---

1) 역자 주: 시노그라피(scenography)는 시각적 극작법으로 불리기도 하며, 연극 대본의 텍스트를 시각적으로 재현하는 데에서 나아가 독자적 의미를 구성하는 표현 방식이다.

유사하게, Joe Norris(2000)는 드라마 교육 실천가들이 드라마를 표현할 뿐 아니라 의미 만들기의 방법(meaning making method)으로서 강력한 경험을 가지고 있다는 부분에 주목하였다. 예를 들어, Norris는 드라마 수업의 학생들이 "만약에(what if)라는 마술을 통해서"라는 방법으로 주기적으로 가설을 실험하는 것을 설명하였다 (p. 41). Norris는 교육 연극에서의 실행은 연구방법론이 될 수 있으며, 집단 창작 과정으로 전체 출연 배우들이 하나의 비네트[2](Norris, 2000: Berry & Reinbold, 1984에 그림)가 될 수 있다고 하였다. 이러한 기술은 Carol Tarlington과 Wendy Michaels (1995)가 말한 '연극 만들기'가 되며, 질적인 연구의 의미 만들기 과정에서 사용되는 것과 같은 기술이다. Norris는 "우리가 드라마에서 하는 대부분의 것은 우리가 내용을 다시 볼 수 있는 통찰력을 기르고 새로운 의미 만들기 과정에 활용할 수 있도록 한다. 이는 연구 도구라고 할 수 있다."(p. 44)라고 썼다.

Norris는 극적인 과정과 포커스 그룹의 질적 연구 실행을 유사하다고 보았다. 포커스 그룹과 유사하게, 출연 배우들은 특정한 주제나 질문을 조사한다. 그러나 연구자가 포커스 그룹에서 '중재자' 역할을 택하는 것과 달리, 연구자는 극적인 '집단 창작'의 맥락에서 보면 참여자와의 구분이 없다. 출연진(질적 연구에서는 정보원으로 불린다)은 최초의 자료를 제공하고, 드라마기반 분석과 확산 과정을 통해서 공연을 만들어 간다. 의미를 생성하는 활동에서 즉흥극의 경험을 서술하면서 Norris는 "즉흥극에서 연구자들/배우들은 그들이 알고 있던 것(데이터 수집)을 분명하게 표현하였다. 그리고 다른 이들에게 보여 주었다(확산). 결과적으로 즉흥극은 가장 기초적인 형태일지라도 연구 행위이다."라고 주장하였다(2000, p. 44). 더 나아가 Norris는 읽기 연극(Readers' Theatre)[3]에서 데이터가 구성되는 방식에는 분석의 형태를 포함하고 있다고 설명하였다. 예를 들어서, 연구과정에서 자료의 인용문을 어디에 위치시킬지 결정하는 것은 일종의 분석적인 행위이다. 읽기 연극과 "무대에서 읽기(staged

---

2) 역자 주: 비네트(vignette)는 책 속의 작은 삽화, (연극·영화 속의) 짧은 사건이나 장면을 말한다.

3) 역자 주: 무대, 배경, 의상 등을 배제하고, 연극과 같은 대본을 소리 내어 읽으며 연기하는 활동으로 대본을 외우지 않고 보면서 생동감 있게 극을 표현하는 활동이다.

readings)"는 학회에서 많이 사용되는 발표의 형식이 되었다(Norris, 2000, p. 43).

　읽기 연극과 연관된 협동적인 드라마기반 방법은 질적인(혹은 그 외의) 방법들에서 모아지는 데이터를 활용할 수 있다.

개인의 성장, 의식의 고양 그리고 전복을 위한 방법으로서의 드라마

　인식론과 이론적 발전을 되짚어 보는 연구들로 인해서 연구자와 연구 대상 간의 교환이 더욱 활성화된다. 이는 그저 협동을 의미하는 것일 뿐 아니라 평등을 의미하며, 또한 연구 참여자들도 더욱 능동적이게 됨을 의미한다. 이처럼 의식을 높이고 드라마가 가진 잠재력을 키우게 되면, 공연에 입각한 방법론은 더욱 발전하게 된다. 일반적인 측면에서 드라마는 개인적인 성장을 촉진할 수 있는 소통의 형식이다(Warren, 1993). 사람들은 드라마를 통해 상상력을 발휘하게 되고, 사람들의 삶이 어떤지 그리고 자신의 삶이 어떠하기를 바라는지를 생각해 볼 수 있다(Warren, 1993). 창의적 예술치료 전문가나 드라마치료 전문가는 드라마를 사회에서 개인의 역할을 관찰해 보는 능력을 강화하는 데 활용하는 등 다양한 목적으로 사용하며(Malchiodi, 2005), 개인적인 성장과 탐구를 촉진하기 위해서 사용한다(Malchiodi, 2012). 더군다나 드라마는 상상력뿐만 아니라 유연성, 표현력 그리고 사회적인 기술들을 기른다(Malchiodi, 2005; Warren, 1993).

　Norman K. Denzin(2006)은 비판교육학(critical pedagogy)으로서 공연의 교육적 측면에 대해서 글을 썼다. ① 사람들이 비판적, 역사적 그리고 사회학적으로 생각하기 위한 교수 형식, ② 피억압자들을 위한 교육학(pedagogies of oppression)으로 사용하기 위한 방법, ③ 윤리적인 자기의식에 기여하는 수단으로 사용되어서 비판적인 인종 의식을 형성하는 방법(p. 332)으로서 공연이 활용될 수 있다. 게다가 퍼포먼스 페다고지(performance pedagogy)는 "사회학적인 상상력"을 키우는 데 참여자들이 역사적인 과정과 자신의 개인적 삶을 다룬 전기를 연결해서 생각해 보고 탐구할 수 있도록 도와준다(p. 332). Denzin은 이러한 비판적인 자기반성과 의식을 함양하는 것은 일종의 정치적인 행위로서, 보편적인 관점에 도전할 수 있는 잠재력이 된다고 주장한다. 이러한 면에 있어서 그는 퍼포먼스 페다고지를 통해서 "비판적인 의식을 함양할 수 있다."고 하였다(p. 330). 더 나아가서 강화와 전복의 가능성들에 대해서 Denzin은 "비판교육학으로서 연극을 통해 사람들은 억압적인 관행을 따라 하는 것을 없앨 수 있는 힘을 길러 준다."(p. 331)라고 기술하였다. 이러한 경험에 기반을 둔 좋은 예로, Kristin Bervig Valentine(2006)의 수감된 여성과 공연에 관한 연구가 있다.

Valentine(2006)은 수감된 여성을 위한 공연 장소를 만드는 것은 여성이 표현할 수 있는 하나의 배출구를 만들어 준다고 하였다. 예를 들어, 공연은 "교도관에게 말썽을 부릴 수 있는" 것이 가능한 유일한 장소이다(p. 315). 더 나아가 이는 상습적인 범행을 줄일 수 있는 일종의 프로그램이 될 수 있다고 제안하였다.

> 나의 가설은 공연과 창의적인 글쓰기 프로그램들과 같이 정신을 자유롭게 하는 활동들은…… 효율적인 소통 기술을 키워서 여성이 그들 자신과 타인에게 위험한 행동을 피할 수 있도록 도와준다는 것이다. 이러한 기술을 습득하면서 그들은 석방된 후 다시 감옥에 가지 않게 되어 그들 자신과 가족 그리고 그들의 지역사회를 도와주게 된다(p. 231).

이와는 다른 방법으로 드라마는 자신을 표현할 수 있는 수단이 되어 의식의 고양, 자아성찰, 잘못된 체제를 바꿀 수 있는 수단이 될 수 있다.

또 다른 예는 Claudio Moreira(2005)의 연구로, 그는 브라질의 억압된 계층의 경험을 드러내는 방법으로 공연을 탐구한다. 더 구체적으로 말하자면, 지배적 집단은 사람들이 학습할 내용을 결정한다(이 과정이 억압의 굴레에 기여한다). Moreira의 논문은 일종의 공연 텍스트가 되어 개개인의 목소리로 힘을 발휘하면서 관객과 함께 하다가, 공연 관람 중 사람들이 일어나서 말을 하게 될 때 관객의 일부가 되도록 한다. 이렇게 개인의 목소리들이 모여서 브라질의 가난한 동네에서 일어난 소년의 내러티브를 들려준다. 어렸을 때부터 흑인 소년들은 또래로부터 여성이 '성관계를 위해서 만들어진다'고 배운다. 이는 가장 성차별적이고 인종차별적인 것이다. 관객들은 이 생각을 따르면서 그 소년이 다른 소년들과 모여서 흑인 소녀를 강간하려고 할 때 함께 그 장면을 목격하게 된다. 이러한 끔찍한 이야기들이 뒤섞이면서 결국 메시지는 '지배 집단의 내러티브'가 된다. 이러한 지배 집단의 내러티브가 작가에 의해서 어떻게 만들어지고 하나의 이데올로기로서 전파되는지를 목격하면서, 타인을 무시하고 무지와 억압의 굴레를 영구화시켜 피해자들을 억압하는지 알게 된다. 동시에 이러한 내러티브가 사람들이 가진 '상식적인' 생각을 자세히 되돌아보는 것을 가로막는지를 알려 준다. Moreira는 다음과 같이 썼다.

> 친구 및 자신의 이미지가 어린 시절에 사람들의 경험에 대한 대화, 다큐멘터리와 뉴스, 신문과 잡지를 통해서 만들어지듯이, 같은 방식으로 이러한 '지식'이 형성된다. 이러한 지식은 상당 부분 지배적인 이데올로기의 결과이며 이러한 신념은 지속되고 자연스럽게 된다(p. 3).

이러한 연구를 통해서 드라마 구조가 비판적인 반성, 의식 그리고 종속된 목소리들의 표현을 어떻게 촉진하는지 다른 포럼을 통해서 설명하도록 하겠다.

공적 학문과 공공 정책: 그 영향

의식을 기르고 변화를 추구하기 위한 다음 단계는 사회적 또는 정치적인 행동을 할 수 있도록 영감을 주는 것이다. ABR의 일반적인 장점은 사람들이 연구를 활용할 수 있도록 한다. ABR은 또한/그리고 공연을 활용하는 방법만이 가진 독자적인 특징으로 사회적인 문제에 대해서 성찰하도록 하고 정치적 행동을 촉진할 수 있는 능력을 갖고 있다. 공연에 대한 연구는 대중을 일깨워 공공 정책에 영향을 주기 위해 폭넓게 활용되었다.

Augusto Boal은 우리가 연극의 정치적인 능력을 이해하는 데 중요한 역할을 하였다. 『피억압자의 연극(Theatre of the Oppressed)』(1985)와 『입법자의 연극: 공연을 정치화하기(Legislative Theatre: Using Performance to Make Politics』(1998)처럼 선구적인 작업에서 그는 연극이 매우 효율적이고 정치적인 무기로 사람들을 교육시키고, 정보를 알려 주며, 행동하도록 만들 수 있다고 하였다.

연구에 있어서 공연적인 접근이 어떻게 공공 정책을 바꿀 수 있는지에 대해서는 많은 가능성이 존재한다. 아마 가장 큰 잠재력은 사회가 정책 발전과정에 참여한다는 것이다. 가끔 다양한 이해 관계자가 정책 개발과정에서 제외된다(지역 구성원들이 그들의 개발과정에서 제외되는 것처럼). 이처럼 어떠한 집단의 의견은 정책 토론에 사용되는 동시에 배제되기도 한다. 이러한 많은 종류의 예가 있다.

미국에서 이민은 이해 당사자들이 가장 많은 영향을 받는 것의 예이지만, 그들은 가끔 자신의 요구를 설명할 기회를 배제당한다. Ricardo Castro-Salazar와 Carl Bagley(2012)는 멕시코 출신의 미국인들(대부분은 미국에 소수민족으로 왔다)에게 차별, 인종차별, 그리고 '포함되지 않는 것'이 그들에게 어떤 의미인지에 관한 연구를 집중적으로 수행하였다. 이 연구는 투손에 있던 지역사회 극장에서 공연을 진행했다. 110석의 극장이 다 채워졌을 뿐만 아니라, 추가로 60여 명이 바닥에 앉았다. 관객은 다양했고 공연은 연구과정에 있어서 중요하고 강력한 도구임을 증명한 셈이다.

의료 정책 또한 공연이 사용되고 이해 당사자들이 입법에 참여할 수 있도록 하는 분야이다. Jeff Nisker는 보건극에서 매우 적극적으로 활동하여, 사회가 의료보험과 의약품의 수입과 관련된 윤리적인 주제들에 관심을 갖도록 하는 계기가 되었다. 그는 정책 조사과정의 어려움 중 하나는 정책 개발에서의 시민 참여를 위해서 효율적인 전략을 세울 수 있는가에 있다고 하였다(Nisker, 2008). 정책에 필요한 어젠다 설정(McTeer, 2005)을 포함하여, 정책 연구자는 시민이 정책 결정과정에 참여할 수 있도록 새로운 도구를 만드는 것이 필요하다(Leavy, 2011; Nisker, 2008). "연극은 새로운 도구가 되어 사람들을 참여하게 하고, 인지적 · 감정적으로 많은 수의 시민이 다양한 관점을 가지고, 그들에게 관련된 정보를 제공받을 수 있다. …… 그리고 시민들이 정책 조사 목적을 위해서 발표하고 그들의 의견을 토론할 수 있는 포럼을 제공할 수 있다."(Nisker, 2008, p. 614)

연구자들은 적극적으로 극예술의 잠재력에 의지하며 다른 이해 당사자들이 보건 정책의 입법에 관여할 수 있도록 참여시키고 정보를 제공하고 있다(Nistker, 2008). Nisker는 다음과 같이 썼다.

> 연극 작품들은 보건 정책의 핵심에 있는 사람들에 집중하면서 정책 개발에 책임이 있는 모든 사람(환자, 환자의 가족, 일반 대중, 건강 전문가)을 모을 수 있다. 새로운 과학적인 가능성과 윤리적인 문제들을 이해하게 하고, 나아가 가장 중요하게는 사람들이 보건 정책에 관심을 갖도록 한다(2008, p. 615).

예를 들어, 의료보험 환경 자체를 넘어서, 현대의 많은 윤리적인 쟁점과 문제가 과학과 기술의 교차점에서 나타나며(McTeer, 2005), 이는 사회에 깊은 영향을 준다. 연구자들은 이러한 토론들에 정보를 충분히 알고 다양한 공동체가 참여할 수 있도록 방법을 개발하는 것이 중요하다. 이러한 보건극의 구체적인 예시는 이 장의 후반부에서 다룰 것이다.

연극 또는 드라마 기반 실행

에스노드라마와 에스노연극

에스노드라마(ethnodrama)와 에스노연극(ethnotheatre)은 가장 흔하게 사용되는 공연기반 연구 실행의 형태일 것이다. Judith Ackroyd와 John O'Toole(2010)은 인류학자들이 가장 먼저 에스노드라마를 사용했다고 말했으며, 이전에 문화기술지 연구자들은 연구 결과를 풍부하게 '재탄생'시키기 위해서 극적인 방법들을 썼다고 하였다. 에스노드라마는 공연되거나 공연을 하지 않는 연극 대본으로 연구 결과를 작성하는 것을 일컫는 말이다. Saldaña(2005)는 다음과 같이 설명한다. 에스노드라마는 작성된 대본을 의미하며, 극을 위해서 수집된 참여자들의 인터뷰들, 연구과정 중에 기록한 현장 노트들, 저널, 인쇄물이나 TV 방송들, 신문 기사들, 그리고 재판 소송 과정을 모은 이야기 등 매체의 인공물로 이루어진다.”(p. 2)라고 설명하였다. 에스노드라마가 글쓰기의 한 종류이기는 하지만, 그 장르에서 사용하는 방식들 중 하나로는 현실주의적(가장 많이 사용됨), 음악적, 공연 콜라주나 시사 풍자극 등이 될 수도 있다(Saldaña, 2011, p. 146). 더 나아가서 에스노드라마는 영화 대본과 같은 다른 형태로 작성될 수 있을 것이다(Saldaña, 2011).

에스노연극은 공연기반 실행으로, 극적인 사건(예: 라이브 퍼포먼스)으로 구성된다. **에스노연극**과 **퍼포먼스 문화기술지**(performance ethnography)는 종종 통용되는 용어이며, 공연학에 포함되는 실행을 의미한다. 이러한 공연기반 방법의 경우 질적 정보가 문화기술지, 인터뷰, 공공 문서 그리고 다른 전통적 질적 조사방법으로부터 모아져서 분석되고 해석되며 드라마 대본의 형식으로 자료를 재현한다. Saldaña(2011)는 다음과 같이 썼다.

> 에스노연극은 전통적인 매체와 연극이나 매체 생성의 예술적인 기술들을 사용하여 관객에게 라이브로 올리고, 조사에 참여한 사람들의 경험을 나타낸 간접 공연들과 연구자들의 자료를 해석한 것을 나타낸다. 목표는 인간 환경의 특정한 측면을 조사한 것이며, 이러한 조사와 통찰력을 공연이라는 매체에 적용한 것이다 (pp. 12-13).

에스노드라마의 연구 추세가 강력해지는 것은 풍부하고, 생동감 있고, 서술적 · 상황적이며, 맥락적인 경험에 도달할 수 있고, 표현할 수 있는 공연의 가능성 때문일 것이다. 또한 해당 분야에서 연구되는 관점의 의미를 다양화할 수 있기 때문이다. 즉, 에스노드라마 공연과 질적 연구자를 가이드할 수 있는 문화기술지 원칙이 갖는 유연성 때문이다. 또한 극예술은 연구자들이 전통적인 글로 나타내는 것으로는 가능하지 않았던 차원적 특징 그리고 공감각적 경험을 탐구할 수 있도록 도와준다. 말하기의 방식으로 관객이 원자료에 더 깊게 접근할 수 있도록 한다. 에스노드라마 연구자들은 사회적인 맥락을 만들기 위해서 시도하며 새로운 통찰력을 얻기 위해서 조사한 자료가 풍부해지도록 노력한다(Ackroyd & O'Toole, 2010). Ackroyd와 O'Toole(2010)은 연극과 문화기술지 간의 공통점은 "에스노드라마의 역설"이라고 할 수 있으며, "인간 행동의 무상함과 덧없음을 기록하고 소통하기 위해서 노력한다."라고 말했다(p. 77).

■ 연구자는 어떻게 에스노드라마를 쓸 수 있을까?

■ 문화기술지, 인터뷰를 통해서 모은 전통적 질적 자료의 분석과 해석을 위해서는 어떤 전략이 가능할까? 에스노드라마 극본(공연을 위해서 가능한)을 만드는 것의 목표를 설정하는 데 있어서 어떠한 전략이 가능할까? 어떠한 코딩 문제가 발생할까? 어떠한 윤리적인 문제가 발생할까?

■ 연구자가 에스노드라마를 쓸 때 전형적인 연극 극본의 어떤 점을 고려해야 하는가? 이 과정은 전적으로 예술적 극작과는 어떠한 유사점과 차이점이 있을까?

Johny Saldaña(1998, 1999, 2003, 2005, 2011)는 에스노드라마의 실행에 대해서 광범위하게 연구하였다. 다른 연구방법과 마찬가지로, 그는 에스노드라마가 특정한 프로젝트의 목표를 수행할 때 사용될 수 있으며 연구자들은 그들이 말하고자 하는 이야기가 어떻게 "명확하고, 생생하며, 설득력 있게 전달될 수 있을지"에 대해서 스스로 물어보아야 한다고 조언한다(1999, p. 61). Saldaña는 문화기술지적 공연의 일종으로 연구자들이 조사하고, 해석하고, 그들의 자료를 발표하는 데 있어서의 과정에 집중한다.

비록 모든 연구에서 원자료가 수집, 분류, 압축되는 과정은 소위 축소의 과정

을 포함한다. 그러나 Saldaña는 이러한 과정이 공연을 활용하는 학문에서도 특
정 조건에서 일어난다고 말한다. 이는 연구자들이 극적인 영향을 위해서 연구 참
여자들이 제공할 "풍부한 것들(juicy stuff)"로 자료를 압축하는 것이 목표이기 때문
이다(1999, p. 61). 목표는 '풍부한 것들'을 보유하면서 쟁점들을 포함하는 것이다.
Saldaña(1998)는 윤리적인 고려사항들이 이러한 공연 텍스트를 만들어 내는 데 연
결되어 있다는 것을 발견하였다. 'Barry'라는 촉망받는 청소년 배우에 대해 연구하
면서 Saldaña는 Barry와 그의 부모님이 경험한 몇 가지 예상치 않은 갈등이 있을 때
발생한 여러 윤리적인 딜레마들을 보게 되었다. 캐스팅 기회들은 문제가 되었고, 사
적인 심층 인터뷰를 통해서 드러난 정보들은 '풍부한 것들'을 포함하고 있었지만 그
것의 사용은 참여자들의 사생활을 위험에 놓이게 할 수 있었다. 이러한 문제들이 있
었음에도 불구하고 어떻게 에스노드라마를 만들 수 있었을까?

대본의 다른 구성 요소들을 살펴보면서, Saldaña(1999)는 문화기술지적 공연 텍
스트를 만들려고 시도할 때 연구자들이 마주하게 되는 이슈를 단계별 리스트로 제
공하였다. 코딩 과정이 시행되는 것은 글을 만드는 데에 있어서 중요한데, 이는 공
연을 위한 글을 분석하고 발표하는 것이 자연스럽게 되면서 발전하기 때문이다.
Saldaña는 인 비보 코딩(in vivo coding)[4] 방법으로 분석과정에서 참여자들의 말을
그대로 라벨로 써서 코딩하여 범주화해야 한다고 설명한다. 나중에 다른 지문, 대화
나 독백을 코딩할 때 도움이 될 수 있으므로 이를 사용해야 한다. 근거이론이나 다
른 귀납적인 접근방법 역시 같은 방법으로 할 수 있다. 근거이론은 귀납적인 코딩
과정에서 자료가 한 줄씩 분석되고 자료로부터 직접적으로 코드 범주가 나타나게
된다(근거이론 기반의 논의는 Charmaz, 2008 참조). 이러한 과정 중에 나타나는 범주와
주제는 결국 연극의 장면이 될 수 있다(Saldaña, 1999, p. 61). 연극의 주요 사항들—
인물들, 대화/독백, 제도, 구조, 시노그래피 그리고 의상(라이브 극장은 이 외에도 추
가적인 지도, 연기 그리고 출연이 필요하다)—이 다루어진다.

---

4) 역자 주: 질적 연구의 하나인 근거이론(grounded theory)에서 사용하는 자료 코딩 방법 중 하나이다.

문화기술지와 인터뷰 연구에서 참여자들은 의미를 생성하고, 연구과정에서 핵심적 역할을 한다. 연극에서 다양한 방식이 가능하겠지만, 나는 캐릭터를 발전시키는 것을 살펴보겠다.

Saldaña(1999, 2003)는 자료를 검토하면서 연구에 참여하는 참여자 중 두드러진 사람이 등장인물이 된다고 말한다. 대본에서 인물들은 구성되며, 주제는 자료를 수집하는 과정—예를 들어, 다양한 인터뷰로부터 나올 수 있다—에서 나타나며 인물을 '유형화'하는 데 사용된다. 인물의 수와 그들 간의 관계는 줄거리와 연극의 구조에도 영향을 끼친다. 예를 들어, 연극은 중심인물(주인공), 갈등 상황에 있는 두 명의 인물(주인공과 적대자), 결함이 있는 두 명의 인물로 서로를 도와주며 발전할 수 있도록 돕거나 비네트나 다른 표준화된 형식에서 나오는 다양한 인물의 관점에서 펼쳐질 수 있다(Saldaña, 1999).

비록 드라마 대본을 만드는 연구자들은 극적/미적인 고려를 하지만, 연구 참여자들에 관한 '진실'을 밝히는 것은 대본을 구성하게 한다. 이러한 면에 있어서, Saldaña (1999, p. 62)는 연구자가 어떻게 삼차원적인 묘사를 생생하게 할 수 있는지를 보여준다.

① 인터뷰를 통해서: 참여자들이 자신의 관점들을 보여 주는 것
② 필드 노트 기록, 저널 기입, 메모 작성을 통해서: 연구자가 추론·해석한 것
③ 사례 연구의 다른 참여자에 대한 조사와 인터뷰를 통해서: 참여자에 관한 관점들
④ 선행 연구의 분석을 통해서: 다른 학자들과 이론가들이 연구에서 다룬 현상

캐릭터와 직접적으로 연결되는 것은 대화와 독백이다. 에스노드라마에서 대화나 독백은 원자료(예: 인터뷰 전사본에서의 발췌)로부터 직접 나오거나, 해석의 과정중에 연구자가 구성할 수 있다. Saldaña(1999, 2011)에 따르면, 인물은 서로에게 어떻게 반응할 수 있는지(상징적인 상호작용의 틀에서 연구하는 사람도 아마도 흥미를 가질 것이다)를 대화에서 드러낸다. 독백들도 마찬가지로 사회적인 통찰력(연구자의 목

소리나 선행 연구에서 나타난 목소리)을 줄 수 있으며 관객의 정서적 반응을 유도할 수 있다(Saldaña, 1999, pp. 63-66). Saldaña는 독백이 일종의 "미니어처 초상화"로 인물의 동기나 장애물처럼 중요한 특성을 드러낸다고 생각하였다(2011, p. 66). 인물들과 그들의 대화 간의 관계는 변증법적이다. 예를 들어서, 많은 참여자가 이야기할 것을 기초로 인물을 구상할 때 인물의 대화 간의 관계를 고려한다. 2개 이상의 개별 인터뷰로부터의 참여자들의 말을 섞어서 구성하기 위해서는 다음의 가이드라인을 참고하라(Saldaña, 1999, p. 64).

① 참여자의 진술을 지지하기 위해 삼각 측정(triangulation)을 제공하라.
② 증거를 대조해 보고 나란히 놓아 보고 그 모순점을 밝혀라.
③ 관점의 다양성을 통해서 집단적 스토리를 창작하여 제시하라.

또한 연구자는 대본 내에서 자신의 역할을 고려해야 한다. 이는 많은 연구자에게 고민사항인데, 연출본의 경우 확실히 문제가 드러난다. 예를 들어, 연구의 큰 부분은 그 과정에서 '책임을 공유하는 것'으로, 특히 연구자와 참여자가 협동하면서 생성되는 지식에 의존하는 방법론들에 대한 것이다(Frisch, 1990 참조). 특히 구술 역사와 문화기술지 전통을 연구하는 페미니스트들은 계급 사회, 협동, 권위, 폭로, 목소리 그리고 지식을 생성하는 과정에서의 자아반영적 성찰을 다루는 데에 앞장 섰다. 에스노드라마에서 연구자의 위치는 자신을 어떻게 쓸지를 정하면서 인식론적 결정으로 나타난다. Saldaña(1999)는 에스노드라마 글에서 연구자가 어떻게 나타날지를 다음과 같이 제안한다. "① 주인공, ② 말은 하지 않으면서 그저 반응하는 엑스트라, ③ 하인, ④ 주인공의 가장 친한 친구, ⑤ 스피커를 통해서 들리는 무대 아래의 목소리, ⑥ 초본에 있다가 없어진 배우"(p. 66). 이는 하나의 예시로 전적으로 따라야 할 완전한 목록은 아니다. 궁극적으로, 관객의 이해를 돕는다는 것 외에 발표 무대에서 공통적으로 필요한 것은 에스노드라마 극본에서의 연구자의 위치로, 이는 인식론적·이론적 연구의 토대와 밀접하게 연결되어 있다. 예로, 비판이론, 퀴어 연구,

페미니즘, 비판적 인종이론, 포스트식민주의 그리고 포스트모더니즘과 같은 '권력 반영적(power-reflexive)'인 혹은 '권력에 민감한(power-sensitive)' 관점에 입각한 학자들(Haraway, 1991; Pfhol, 1994)은 부분적으로 연구자가 무엇을 폭로할지 선택하는 과정을 통해서 어떻게 권력이 작동하는지를 밝히는 데 특별히 관심이 있을 것이다. 해석적인 전통이나 페미니스트적 인식론의 관점에서 작업하는 학자들도 연구자와 참여자의 작동 방식과 그것이 어떻게 통합적이고 진실되게 관객과 소통하는지에 대해 관심을 가질 것이다.

인물들과 그들의 대화는 대본을 만드는 부분 중 하나이다. 모든 연극과 마찬가지로 에스노드라마는 극화된 이야기이며, 통상적으로 구성, 줄거리 그리고 구조로 이루어져 있다. 다른 말로, 전달되는 내러티브는 무엇인가? **줄거리**(plot)와 **스토리라인**(storyline)이라는 용어가 대부분 동의어로 사용되지만 Saldaña(2003)는 **줄거리**는 전반적인 연극의 구조로, **스토리라인**은 줄거리 내에서 사건들의 진행이나 순서로 정의하였다. 전통적인 대본 작성과 달리, 에스노드라마를 만드는 데 있어서 줄거리와 스토리라인은 다르게 진행되지만, 결국에는 서로 연관된 과정이 된다(2003, p. 220). Saldaña(2005)는 줄거리가 "에스노드라마의 개념적 틀(p. 15)"이라고 말했다.

줄거리와 스토리라인 이외에도, 연극을 구성하는 구조들도 의미를 만들어 낸다. 연극에서 "유닛(units)"은 전통적인 구조인 행위, 장면, 비네트 등을 선형적 혹은 에피소드의 순서로 배열한 것이다(Saldaña, 2003). 이야기가 어떻게 펼쳐지는지는 데이터가 분석되는 과정과 연구자가 전달을 의도하는 의미들의 범위에 따라 결정된다. 연구자 자신을 대본에서 어떻게 나타내는지를 떠나서, 윤리적 실천의 측면에서 연구자는 대본을 만드는 과정에서 자신의 해석적 역할을 명확히 하는 것이 필요하다.

전통적인 글의 형식으로 나타나는 연구 결과와는 다르게, 공연된 에스노드라마는 시각적인 차원도 포함한다. 공연된 작품은 연구자가 사회적 삶의 시각적 부분을 포착하여 소통하도록 한다. 인간의 경험과 그것을 연구하는 데서 삶의 시각적 차원을 떼어놓고 보기는 어렵다. 특히 시노그라피는 시간, 장소, 사회적 분위기에 대한 정보를 주고 의상과 메이크업은 캐릭터와 무대의 "인상"을 만들도록 도와준다

(Saldaña, 2003, p. 228). 장면의 구성 요소와 의상과 더불어서 공연의 장소, 조명, 매체 기술, 그리고 소리/음악을 고려하는 것이 중요하다(Saldaña, 2011).

■ 연구자들은 어떻게 에스노드라마와 에스노연극을 활용하여 왔는가? 이러한 방법들을 통해서 어떤 연구 주제들을 탐구해 왔는가?

에스노드라마

에스노드라마는 불평등, 사회 정의, 정체성, 그리고 편견의 경험과 관련된 중요 쟁점들을 다루기 위해 창작된다. 극예술에 경험이 있는 연구자들은 이러한 주제에 관심을 가지고 에스노드라마를 매력적으로 생각하는데, 이는 드라마를 쓰는 것과 공연이 정서적인 영향을 주어 인물 자신을 드러나게 하고, 고정관념과 억압적인 환경을 없애고, 서로 간의 차이를 연결시키며, 공감하도록 도와주기 때문이다. Tara Goldstein은 에스노드라마 글쓰기를 이러한 이유로 사용하였으며[공연된 문화기술지(performed ethnography)라는 용어를 더 선호하긴 하지만], Johnny Saldaña(2011)가 말한 것처럼, 그녀는 이 분야에서 가장 알려진 에스노드라마 연구자 중 한 명이다.

Goldtsein의 가장 최근에 출판된 저작『무관용과 타자의 연극: 인종차별, 외국인 혐오, 동성애 혐오주의(Zero Tolerance and Other Plays: Disrupting Xenophobia, Racism and Homophobia in School)』(2013)에서는 인종차별, 외국인 혐오, 동성애 혐오주의를 다루는 세 가지 연극 대본을 보여 준다. Goldtsein은 2008년에 캐나다에서 학교 폭력 사건이 발생한 이후 〈무관용(Zero Tolerance)〉을 쓰게 되었다. 2007년 5월에 15세 고등학생 Jordan Manners이 자신이 재학하는 토론토 학교의 복도에서 총을 맞아 살해되었다. 이에 대해 토론토 지방 교육청은 학교 안전에 대한 조사를 시행하였고, 이를 바탕으로『건강으로의 여정(The Road to Health)』이라는 595페이지짜리의 4권의 보고서를 작성하게 되었다. 한 달 뒤에 Goldstein은 이 보고서의 한 주제를 30분의 공연 대본으로 각색하여 토론토의 예비교사와 현직교사가 토론할 수 있도록 하였다. Goldstein이 내렸던 결정 중 하나는 그녀 자신의 목소리를 내레이터로 포함시킨 것이다. 이 결정은 여러 이유로 중요했다. 왜냐하면 공연되었을 때 대본의 마지막까지 촉진자로서 관객의 성찰과 토론을 불러일으켜서 문제를 해결하고 책에서 묘사된 사건들을 예방하도록 도왔다. Goldstein의 목표는 그녀의 연구를 교사와 학교에서 청소년과 함께 생활하는 다른 이들에게 보여 주는 것, 그리고 전통적인 연극 관객과 학술적인 독자들이 그녀의 연구에 함께 참여할 수 있도록 하는 것이었다.

최근 사건에 대한 Goldstein의 반응을 보고, 에스노드라마가 어떻게 역사적인 연구에 기반을 둘 수 있는지에 대해서도 고려해 보자. Lojo Simons와 Anita Simon은 미국 역사에서 별로 알려지지 않은 제2차 세계대전 중에 독일계 미국인들이 포로 수용소에 강제로 있었던 일을 『하트랜드: 제2차 세계대전 기간의 독일계 미국인의 억류에 관한 역사적 드라마(Heartland: A Historical Drama about the Internment of German-Americans in the United States during World War 2)』(2014)로 썼다. 미국 정부는 수천 명의 일본계, 독일계 그리고 이탈리아계 미국인들을 고립된 수용소에 가두는 동시에 외국인 포로들을 투옥시킬 목적으로 미국으로 강제 이동시켰다. 『하트랜드』는 독일 태생의 미망인과 그녀의 가족이 2명의 독일인 전쟁 포로를 가족 농장에서 일하도록 데리고 가는 이야기를 통해서 이 두 가지 역사적인 사건들의 교차점을 보여 준다. 독일계 미국인 가족과 전쟁 포로들 간의 유대감은 지역 사람들이 받아들일 수 없을 정도로 깊어지면서 미망인은 체포되고, 투옥되고, 결국 가족이 뿔뿔이 흩어지게 된다. 미국 역사에서 망각되고 침묵된 교육적 이야기는 권력의 공포와 편견을 보여 준다.

『하트랜드』는 경험적인 조사에 기반을 두지만 허구적인 인물들로 이루어져 있다. 극작가들은 조사과정에서 영감을 많이 받았으며, 2006년에 제2차 세계대전 중 미국에 수감된 독일 포로들에 대한 TV 방송을 조사하기 시작하였다. 이 이야기는 관타나모만에 있었던 테러 용의자들을 구금한 사건과 유사하다.

Simons와 Simon은 그들의 조사과정을 다음과 같이 설명한다.

미국에 있는 독일인 유치 수용소에 대한 조사를 시작하면서 온라인이나 지역 도서관에 있는 주요 원자료를 가능한 한 많이 사용하였다. 최초 연구 단계에서는 적군에 관한 법률 자료나 대통령의 전쟁 선언에 대한 미국 정부의 문서들을 다루었다. 여러 수용소는 미네소타주 뉴얼름과 미시시피주 클린턴과 같은 다양한 장소에 있었고, 우리는 이러한 수용소의 사진이나 문서들을 그 주의 지역 역사 보존용 웹사이트에서 많이 찾았다. 추가적인 조사는 현재 주 관할공원이자 박물관이지만 한때는 수용소였던 네브래스카주 포트 로빈슨에서 할 수 있었다. 우리는 최초 연구 단계 이후 사건들이 일어난 타임라인을 만들었고 제국주의와 외국인 혐오주의와 같은 연극의 주제를 탐구할 수 있었다. 위스콘신을 연극의 배경으로 하였는데, 많은 목장이 수용소 근처에 존재했기 때문이다. 배경을 알고 나서는 우리는 LeAnn R. Ralph가 쓴『나에게 젖소가 돌아다니는 고향을 주세요(Give Me a Home Where the Dairy Cows Roam)』와 Johannes Gillhoff가 쓴『독일계 미국인 농부의 편지(Letters of a German-American Farmer)』와 같은 텍스트를 보면서 목장에서의 삶에 대한 추가적인 연구를 하였다(2014, p. 12).

그들은 2006년에『하트랜드』의 초안을 쓰고 2007년에 극작가 그룹에 보여 주면서 배우들이 약 40명의 관객에게 연극을 읽을 수 있도록 하였다. 관객이 연극에 대해 피드백하고 연극의 내용을 수정하는 데 참여하도록 했다. 새로운 버전은 2008년에 다른 관객들에게 상연되었고, 더 많은 수정사항이 발견되었다. 연극은 2008년에 공식적으로 상연되고, 2014년에 극본이 출판되었다.

■ 에스노드라마는 어떻게 보건 연구에 사용되어 의식을 함양하고, 보건에 관한 주제들이나 종속적 관점들을 다루는 토론 진행방법이 될 수 있었을까?

보건극

에스노드라마/에스노연극이 중요한 대안의 방법으로 등장한 한 분야는 보건 연구이다. 이 분야에서 드라마는 환자나 그들의 보호자들의 경험을 배우고 소통할 수 있게 하는 동시에 윤리적 주제를 탐구할 수 있는 수단이 되고 있다. Jim Mienczakowski, Lynn Smith와 Steve Morgan(2002)은 '보건극(health theatre)'이라는 용어를 건강에 관한 주제를 다루는 에스노드라마의 공연을 의미하는 데 사용한다.

Jeff Nisker(2008, 2012)는 연극을 활용할 때, 출현하는 윤리적이고 도덕적인 보건 문제의 대응방법을 제안한다. 공연은 각기 다른 상황에 처한 이해 당사자를 포함하여, 새로운 과학적 가능성을 탐험할 수 있도록 한다. 예를 들어서, 캐나다 보건부의 후원을 받아 Jeff Nisker(2008)는 예상된 유전적 실험에 관한 책으로『사라의 딸들(Sarah's Daughters)』을 썼고, 유전자 등급화를 위해 시험관 태아를 실험하는 것에 관한 책으로『오키드(Orchids)』를 썼다.『오키드』는 영어와 프랑스어로 16번 공연되었고, 연구기반 공연들로 비교적 폭넓은 관객층을 확보하게 되었다.

정신 건강과 같은 주제의 연구를 기반으로 한 연극도 존재한다. Abi Bown(2004)의 〈마인드 더 갭(Mind the Gap)〉이 그 예이다. 이러한 프로젝트는 고정관념을 도전하거나, 비난을 제한하거나, 효율적 공공 서비스의 필요성을 지지하는 수단이 되기도 한다. Mienczakowski와 동료들(2002)은 정신분열중을 앓고 있는 사람들을 대상으로 한 인터뷰를 바탕으로 보건극을 제작하였다. 〈크게 소리 내어 지르자(Syncing Out Loud)〉(Mienczakowksi, 1994)라는 공연에서 연구 참여자가 투병의 경험을 보여주어 관객이 특정 질병의 경험을 배울 수 있도록 하였다. 이러한 방식으로, 연구자들은 공연이 질병과 정신 질환과 관련된 오해 및 편견을 깨뜨릴 수 있다고 보고하였다. 이러한 분야에서의 경험을 바탕으로, Mienczakowski와 동료들은 공연기반 방법론이 보건 연구에서 그동안 소외되었던 보건 관리를 받는 대상과 서비스 제공자(전문적이고 개인적인)를 위한 목소리를 낼 수 있는 공간을 제공할 수 있다고 주장하였다. 에스노연극은 그동안 통제받던 의견을 발표하고 교육하며 고정관념과 오해를 마주보고 해결할 수 있도록 사용된다. 무엇보다도 에스노연극은 사람들을 자유롭게 할 수 있는 잠재력을 가지고 있다(Mienczakowski, 1995).

Jim Mienczakowski는 보건극의 중심에 있는 윤리적인 쟁점들, 특히 정신 질환 사례 연구처럼 쉽게 상처받을 수 있는 집단이 연구 참여자일 경우의 문제에 관심을 가졌다. 그는 이러한 방법들이 사회 정의를 추구하는 긍정적 가능성도 있지만, 잠재적 위험성도 가지고 있다고 조언하였다. 이에 대해 Mienczakowski와 동료들(2002)은 보건극 공연의 윤리적인 시행 지침을 제안하였다. 보건극은 공적인 공연(public performance)의 형태이다. 따라서 연구자들은 공연이 관객의 복지에 영향을 줄 수 있다는 책임감을 가져야 한다. 이 방법에 대해서 구체적인 지침서를 만들게 된 계기는 관객들이 에스노드라마적인 공연을 보고 소위 위험에 처한 사건에서 비롯됐다. 예를 들어서, Mienczakowski와 동료들은 〈그늘에서 눈물을(Tears in the Shadows)〉이라는 공연 이후에 시도된 두 가지 자살을 언급하였다. 그들이 제안하는 전략들은 연구에서 타당성을 더욱 높일 수 있으므로 이중적 역할을 할 수 있다.

첫 번째로, Mienczakowski와 동료들은 관객을 위한 프리뷰 공연을 보여 주고 조사과정 중인 주제를 공유하라고 조언한다. 두 번째로, "공연 이후 포럼 세션"은 관객들의 반응을 분석하고 공연의 영향을 평가하기 위한 방법이 될 수 있다(2002, p. 49). 이러한 방법을 통해서 연구자는 공연 형식의 연구에서 윤리적 쟁점을 다루고, 타당도와 신뢰도를 최대화할 수 있는 수단을 만들 수 있었다.

플레이빌딩

Johnny Saldaña는 극(theatre)과 드라마(drama)라는 용어를 다음과 같이 구별하였다. "극은 대부분 형식적인 공연을 만드는 과정과 공연된 것을 지칭하는 반면에, 드라마는 대부분 희곡과 즉흥적인 공연극을 말한다."(2011, pp. 14-15) Joe Norris가 사용한 플레이빌딩(Playbuilding) 방법은 이러한 즉흥적인 공연극이다. 플레이빌딩은 공연하면서 관객에게서 떠오르는 텍스트를 만드는 실행과정이다(Barone, 1990; Norris, 2000, 2009). 즉, 주제, 쟁점 또는 문제를 중심으로 연구를 진행하여 특정 주제에 대해서 사람들이 브레인스토밍한 것을 모은 것이다(Norris, 2009). 그룹은 개인 (자문화기술적인) 관찰과 선행 연구, 신문, 잡지 그리고 소설과 같은 다른 형태의 자료로 진행한다. Norris는 참여자를 아르토스(A/R/Tors)라고 지칭하는데, 이는 연기자-연구자-교사(actors-researchers-teachers)의 영어 약자를 의미한다. 모든 참여자는 연구과정에 있어서 이해 당사자—협동하는 사람, 파트너, 공동 창작자, 공동 작가—가 된다(Norris 2009).

플레이빌딩 과정은 보통 다음과 같다.

> 먼저, 자료 수집(생성)에 이어서 자료를 분석(해석)하고, 그런 다음, 자료를 보급(공연)함으로써 마무리한다. 에스노드라마의 경우 자료가 전통적으로 모아지고, 분석되고, 그다음 '대안적'인 형태로 발표된다. 플레이빌딩을 통해 자료는 다른 방식으로 만들어지고 해석되고, 가끔 이러한 세 단계는 동시적으로 이루어진다(Norris, 2009, p. 22).

Norris는 기록을 보관하는 시스템을 만들었는데, 이는 질적 연구의 '코딩' 과정과 유사하다(Norris, 2000). '기록을 보관하는 것'이나 '코딩하는 것'을 개념화하여 본다면 일종의 '출현하는 과정'으로 볼 수 있는데, 그는 팀 구성원들이 그들의 생각, 아이디어, 느낌을 플레이빌딩 과정 중 노트 카드에 적어 다양한 파일에 분류하도록 한다. 그가 사용한 파일 중 일부는 "정리할 것" "주제/쟁점" "은유" "장면 아이디어" "리허설된 장면들" "급히 만들 것"(짧은 장면이나 구절들) "관리자들" "소품들/의상들/음악적으로 필요한 것들" "외부 조사 자료" 그리고 "잠정적 제목"이다(p. 47). 궁극적으로 공연으로 발전하면서 Norris는 자료는 수집에서 편집으로 변화하고 있음을 발견하게 된다. 이는 "우리는 이 연극이 어떤 것에 대한 것이길 바라는가?"라는 질문을 통해서 진행되는 과정이다(2000, p. 47). 플레이빌딩은 극예술의 원칙을 끌어들여 의미 있는 방식으로 데이터를 재현해야 한다. Norris에 따르면 이 과정은 데이터에서 드라마로 발전해 가는 과정으로 보고 다음과 같이 설명한다. "아르토스는 형성된 데이터를 가지고 은

유, 작품 그리고 연극의 방식들을 예술적으로 사용하여 생생한 경험의 텍스트(극적인 비네트들)를 창작하여 참여자 간의 대화를 불러일으킨다."(2009, p. 35)

플레이빌딩의 결과는 라이브 공연인데, 이는 새로운 데이터를 만들거나 관객이 과정에 참여하게 되면서 데이터를 해석할 수 있도록 한다(Norris, 2009). 예를 들어, 공연 이후의 토론이나 포커스 그룹들은 혼합 또는 다중 방법의 프로젝트의 다음 단계에서 새로운 정보를 만들기 위해 사용될 수 있다. Norris는 그의 그룹인 미러 극장(Mirror Theatre)을 통해서 200개가 넘는 공연과 워크숍을 만드는 데 관여하였다. 그들은 외부 대행사들로부터 위탁받아서 공연의 일부를 창작하거나 다양한 주제에 관한 워크숍을 진행하였다. Norris는 학교 폭력, 통합/배제, 편견, 섹슈얼리티, 신체의 이미지, 중독, 평등/직장에서의 상호 존중, 위험 부담 그리고 교육 실습과 같은 다양한 범위의 주제에 대한 드라마 작품 창작과정에 함께했다(Norris의 작품과 관련된 자세한 정보는 www.joenorrisPlaybuilding.ca 참조).

영화

ABR이 나타나는 또 다른 공연 장르는 영화이다. 인류학에서 기록 영화를 사용하는 것은 이미 역사가 오래되었으며, 학계에서 영화는 다소 경쟁적인 장르라 할 수 있다(Ruby, 2008). 에스노픽션(ethnofiction)과 에스노그래픽 영화(ethnographic film; Sjoberg, 2008) 그리고 에스노시네마(ethnocinema; Harris, 2012)처럼 사회학에서 영화 제작을 지칭하는 다양한 용어가 있다. 예를 들어, 2012년 아테네 에스노그래픽 영화 축제에서는 영화를 활용한 연구가 급증하고 있음을 보여 주었다. 학문을 넘나드는 ABR의 성장은 인터넷과 첨단 기술의 출연으로 두 배로 확대되고 영화 제작에서 새로운 접근의 연구방법으로 발전하게 되었다.

영화(그리고 동영상)는 현대 ABR의 다양한 맥락에서 활발하게 사용된다. 영화를 활용하는 방식은 다양한데, 다큐멘터리 영화 스타일에서 내러티브 영화 스타일까지 포함하여 느슨한 계획부터 스토리보드, 원고, 리허설을 포함한 치밀한 계획까지 폭넓게 이루어진다. 더 나아가서 이러한 종류의 영화들은 연구자들과 연구 참여자들 혹은 배우들까지 등장하기도 한다. 다음은 다른 학문적 관점들과 다양한 방식으로 폭넓은 주제들을 탐구하면서 높은 수준을 가진 세 가지 예시이다. (또 다른 접근 방식을 보여 주는 온라인의 예시는 장의 마지막에 수록하였다). 전통적인 영화 제작과정의 예시는 탐구의 과정을 보여 주고, 다음으로 전통적인 질적 자료가 영화에 적용된 두 가지 예시를 살펴보겠다.

자살의 숨겨진 이면

창의적 예술치료자인 Yehudit Silverman(2010)은 사랑하는 이의 자살을 겪은 사람의 경험을 이해할 수 있도록 가면을 만들어 영화에 사용하였다. Silverman의 탐구는 개인적 경험이지만, 놀랍게도 자아성찰을 가능하게 하였으며, 그녀의 연구 참여자와 마찬가지로 가족 또한 연구에 참여하면서 치유받을 수 있었다.

청소년 Silverman은 다수의 반 친구들을 자살로 잃었다. 그리고 17세의 나이에 그녀는 우연찮게 그녀의 삼촌이 자살했다는 것을 알게 되었다. 이 경험들의 공통점은 자살 이후에 모두 침묵했다는 것이다. 아무도 그들에 대해서 말하지 않았다. 나중에 나이가 들어서 Silverman은 그 침묵에 대해서 조사하기로 결정하였다.

그녀가 조사하고 싶었던 분야에 들어갈 수 있도록 인물을 사용하는 것을 연구과정에 포함하였다. Silverman은 이번 영화와 이전의 작품들에서 인물을 사용하는 것은 하나의 가이드가 되며, 그녀가 '거기(어둡고, 어려우며, 연민 어린 곳)에 가도록' 도와준다는 것을 알고 있다. 이 조사과정에서 그녀는 지하 세계에 가야 했으며, 어둡고 고통스럽게 묻혀진 감정들에게 말을 걸기 위해서 다시 돌아와야 하기도 했다. 그래서 그녀는 자신의 연구에 도움을 받기 위해 신화에 등장하는 페르세포네라는 여신을 활용하였다. 자료를 만들어 내기 위해 Silverman은 살아남은 자들의 자살 모임에 1년 동안 참석하였다. 그녀는 영화에 참여시키기 위해서 모임의 구성원들을 초대하였다.

그녀의 연구과정의 한 부분은 가면을 형성해 가는 과정이다. 사랑하는 이의 자살을 겪은 사람들은 가끔 그들이 가면을 써야 한다고 느낄 때가 있었다. 그들은 가면 뒤에 숨어서 그들의 아픔, 수치스러움, 죄책감 그리고 다른 사람과 얘기할 수 없는 감정들을 감춘다. Silverman은 가면이 매우 강력하고 가슴 아픈 도구인데 이는 주체(썼을 때)이자 객체(벗었을 때)가 될 수 있기 때문이다. 그것은 또한 우리가 드러내는 것과 숨기는 것을 상징한다. Silverman은 가면이 우리 자신의 '내면'을 보여 줄 가능성이 있다고 말한다. 이러한 맥락에서 6명의 생존자들은 워크숍에서 그들의 가면을 만들었고, Silverman은 본래 그 활동에 참여하려고 하지 않았지만, 결국은 30개의 가면을 만들게 되었다. 가면은 그녀와 가족을 포함한 다른 이야기를 할 수 있게 도와주었다.

마지막으로, 영화를 제작하는 과정은 꽤 유기적이었다. Silverman이 찍기를 원하던 이미지가 있었지만, 영화 제작은 계획된 하나의 길을 따르지 않았다. 그녀는 모르는 사람과도 편해졌고 모든 것이 결국에는 합쳐질 것이라는 믿음이 있었다고 한다. 많은 사람들에게는 창의적이고 의미를 만들어 내는 과정에서의 자발성이 중요하다. 영화가 완성되었을 때 Silverman은 60분 작품을 완성시킬 〈자살의 숨겨진 면(The Hidden Face of Suicide)〉이라는 아름다운 음악을 만들었다. Silverman은 과정이 그녀와 그녀의 가족, 참여자들, 그리고 궁극적으로 관객들을 변화시켰다고 하였다. 그녀의 목표는 생존자들을 위해 침묵이라는 짐을 덜어 주어서 우울하게 생존하고 있는 사람들을 위한 공간을 만들고, 자살을 시도하는 사람들의 고통을 나눌 수 있도록 하는 것이었다. 그 방법과 결과인 영화는 매우 효과적이라고 할 수 있다(영화에 대한 더 많은 정보는 www.yehuditsilverman.com을 방문하라).

싱가포르 드리밍

교육 전문가인 Yen Yen Jocelyn Woo(2008)은 싱가포르와 뉴욕의 젊은이를 연수하였다. 그들은 바라거나 바라지 않는 인생의 경로를 살고 있었다. 또한 Woo 는 그들이 시간을 보내는 합법적이거나 비합법적인 방법에 대해 심층 인터뷰를 하 였다. 그녀는 연구 결과들을 학교를 넘어서서 관객들의 참여로 이어가고 싶어했 다. Henry Giroux(2008)에게 영향을 받아 그녀는 사회적인 의식, 공공 정책, 그리 고 개인적인 선택에 영향력을 가진 대중 매체를 활용하게 되었다. 그녀는 결국 자신 의 질적 연구 결과들을 105분의 사회현실적인 서사영화 〈싱가포르 드리밍(Singapore Dreaming)〉으로 만들었다.

　　Woo가 영화를 하게 된 것은 다음과 같은 질문 때문이다. "개선과 교육을 추구하 는 우리의 연구가 그저 우리끼리의 대화로 그치지 않고 사회에 더 큰 영향을 끼치기 위해서는, 우리의 연구를 어떻게 관객에게 소개할까?"(2008, p. 321) 〈싱가포르 드리 밍〉은 싱가포르의 가장 큰 디지털 극장에서 2006년 싱가포르 국제 영화제로 개봉 되고, 이후 상업적 극장판과 TV 그리고 DVD 판을 만들게 되었다. 이어서 학교와 지 역 센터, 교회 그리고 다른 지역 공간에서 상연되었다. 그녀는 중학교 교사들이 그 들의 학급에 영화를 보여 주었을 때 적용할 수 있는 교육과정 가이드를 만들기도 하 였다. 다른 방법이었다면 불가능했겠지만, Woo는 잘 알려진 표현적인 형식을 사용 하면서 다수의 관객이 그녀의 연구 결과에 참여할 수 있도록 하였다.

루퍼스 스톤

　　사회학과 사회심리학을 공부했던 Kip Jones는 영국의 시골에서의 오래된 게이 인 식에 관한 자신의 다년간의 질적 연구 프로젝트를 영화화하기로 하였다. Jones는 영 국연구위원회(Research Council U. K.)의 후원을 받아 3년의 추가적인 연구 프로젝트 인 '게이와 쾌적한 영토?: 시골의 시민사회에서의 노인들의 연결성에 관한 학제 간 연구'를 주도하였다. 전통적인 연구 보고의 한계를 인식하고, Jones는 결과를 (학계 의 관객뿐 아니라) 대중에게 알리기 위해서 영화를 사용하였다. 이후 〈루퍼스 스톤 (Rufus Stone)〉은 2012년에 30분 단편영화상을 수상하게 되었다. 영화는 Jones가 만들고 경영책임을 하였고, Josh Appignanesi〈신앙심 없는 자(The Infidel)〉, 〈엑스 메모리아(Ex Memoria)〉가 감독과 대본을 썼으며, 런던의 파크필 픽처스에서 제작하였다.

〈루퍼스 스톤〉은 영국의 시골 지역에 살고 있는 남성 동성애자에 관한 이야기이다. Rufus와 Flip의 사이는 Abigail이라는 마을의 어린 여성에 의해서 밝혀지게 된다. 2명의 청년이 서로를 향한 감정을 느끼는 장면이 강을 배경으로 이루어지는데, 이 감정들은 Abigail과 나머지 사람들에게 조롱받게 되지만 꽤 강력하다. 둘에 대해서 모든 사람들은 가혹하면서도 재빠르게 반응한다. 결과적으로, Rufus는 마을을 떠나 런던으로 도망친다. 이 모든 것은 영화 초반에 일어난다. 대부분의 영화는 그다음 50년 후를 다루고 있으며, Rufus는 돌아가신 부모님의 집을 팔기 위해서 마을로 다시 돌아오게 된다. 그는 마을 사람들, 그의 잃어버린 사랑 그리고 그의 쓰라린 기억들을 어쩔 수 없이 마주하게 된다. 나는 여기서 모든 줄거리를 다루고 있지는 않지만, 영화에는 강한 아름다움, 유머 그리고 깊은 비극적 순간들이 있다. 영화는 그저 동성애 혐오와 무관용이 인간의 경험을 형성하는지뿐 아니라, 우리가 어떤 사람인지, 어떻게 우리가 되었는지, 그리고 어떻게 우리의 삶이 전개되는지를 다룬다. 이 영화는 정체성, 시간성 그리고 자아성찰에 관해 시의적절하게 다루었다.

대본을 갖춘 전문적 영화로서, 영화 제작팀은 배우들을 캐스팅하고, 장소를 섭외하고, 촬영방법을 고려하고, 그 외 영화 제작 쟁점들을 다루어야 했다. [그림 6-1]은 과정 중의 몇몇 스틸컷을 보여 준다. 위와 중간의 사진은 영화를 찍는 장면으로, 초기의 아이디어가 현실화되기 위해 얼마나 많은 사람이 필요한지를 보여 준다. 아래의 사진은 영화 중간의 사진으로, 프로젝트의 핵심인 2명의 주인공과 지리적 공간을 보여 주고 있다.

사람들은 〈루퍼스 스톤〉을 통해 공감적으로 참여하고, 연민을 갖고, 고정관념의 문제를 해결할 수 있다. 이는 영화가 연구 결과를 다양한 관객에게 보급하고 사회 과학의 문제를 다루면서, 전통적 연구 결과를 다른 방식으로 재현할 수 있음을 보여 준다. 게다가 연구 결과는 사회적으로 접근 가능하고, 매우 감동적이고 효과적이어서, 노동과 자료의 측면에서 그리고 참여자들의 측면에서 Jones와 동료들의 다년간

[그림 6-1] 영화 <루퍼스 스톤>의 제작 장면

의 프로젝트는 '가치 있다'고 할 수 있다.

- ■ 공연 작품은 어떻게 평가될까? 공연을 판단하는 데 어떠한 준거를 사용할 수 있을까? 어떠한 전략들이 데이터를 재현하는 데 타당도와 진정성을 높일 수 있을까?
- ■ 관객들은 평가과정에서 어떻게 관여할 수 있을까?

특별한 고려사항

제8장에서 평가를 다루겠지만, 여기서 공연기반 장르에서 서로 얽혀 있는 두 가지 쟁점을 설명하도록 한다. 평가 시 특별히 고려해야 할 두 쟁점으로 타당도/진정성과 미학을 간략하게 언급하겠다.

연극과 영화 연구방법론에서 평가 기준은 진정성으로, 이는 타당도와 밀접하게 연관된다. 앞에서 언급한 대로, Saldaña(1999)는 대본 구성과정에서 신뢰도를 높이는 전략을 제안하였다(예를 들어, 그는 자료 수집과 분석 단계에서의 타당도를 체크하면서 연구를 설계하는 방법을 제안한다). 구체적으로 Saldaña는 자료를 선택하면서, 삼각 측정 방법의 변형으로 의미가 불일치하는 자료를 찾아서 서로 다른 해석을 드러내 보고, 집단 창작으로 자료를 해석하여 함께 스토리를 해석해 가는 과정을 보여 주기를 제안한다(이는 연구자와 연구 참여자들 간의 대화가 끊임없이 이루어졌음을 의미한다). (p. 64)

Jaesik Cho와 Allen Trent(2005)는 공연기반 연구가 어떻게 평가될 수 있는지에 대한 여러 전략을 발표하면서 궁극적으로 전략들을 다양한 방식으로 조합하여 쓸 것을 제안한다. Cho와 Trent는 Conquergood의 연구(1985)에서 '대화적인 공연(dialogical performance)' 그리고 Madison(2003)의 '가능성 공연(possibilities performance)'을 통해 나온 쟁점들을 적용시켜서 타당도를 체크하기 위한 항목을 만들었다.

대화적인 공연은 다른 사람들이나 연구자들 사이의 대화와 글들을 포함한다. 이 방법은 다수의 관점, 아이디어 그리고 아이디어들의 재협상을 가능하게 한다. 이러한 측면에서 Cho와 Trent는 "대화적인 공연이론은 자기 자신과 다른 사람들 사이를 개방적이고, 공존하고, 친밀하고, 정직하고, 용기있게 이해하게 한다."라고 설명한다(2005, p. 3).

Madison의 가능성 공연은 가능성이 실제화될 수 있는 공간을 만든다. 이러한 틀에서 통합된 목소리가 나타날 수 있고(인물들을 통해), 이는 관객들이 사회가 변화할 수 있는 가능성을 생각해 보도록 도와준다. 이상적으로, 그러한 경험은 관객들이 긍정적으로 사회적 과정의 부분이 될 수 있도록 동기를 부여해 준다.

이러한 공연의 변증법적 방법들은 대화를 통해 관객이 자신의 역할에 대해서 짧게나마 경험해 보도록 하고(그리고 그들의 역할이 어떻게 달라질 수 있을지에 대해), 침묵했던 사람들이 표현할 수 있는 공간을 만들어 준다. 따라서 이러한 공연이론을 바탕으로, Cho와 Trent(2005)는 사전 공연, 공연 그리고 사후 토론 및 피드백하는 무대를 제안한다. 사전 공연 토론 동안 수집된 데이터는 대본을 만들거나 수정할 때 사용될 수 있다. 공연 중에는 공연자와 관객 간의 교환이 있다. 공연의 '성공'은 텍스트의 진정성(authenticity)을 관객들이 인식하는가와 공연의 미학에 달려 있다(미학은 짧게 다룬다). 마지막으로, 사후 토론 및 피드백의 무대는 연구자의 생각이 다루어지는 대화를 할 수 있도록 도와준다. 이러한 마지막 단계에서 연구자는 공연이 관객에게 끼치는 영향을 평가한다. Norris(2000)는 드라마 공연은 관객과의 대화를 자극시켜서 의미에 대한 계속된 협의를 할 수 있도록 한다고 하였다. Norris는 다음과 같이 썼다. "이는 연구 결과를 확산할 뿐 아니라 자료가 수집되면서 연구과정이 계속적으로 순환되도록 한다. 이는 참여적 연구의 형태로, 텍스트가 선언적인 권력이 되기보다는 소비자가 생산자가 되고 또 역으로도 가능하게 된다."(p. 48) 공연 연구에서 자료는 무대에서 재현되는 과정과 이후에도 수집되고, 전통적으로 통상 연구가 끝났을 때에도 공연 연구는 다른 형식으로 평가가 이루어진다.

관객의 반응과 아울러 관객이 어느 정도까지 진실성 있게 느낄 것인가는 작품의 진정성과 미적 또는 예술적 가치와 연결된다. 우리가 연구를 수행하고 있긴 하지만,

Saldaña는 "이것은 예술인가(Is it art)?"라는 질문을 던져야 함을 주장한다(2011, p. 203). 나아가 그는 공연의 궁극적인 목표는 즐거움을 주는 것이라고 강조한다. "생각을 할 수 있게 하면서도 관중에게 즐거움을 줄 수 있어야 한다."(2005, p. 14) 작품이 관객에게 수용되기 위해서, 다시 말해 진정성에 도달하고 연구를 지속할 수 있도록 영감을 주기 위해서는 연구 결과는 예술적으로도 견실해야 한다(Saldaña, 2011). 이는 연극과 영화 제작 모두에 해당되는 사실이다. "진실을 추구하고자 하는 성실성"뿐 아니라, 실천가들이 창의적으로 가능한 형식, 양식, 조형적 요소를 활용할 때, 미적인 특성은 출현한다고 Saldaña는 제안한다(p. 203). 연구에서 아이디어의 재현뿐 아니라, 예술적 형식에 관심을 갖고 진정성, 진실성 그리고 관객에 대한 영향력을 보여 주는가를 중심으로 이 장의 예시를 선정하였다. 예를 들어, 영화 〈루퍼스 스톤〉에서의 수준 높은 연기는 예술적인 동시에 연구 결과를 절묘하게 조합하였다고 할 수 있다.

고려사항 점검표

연극, 드라마 그리고 영화를 당신의 연구에 사용하고자 할 때 다음을 고려하시오.

✓ 프로젝트의 목표는 무엇이며, 목표는 어떻게 공연, 드라마 기반 실행, 또는 영화를 통해서 나타날 것인가?

✓ 연구 설계의 전체적인 구조는 드라마인가, 아니면 드라마는 데이터 수집이나 연구 결과를 표현하는 역할만을 하는가?

✓ 데이터는 어떻게 수집될 것인가(문화기술지, 인터뷰, 공공 문서 등)? 어떤 공연기반 방법 또는 영화적인 방법을 사용할 것인가? 아니면 결합된 방법인가?

✓ 대본 제작과정에서 어떻게 줄거리, 이야기 그리고 전반적인 구조를 고안할 것인가? 어떻게 인물들이 만들어질 것인가? 3차원으로 세심하게 묘사하기 위해서 무엇을 할 것인가?

✓ 어떠한 윤리적인 쟁점들이 나타날 수 있을까? 관객 구성원 그리고/또는 참여자를 위한 어떤 보호 장치가 있을 것인가?

✓ 영화의 경우 어떻게 관객에게 보급될 수 있을까? 보완하는 글 혹은 온라인 자료는 제공될 것인가?

결론

이 장에서는 연극, 드라마 그리고 영화를 연구방법으로 사용하는 것에 대해 소개하였다. 이는 학제 간의 방법론적 장르가 확장된 것이다. 또한 인식론적 · 이론적 · 방법론적 혁신을 위해서 계속되어야 할 잠재력을 가지고 있다. 이 장에서 다루어진 다양한 장르의 두 가지의 예가 있다.

Mary E. Weems가 쓴 『블링크(Blink)』는 에스노드라마 극본으로 다양성과 편견 그리고 대학 캠퍼스에서의 경험들을 강력하게 다룬다. Weems는 자문화기술지, 문화기술지, 시적 연구 그리고 소설을 그의 작품에 포함시켜 비판적인 반성과 대화를 장려할 수 있도록 의도하였다.

Anne Harris의 〈대학으로의 항해![SAILing in the UNI(versity)!]〉는 영화의 예시이다. 4개의 짧은 영상은 에스노시네마들로 윤리적이고 교육적인 풍토를 다룬다. 짧은 영화에서 4명의 젊은이들(영화 제작자와 토론자의 역할을 하기도 하였다)은 그들의 교육적인 경로를 이야기하고 교육이 그들의 입장에서 왜 중요한지에 대해서 말하고 있다. 이 젊은이들은 아프간과 수단 출신의 호주인으로, 이 중 2명은 인종차별주의, 이슬람 혐오증 그리고 정착한 나라에서 소외의 문제를 지속적으로 겪고 있는 난민 단체에 도착하였다. 이 프로젝트는 이 단체에서 젊은 사람들이 가진 교육적인 열망을 다루고 있는데, 지역사회와 대학의 관점에서 고등교육을 받을 수 있는 길을 개선하기 위한 공동 작업이 되었다. 그저 동영상과 영화가 연구방법으로 유용한 하나의 예시가 되는 것뿐만 아니라 초보자들도 배울 수 있는 영화 프로젝트가 될 수 있기 때문에 이 동영상의 모음을 활용하고자 한다.

토론 문제 및 활동

1. 질적 연구의 기술과 드라마, 극예술의 실행에서 사용하는 기술의 공통점에는 무엇이 있을까? 이러한 유사점은 풍부한 연구를 위해서 어떻게 사용될 수 있을까?

2. 연구에 대한 이러한 접근들의 주요한 강점은 무엇일까?

3. 공연기반의 주요 방법은 무엇일까? 각 실행에서의 차이점은 무엇인가?

4. 연구 주제(예: 몸 이미지, 성 정체성, 청소년 살해)를 선택하고 사회적 자료(학술적인 선행 연구 분석을 포함하여)에서 데이터의 표본을 수집하여 연습하라. 당신은 공연이나 영화 대본을 만들기 위해서 어떻게 자료를 코딩하고 분류할 것인가? 주제들, 인물들, 대화 그리고 이야기가 어떻게 나타나게 되는지를 적으라. 이 활동의 다양성을 위해서 3~5명의 작은 그룹과 함께 일하면서 '집단적 창작'의 목표를 가지고 이와 같은 과정을 따라서 연습해 보자.

추천 도서

Denzin, N. K. (2003). *Performance ethnography: Critical pedagogy and the politics of culture.* Thousand Oaks, CA: Sage.

이 책은 공연 문화기술지를 비판적 시각에서 다룬다. 이 책은 포스트모더니즘, 공연과 같은 주제를 비판교육학과 윤리학의 측면에서 다룬다.

Harris, A. (2012). *Ethnocinema: Intercultural arts education.* New York: Springer.

이 책은 에스노연극의 실천과 윤리, 연구방법론을 연대기적으로 서술한다. 저자는 2년간의 수단 여성과의 협력적 연구를 다룬다. 이 책에 있는 온라인 영화 자료는 이러한 연구에 관심 있는 사람에게 좋은 자료이다.

Madison, D. S., & Hamera, J. (Eds.). (2006). *The Sage handbook of performance studies.* Thousand Oaks, CA: Sage.

이 책은 회고적이며 공연 연구에 대한 전망적 논평을 담고 있다. 경험 연구뿐 아니라 연극에 대한 장을 포함한다. 각 장은 연구자, 학자, 대학원생 등 상위 수준의 독자를 대상으로 한다.

Norris, J. (2009). *Playbuilding as qualitative research: A participatory arts-based approach.* Walnut Creek, CA: Left Coast Press.

이 책은 집단 창작이나 플레이빌딩 같은 연극 장르를 다룬다. Norris는 집단 따돌림에서 인종차별주의 같은 주제를 다룬 예시와 연구방법 200여 개 이상의 사례를 보여 준다.

Saldaña, J. (Ed.). (2005). *Ethnodrama: An anthology of reality theatre.* Walnut Creek, CA: AltaMira Press.

에스노드라마 모음집으로 모두 드라마 형식의 작품을 모은 편저이다. 에스노드라마 독백, 독백과 에스노드라마 대화, 에스노드라마의 확장의 세 부분으로 구성된다. 부록은 각기 다른 드라마 모델 형식에 따라 읽기 자료를 제안한다(예: 자문화기술지 모델, 핵심 인물의 내레이터).

Saldaña, J. (2011). *Ethnotheatre: Research from page to stage.* Walnut Creek, CA: Left Coast Press.

이 책은 에스노연극/에스노드라마의 배경이 되는 연구방법, 연구방법 지도, 평가 항목, 현장 연구 사례 등으로 이루어진 영향력 있는 저서이다. 매우 독자 친화적인 책이다.

관련 웹사이트와 저널

Etudes: An Online Theatre and Performing Arts Journal for Emerging Scholars
www.etudesonline.com

『에튀드: 신진 학자를 위한 온라인 연극, 공연예술 저널(Etudes: An Online Theatre and Performing Arts Journal for Emerging Scholars)』은 연구 논문, 미디어, 공연 리뷰, 창작물, 선언문 등 연극과 퍼포먼스 연구에 관한 다양한 주제를 다룬다. 특별히 공연을 위한 대본 작품과 학문적인 것을 환영하며, 혁신적이며 과감한 시도도 수록한다.

International Journal of Performance Arts and Digital Media
www.intellectbooks.co.uk/journals/view-Journal,id=120

『공연 예술과 디지털 미디어 국제 저널(International Journal of Performance Arts and

Digital Media)』은 심사를 받는 학술지로 뉴테크놀로지 인터페이스의 실천이나 공연 예술 등 다양한 연구를 다룬다.

Journal of Video Ethnography (JVE)

http://videoethno.com

비디오/필름을 사회과학적 연구방법으로 발전시키기 위한 심사를 받는 온라인 저널이다. 인간 사회 시스템, 문화를 탐구하여 비디오/필름을 매체로 다룬다. 이 저널은 비디오를 문화기술지 연구의 핵심적 방법과 주된 결과물로 사용한다.

Psychocultural Cinema

http://psychoculturalcinema.com

『심리문화적 시네마(Psychocultural Cinema)』는 협력적·학제 간 연구의 웹사이트로 심리학적 인류학과 문화인류학 영화를 다룬다. 심리문학적 시네마는 인류학자, 영화 제작자, 학생들과 인류학 프로젝트에 참여하는 사람들에게 작품과 아이디어를 공유할 수 있도록 포럼을 제공한다.

Studies in Musical Theatre

www.intellectbooks.co.uk/journals/view-Journal,id=119

『뮤지컬 극장 연구(Studies in Musical Theatre)』는 심사받는 원고를 수록하며, 음악과 연주를 극장에서 함께 하는 라이브 공연에 관한 논문을 게재한다. 오페라, 음악극, 뮤지컬극, 배우 뮤지선, 뮤지컬극의 트레이닝과 문자와 음악 언어의 퓨전, 공연에서 음악과 노래의 활용, 뮤지컬극에서 예술과 엔터테인먼트의 경계의 의미를 다루며 뮤지컬극을 학문적으로 다룬다.

Studies in Theatre and Performance

www.intellectbooks.co.uk/journals/view-Journal,id=124

『극장과 퍼포먼스 연구(Studies in Theatre and Performance)』는 새로운 다학문적 접근의 저널이다. 심사를 받는 원고로 이루어지며, 교육과 공연뿐 아니라 학자, 교사, 실천가들을 대상으로 방법론적, 이론적, 경험적 연구를 다룬다. 이 저널은 영국의 대학의 드라마 학과에서 개최된 상설 콘퍼런스를 공식적으로 출판한다.

미주

1. '공연적 사회과학'은 연극학 이론에 근거한다(Gergen & Gergen, 2011).

참고문헌

Ackroyd, J., & O'Toole, J. (2010). *Performing research: Tensions, triumphs and trade-offs of ethnodrama.* London: Institute of Education Press.

Barone, T. (1990). Using the narrative text as an occasion for conspiracy. In E. W. Eisner & A. Peshkin (Eds.), *Qualitative inquiry in education* (pp. 305-326). New York: Teachers College Press.

Berry, G., & Reinbold, J. (1984). *Collective creation.* Edmonton, Alberta, Canada: Alberta Alcohol and Drug Abuse Commission.

Bhabha, H. (1993). Culture's in between. *Artform International, 32*(1), 167-171.

Boal, A. (1985). *Theatre of the oppressed.* New York: Theatre Communications Group.

Boal, A. (1998). *Legislative theatre: Using performance to make politics.* London: Routledge.

Bown, A. (2004). *Mind the gap.* Unpublished script.

Butler, J. (1990). *Gender trouble.* London: Routledge.

Butler, J. (1993). Critically queer. *GLQ: A Journal of Gay and Lesbian Studies, 1,* 17-32.

Castro-Salazar, R., & Bagley, C. (2012). *Navigating borders: Critical race theory research and counter history of undocumented Americans.* New York: Peter Lang.

Charmaz, K. (2008). Grounded theory as an emergent method. In S. N. Hesse-Biber & P. Leavy (Eds.), *Handbook of emergent methods* (pp. 155-170). New York: Guilford Press.

Cho, J., & Trent, A. (2005). *Process-based validity for performance-related qualitative work: Imaginative, artistic, and co-reflexive criteria.* Pullman: Washington State University.

Conquergood, D. (1985). Performing as a moral act: Ethical dimensions of the ethnography of performance. *Literature in Performance, 5,* 1–13.

Denzin, N. K. (1997). *Interpretive ethnography: Ethnographic practices for the 21st century.* Thousand Oaks, CA: Sage.

Denzin, N. K. (2006). The politics and ethics of performance pedagogy: Toward a pedagogy of hope. In D. S. Madison & J. Hamera (Eds.), *The Sage handbook of performance studies* (pp. 325–338). Thousand Oaks, CA: Sage.

Frisch, M. (1990). *A shared authority: Essays on the craft and meaning of oral and public history.* Albany: State University of New York Press.

Gergen, M. M., & Gergen, K. J. (2011). Performative social science and psychology. *Forum: Qualitative Social Research, 12*(1), Art II.

Giroux, H. A. (2008). Hollywood film as public pedagogy: Education in the crossfire. *Afterimage, 35*(5), 7–13.

Goffman, E. (1959). *The presentation of self in everyday life.* Garden City, NY: Anchor.

Goldstein, T. (2013). *Zero Tolerance and other plays: Disrupting xenophobia, racism and homophobia in school.* Rotterdam, The Netherlands: Sense Publishers.

Gray, R. E. (2003). Performing on and off the stage: The place(s) of performance in arts-based approaches to qualitative inquiry. *Qualitative Inquiry, 9*(2), 254–267.

Haraway, D. (1991). *Simians, cyborgs, and women: The reinvention of nature.* New York: Routledge.

Harris, A. (2012). *Ethnocinema: Intercultural arts education.* New York: Springer.

Jones, K. (2006). A biographic researcher in pursuit of an aesthetic: The use of arts-based (re)presentations in "performative" dissemination of life stories. *Qualitative Sociology Review.* Available at *www.qualitativesociologyreview.org/ENG/Volume3/QSR_2_1_ Jones.pdf.*

Jones, K. (2010). *Seminar Performative Social Science: What it is. What it isn't* [Script]. Retrieved from *www.academia.edu/4769877/Performative_SocSci_What_it_is_What_ it_isnt_Seminar_script.*

Jones, K. (2012a). Connecting research with communities through performative social science. *Qualitative Report, 17*(Rev. 18), 1-8. Retrieved from *www.nova.edu/ssss/QR/QR17/jones.pdf*.

Jones, K. (2012b). Short film as performative social science: The story behind "Princess Margaret." In P. Vannini (Ed.), *Popularizing research* (pp. 13-18). New York: Peter Lang.

Jones, K. (2013). Infusing biography with the personal: Writing *Rufus Stone. Creative Approaches to Research, 6*(2), 6-23. Available at *www.academia.edu/attachments/31739870/download_file*.

Langellier, K. M., & Peterson, E. E. (2006). Shifting contexts in personal narrative performance. In D. S. Madison & J. Hamera (Eds.), *The Sage handbook of performance studies* (pp. 151-168). Thousand Oaks, CA: Sage.

Leavy, P. (2011). *Essentials of transdisciplinary research: Using problem-centered methodologies*. Walnut Creek, CA: Left Coast Press.

Madison, D. S. (2003). Performance, personal narrative, and the politics of possibility. In Y. Lincoln & N. Denzin (Eds.), *Turning points in qualitative research* (pp. 469-486). New York: AltaMira Press.

Malchiodi, C. A. (2005). Expressive therapies: History, theory and practice. In C. A. Malchiodi (Ed.), *Expressive therapies* (pp. 1-15). New York: Guilford Press.

Malchiodi, C. A. (2012). Art therapy and the brain. In C. A. Malchiodi (Ed.), *Handbook of art therapy* (2nd ed., pp. 17-26). New York: Guilford Press.

McLeod, J. (1988). *The arts and education*. Paper presented at an invitational seminar cosponsored by the Fine Arts Council of the Alberta Teachers' Association and the University of Alberta, Faculty of Education, Edmonton, Alberta, Canada.

McTeer, M. (2005). Leadership and public policy. *Policy, Politics, and Nursing Practice, 6*(1), 17-19.

Mienczakowski, J. (1994). *Syncing out loud: A journey into illness* (2nd ed.). Brisbane, Australia: Griffith University.

Mienczakowski, J. (1995). The theatre of ethnography: The reconstruction of ethnography into theatre with emancipatory potential. *Qualitative Inquiry, 1*, 360-375.

Mienczakowski, J., Smith, L., & Morgan, S. (2002). Seeing words—hearing feelings: Ethnodrama and the performance of data. In C. Bagley & M. B. Cancienne (Eds.), *Dancing the data* (pp. 90–104). New York: Peter Lang.

Moreira, C. (2005, May). *Made for sex*. Paper presented at the First International Congress of Qualitative Inquiry, Urbana-Champaign, IL.

Nisker, J. (2008). Healthy policy research and the possibilities of theatre. In J. G. Knowles & A. L. Cole (Eds.), *Handbook of the arts in qualitative research* (pp. 613–623). Thousand Oaks, CA: Sage.

Nisker, J. (2012). *From calcedonies to orchids: Plays promoting humanity in health policy*. Toronto: Iguana Books.

Norris, J. (2000). Drama as research: Realizing the potential of drama in education as a research methodology. *Youth Theatre Journal, 14*, 40–51.

Norris, J. (2009). *Playbuilding as qualitative research: A participatory arts-based approach*. Walnut Creek, CA: Left Coast Press.

Oikarinen-Jabai, H. (2003). Toward performative research: Embodied listening to the self/other. *Qualitative Inquiry, 9*(4), 569–579.

Pfohl, S. (1994). *Images of deviance and social control: A sociological history*. New York: McGraw-Hill.

Ruby, J. (2008, June). Towards an anthropological cinema. Presentation at the Nordic Anthropological Film Association meetings in Ísafjörur, Iceland.

Saldaña, J. (1998). *Ethical issues in an ethnographic performance text: The "dramatic impact" of "juicy stuff."* Tempe: Arizona State University Press.

Saldaña, J. (1999). Playwriting with data: Ethnographic performance texts. *Youth Theatre Journal, 14*, 60–71.

Saldaña, J. (2003). Dramatizing data: A primer. *Qualitative Inquiry, 9*(2), 218–236.

Saldaña, J. (Ed.). (2005). *Ethnodrama: An anthology of reality theatre*. Walnut Creek, CA: AltaMira Press.

Saldaña, J. (2011). *Ethnotheatre: Research from page to stage*. Walnut Creek, CA: Left Coast Press.

Silverman, Y. (2010). *The hidden face of suicide* [DVD]. Available at *www.yehuditsilverman. com/the-hidden-face-of-suicide.*

Simons, L., & Simon, A. (2014). *Heartland: A historical drama about the internment of German-Americans in the United States during World War II.* Rotterdam, The Netherlands: Sense Publishers.

Sjöberg, J. (2008). Ethnofiction: Drama as a creative research practice in ethnographic film. *Journal of Media Practice, 9*(3), 229-242.

Tarlington, C., & Michaels, W. (1995). *Building plays: Simple playbuilding techniques at work.* Markham, Ontario, Canada: Pembroke.

Turner, V. (1974). *Drama, fields, and metaphors: Symbolic action in human society.* Ithaca, NY: Routledge.

Valentine, K. B. (2006). Unlocking the doors for incarcerated women through performance and creative writing. In D. S. Madison & J. Hamera (Eds.), *The Sage handbook of performance studies* (pp. 309-324). Thousand Oaks, CA: Sage.

Warren, B. (1993). *Using the creative arts in therapy: A practical introduction.* New York: Routledge.

Woo, Y. Y. J. (2008). Engaging new audiences: Translating research into popular media. *Educational Researcher, 37*(6), 321-329.

Worthen, W. B. (1998). Drama, performativity, and performance. *PMLA, 133*(5), 1093-1107.

Anne Harris의 〈대학으로의 항해![SAILing in the UNI(versity)!]〉의 4개의 영상은 www.creativeresearchhub.com/#!sailing-into-uni-film-clips/ct99에서 볼 수 있다.

블링크

-Mary E.Weems

극작가의 말

이 작품은 사립 대학교의 학부, 직원들 그리고 학생들의 이야기로부터 만들어졌다. 질적이고 해석적이며, 예술기반 연구 프로젝트의 촉매는 지난 17년 동안 내가 학교에서 겪었던 경험을 기초로 한다. 캠퍼스에서의 조사 결과들, 그리고 이 연구가 이루어진 대학교에서 인종, 성, 성 지향성, 그리고 종교가 다름에 따라 학생들에게 일어났던 일들에 대해서 미국 흑인 남자 학생을 통해서 알게 되었던 것들이었다. 이야기들은 지난 1년 동안 이루어졌던 공식적이고 비공식적인 인터뷰를 수집한 것이다. 방법에 있어서 〈블링크(Blink)〉는 자문화기술지, 문화기술지, 시적인 조사, 그리고 소설을 결합한다. 참여자의 익명성을 지키기 위해서 이야기들은 단일 인물과 극작가를 통해서 허구화되거나 상상되어서 구성된 요소로 이루어져 있다. 이는 미국 전반의 많은 대학교를 대표하기 위해 의도적으로 만들어졌다. 연극의 목적은 건설적이고 비판적인 대화를 통해 우리가 21세기에 더 통일된 사회로 나아가면서 공감, 관용 그리고 문화상호주의가 얼마나 중요한지에 대해 더 잘 이해할 수 있도록 한다.

등장인물

Dr. Nguyen: 교수—다른 나라 출신

Dr. Wells: 교수—아프리카계 미국인

Dr. Smith: 교수—백인 남성

Jeffrey: 유색인종 학생(남자)

Kenyatta: 유색인종 학생(여자)

Jeffrey: 백인 남자 학생

Sara: 백인 여자 학생

Marvin: 게이인 백인 남자 학생

Lucille: 레즈비언인 백인 여자 학생

Shaniqua: 레즈비언인 유색인종 학생

Kevin: 흑인 남자학생

Marcia: 관리팀(아프리카 계 미국인 여성/화장실)

배경

John Carroll 시계가 9시 아침임을 알리면서 시작한다. 학생들은 가방에 책을 넣은 채로 평화로운 분위기 속에서 무대의 오른편과 왼쪽 편을 침묵 속에서 거닌다. 한 가로등 기둥의 표지판에는 '존중을 생각하라.'라고 쓰여 있다.

조용한 무대 #1: 오전 9시 아침

(무대 담당자는 나와서 '이전의' 표지 등을 지우고 '학교 기숙사'라고 화이트보드에 쓴다. 다른 무대 담당자는 '미끄럼 주의'라는 표지판을 들고서 나온다. 그 표지판에는 '깜둥이가 없는 구역'이라고 적혀 있다. 그 이후에, 한 배우가 백인 신데렐라가 흑인 소녀의 목을 조르고 있고

흑인 소녀의 발이 붕 떠 있는 만화가 그려진 판을 들고 나온다. 만화의 캡션에는 '끈은 비싸다.'라고 쓰여있다. 다른 배우는 '그거는 너무 게이스럽다.'라는 표지판을 들고 나온다. 다른 배우는 '아랍계는 집에 가라!'라고. 또 다른 배우는 '아시안계 사람들은 원하지 않는다.'라고. 또 다른 배우는 '다양성은 집에나 가라!'라는 '마지막' 표지판을 들고 나온다. 배우들은 그들의 표지판을 뒤집어서 "다양성은 집에나 가라!"라고 읽는다. 비트가 흐르고 나서 그들은 무대의 오른편과 왼편으로 걸어간다.)

무대 #2: 나는 증오에 대해서 행동하는 것을 이해하지 못한다

(2명의 백인과 1명의 유색인종 학생이 조용한 무대의 앞 편으로 걸어 나와서 기숙사 생활에 대해서 토론한다.)

S1: 나는 일부 사람이 차이로 인해서 문제가 있는 것을 알고 있지만, 그 증오를 행동으로 보여 주는 것을 이해하지 못하겠어.

S2: 나도 마찬가지야. 우리 엄마는 내가 최고의 교육을 받을 수 있을 거라 생각해서 날 여기로 보냈지, 문들마다 붙여져 있는 이러한 난리들과 '미끄럼 주의'라는 표지판을 보기 위해서 온 건 아니야.

S3: 그리고 나는 이게 여기에서 일어나는 일이라는 점에 대해 유감으로 생각해.

S1: 나도야. 나는 우리 모두가 그렇게 생각하는 건 아니라는 것을 알았으면 좋겠어.

S2: 나는 알고 있어. 나는 이 캠퍼스의 많은 학생이 흑인 학생들, 게이 학생들, 이슬람교도 학생들, 아시안계 학생들, 유대인 학생들, 혹은 신교도 학생들에게 이렇게 느끼지 않는다는 걸 알고 있지만. …… (멈춤) 그것이 내 상처를 더 낫게 하진 않아. 머리로는 이해가 가지만, 내 마음, 그리고 감정들이 너무 상처를 받아. 날카로운 고통이라서 없애기가 힘들어. (멈춤) 어떤 밤에는 집에 전화해서 부모님께 여기에서 벗어날 수 있도록 도와달라고 간청을 해. 부모님은 계속 여기에서 버티라고 하지만, 나는 '매달다'라는 단어를 들을 때마다 신데렐라가 나의 목을 조르고 있는 내 문의 표지판 밖에 안보여. (S3과 S1는 S2에게

다가가 안아 준다.)

S1: 그러지 말고 우리 여기서 나가자. 버거랑 프렌치 프라이 사줄게.

S2: 좋은 생각이야. 그런데 우리 나가기 전에 이거 신고해서 이번에는 대신에 무례함에 대해서 대화를 시작할 수 있을지를 알아 보자.

S3: 이런 난리는 시간이 지나면 사라지고, 다시는 안 듣게 될거야. (그들은 서로에게 하이파이브를 치고 나간다. 무대담당자는 나와서 화이트보드를 지우고, 표지판들을 치우는데 백인 남자가 반대편에서 음악을 들으면서 등장한다. 그가 무대 중앙에 나오면서 관객을 발견하고 이어폰을 빼면서 시작한다.)

무대 #3: 그래, 나는 백인 남자야

백인 남자 학생: 그래, 나는 백인 남자야. (멈춤) 우리 아빠, 엄마 그리고 심지어 조부모님께서도 이 학교에 다녔어. 우리는 이곳에 긴 역사를 가지고 있고 우리 가족을 그 누구든지 다른 곳에 대해서 이야기를 하면, 그들의 부모는 왜 그렇게 이곳을 사랑하는지를 보여 주면서 아이들을 데리고 자동차 여행을 가. (멈춤) '한 명의' 사촌을 제외하고서는 우리는 모두 신입생으로 이 문을 들어와 졸업장을 받고 나갔지. (멈춤) 나는 뉴욕의 교외에서 자랐고, 사립학교들을 다녔지. 우리 아빠는 변호사이고. 그래, 나는 16번째 생일에 차를 받았어. 그건 5년 정도된 중고이고, 4실린더였지만 우리 부모님은 그걸 샀고 내가 해야 할 것은 보험료를 위해서 알바를 해야 하는 것뿐이었어. (멈춤) 어떤 사람들은 날 볼 때 가톨릭교, 맞아, 보수적인, 맞아, 남자, 맞아, 자본가 (멈춤) 그런 다음 그들은 내.마음, 인종차별적, 성차별적, 동성연애 등에 대해서 모든 것을 정하고 만들어. (멈춤) 고정관념들에 대한 것들은, 어떤 사람들에게 있어서 항상 해당사항이 되는 것들이겠지만—나에게는 아니야. 당연히 내가 싫어하는 사람들이 있어, 과거에 내 친구였던 Jimmy라고 2학년 때 내가 가지고 있었던 파워레인저를 가져가서 부수었던 아이, Michael이라고 내 뒤에 앉아서 3학년 무도회 때

내 여자 친구에게 초대를 하여서 같이 갔던 남자애. 내 양아버지는 나를 때리기 위해서 엄마가 없을 때까지 기다리곤 했지. (멈춤) 그러나 나는 사람들을 판단하거나 싫어하진 않아. 나는 내가 다른 사람한테 대우를 받기를 원하는 것처럼 그들을 대해야 한다고 배웠어. (멈춤) (갑자기 그는 그의 친구인 Jamal이 무대 뒤에 있는 것을 보고 달려간다.) Jamal! 기다려봐! (그가 무대 한쪽으로 나가면 나머지 출연진은 '합창단'처럼 등장한다. 무대 위에 넓게 서서 조화롭게 쿵쿵거리며 걷고 손뼉을 친다.)

무대 #4: 우리는 다르다는 것을 축하하고 싶지, 참고 싶진 않아

일동: 우리는 다르다는 것을 축하하고 싶어, 참는 것이 아닌, 참는 것이 아닌 축하하는 것, 참는 것이 아닌 축하하는 것! (그 장소에서 두 번 반복하고, 구호를 반복하고 걸으면서 합창단처럼 무대 전체를 빠져나간다. 그 동시에 유학 온 여학생들은 무대의 반대편을 통해서 무대 쪽으로 등장한다.)

무대 #5: 나는 제로가 아니다

유학생: 나는 남아메리카에서 19살에 여기로 왔어. 우리 부모님은 내가 북아메리카 대학에서 경험을 쌓기를 바랐어. 내가 배정받은 기숙사에서의 첫날, 내 룸메이트인 백인 여자애가 그녀가 듣고 있는 스페인어 수업을 도와줄 수 있냐고 나한테 물어봤어. (멈춤) 나는 그녀에게 우리나라는 스페인어가 아닌 포르투갈어를 쓴다고 말했어. 그 이후로 그녀는 그해 내내 나에게 말 한마디도 안 했어. (멈춤) 나는 친구가 없었어. 한번은 수업을 같이 듣는 백인 여자애가 내가 추수감사절에 혼자 있을 거라는 것을 알고 집에 나를 초대했어. 거기에서 그녀의 할아버지는 내 고향에 대해서 물어봤어. 그에게 5개의 침실, 3개의 화장실이 있는 집에서 살았다고 했더니 그는 우리 가족이 오두막에 살아서 불가능

했을 거라고 말했어. (멈춤) 그는 내가 거기 있는 내내 나에게 "제로"라고 부르기도 했어. (그녀는 '나는 제로가 아니야'라고 칠판에 쓰고 여러 학생이 들어와서 4인실에 모여 있는 동안 무대에 서 있다. WM 학생은 일어난다. 그녀는 아이폰으로 십자말풀이 게임을 한다.)

무대 #6: 인정을 위한 네 글자 단어

WM: 인정(acceptance)을 위한 네 글자 단어는 무엇일까?

S1: Hello인가?(안녕인가?)

WM: (웃음) 아니야. 게다가 다섯 글자잖아.

S2: Okay 아니야? 나는 괜찮아(okay), 너는 괜찮아?(okay)?처럼

S3: 그리고 게이?

S4: L-O-V-E, Love는 어때?

WM: 바로 그거야! 고마워. 다음에 보자. (계속 걷는다. 그가 걸으면서 2명의 손을 잡은 게이 남자들이 지나간다. 그룹은 보이지 않았지만, 게이 남자들이 지나친 순간 그룹의 '모든' 사람은 동시에 고개를 돌려서 쳐다보고, 게이들이 손을 허리에 올려놓고 걷는지 등에 대해서 생각하는지를 따라 하고, 받아들일 수 없다는 의미로 고개를 가로젓는다. 그들은 커플이 지나간 쪽으로 무대를 빠져나간다.)

무대 #7: 빈민가의 파티

(무대 담당자가 나와서 화이트보드에 '빈민가 파티'라고 쓴다. 무대 담당자가 있는 동안, 백인 학생들이 선글라스를 쓰고 모자를 반대로 쓰고 큰 목걸이들을 착용하고 후드, 짧은 치마, 짧은 상의, 가발, 팀버랜드 등을 입고 나온다. 흑인들의 말투를 따라 하고, 서로에게 거짓의 악수를 하고, 종이봉투에 들어 있는 술을 마시는 것 등을 한다.)

S1: B, 뭐야?

S2: D, 뭔 소리야? 아니 저게 후레자식이라고.

S4: 뭘 쳐다보니, 이 매춘부야?

S5: 난 널 쳐다보고 있어. 너 뭐 스눕독이라도 되고 싶은 거야 뭐야? (모두 웃음)

S1: 이건 좋은 생각이었어. 쉬는 시간 동안 우리가 여기 몰래 들어올 수 있어서—

S2: '마약하자'라는 뜻이지?

S1: 뭐? 뭐라고? 야, 나도 몰라, 나는 그냥 지금 빈민가인 척하는 거지, 진짜 그들이 되고 싶은 건 아니야.

S2: 왜 그렇게 말해? 여기 흑인 한 명이 있었으면 그렇게 말하지 않았을 텐데—

S1: 너 제발 진정 좀 하고, 여기 흑인은 없고 우리는 그저 문제없이 즐기기 위해서 온 거잖아, 맞지? 안 그러냐? 맞지?

S2: (그의 의상을 조용히 벗고 바닥에 떨어트린다. 다른 한마디도 하지 않고 나간다. 다른 학생들은 나가면서 빈민가, 빈민가, 빈민가라고 부른다. …… [그들이 노래의 첫 두 단어만 안다는 걸 보여 준다.] 그들이 나가면서 학생들의 평가서 봉투들이 들어 있는 가방을 가지고 유색인종 교수진이 들어와서 자리에 앉는다.)

무대 #8: 유색인종 교수−강의 평가

유색인종 교수: 학교에서의 경험들에 대해서 유색인종인 교수진이 서로 이야기를 할 때, 우리의 이야기는 너무나 유사해서 하나의 목소리를 듣는 것 같아요. 우리는 인종 간의, 윤리적이고, 언어적인 다양성을 캠퍼스에 가져오기 위해 고용되었지요. 그러나 우리의 학문적 소양을 포함해서 우리를 특별하게 만드는 것들을 가져오기 시작하면 그것은 합법적으로 받아들여지지 않지요. (멈춤) 동료들은 우리를 충분히 받아들이지 않고 있고, 우리를 차별 철폐를 위한 조처로 바라보면서 자신처럼 우리가 좋은 교수라고 생각하지 않아요. (멈춤) 나는 여기에 꽤 오랫동안 있었고 내가 수업을 통해 공유하기를 바라는 것들을 환영하는 멋진 학생들도 있지만 학생들이 강의 평가에 쓰는 부정적인 의견들에

는 전혀 익숙해지지 못하겠어요. (그녀는 한 묶음을 꺼내서 읽기 시작한다.) '나는 이번 학기에 틀림없이 아무것도 배우지 못했다.' (또 다른 것을 고른다.) '그녀가 아직도 가르친다는 것을 믿을 수 없다.' (또 다른 것을 연다.) '그는 도대체 영어를 언제 배울 것이냐, 그의 강의를 하나도 이해할 수 없다.' '그녀는 인종에 대해서 너무 많이 이야기한다.' 그리고 계속되지요. (FP는 묶음을 다시 봉투에 넣는다.) 오늘은 여기서의 나의 마지막 날이고, 나는 스트레스를 받고 아프고 힘든 것에 지쳤어요. (멈춤) 다음엔 뭐가 올지 모르겠지만, 내가 무엇을 하든지 간에 내가 환영을 받는다는 느낌이 드는 곳에 있고 싶어요. (그녀는 강의 평가서들을 가방에 넣고 퇴장한다.)

조용한 무대 #9: 모두를 위한 정의, 자유와 함께

(배우는 'Romney를 대통령으로'라고 쓰는 동안 무대 담당자는 'Barack Obama는 원숭이다.'라고 쓴다. 둘이 같이 퇴장하는 동시에 반대편으로 2명의 학생이 등장한다. 그들 중 한 명은 쓰여 있는 것을 지우고, 다른 한 명은 '평화에게 기회를'이라는 커다란 표시판을 그린다. 그들은 뒤에 서서 판을 몇 초 동안 바라본 다음, 관객을 바라보고, 국기에 대한 맹세를 낭독하고 퇴장한다. 유대인 여학생은 다른 백인 여학생과 등장하면서 동시에 서서 관객에게 설명을 한다.)

무대 #10: 너는 유대인처럼 생기지 않았어

유대인 학생: 내가 학생들에게 내가 유대인이라고 하면 첫 번째로 그들이 하는 말은 "너는 유대인처럼 생기지 않았어."인데 마치 유대인같이 보이는 하나의 방법이 있는 것만 같다. (멈춤) 마치 그것이 칭찬인 것처럼 말이다. (멈춤) 나는 아무 말도 하지 않지만, 그것은 굉장히 모욕적이다. (멈춤) 이번 학기 내 수업 중에서 교수는 항상 수업 때 유대교에 관해 사실이 아닌 것들을 말한다. 내가 손을 들어 아니라고 말하려고 하지만, 여태까지 그는 나를 한 번도 불러 주지 않

았다. (멈춤) 오늘 그는 라이터로 여러 갈래로 나뉜 큰 촛대를 우리가 밝힌다고
하였다. (멈춤) 나는 조용히 일어나서 교실을 나갔고 엄마에게 전화를 했다.

무대 #11: 인종차별주의 시

코러스(전체 인물들):

> 인종차별은 너무 개인적이라서
>
> 그것이 시체였다면
>
> 악취가 사람들을 막을 것이다
>
> 전 세계의 코를
>
> 그리고 모두가 죽을 것이다
>
> 십억 장의 종이가 출력되어서
>
> 신화를 뒷받침할 것이다
>
> 죽음을 흘려보내라
>
> 과학적인 헛소리하는 예술가들의 손가락 너머서
>
> 그들 스스로 땀 내면서 일하고
>
> 자유롭게 하는 기한을 맞추기 위해서
>
>
>
> 힘 있는 백인 남자들은 그들의
>
> 사법관 옷 아래 검은 얼굴
>
> 새로운 게임을 끊임없이 만들어 내면서
>
> 투명 잉크로 쓰인 규칙들을 바꾼다
>
> 불평등은 여성에게 너무 개인적인 것으로
>
> 안대가 그녀의 눈을 덮어서 계속
>
> 추락하도록 만든다
>
> 시간을 거슬러서 오늘날

작은 하얀 거짓말은 거인이 되어

똥으로 덮인 거대한 신발을 신고 있어서

강낭콩 줄기를 찾고 있다

떨어지려고

진실은 너무나 개인적인 것이라

매번 말이 안되는 것 같다

나는 조금 더 쉽게 잠이 든다

　　－Mary E. Weems (2003, pp. 21-22)

　(그들이 나가면 무대 담당자가 들어와 화이트보드를 지우고 '교실'이라고 쓴다. 다른 무대 담당자는 교수의 책상을 가운데로 민다. 유색인종인 교수는 의자를 가지고 책상 앞에 앉아 쓰기 시작한다.)

무대 #12: 유색인종 교수-집으로 보내는 편지

유색인종 교수: 부모님께. 두 분 모두 건강하고 평안하시길 편지를 빌어 기도합니다. 내 형제자매들에게 나의 사랑을 전해 주세요. 모두들 너무 보고 싶어 다음 주까지 못 기다릴 것 같아요. 오늘은 가을 학기의 마지막 날로, 5년이나 지났지만 많은 학생은 내가 영어로 말하지 않는 것처럼 행동을 합니다. 그들은 내 강의를 끊임없이 방해하여 내가 PPT에도 적은 것을 계속 반복해 달라고 말합니다. 어떤 이는 항상 그들이 이해하지 못한다고 말하는 무엇인가의 철자를 말해 달라고 물어봅니다. 그들에게는 내가 항상 타인이 영어로 말하는 것을 들을 때 했던 것－주의 깊게 듣는 것－이 불가능한 것처럼 느껴집니다. (멈춤) 어제, 두 명의 학생은 교실 밖으로 나가지도 않고서 'Chi, Chow, Change'와 같은 무례한 소리를 냈습니다. (멈춤) 그들은 웃었고 나 같은 교수들은 이 나라에서 가르치기 전에 시험 같은 것을 봤으면 좋겠다고 불평했습니다. (멈춤) 그 순간에 내가 그들에게 보이지 않았나요? 그들이 떠나고 나서, 나는 구겨진

흰색 종이를 바닥에서 주웠습니다. 그것은 내가 그려진 그림이었습니다. 머리를 뽑는. (멈춤) 매우 상처를 받았지만, 나는 내 차에 도착하기 전에 울지 않으려 하였습니다. (멈춤) 여기에는 좋은 학생들도 있지만, 그들의 친구들이 나에 대해 못된 소리를 하는 것을 들으면 마치 들리지 않는 것처럼 행동합니다. (멈춤) 이제 가 봐야겠습니다. 곧 봐요. 딸 올림. (그녀가 나가고 백인 남자 교수가 교실에 들어와서 의자에 앉는 동안 흑인 남학생과 4명의 다른 학생이 학생 책상을 들고 나온다. 그들은 교실을 정돈하고 자리에 앉는다. 그는 수업을 진행한다.)

무대 #13: 내 이름은 James이다

백인 남자 교수: 학생 여러분, 우리는 20세기에 제작된 흑인과 노예 제도에 관한 논쟁이 많은 영화 〈뿌리(Roots)〉를 보았습니다. 종이 한 장을 꺼내서, 이름과 오늘의 날짜를 위에 적고―그래, Alex Haley, 무슨 할 말이 있습니까?

흑인 남학생: 손을 들지 않았는데요.

S1: 저였습니다, 교수님. 저는 질문이 있어서―

백인 남자 교수: Alex Haley가 손을 들지 않았어도 나에게 할 말이 있는 것 같아서 너를 불렀네.

흑인 남학생: [침묵] (비트)

S2: 어, 교수님, 또 종이에 어떤 것을 적기를 원하죠?

백인 남자 교수: Alex Haley에게 물어보세요. 아니다, 다시 생각해 보니 그에게 물어보지 말고, 그는 꿀먹은 벙어리처럼 말을 안 하니까. 수업은 끝났어요. (교수는 씩씩거리면서 나가고, 백인 학생들도 나가고, 흑인 남학생은 일어나서 화이트보드에 '내 이름은 James이다'라고 쓰고 그의 친구들을 따라서 무대를 퇴장한다. 새로운 학생 무리는 등장해서 이슬람교 교수가 그의 히잡을 입고 나오기 전에 자리에 앉는다.)

무대 #14: 머리에 천을 쓰다

S1: 오늘은 그녀의 머리에 천이 없었으면 좋겠네.

S2: 그녀는 너무 비전문적이야. 인종차별적인 미국 사회, 성차별주의 등에 대한 이야기만 하고.

S3: 동성애 혐오에 대해서도 이야기하지. 맞아, 그건 맞는데 이 수업이 그것에 관한 게 아니면 무엇에 관한 수업이어야 하니?

S1: 글쎄, 나는 그거에 전혀 관심은 없지만 나는 이미 다문화 수업을 들었고 이런 것들에 대해서 듣는 것은 지쳤어―

S2: (불평하는 소리를 내면서) 불평. 왜 그들은 그걸 벌써 극복하고 그들의 삶으로 넘어갈 생각을 못하는 건지.

S1: 그건 너무 맞는 말이야. 내 부모님은 여기에 아무것도 없이 와서 열심히 일했고 자수성가해서 혼자서 일어났고― (S3가 웃는 소리로 인해서 방해를 받는다.)

S3: 자수성가? 지금 웃으라고 하는 말이야? 아니 진짜 그런 헛소리를 믿는다는 거야? 남에게 도움을 하나도 안 받고서 그들의 인생에서 무언가를 이룬 사람을 알기나 해? (비트) 맞아, 아무도 없어. 그리고 교수가 머리에 쓴 것이 무엇이든지 간에 그녀가 가르치는 거랑은 무슨 상관이 있는 건데?

S2: 그냥 집중을 방해하잖아. 그녀가 이야기할 때 집중하기 힘들게 만들지. 왜냐하면 그 대신에―

S1: 맞아, 그녀의 머리에 쓴 것을 보면서 그녀의 머리는 어떻게 생겼고 왜 그녀는 머리 미용을 할 수 없는지 생각하다가 강의 부분을 놓치게 돼.

S3: 그건 내가 오늘 들은 소리 중에 가장 말도 안 되는 소리다. 내가 생각하기에는―(그들은 히잡을 쓰고 교실에 등장하는 교수에 의해서 대화가 끊긴다.)

유색인종 교수: 자, 학생 여러분, 오늘 수업을 시작해 봅시다. 누구 질문 있나요?

S1: (친절하게) 네, 교수님. 제가 유인물을 나누는 것을 도와드려도 될까요?

[무대 장면 끝. 교수는 나가고, 학생들은 반대쪽으로 퇴장하고 무대 담당자가 들어와서 검둥

이(nigger), 레즈비언(dyke), 동성애자(fag), 계집(bitch)이라고 화이트보드에 쓴다. 무대 담당자가 이를 마무리하고 나가고, 흑인 레즈비언 학생이 등장한다.]

무대 #15: 우리는 모두 평등합니까?

A. A. 레즈비언: "우리는 모두 평등합니까?" 매번 이런 이미지들을 볼 때마다 나는 속이 메스꺼워진다. 같은 반 학생으로 나를 깜둥이, 동성애자 그리고 계집애로 바라본다는 것을 아는 것 말이다. 당신은 나를 틀에 가두어 두고, 내 지식, 개인적 특질, 여성인 것을 무시하였다. 나는 단지 하나의 표시일 뿐이고, 그래서 학교는 다양하다고 말을 한다.

당신은 나를 무시했고, 나를 당신 신발 아래의 흙처럼 느끼게 만들었다. 그러나 당신이 생각을 할 때 나와 다르지 않다. 내 피부색은 나를 열등하게 만들지 않는다. 여자인 것이 나를 암캐, 매춘부, 난잡하게 놀아나는 계집으로 만들지 않는다.

내가 다르다고 부족한 사람이 되도록 만든다고 생각하지는 않는다. 매번 내가 이러한 인종차별주의자, 차별적인 사진들과 글을 볼 때마다 나는 당신이 무지하다고 말함으로써 변명하고자 한다. 그러나 내가 이것들에 대해서 변명하는 것을 멈춰야 할 시간이 왔다. 내가 당신을 부를 시간이 왔다. 내가 나를 위해서 일어날 시간이 왔다. 나는 당신의 행동들을 더 이상 용서하지 않을 것이다. 당신은 나보다 낮지 않고, 그저 내가 당신보다 열등한 것도 아니다. 그리고 하루의 끝에서, 우리는 모두 하나님의 자식이고, 당신은 나를 사람처럼 느낄 수 없도록 만드는 것을 멈추게 될 것이다.

(그녀가 말을 마치고 그녀 스스로에게 랩을 하는 것처럼 무대 밑으로 내려가서 걷고, 게이 백인 남성과 레즈비언 백인 여성이 걷지만 둘 중 누구도 캠퍼스 '밖'으로 걷지 않으며, 같이 걷고 말하기 위해서 앉는다.)

무대 #16: 나는 게이야, 알았어?

GWM: 이번 학기는 어때?

GLF: 지난 학기랑 똑같아. (멈춤) 수업은 멋지고, 교수들은 전혀 문제가 아니고, 나는 지금까지는 좋은 성과를 내고 있고. 너는?

GWM: 너가 그런 것처럼 나도 비슷한 것 같아. (멈춤) 캠퍼스에 있는 게 종종 힘들긴 해. 그래도, 알지 않아?

GLF: 응, 다른 것이지. 모든 사람은 너에게 남자 친구가 있기를 바라지만, 적어도 남자 친구를 가지는 것에 대해서 얘기하기를 원하지만—

GWM: 너가 남자였으면, 너가 여자들에 대해서 이야기를 하길 바라지. 여자 친구를 가지는 것, 잠자리를 가지는 것, 잠자리 중에 무슨 일이 일어났는지, 너가 잠자리를 가지지 않았을 때 무슨 일이 일어났는지, 모든 것은 내가 이야기하고 싶지 않은 것이야.

GLF: 내 성 정체성을 밝히지 않아서 가장 힘든 점은 사람들이 뭐라고 말하는지를 듣고, 내가 원하는 것처럼 아무런 행동을 할 수 없고 제발 조용히 해 달라고 나는—이라고 소리칠 수 없다는 것이야.

GWM: 게이라고, 맞지? 게이, 나는 너가 다른 어린 남자들보고 동성애자라고 부르는 것을 좋아하지 않아, 그리고 레즈비언 등과 같은 단어를 말하는 것을 듣고 싶지 않아. 그걸 듣고 싶지 않아. 알겠어?

GLF: (비트) 맞아, 나는 너가 무슨 말을 하는지 알아. 나도 그렇게 느껴. 그리고 우리만 있는 건 아니라는 거 너도 알잖아. 사실은 모든 LGBT가 그들의 정체성을 밝히면, 이곳은 크게 다르지 않을 것이고, 훨씬 덜 복잡할 거야.

GWM: 그리고 훨씬 더 재밌을 거야. (멈춤) 이제 가 봐야겠다. 내일 봐.

(그들이 포옹을 하고 무대의 반대편으로 헤어지는 동안 무대 담당자가 등장해서 화이트보드에 '급식실'이라고 쓰고, 다른 무대 담당자들은 의자들을 가져와서는 급식실 식탁 주위에 앉는다. 학생 배우들은 컵, 캔들, 냅킨을 쟁반에 가져다 놓고서 등장한다.)

무대 #17: 평등한 기회의 급식실

S1: 우리가 오늘 점심에 무언가 특별한 걸 하기로 했지 않나?

S2: 너가 잘못 들은 것 같은데. 그들은 우리가 '특별' 메뉴를 가진다고 말하는 거였어.

S3: 똑같이 오래된 것들이지. 미트로프, 으깬 감자, 껍질 콩 그리고 둥근 빵.

S4: 뭐 내가 날 위해서 요리한 것보다는 훨씬 나은데.

S1: 그리고 또 좋은 점은, 우리가 집에서처럼 치우는 것에 대해서 걱정하지 않아도 되는 거야.

S2: 맞아. 그것 때문에 우리가 최저 임금 노동자들을 위해서 돈을 내고, 그리고 내가 항상 말하는 것처럼—

S3: 맞아 그렇지. 너는 평등한 기회를 믿고 노동자들이 그들의 일자리에 대해서 전혀 걱정하지 않도록 하고 싶지.

S4: (시간을 확인하면서) 수업에 늦겠어. 이따 보자.

　　(그는 일어나서 그의 컵, 냅킨, 그릇을 바닥에 버리고, 다른 사람들도 바닥에 버린다. 그들이 쟁반을 식탁에 올려 둔 채로 퇴장하면서 급식실은 엉망인 상태가 된다. 한 유색인종 학생과 백인이 쟁반을 들고 등장한다. 그들은 버린 것들을 줍는다.)

S1: 가정교육이 전혀 안 되어 있네.

S2: 정말 그렇게 생각해?

S1: (비트) 아니. 그냥 비꼬는 거였어. 이런 똑같은 것이 매일 반복되는 것을 우리가 얼마나 많이 봤니?

S2: 셀 수 없이 너무 많이 봤지만, 우리가 실제로 이야기하는 것은 처음인 것 같아.

S1: 사실이야. 우리는 대부분 급식실에서 일하는 사람이 안 치워도 되게 해 놓지.

S2: 그래. 마치 우리가 다른 곳에서 자랐지만, 우리 둘 다 여기에 지저분한 것들을 치우기 위해 온 것처럼 말이야.

S1: 그리고 아까 네가 말한 의미를 알아— 걔들은 매번 그랬어. 그들은 그저—

S2: 건방진 녀석들이지. 마치 가난한 사람들이 치우는 일로 임금을 받으면, 그들이 마치 치워야 할 것이 있도록 확실히 하는 것이 필요하다고 하는 걸 보면 말이야.

S1: 그게 너무 터무니없고 무례해. (비트)

S2: 맞는 말이야. 언젠가 우리가 여기에 와서 점심을 먹을 때 사람들이 저런 행동을 하지 않는 날이 오기를 바라.

S1: 그래. 먹자.

(그들이 쟁반을 들고 무대를 나가면 2명의 여학생이 등장하고 자리에 앉는다.)

무대 #18: 왜 남자들은 이렇게 행동할까?

FS1: 너 어디에 있었어?

FS2: 남의 눈에 띄지 않게 몇 주 동안 있었지. 나는 수업에만 갔어.

FS1: 왜, 무슨 일 있었어?

FS2: 그러기보다는 더 일어나지 않았으면 하는 일이 있었어.

FS1: 말해 봐, 뭔 일인데? (그들은 배경에 있던 남학생이 듣기 위해 멈추는 것을 발견하지 못한다.)

FS2: 여기에 있는 몇몇 남자애, 특히 한 남자애 말이야. (멈춤) 그는 그들의 친구에게 거짓말을 하면서 내가 좋은 잠자리였다고, 내가 종이상자처럼 잘 넘어간다고 말했어. 알잖아, 그런 쓰레기 같은 소리.

FS1: 세상에… 친구야. 왜 여태 아무 말도 안 했어?

FS2: 왜 남자애들은 그렇게 행동하는 걸까?

FS1: 나도 모르겠어. 모든 남자애가 그러는 건 아니지만, 너가 타깃일 때 그런 건 중요하지 않은 것 같아.

FS2: 그리고 너가 타깃이 아니라고 해도, 너는 여전히 사람으로서 존중받는 게 아니고, 대상 같은 거야. 나는 그게 싫어.

FS1: 제일 싫은 부분은, 사실상 세상은 많이 바뀌지 않았다는 거야. 여자들은 시위에서 행진을 해 왔고, 글을 써 왔고, 조직을 만들어 왔고, 소송을 해 왔고―

FS2: 그렇지만 우리가 생각하는 것보다 우리가 입고 있는 것이 아직도 더 중요하다는 거지.

FS1: 그리고 남자는 그저 몇 마디의 말로 우리의 평판을 떨어뜨릴 수 있어.

(듣고 있던 어린 남자가 끼어들기 위해 걸어온다.)

MS1: 실례지만, 당신 둘이 말하는 것에 대해서 엿들을 수밖에 없었습니다.

FS2: 그러고요?

MS1: 무례하게 굴고 싶진 않지만, 당신 둘이 알았으면 하는 점이 있습니다.

FS1: 그게 뭔데요?

MS1: 우리 중 몇몇은 그런 점을 알고 있습니다. 우리는 우리와 평등한 존재로 여성을 존중해야 한다고 배우면서 자랐고, 일부는 무지한 남자와 같은 무리로 취급받고 싶지 않습니다. (멈춤) 좋은 하루 보내세요. (두 여자 중 한 명이라도 대답을 하기 전에 빠르게 퇴장하고, 두 여자는 서로를 쳐다보면서 놀란다.)

FS1: 그래, 좋은 변화가 있긴 하네.

FS2: 거짓말은 아니었고, 여기에 좋은 남자들이 몇몇 있나 봐.

FS1: 맞아. (시계를 확인한다.) 어, 수업 시간이다. 이만 가야겠다.

(그들은 서로를 포옹하고 반대편으로 퇴장한다.)

조용한 무대 #19: 남자 화장실을 청소하려고 하다

(무대 담당자가 나와서 화이트보드에 '남자 화장실'이라고 적는다. 그다음 흑인 여성이 '청소 중입니다.'라는 표지판을 들고 나온다. 그녀는 바닥에 그걸 두고 대걸레, 양동이, 청소 카트를 가지고 온다. 그녀가 바닥 청소를 시작하고 나서, 한 백인 남자가 그녀가 보이지 않는 것처럼 바로 지나간다. 그는 표지판 바로 앞에 가까이 서서 소변기를 이용한다. 그는 청소하는 여성과 부딪히고, 손을 씻고, 종이 휴지를 바닥에 버리고, 그녀가 청소하며 걸어 왔던 길로 걸어간

다. 청소하는 여성이 종이 휴지를 줍는 동안 다른 백인 남성이 들어와서 소변기를 이용하고, 청소 카트에 있던 스프레이 통을 꺼내서 청소하는 여성에게 뿌리고 웃으며 퇴장한다. 청소하는 여성은 계속해서 바닥을 청소하려고 하지만 2명의 백인 남성이 등장해서 카트에 있는 것들을 가져가서 던지면서 주고받는다. 그들은 바닥에 물건들을 두고 젖은 바닥을 지나가면서 퇴장한다. 청소하는 여성은 그들이 사라질 때까지 그들을 쳐다보고, 관객을 한동안 쳐다본다. 그녀는 대걸레를 다시 들고 무대의 반대편에 서 있는 것처럼 바닥을 닦는다. 그녀가 퇴장하면 흑인 남학생이 등장하고, 의자를 돌리고 다리를 벌리고 올라앉는다.)

무대 #20: 기숙사 세탁물

흑인 남학생: 여기에 있는 온갖 부정적인 것을 알고 있지만—특히 사람들이 나에게 쉽게 말을 걸고, 나에게 항상 이러한 것들에 대해서 이야기를 한다—난 이 캠퍼스에서 인종차별을 한 번도 안 겪었다. (멈춤) 최근에 나는 왜 그런 건지 나에게 묻고 있다. (백인 게이 남학생이 등장한다.)

GWM : 왜 그런 거야?

흑인 남학생: 너가 들어오는 것을 못 봤네. 아니야, 혼잣말이었어.

GWM: 그러면 더 조용히 말했어야지. (멈춤) 무슨 일인데?

흑인 남학생: 그냥 생각나는 대로 말한 거였어. 왜 나에게는 나의 흑인, 아시안계 그리고 일부 유대인계 친구들이 겪었던 경험이 없었는지 말이야.

GWM: 그래서? 너는 한 사람이야. 모든 백인이 똑같은 경험을 가지는 것도 아니고, 그래서 왜 백인이 아닌 모든 사람과 기독교인이 아닌 모든 사람이 같은 경험을 가져야 하는 거야? 나는 그게 말이 안 된다고 생각해.

흑인 남학생: 그게 바로 내가 하고자 하는 말이야. 말이 안 되지만 내가 신경 쓰이게 하고 있어. (멈춤) 아니, 내 말은 여기에서 받아들일 수 있는 것과 내가 부합해서 그런 것인가? 나는 모든 사람과 잘 지내고, 수업도 잘 듣고 있고, 독실한 기독교인이잖아. 그것 때문인가?

GWM: 내가 정답을 알고 있는 사람 같아? 야, 나는 내 일만으로도 바빠. 여기서 백인 게이 남자가 되려고 해 봐. 여기서 보내는 시간의 절반 동안 전혀 즐겁지 않은 농담을 받는 게 내가 아니라는 사실만으로도 다행이야.

흑인 남학생: 무슨 말인지 알겠어. 다시 일하러 가야겠다. 갈게.

GWM: 그래, 나중에 봐.

(두 명이 무대의 같은 편으로 퇴장하자 외국인 학생이 등장해서 자리에 앉는다.)

무대 #21: 돈을 낭비하다

FS: 내가 여기에 오기 위해서 내 가족에게는 오랜 시간이 걸렸어. (멈춤) 몇 년 동안 부모님은 내가 여기에 오면 성적 이외에는 생각할 게 없는 학생처럼 최선을 다할 수 있을 거라는 확신을 갖고 그들이 필요한 게 없는 것처럼 지내곤 했어. (멈춤) 어제 나는 금융 지원 사무실로부터 전화를 받았어. 이 남자는 왜 내 마지막 고지서가 납부가 안 되었는지 질문했어. (멈춤) 내가 대답을 하거나 두 마디의 말도 하기 전에 그는 나의 입출금 내역서를 보고 싶다고 했어. (멈춤) 내가 왜 그래야 하냐고 물어보자, 그는 내가 나의 돈을 허투루 쓰지 않았는지 확인해 보고 싶다고 말했어. (멈춤) 나는 아무 말도 하지 않았어. 나는 이게 내 가족에게 문제가 될까 너무 걱정되었지만, 이해할 수 없었어. 나는 많은 미국 학생이 등록금을 제때 내지 못하는 것을 알고 있지만, 그들 중 한 명이라도 입출금 내역서를 보여 달라는 요구를 받았는지 혹은 돈을 낭비하지 않았느냐고 비난받았는지 모르겠어. (멈춤) 이틀 뒤에 돈이 입금되고 내가 사무실에 도착하자마자 그 남자는 말 한 마디도 하지 않았어. 사과도, 아무것도 없었어. (퇴장한다. 거의 동시에 전체 배우들은 '나란히' 걸어 나와 '빠진 이야기를 위한 장면'이라는 표지판을 들고 나온다. 그들은 조용히 그들의 표지판을 들고 나와서 몇 초 동안 서 있는다. 그들은 표지판을 바닥에 두고 코러스로 바로 들어간다. 주의: 모두가 무대 위에 있고 미리 관객 속에 있었던 배우들은 가능한 한 같이 말해야 한다.)

무대 #22: 빠진 이야기를 위한 장면

모두: 우린 사랑을 믿는다. 우리는 긍정적인 변화를 고무하기 위한 예술의 힘을 믿는다. 우리는 증오, 편견 그리고 두려움이 존재해야 한다는 것을 거부한다. 우리는 통합을 위해 하나로 서 있다.

('통합'이 모두에 의해서 언급된 이후에 [강조하는 비트를 기다린다.] 배우들은 무대의 여기저기로 움직여야 하며, 2명의 무대 중재자가 관객에게 설명을 한다.)

중재자 1: 자, 여러분, 우리는 이번 강좌의 핵심을 담은 연극을 보았습니다. 토론을 해 보도록 합시다.

중재자 2: 시작하기 전에 의자 아래에 있는 질문 카드를 찾아 준비하세요.

관객 사이에 있는 중재자: 질문 카드를 찾지 못하겠으면 손을 들면 저희가 도와드리겠습니다. 또한 자신만의 질문이나 의견이 있으면 주저하지 말고 공유하도록 하세요.

중재자 1: 첫 번째 질문이나 의견. (이 시점부터 우리의 일은 토론이 진행되는 동안 혹은 20~30분 동안, 어느 쪽이든 사람들이 가능한 한 길게 이야기할 수 있도록 돕는다. 마지막에는, 배우들이 무대 위에 올라가 박수를 받도록 부른다. Dr. Gygli 그리고 연출진에게 박수치도록 한다. 끝으로, 참여자들이 공연에 관한 설문조사에 참여하도록 한다.)

의자 아래에 있던 질문 카드

1. 이 공동체의 일부분으로 어떠한 것을 하고 싶은가?
2. 미래 교육자로, 학생들이 서로를 존중할 수 있도록 내가 어떻게 도울 수 있을까?
3. 일부 사람은 다른 사람을 싫어하고, 판단하고, 차별하고, 다치게 하면서 자랐다. 우리의 캠퍼스가 다른 사람들을 사랑하고, 받아들이고, 포용하고, 보호한다면 어떻게 될까?

4. 우리가 대우받기를 원하는 것처럼 다른 사람을 존중하며 대하는 것은 왜 어려운 일일까?

5. 나는 보수적으로 자랐다. 게이인 사람을 대하는 법을 어떻게 배울 수 있을까?

6. 어떤 사람들은 그들의 인종차별주의와 편견에 대해서 의식하지 못하고 있다. 어떻게 도움을 받을 수 있을까?

7. 왜 이 캠퍼스에 있는 모든 학생은 인종차별주의와 통합에 대한 수업을 듣지 않는가?

8. 내 피부가 밝다는 이유로 노골적인 차별을 겪지 않았나?

9. 교수에게는 나쁜 성적을 줄 수 있는 힘이 있다. 내가 수업 중에 교수에게 모욕을 받았거나 공격을 받았다면 무엇을 할 수 있을까?

10. 왜 연극 도중에 대화가 포함될까?

참고문헌

Weems, Mary E. (2003). *Public education and the imagination intellect: I speak from the wound in my mouth*. New York: Peter Lang.

CHAPTER 07

시각 미술

나는 내 작품을 결코 그리지 않았다.
내 작품들은 모두 연구물이다.

–Pablo Picasso

　이미지의 힘과 사회적 역할이 낮게 평가되어서는 안 된다. 대중적 표현에서 이미지는 수많은 단어보다 가치가 있다. 이러한 주장은 사회학자들이 자신의 지식 형성 과정에서 시각 이미지를 활용하면서 제기한 두 가지 중요한 논점(논제)에 근거한다.

　첫째, 시각적 형상화는 보이는 세상을 그대로 재현하는 것이 아니라 관점을 창조하는 것이다. 한 예로, 일반적으로 사진은 사진작가의 독자적 관점, 그들이 사회를 바라본 도구로서의 렌즈 그리고 사진에 나타난 맥락 등을 포함한다는 점에서, 사회상의 '포착'과 기록으로 간주된다. 이러한 점에서 시각 미술 작품은 저널링에 비유되며, 이는 예술가에게 꼭 필요한 요소이다. 입체파 화가인 Pablo Picasso는 "그림은 일기를 쓰는 또 다른 방법일 뿐이다."라고 했다. 둘째, 시각적인 이미지는 창조되고, 그것이 생산된 지점(맥락)이 예술 작품과 불가분의 관계로 연결되어 있음에도 불구하고, 시각 미술은 본질적으로 예술가뿐만 아니라 보는 사람의 맥락에 의해 다양한 의미로 해석될 수 있다(사진에 나타난 직면한 상황, 그리고 보다 확장된 범주의 사회역사적 맥락에서의 의미).

시각적인 이미지는 독특해서 사람들에게서 특별한 종류의 감정적이고 본능적인 반응을 불러일으킬 수 있다. 이러한 반응들은 사람들이 텍스트와 대면했을 때처럼 의식적 해석의 과정을 거치지 않고 무의식 속에 축적된다. 더욱이 시각적 이미지는 기억 속에 강하게 각인된다. 이것은 사건과 관련된 기억에 대해 생각할 때, 어떻게 선택된 이미지들이 사건으로 대치되고, 어떻게 이미지들이 정신적으로 상기되는지를 생각해 보면 분명해진다. 한 예로, 9월 11일은 미국인에게 뉴욕세계무역센터의 테러 이미지를 상기시킨다. 이처럼 시각적 이미지는 텍스트나 소리와는 다르게 사람들의 생각을 사로잡는다. 시각적 이미지는 매우 강력하고 지속적인 인상을 남긴다. 이데올로기와 대중적 관심, 예컨대 반체제적인 또는 저항적인 노력들을 위해 어떻게 이미지가 공헌해 왔는가를 생각해 보면 역사적 그리고 사회적 과정에서 진행 중인 궤적들과 맞물려 시각적 이미지의 힘이 매우 중요함을 알 수 있다. 후자의 경우와 관련하여 이 장의 후반에서 논의하는 바와 같이, 시각 예술기반 연구 접근법은 사회 행동 연구, 참여적 행동 연구 및 기타 사회 정의적 노력 등에서 사용할 수 있다.

시각 미술은 도전과 이탈, 시대에 뒤떨어진 고정관념의 변화 등에 효과적으로 활용되어 이념을 전파하는 수단이 된다. 예술, 특히 시각 미술은 항상 반대적 성향의 특성을 지니기 때문에 시각 이미지는 영향력 있는 사회적 · 정치적 저항의 형태로 활용된다. 지속적으로 경쟁하고 타협해 온 문화적 규범과 가치는 시각 미술을 생성해 왔다. 또한 이러한 가치관은 경제적 맥락에서 시장 논리에 의해 '미술'의 정의를 변화시키는 데 영향을 미쳤다. 더욱이 시각 미술은 제도적 맥락에서 판단된 가치 체계뿐만 아니라 다양한 규제와 규범, 압력 등에 영향을 받아 생산되고 유통된다.

시각 미술은 대중과 학자들의 관심을 사로잡아 왔다. 일상에서 접하는 다양한 멀티미디어의 이미지(현대적 광고)부터 '특별한 미술품'(미술관에 전시되어 있는 정당화된 미술품)까지 시각화가 증가되는 사회에서, 연구자들은 시각 미술을 자신의 연구에서 데이터 자료, 분석적 또는 해석적 도구, 재현적(표상적) 도구로 다양하게 활용하는 방법들을 창출(고안)했다. 이 장에서는 학문 분야를 가로지르는 연구자(복합적으로 학문을 연구하는 연구자)들이 창출(고안)한 다양한 시각 예술기반 연구 사례들을 소개하였다.

배경

시각 예술기반 연구의 발전의 배경은 이 책의 내용 그 자체이다. 문화와 일상생활에서 시각 이미지의 역할은 매우 크다. 오늘날 우리는 광고부터 시작해서 소셜 미디어를 통한 사진 공유 등과 같은 시각 문화 속에서 살고 있으며, 엄청난 양의 시각 이미지를 접하고 있다. 역사적으로 시각적 형상화는 의학 분야와 사회과학의 민속학 분야 등과 같은 학문 분야에서 활용되어 왔다. 시각 미술과 형상화는 연대별 기록, 분석, 저항 등과 관련된 연구에서 활용되어 왔다. 더욱이 시각 미술과 형상화는 사회적 측면뿐만 아니라 자기 성찰적 측면에서 영감을 줄 수 있으며, 상당히 실제적으로 다른 관점을 유도한다.

지면이 제한적이므로 이 장에서는 함축적이고 제한적인 수준으로 시각적 인류학, '미학적 조정'의 방법으로 시각 미술, 시각 문화적 고고학, 시각적 현상학과 시각 예술기반 연구에서 테크놀로지의 역할 등의 주제를 다루고자 한다.

시각적 인류학

인류학자들은 오래전부터 정적 이미지(정영상)와 동적 이미지(동영상)를 데이터 자료와 표현적인 수단(매개체)으로 활용해 왔다. 몇몇 학자는 필름은 인류학 연구에서 가장 기본적인 (주된) 방법적 도구가 되며(Hockings, 2003) 인류학에서 필름은 시각적 연구방법의 기초가 된다고 했다(Holm, 2008).

1957년 George Mills는 연구자가 사회와 개인 관계 측면에서의 패턴 관련 정보에 대한 글을 쓸 때 시각 미술을 연구에 활용하도록 인류학자들에게 권했다. 그는 미술적 행위는 사회 변화의 지표로서 어떤 상징적 의미가 전달되고 '무의식적 연대 의식'이 생성되도록 하므로 '공공의 대상'이 미술이라고 했다. Bernie Warren(1993)은 미술을 '기록 보관'과 소통의 방법이라고 했다.

역사적으로 인류학자들은 사진을 병행한 인터뷰를 활용해 왔으며 이는 인류학적 기술로 접근한 포토 에세이로 발전하게 되었다(Collier & Collier, 1996, pp. 106-108). 이러한 접근은 사회과학 분야의 다양한 문화기술지 연구에 적용될 수 있다. 그 예로, **시각적 사회학**이 사회학의 한 분야로 발전된 사례를 들 수 있다.

John Collier, Jr(1967)은 시각적 인류학에서 사진을 활용한 선구자였다. 그 후 Malcom Collier(1986/1996) 등이 사진을 연구방법으로 활용하기 위한 많은 전략을 기술했다. 이러한 접근방법들은 사진 자료들을 코드화하는 방법, 분류, 측정(평가), 비교하는 방법들로 매우 과학적이었다. 지금까지 이러한 연구방법을 인정하지 않는 사람들도 있지만, 그들이 인류학 연구에 세부적이며 '과학적'으로 사진을 활용한 접근법을 적용한 것은 인류학 분야에서 특별한 의미를 지닌다(Holm, 2014; Pink, 2007).

- ■ 어떻게 시각 미술이 고정관념을 구체화 또는 변화시킬 수 있는가?
- ■ 어떻게 시각 미술이 힘과 권력, 억압의 불평등한 관계를 밝히고, 해소하는 방법으로 활용될 수 있는가?

'미학적 조정'의 방법으로서 시각 미술

사회적 생산물인 시각 미술은 문화적 관점에서의 사회적 삶, 경제적 · 정치적 구조, 글로벌 사회화 속에서의 국가, 집단, 개인의 정체성 등과 관련된 내용뿐만 아니라 다른 다양한 이슈에 대한 특별한 정보를 담고 있다. 미술이 표현할 수 있는 사회현상의 범주는 매우 넓지만, 이 장에서 나는 문화적 · 대표적 · 경제적 · 정치적 측면에서 다양한 정체성 논제와 관련하여 어떻게 시각 미술이 활용될 수 있는가를 중점적으로 논의하고자 한다.

bell hooks[1]는 시각 미술과 집단 정체성을 위한 투쟁의 관계성을 거시적 맥락 투쟁의 대표성으로 연구하여 이론화시킨 선각자이다. 그녀의 연구는 대체로 이론적인 것이지만, 먼저 다루어져야 할 부분은 방법론적인 입장이다.

hooks는 자신의 연구『정신의 미술: 시각적 정치(Art on My Mind: Visual Politics)』(1995)에서 미술은 정치적 아이디어, 내용, 믿음 등을 전달하는 것이며 인종, 계급, 성과 관련된 지배적 관점에서 생산되는 문화에 대한 정보라고 개념화했다. 이러한 그녀의 주장은 페미니스트 정치가들을 독려하였다. 또한 hooks는 민족, 계급, 성과 관련된 미술품들을 누가 제작하고 매매하는지, 누가 그 가치를 판단하는지, 어떻게 가치가 평가되는지, 누가 그것을 활용하는지, 어떻게 기술되는지를 밝힘으로써 설득력 있는 사례를 제시했다. 이러한 관점에서 미술은 **조정의 기능**을 갖는다. hooks는 시각 미술이 고정관념에 사로잡힌 생각들에 저항하고 그것을 **변화시킬 수 있다**고 본다.

이러한 hooks의 주장을 지지하는 최근 연구로는 NPR의 Shankar Vedantam (2013)의 인종 간의 편견에 어떻게 맞설 수 있는가에 대한 연구가 있다. 그가 사회 과학 연구에 발표한 바에 따르면 극단적인 증오에 의한 심한 편견은 무의식적이라고 한다.[1] 사람들은 편견에 사로잡힌 태도를 보이며 자신도 알지 못하는 고정관념을 가지고 있다. 버지니아 대학교의 도전적인 과학자 Clavin Laid와 Brain Nosek은 과학자들에게 미묘하고 무의식적인 편견에 대항할 수 있는 전략을 고안하도록 하였다. 그 결과, 24명의 연구자가 참여하여 아이디어를 모아 열여덟 가지 중재 전략을 개발하였다. 어떤 전략이 가장 효과적이었을까? 그것은 사람들에게 비전형적인 이

---

1) 역자 주: 미국 작가이며, 페미니스트, 사회운동가인 Gloria Jean Watkins의 다른 이름으로 'bell hooks'라는 이름은 외증조할머니의 이름 Bell Blair Hooks에서 따온 것이다[hook, bell, Talking Backs Routledge 2014(1989), p. 161].

미지(고정관념에 반박하는 이미지)를 보여 주는 전략이었다. 차별에 대해 사람들에게 직접 가르치는 것과 전통적이며 비예술적 방식으로 가르치는 것은 효과적이지 않았다. 하지만 적어도 단기간에 효과가 있었던 것은 사람들에게 고정관념에서 탈피한 이미지를 보여 주는 것이었다(그 예로, 검정이라는 단어를 긍정적인 이미지와 연관짓는 것과 같이).

시각 미술은 분명히 표현으로 논쟁이 일어나도록 하는 중요한 매개체이다. 시각 미술은 페미니스트 관점과 탈식민지적·비판적 관점에서 연구하는 사회학 분야에서 활용되고 있다. bell hooks에 의하면 "표현은 착취당하고 억압받는 사람들을 위한 주관적 주장과 비식민지적인 정신을 주장하는 투쟁의 방법(location)이다."(1995, p. 3) hooks의 이념적 틀에 따르면 미술은 그룹 표현을 존중하는 입장에서 두 가지, 즉 ① 대상의 친숙함에 대한 인식, ② 대상의 낯설음에 대한 인식(친숙한 대상을 새롭게 인식하기)이라는 주요한 기능을 수행한다. 전자의 경우, 시각 미술은 사회 질서 속에서 차별적으로 고립된 사람들의 사회적 삶이 실제로 어떠한 방식으로 존재하는지, 또는 그들이 어떤 삶을 상상하는지에 대해서 묘사한다.

더불어 모든 그룹이 미술로 표현되지는 않는다. 이러한 불충분함은 두 가지 문제점을 야기한다. 첫째, 그림으로 드물게 표현된 많은 그룹의 입장에서 보면 그들이 알아볼 수 없는 표현이기 때문에 그들에게는 정당화된 그림이 될 수 없다. 예컨대, hooks는 흑인 문화와 관련지어 미술에서 '자신'을 인식할 수 있는 기회는 매우 적다고 보았다. 둘째, 예술 표현에서의 심각한 왜곡과, 일부 그룹이 체제적 특권에 의해 전형적인 예술적 표현을 특성화하는 경우가 있다. 이러한 시각 미술들은 진부하고 틀에 박힌 사고방식을 조성한다. 낯설음의 인식 측면에서 보면 시각 미술은 사람들에게 사회 변화와 관련해 새로운 방식으로 **볼 수 있도록** 한다. 즉, 시각 미술은 사람들이 어떤 대상이나 현상을 다르게 볼 수 있도록 한다. 이런 종류의 의식 고취는 이미지에 의해 촉발될 수 있으나 텍스트 형식으로는 불가능할지도 모른다. 화가인 Edward Hopper는 "만약 당신이 단어로 말할 수 있다면 그림을 그릴 이유가 없다."라고 말했다. 따라서 무의식적인 인종차별에 대한 투쟁을 목적으로 한 연구 프로젝트의 결과는 이러한 주장—텍스트 형식보다 시각 이미지가 의식 고취에 효과적이다—을 지지한다.

　hooks는 예술적 실천 측면에서의 연구에 대해 '미적 중재(개입)'의 방법론적인 전략을 제안한다. 특히 그녀는 Emma Amos가 표현한 정치적·문화적 맥락을 조작하는 사람들에 대한 작품을 분석한다. hooks는 Amos의 작품이 새로운 맥락에서 다르게 보는 사람들의 시선에 적극적으로 부응하며, 수집되고 공유된 이미지가 다시 이미지화되도록 하는 시각 이미지의 힘과 문화 상징주의를 보여 준다고(벨트화하는 것으로) 생각한다. 다른 사례로 파괴적이고 역사적인 Ku Klux Klan의 이미지는 위험한 역사를 노출시킴으로써 사회적 관심과 인식을 이끌어 내서 사회 변화를 촉구하는 현대 미술이다. 현대적 사례로, Trayvon Martin을 살해한 George Zimmerman이 무죄로 풀려난 이후 역사 깊은 흑인 대학인 하워드 대학교 의과대학 학생들의 사진을 떠올려 볼 수 있다.[2] 어두운 색의 후드 셔츠를 입은 의대생들의 사진과 흰색 의사 가운을 입은 의대생들의 사진, 이 두 사진은 인종차별에 대한 문제를 매우 강하게 호소했다. 따라서 이러한 예술적 '중재(개입)'는 미술이 반대 입장의 가능성을 촉발시키는 것으로 (흑인) 페미니스트, 그 외의 사회 정의에 깊은 관심을 갖고 있는 비판적 의식과 일맥상통한다. 향상된 의식과 고조된 페미니스트 인식 등과 같은 세련된 전략은 많은 보통 사람을 위한 사회 변화에 꼭 필요한 전제 조건이다. 어떻게 시각 문화가 그룹 정체성 형성에 기여할 수 있는가?

　■ 사회적 투쟁의 장에서 시각 문화 연구를 위한 방법은 무엇일까?
　■ 편견, 계급, 젠더와 성 등에 대한 연구를 위해 연구자들은 어떻게 시각 미술을 활용할 수 있을까?

---

2) 역자 주: George Zimmerman이 무기를 소지하지 않은 흑인 소년 Trayvon Martin을 총기로 살해한 후 정당방위로 무죄 판결을 받은 사건이다.

시각 문화 고고학과 통제된 시각

통제된 시각을 드러내고 역사적으로 표현의 억압적인 과정에 개입하는 시각 미술의 가능성은 이미지가 어떻게 시각 문화에서 개인의 정체성 형성에 기여하는지, 특히 '다름'을 경험한 아프리카 미국인에 초점을 맞춘 James Haywood Rolling의 연구(2005)에서 발견된다. 정체성과 표현에 대한 논쟁이 벌어지는 곳에서 시각 문화는 다름의 생각으로부터 일반적인 생각이 탄생하는 논쟁의 장이 된다. 이와 같은 이론적 배경에 기초하여, Rolling은 '일반'과 '다름'의 이미지를 창조하는 시각 문화의 은밀한 방식의 접근 방법으로서 '시각 문화 고고학'을 제안한다. Rolling에 따르면 시각 문화 고고학은 사회적으로 구성된 내러티브의 체제를 드러낸다. 수용될 수 있는 정체성, 일반적 정체성의 믿을 만한 재해석의 범주, 사회적으로 수용될 만한 시각적 결점의 범주 등은 "사회적으로 가시화"된 것이다(p. 23). 비판이론 관점에 기초한 이 방법은 성적 취향, 성별 그리고 경쟁적인 다수의 사회 정체성, 그리고 그들의 상호관계적 성격에 대한 표현을 연구하는 사람들의 관심에 따라 적용될 수 있다. 이 접근법은 연구자가 시각 문화, 그리고 지배와 억압의 관계 변화 사이의 연관성을 조사하는 데 유용하다.

시각적 현상학

'인간성'은 의심할 여지없이 사회적이다. 페미니스트 학자인 Judith Lorber(1994)의 유명한 설명처럼, 인간 본성의 패러독스는 필연적으로 사회적인 것이다. 그러므로 인간의 경험은 그것이 발생하는 환경과 별도로 이해될 수 없다. 우리는 일상적인 환경에서 역사적으로 특유한 다양한 시각적 자극을 받으며 살고 있음을 인정한다. 제4장에서 논의한 음악 분야에서 사운드의 관통 효과—현대인의 경험과 분리될 수 없고 특별한 부분—처럼 우리의 규범적 환경이 고도로 시각화될 때 시각은 우리 의식 발전의 일부가 된다. 이러한 맥락에서 Alva Noe(2000)는 미술과 지각적 의식에 대한 연구의 결합을 제안한다.

특히 Noe(2000)는 비록 이전에는 무시되었던 연구방법이지만 예술이 현상학적 연구(경험을 지식 형성의 핵심으로 보는 관점)에 효과가 있다고 제안한다. 이와 관련하여 그는 "경험을 묘사하는 것은 경험한 세계를 묘사하는 것"(p. 125)이라고 했다. Noe의 연구 결과에 따르면 현상학 틀로 연구하는 경우, 연구자는 경험에 접근하는 데 관심이 있고 시각적 상황 내에서 경험이 발생하며, 경험이 시각적 맥락에 내재되어 있음에 주목한다. Noe에 따르면 현상학자들은 "경험의 개념을 환경과의 상호작용 방식"으로 정의하며(p. 124) 시각적 현상학을 시각적 경험 탐구를 위한 방법으로 제안한다.

Marjatta Saarnivaara(2003)는 경험과 현상의 기술을 강조하는 현상학적 관점에서, 법적·도덕적 한계를 벗어난 예술에 대한 경험을 탐구한다. 그녀는 이 접근을 활용해서 "관습의 노예화 효과"(p. 582)를 삽화로 보여 준다. 이러한 연구는 탐구와 예술을 양극화하는 잘못된 전통적인 연구 관행(전자를 개념적, 후자를 체험적으로 분리하여 구분하는)의 문제임을 보여 준다(p. 582). 예술과 현상학의 결합은 이러한 이론적 틀을 활용하는 사회학자들에게 영향을 미쳐 결과적으로 시각적 사회학 분야가 점차적으로 확대되도록 한다.

기술

시각 예술기반 연구 실행에서 기술은 지속적으로 중요한 역할을 해 오고 있다. 카메라는 일찍부터 시각적 인류학자들의 연구 도구로 활용되어 왔다. 카메라를 활용함으로써 연구자는 사회적 현실을 다른 관점에서 바라보고, 다른 종류의 질문을 하고, 연구 결과를 새로운 방식으로 제시할 수 있다. 디지털 사진, 카메라 폰의 확산(iPad 및 카메라가 내장된 다른 기술)과 소셜 미디어, 사진 공유 사이트 역시 사진의 활용을 확산시켰다. 2008년 한 해에 4,780억 개의 사진이 휴대전화로 촬영되었다(Holm, 2014). 수십억 개의 사진이 플리커(Flickr), 페이스북(Facebook), 인스타그램(Instagram) 등에서 공유되었다.

　다른 기술적 발달 또한 시각적 연구방법론에 큰 영향을 미쳤다. Gunilla Holm (2008)은 CD-ROM, 홈 사진 인쇄 및 'photoblogs'(웹에 보관된 다이어리로 분석될 수 있음)와 같은 기술의 혁신이 사회 및 연구 환경을 변화시켰음을 제시한다. 이러한 제안과 더불어 나는 사회학 연구자들이 사용하는 많은 도구 중 하나로 포토샵 (PhotoShop)을 추가할 것이다. Jay Ruby(2005)에 의하면 디지털 인터렉티브 문화기술지는 최근 시각적 인류학 분야를 혁신하고 있다(Holm, 2008 인용).

　■ 시각 예술기반 연구 실행에서 연구자가 창작하고 활용한 것은 무엇인가?
　■ 이러한 접근방법에 참여가 필요한가?

시각 예술기반 연구 실행

　시각 예술기반 연구 실행은 그 자체만으로도 하나의 저서가 될 수 있다. 미술의 형식은 사진, 그림, 데생, 만화, 그래픽 소설, 콜라주, 조각, 도자기, 설치 미술품, 뜨개질, 퀼트, 인형 만들기, 3D 예술 및 혼합 미디어 예술을 포함한다. 나는 미술 형식의 선택과 평가 전에 복잡하면서도 아주 중요한 문제인 참여적인지 또는 비참여적인지에 대해 논의하고자 한다.

　시각 예술기반 실행은 반드시 참여적이어야 한다. 시각 미술은 경험하는 관중과 함께하기 때문이다. 이와 관련하여, Donald Blumenfeld-Jones(2002)는 미술의 아름다움은 해석적이고, 다양하게 지각하는 사람들이 서로 다른 해석을 하기 때문에 미술 연구의 관련성은 광범위하다고 본다. 또한 연구자들은 이들의 다양한 해석을 통해 배우게 된다고 본다. 그러나 참가자들이 어떤 매체로 미술을 창작하거나 공동으로 창작하는 접근법과, 연구자가 미술을 창작하는 접근법 사이에는 차이점이 있다.

　시각 예술기반 참여적 방법은 연구자가 참여하여 데이터를 미술 작품으로 창작하여 데이터를 보여 주는 것을 포함한다(시각 예술기반 참여적 방법은 궁극적으로 연구 참여자가 미술 작품의 형태로 데이터를 제공하거나 데이터를 제시하는 일련의 특정 사례들이다). 이러한 방법은 종종 혼합 또는 다중적 연구방법의 일부로 설계된다(그러나 반드시 그런 것은 아니다). 연구자는 전통적인 방법으로 자신이 원하는 정보를 완전히 수용할 수 없을 때 시각적 이미지를 사용할 수 있다. 따라서 이러한 방법은 인터뷰나 문화기술지 조사에 의한 데이터를 구체적으로 설명하기 위해 사용되기도 한다. 이러한 접근법은 대화를 위한 한 방법(인터뷰 등의 형태로)으로 사용될 수 있는데, 이 경우 다중적 연구방법의 연구 초기에 계획되고 활용된다. 사진 촬영은 인터뷰 상황에서 주로 사용된다(Holm, 2008). 이 방법은 기존 지식에 대한 '잠금 해제(기존 지식을 드러내기)' 또는 기존 지식으로부터 탈피를 위한 프롬프트[3]로서 사진을 활용하는 것이다.

참여적 시각 예술기반 연구방법을 고려할 때, **미학적 주제가 핵심이 된다.** 시각 미술이 감상자를 사로잡고 메시지를 인상적으로 전달하는 특성이 있음에도 불구하고, 연구를 위한 미술품 제작과정에 예술적 재능을 갖고 있거나 훈련 받은 아마추어가 참여하는 것을 기대하기는 어렵다. 따라서 참여 프로젝트에서 결과로 나오는 시각 미술의 미적 수준은 다른 방법론에 의해 보완된다. 아마추어에 의해 제작되었지만 연구 참여자가 제작한 작품들은 여전히 감정과 다양한 의미를 전달하는 데 상당히 강력한 힘을 지닌다. 예를 들어, 창의적 예술치료사는 예술교육을 받지 않은 사람들과 효과적으로 작업한다.

사진

사진은 이미 논의된 인류학뿐만 아니라 다른 분야의 연구에서도 널리 사용된다.

---

3) 역자 주: 프롬프트는 배우가 대사를 잊었을 때 관객에게는 보이지 않게 대사를 상기시켜 주는 말 또는 컴퓨터가 입력을 받아들일 준비가 되었음을 사용자에게 나타내 주기 위해 화면에 나타나는 신호를 말한다(한국정보통신기술협회, http://www.tta.or.kr).

예컨대, 사진은 심리학의 역사(예: Darwin)에서 사용되었다. 시각적 연구방법은 현장에서 거의 사용되지 않지만 어린이에 관한 연구에서 사진은 지속적으로 많이 사용되었다(Holm, 2014; Reavey, 2011). 사진은 아이들 교육과 관련된 연구에서 일반적으로 사용된다(Holm, 2014). 공교롭게도, 교육 관련 연구 사진에서 학생들의 모습을 볼 수 없는 경우도 있지만 청소년, 특히 학교 내 소외 계층을 지원하는 연구에서는 사진이 활용된다(Lodge, 2009). 사회학에서 사진은 사회 변화를 기록하는 데 사용된다. 사진 설문조사를 활용하여 사람, 장소 및 과정의 변화를 연구할 수 있다(Holm, 2014; Rieger, 2011). 다양하게 혼합된 방법을 설계한 경우 참가자가 찍은 사진을 그들과 인터뷰를 시작하는 시점에서 사용할 수 있다.

연구자 또는 연구 참여자가 사진 촬영한 것을 문서화하는 것은 매우 중요하다(사진을 연구에서 활용하는 경우 관련된 정보를 찾아야 한다). 사진 데이터에 대한 접근, 정보 활용 동의 및 기밀 유지 문제 또한 꼭 고려해야 할 윤리적 문제이다(Holm, 2014). 여기에는 두 가지 추가 고려사항이 있다. 첫째, 사진을 편집할지 여부를 결정해야 한다(예: 어린이의 얼굴이 흐리게 촬영되거나 배경에 있는 사람의 정보 공개 동의를 받을 수 없는 경우). 둘째, 소유권 및 저작권의 문제가 있는 경우 사전에 협의하고 동의를 구해야 한다(예: 연구 참여자가 직접 사진을 찍고 소유한 경우). (Holm, 2014; Pink, 2007) 이러한 모든 문제는 계획과 의사소통을 통해 처리되어야 한다.

사진이 항상 기록, 문서화 또는 추가 데이터로 활용되는 것은 아니다. 주제에 접근하기 어려운 프로젝트에서도 활용될 수 있다. 예를 들어, 사진은 당연하게 여겨지고 일반적으로 습관과 같이 우리의 관심을 벗어나는 연구에 사용될 수 있다(Bourdieu, 1990; Holm, 2014, Sweetman, 2009). 제5장의 Migdalek이 춤을 추는 것을 보았을 때, ABR은 습관에 대한 조사에 적합할 수 있다. 사진은 추상적이거나 은유적인 작품의 예술 형태로 사용될 수 있다. 예를 들어, Holm(2014)은 담배에 불을 붙이는 순간부터 시작하여 담배를 피우는 과정의 사진 여섯 장으로 몽타주를 제작하였다. 이 작품에서 담배는 젊은 사람들의 삶을 은유하며, 그들 삶의 가능성과 희망은 시간이 지남에 따라 줄어드는 것을 표현한다(Gunilla Holm은 사회 연구 분야 전반에 걸친 사진의 활용에 관해 많은 글을 썼다. 그녀의 2014년 작품을 참고하면 더 상세하게 검토할 수 있다).

이 간단한 예는 다르거나, 도달하기 힘든 연구를 수행하는 사람들에게 연구를 위한 시각적 접근이 갖는 가능성을 보여 준다. 또한 사진 촬영을 통해 언어 장벽을 뛰어넘을 수 있고, 연령 또는 장애로 인한 언어적 의사소통의 어려움을 극복할 수 있어서, 사진으로 토착 인구가 포함된 문화 간 또는 다국적 연구를 수행하는 과정에서 발생하는 문제를 해결할 수 있다. 따라서 연구 참여자들과의 작업과정에서 발생하는 다양한 장벽을 뛰어넘을 수 있다. 예를 들어, Janhonen-Abruquah(2010)는 평범한 생활을 담은 사진 일기를 활용해서 다국적 이민 여성의 일상생활을 연구했다(Holm, 2014). 다국적 연구 가능성의 범주는 넓다.

■ 어떻게 참가자들이 자신의 환경을 촬영하는 임무를 수행할 수 있을까? 어떻게 그들은 공동 연구자로 자리매김할 수 있을까?

사회적 운동 연구방법으로의 사진음성

사진음성(photovoice)은 참여와 사진을 결합한 실행으로 ABR 실행의 한 방법이다(Chilton & Leavy, 2014). 기본적으로 연구 참여자는 카메라로 환경과 상황을 촬영하도록 요청받는다. 물론 참여자들에게 친절하고 상세하게 연구의 목적을 설명해야 하며, 일반적으로 참여자들이 지역사회 개선, 공공 정책에 영향을 주는 것과 자신과 사회적 인식의 확산과 관련된 상황을 기록하는 것을 목표로 참여해야 함을 알려주어야 한다. 예를 들어, '기아대책 프로젝트의 증인' 연구에는 필라델피아의 저소득층 어머니들이 사회복지 정책에 영향을 주기 위해 찍은 사진과 자신들의 이야기를 기록한 내용이 포함되어 있다(Chilton, Rabinowich, Council, & Breaux, 2009, www.witnesstohunger.org 참조). 사진음성은 다중 또는 혼합적 연구방법에서도 활용될 수 있으며 지역사회 개선을 지지하기 위한 데이터가 필요한 공공 보건 연구 분야에서 많이 활용된다(Berg, 2007; Holm, 2008 참조). Holm(2008)에 의하면 이 연구방법의 실행은 비판적 의식 고양과 관련된 이론의 토대가 된다.

Janet Newbury와 Marie Hoskins(2010)는 메탐페타민(교감신경 흥분제, 일명 필로폰)을 사용한 사춘기 소녀의 경험에 대한 연구를 위해 사진음성을 활용했다. 중요한 것은 연구자들이 성인이기 때문에 소녀들과 다른 방법으로는 상호작용하기 어렵다고 판단하고 소녀들을 공동 연구자로 참여하도록 했다는 것이다(Chilton & Leavy, 2014). Newbury와 Hoskins는 참가자들에게 사진을 찍고 그들의 삶에 대해 생각하게 했다. 이 방법으로 어려웠던 성인 연구 참여자들과 소녀들과의 대화가 이루어졌고 결국 이해가 깊어질 수 있었다. 이 연구방법의 특별함은 소녀들이 찍은 사진들은 다른 연구방법으로 도달할 수 있는 범위를 벗어난 내러티브를 이끌어 냈다는 것이다.

사진음성의 연구 설계과정에서는 다음과 같은 일반적인 지침을 고려해야 한다.

> 문제를 개념화/광범위한 목표와 목적 정의/정책 입안자를 사진음성 발견을 위한 관중으로 모집/트레이너의 교육/사진음성 교육 안내/사진 촬영을 위한 초기 주제 선정/사진 찍기/그룹 토의 촉진/비판적 반성과 대화/토론을 위한 사진 선택/맥락적 스토리텔링/문제, 주제, 이론의 유목화/이야기 문서화/형성평가 실시/다수의 변화를 이끌어 낼 수 있는 기부자, 언론, 연구 참여자의 및 다른 사람들의 확보(Wang, 2005: Holm, 2008, p. 330 재인용)

이런 연구 수행에서 기술 환경의 변화가 지속적으로 어떤 영향을 미치는지 관찰하는 것도 흥미로울 것이다. 예를 들어, 기술적 능력과 비예술적 능력이 이러한 방법론적 실행의 미학에 어느 정도 영향을 미칠 것인가? 또한 비밀 보장과 같은 윤리적 문제는 어떻게 다루어야 할까?

콜라주 방법

콜라주(collage)는 학문 분야 전반에서 많이 활용되는 시각 예술기반 연구 실행방법이다. Gioia Chilton과 Victoria Scotti(2013)에 의하면 콜라주는 재료 제공이 수월하고 일반적으로 사람들이 그것의 제작 참여에 거부감이 없기 때문에 미술치료에서 널리 사용된다. 장벽을 허물고 더 많은 사람들에게 예술 작업을 할 수 있는(물질적으로 그리고 심리적으로) 방법을 제공하는 것은 중요하다. 콜라주는 잡지, 신문, 질감 용지 또는 기타 자료에서 이미지를 고른 다음, 고른 이미지 조각들을 오리고 배치하여(주로 접착제로 붙임) 만든다. 종이 또는 판지(Chilton & Scotti, 2013) 이외에 비전통적 자료도 사용할 수 있다는 점을 유념해야 한다. 예를 들어, Lisa Kay(2009)는 구슬과 발견한 물체를 사용하는 '비즈 콜라주' 방법을 개발했다. 서로 다른 비즈를 새롭게 변형시킴으로써 새로운 생각이 반영된 형태로 나타낼 수 있다(Chilton & Scotti, 2013). 콜라주는 종종 서로 다른 면들을 보여 준다. 콜라주는 문화적 비평을 수행하고, 다른 방법으로는 도달할 수 없는 관련성을 찾아내고, 새로운 연관성을 추론하거나, 의미를 부여하거나 향상시키는 강력한 방법이 될 수 있다(Chilton & Scotti, 2013; Diaz, 2002; Vaughan , 2008). 콜라주는 이미지와 텍스트로 현실을 구현하고 의미를 찾도록 한다(Diaz, 2002). 단어와 이미지의 병치는 다른 방법으로는 불가능한 새로운 의미가 생성되도록 한다.

나는 시각 예술기반 연구 실행으로서 콜라주 방법을 활용하는 것을 세 분야의 연구자들, 즉 교육 분야 연구자, 창의적 예술치료사, 시각 미술가에게 제안한다. 나는 다양한 의도에서 탐구하는 예술기반 연구자들이 어떻게 콜라주를 활용해야 하는지 보여 주고자 한다.

교육 관련 연구에서 콜라주

Susan Finley(2002)는 이미지와 성 정체성에 대해 광범위한 연구를 수행했다. 그녀는 교사들이 자신들의 의도와는 상관없이 학생들에게 미디어에서 정의된 성 역할의 모델을 하고 있는 것은 아닌지에 대해 교사들과의 대화를 자료로 연구했다. 그녀는 연구에서 대중 매체의 이미지를 예술적 탐구 자료로 활용했다. Finley는 젊은 여성의 자기 이미지 형성에 미디어 이미지가 미치는 영향을 연구했는데, 시각적 이미지와 추가적 데이터를 수집하는 수단으로서 시각 미술을 탐구했다.

첫째, Finley는 미디어에서 묘사된 여성 이미지의 전통적 여성주의에 대해 질적 분석을 실시했다. 다음에 그녀는 지속적인 이미지의 영향으로 형성되었을 수도 있는 여성 정체성의 데이터를 범주화했다. 이러한 정체성 범주를 근거로 Finley(2002)는 시각 이미지를 활용하여 여성의 역할을 묘사한 12개의 콜라주 패널 형태로 새로운 미술 작품을 제작했다. 그녀가 선택한 미디어 이미지가 어떻게 여성에 대한 고정관념을 보여 주는지를 의식하고 그녀는 그러한 위험성에 대비할 수 있는 방안을 제시했다. 그녀는 조화를 이루지 못하는 이미지들(불협화음의 이미지들)을 강조했고, "이미지가 장난스러운 방식으로 재생되고 있다."는 느낌이 들도록 이미지를 배치했다(p. 174).

이 프로젝트에서 Finley(2002)는 탐구와 해방의 장(영역)으로 여성의 신체를 간주했다.

> 나는 콜라주 방법으로 묘사된 상징적 형태의 '신체'라는 구체적인 언어를 사용해서 이러한 문화적 은유를 재기술한다. 콜라주 방법으로 여성의 신체를 (문자 그대로 그리고 비유적으로) 조각조각 찢어 버리고, 여성의 신체를 재구성하는 것에 대해 주의 깊게 생각해 보는 방식 또는 우리가 그러한 구성을 위해 습관적으로 붙이는 것의 의미를 심각하게 고민해 보는 방식으로 은유들을 재구성한다(p. 167).

성 모델로서의 역할에 대한 인식을 높이고 비판적인 교육학 프로젝트에 기여하기 위해 그녀는 교사들에게 콜라주를 발표하도록 했다. 이 과정에서 콜라주는 이미지와 여성의 역할에 대한 대화가 시작되도록 하는 역할을 했다. Finley는 교사가 수업에서 이러한 전통적인 역할 중 어떤 것을 구현했는지에 대해 물어보면서 그 사실을 알게 되었다. 그녀는 결론적으로 사회적으로 구성된 미디어 이미지가 교사에 의해 무의식적으로 채택되었으며, 젊은 여성을 위한 여성의 성 역할 모델링이 제한적이고 사회적으로 구성되었음을 밝혔다. 방법론적으로 보면, 그녀의 프로젝트는 콜라주 없이는 불가능했다. 나는 그녀의 프로젝트를 이 장의 앞부분에서 언급했던 '미학적 중재(개입)'의 하나라고 보며 고정관념에 도전하기 위한 이미지와 대조적 이미지의 활용이라고 생각한다.

창의적 예술치료에서 콜라주

창의적 예술치료에서 당시 두 명의 박사과정생인 Gioia Chilton과 Victoria Scotti는 네 가지 연구 문제를 해결하기 위해 콜라주를 활용했다.

① ABR을 이해하는 데 콜라주를 어떻게 활용할 수 있을까?
② 콜라주는 예술적 과정으로 ABR에 유용한 점은 무엇일까?
③ 콜라주의 특징/질은 무엇일까?
④ 미술치료의 연구 실행에서 콜라주의 의미는 무엇일까?

그들은 데이터 수집 기간에 매주 한 번은 제한 없이 연구 문제를 해결하기 위한 콜라주를 제작했다. 그들은 콜라주를 디지털 그림으로 변환했고, 이에 대해 기술한 설명과 서로의 의견을 전자메일과 스카이프(Skype)로 교환했다. 다음으로, 그들은 인 비보 코딩(in vivo coding)을 사용하여 데이터를 주제별로 분석했다. 그들은 모든 데이터를 행렬(매트릭스)에 넣고 전체적으로 검토했다. 마지막으로 그들은 데이터 세대에서 생성된 '이미지의 시각적 퀼트(visual quilt of image)'의 개념을 사용했으며, 모든 콜라주의 콜라주를 만들었다.

이 과정에서 세 가지 주요 주제가 나타났다. 첫째, 콜라주는 의미의 층을 서로 얽히게 한다. 둘째, 그들은 콜라주가 그들의 삶에서 연구원－예술가의 정체성을 발달시키는 데 중심적인 역할을 한다는 것을 발견했다(모든 콜라주는 인물로 바뀌면서 개인적이고 전문적인 정체성 어떤 방식으로든 반영되어 묘사된다). 마지막으로, 콜라주 제작은 실행을 필요로 한다. 그것은 경험적이고 직접적인 과정이다. Chilton과 Scotti(2013)는 그들의 경험을 다음과 같이 요약했다. "우리는 콜라주를 활용하여 다양한 종류의 지식을 통합 및 합성하고, 정체성을 형성하며 실행을 통해 새로운 체화된 지식을 발견한다." 그들은 경험을 바탕으로 한 ABR에서 콜라주 실행은 창의적 예술치료를 위해 매우 유용하다고 제안했다.

시각 미술(순수 예술) 연구에서 콜라주

[그림 7-1]부터 [그림 7-6]은 시각 미술가이며 전 미술과 교수인 Maryjean Viano Crowe가 창작한 콜라주 형식의 연작이다. 이 연작은 예술가-학자가 콜라주를 활용하여 거시적·미시적으로 주제의 밀접한 상호 관련성을 표현할 수 있음을 보여 준다. 작품 '모두 소비하는 신화' 시리즈(1993~1994)는 1950년대 백인 미국 중산층의 성과 관련된 사회적 관계를 예술가의 관점에서 조사한 것으로, 당시 소녀였던 미술가는 어머니와 다른 여성들이 지속적으로 음식(구운 물건)을 준비하는 여성의 역할을 수행하는 모습을 지켜보았다. 이러한 구운 물건들은 미술 작품에서 실재물, 상징, 은유로 작용한다. 결과적으로 이미지를 병치한 콜라주로 새로운 의미와 다중적 의미를 표현한다. 이 연작들은 가부장적 문화의 거대한 맥락에서 여성성이 대본에 따라 연출된 것과 현재를 반추하고 있는 한 여성의 개인적인 경험을 교묘하게 연결시켜서 여성의 개인적 경험을 보여 준다. 이 여성 작가의 설명은 다음과 같다.

> 나의 기억은……
>
> 나는 핑크색 Formica 식탁에 앉아 어머니가 나의 생일 케이크를 만드는 모습을 보고 있었다. 조금 뻐딱한 가발과 깜빡거리는 또렷한 눈을 가진 작은 비닐 인형은 둥근 2단 케이크 중앙에 놓이고 졸인 설탕으로 고정되었다. 이것은 1950년대의 기억으로, 어머니가 나를 기쁘게 해 줄 꿈의 소녀가 장식된 인형 케이크를 만들며 행복해하셨던 모습으로 기억된다.

식용 염료의 마법으로 내 케이크는 좀 더 예쁘게 만들어졌다. 그녀의 바닐라를 입힌 가운, 단맛과 여성, 색을 입힌 작은 꽃들은 모두 화려한 소용돌이의 팔레트로 변했다. 나중에, 나는 내 여자 친구와 이 케이크를 나누어 먹을 것이고, 그 인형을 조각 내어 자르고, 그녀의 화려한 앙상블을 해체시켜 문자 그대로 축하하게 될 것이다. 그러나 지금 그녀는 안전하고 아름다우며 과자의 접힌 보호막 안에서 보호받고 있다. 그리고 나는 부엌 식탁에서 어머니 소녀 시절의 희망과 꿈에 대한 이야기를 듣는 (푸른) 여자로서 행복해한다.

이 기억은 1950년경의 기억으로 나는 설탕 덮인 그릇을 핥으며 그 꿈에 완전히 빠져든다.

– Mj Viano Crowe

콜라주와 은유의 사용은 감상자가 작품에서 그 의미를 유추하도록 한다. 미술가의 기록을 근거로 볼 때 미술가는 자신의 소녀 시절 개인적이며 주관적인 경험을 거시적 이슈인 여성의 성 역할을 반영한 작품으로 제작했음을 알 수 있다. 모든 미술 작품은 다양하게 해석될 수 있다.

여성주의적 관점에서 보면, [그림 7-1]에서 [그림 7-6]까지의 연작들은 시급한 사회 문제들을 시각적으로 보여 준다. 예를 들어, 작품 〈하늘의 파이(Pie in the Sky)〉에서도 증명되듯이, 주부로서의 여성의 역할에 대한 논평이 담겨 있다. 굽는 과정에서 구체적으로 표현된 여성의 주부 역할과, 여성들의 환상과 '실제' 삶을 구조화하도록 돕는 이성애자의 전형적인 로맨스 대본들과의 관계가 어쩌면 작품 〈굽기(The Bake-Off)〉에서 묘사되는 것 같다. 이 작품은 가부장적 사회에서 여성들의 관계가 어떻게 구조화되는지에 대한 더 큰 문제들에 대해 말한다. 〈그녀의 머릿속에서 춤추는 환상(Visions Danced in Her Head)〉, 〈인형 케이크(Doll Cake)〉 두 작품에서 구워진 물건들의 은유를 통해 여러 가지 다른 문제 중에서도, 여성의 신체 이미지, 아름다움, 독립성과 연관지어 보여 준다. 이 연작의 작품 속에 그려진 다층적 의미들은 사회의 역동적인 본질을 드러낸다. 예를 들어, 〈커피 부스러기(Coffee

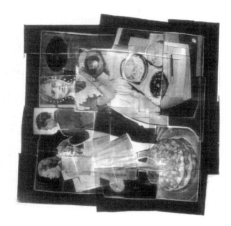

[그림 7-3] 굽기
(The Bake-Off)

[그림 7-2] 하늘의 파이
(Pie in the Sky)

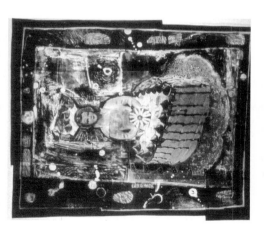

[그림 7-1] 인형 케이크
(Doll Cake I)

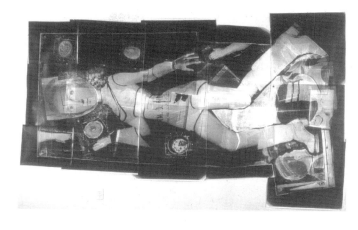

[그림 7-6] 케이크 걷기
(Cake Walk)

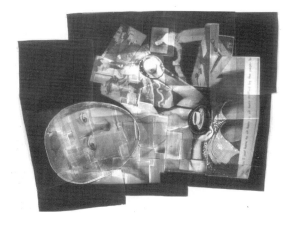

[그림 7-5] 커피 부스러기
(Coffee Crumbs)

[그림 7-4] 그녀의 머릿속에서 춤추는 환상
(Visions Danced in Her Head)

Crumbs)〉와 〈케이크 걷기(Cake Walk)〉는 동일한 콜라주 형식으로 사회에서 여성의 변화하는 역할을 음식으로 은유한 작품이며, 공적 영역과 사적 영역의 결합, 변화하는 여성 역할과 많은 사회적 문제에 대한 균형과 협상을 요구하는 압력 등을 표현한다. 가장 중요한 것은 이 연작들을 검토해 보면 작품의 의미가 닫혀 있지 않고 열려 있으며, 다중적·제안적·암시적이라는 것이다.

Maryjean Viano Crowe의 작품들은 우리의 정체성이 형성되는 더 큰 역동적인 사회 환경에 대해 논의하는 과정에서 시각 미술이 성 정체성에 대한 우리의 이해를 변화시킬 수 있음을 보여 준다.

■ 우리는 어떻게 미술 제작에 연구 참여자가 참여하도록 독려할 수 있을까?

미술을 데이터로 만드는 참여자

연구 참여자는 시각적 미술 저널을 만드는 미술 저널링이나 참가자가 특정 주제로 예술 작품을 만드는 등 다양한 방법으로 미술 작품을 데이터로 활용할 수 있다 (그들이 사용할 수 있는 매체를 존중하는 데 제약이 있을 수도 있고, 없을 수도 있음).

미술 저널링은 텍스트와 이미지의 잡지 스크랩이나 드로잉 등을 포함한 **연구 참가자의 시각적 저널 창작**을 말한다(Chilton & Leavy, 2014). 참가자들에게 주는 지시사항은 개방적이면서도 상당히 구체적이어야 하며 저널링(주제, 질문)과 자료, 저널링의 빈도에 대한 메시지가 존중되도록 해야 한다. 예를 들어, 미술교육 분야에서 아토그래피 연구자(a/r/tographer)인 Lisa Lajevic과 Stephanie Springgay(2008)의 학생 교사가 자신의 인생 경험을 탐구하고 비판적으로 반영한 시각적 저널을 제작했다.

미술 저널링의 한 가지 변형은 참가자가 만든 **변경된 책**이다. 창의적 예술치료사 Cathy Malchiodi(2013a)에 따르면 "변경된 책은 원래 책의 형태를 다른 모양으로 바꾸거나 혼합 매체로 작업해서 의도적으로 의미를 변경한 것이다. 책 자체를 자르거나 콜라주 작업을 하고, 그림을 그리거나 다른 방법으로 책을 바꿀 수 있다." 예술치료에서 누군가는 이 과정을 통해 시각 미술 매체로 자신의 이야기를 다시 쓸 수 있다(Malchiodi, 2013a).

Malchiodi(2013b)는 다양한 맥락에서 도움이 될 수 있는 상위 10개의 미술치료 시각 저널링을 제작을 위한 지시사항 목록을 만들었다. 이러한 접근방법에 익숙해지도록 스스로 연습해야 한다(www.psychologytoday.com/blog/arts-and-health/201311/top-ten-art-therapy-visual-journaling-prompts 참조).

- ■ 참가자가 하나의 예술 작품을 데이터로 만드는 것을 포함해서 이 연구과정에서 배웠던 것 이외에 도달할 수 있는 것은 무엇일까?
- ■ 미술 제작에 참여한 사람들의 이점은 무엇일까?

J. Gary Knowles와 Suzanne Thomas(2002)는 시각 예술기반 참여방법을 활용하여 실증적 연구를 수행했다. 그들의 연구는 학교에서의 장소와 장소에 대한 감각의 탐구(p. 122)를 중심으로 이루어졌기 때문에 특정 유형의 제도적 사회 환경에서 사람들의 주관적 경험에 관한 연구이다. 이 주제에서는 개별 이야기뿐만 아니라 전체 데이터의 패턴을 발견하게 된다. Knowles와 Thomas는 학생들의 견해와 그들이 학교에 대해 어떻게 생각하는지를 장소로 전달하기 위해 학생들에게 샘플을 사용하도록 했다. 학생들은 "탐구와 예술적 기교를 위한 구조의 모델"을 적용하고, 일곱 가지 멀티미디어 요소(자화상, 기억 지도, 장소 사진, 내러티브, 장소에서 자기 사진, 발견된 대상, 평면 또는 입체 미술 작품)를 제출하도록 했다(p. 125). 학생들은 텍스트로 기술하고 자신의 작품을 설명할 수 있었다. 이러한 방식은 미술이 관습적인 질적 탐구의 도약을 위한 탐구방법이 될 수 있음을 말해 준다.

이 예술적 참여방법의 결과로 연구자들은 학교에서 학생들의 감정과 투쟁, 도전에 대해 많은 것을 발견했다. 예를 들어, 한 학생이 자기 초상화를 제작하고 다음과 같이 설명했다. "얼굴만 그린 내 초상화는 학교에서 느끼는 자유가 부족함을 나타내는 것입니다."(p. 127). Knowles와 Thomas(2002)는 예술기반 접근 방식을 통해 전통적인 인터뷰보다 더 많은 내용을 알아내었다고 생각한다.

또한, 시각 예술기반 실행은 연구 목표와 연구방법이 긴밀하고 적합한 연구 프로젝트의 전체적 시각을 조성하는 데 시너지 효과가 있다. 창조적인 과정과 언어적 사후 관리가 연구 참여자들이 통제를 유지하고, 경험을 공유하며, 감정과 관점을 진지하게 수용(확인의 형태로)하면서 서로에게 힘이 되어 주는 경험을 하도록 한다. Knowles와 Thomas(2002)는 그들의 방법론에 관해 다음과 같은 결론을 내렸다.

> 그들은 예술에 자신을 몰입하게 함으로써 장소의 묘사와 유발된 감정에 주목했다. 이미지의 드라마, 분위기 및 색조; 텍스트와 이미지의 상호 연관성 및 일관성; 전반적인 작업에서의 주어진 장소와 주제에 전체적 강조; 이미지의 균형 그리고 구성; 이미지, 텍스트 및 지도(map) 사이의 관계(p. 126).

Knowles와 Thomas는 예술기반 참여적 접근이 특정한 사회 환경 속에서 주관적인 경험에 대한 연구에 매우 효과적임을 발견했다.

Kim Hershorn(2005)은 시각 예술기반 참여방법을 활용하여 도시 학교 환경에서 학생들이 폭력에 대해 어떻게 느끼는지 알아보았다. 시각 미술이 연구 초기에 연구 도구로 선택되었는데, 그것은 시각 미술이 차이점과 공통점을 강조하고 대화 및 문제 해결을 촉진하는 데 효과적이었기 때문이다. Hershorn은 학생들에게 특별히 "자신의 삶에서 폭력과 파괴적인 행동"을 드로잉하거나 다른 방식으로 그림을 그리도록 요청한 예술기반 워크숍을 실시했다(p. 2).

지시에도 불구하고 많은 학생이 "전쟁과 유혈"이라는 미디어 이미지를 자신의 시각 미술에 활용했다(pp. 2-3). 이러한 의미 있는 결과는 언어적 의사소통이 아니라 중요한 추세를 드러낸 시각 미술 중심의 참여 예술기반 방법을 사용하지 않고는 불가능했을 것이다.

Hershorn은 이러한 결과로 세계적 위기가 젊은이들의 심리에 얼마나 중요한 영향을 미치는가를 이론화했다. Hershorn은 폭력(미시적 · 거시적 · 사적 · 공공적)과 관련하여 개인과 미디어가 강하게 연결되어 있음을 발견하고, 다음 단계로 언론 매체에 초점을 맞춘 이라크 전쟁, 9 · 11 테러와 그 효과에 대한 연구 프로젝트를 실행했다. 그녀는 궁극적으로 시민들이 이 비극적 사건에서 벗어나기를 희망하고, 영감을 주는 이미지보다는 끔찍하고 공포를 느끼게 하는 일부 이미지(예: 9 · 11 테러)에만 노출되었다는 결론을 내렸다. Hershorn은 대중은 시각적으로 더 많은 것을 알아야 할 필요가 있으며(보호 조치), 이는 예술적 탐구로 성취할 수 있다고 제안한다. 아마도 다양한 결론이 도출될 수 있겠지만, 참가자의 시각 미술 창작이 새로운 연구방법이 되었음은 분명하다.

시각 미술 해석: 지도, 모델, 다이어그램 그리고 시각 영역 노트

시각 미술 기술은 해석에 대한 방법론적 접근으로 활용되고 있다. 연구를 수행하는 과정은 항상 의미를 형성하는 활동이다. 패러다임 내에서 '발견'과 '드러내기' 기반 수행이든, 의미의 '창조'와 '구성'을 상정하든, 사회 연구는 데이터로부터 의미를 생성시키는 것이다. 따라서 분석 및 해석 과정은 연구에서 필수적인 작업이다. 알고 있는 것에 대한 분석이 필수적임에도 불구하고, 분석 및 해석은 종종 최종 작업에서 급하게 이루어지거나 완전히 공개되지 않는다. 이것은 귀납적이고 전체적이라고 알려진 기초 이론과 다른 전략을 통해 해석을 전체 과정과 연결하는 질적 연구에서 특히 문제가 된다. Anita Hunter, Paula Lusardi, Donna Zucker, Cynthia Jacelon과 Genevieve Chandler(2002)는 다양한 ABR 방법이 아이디어가 여과되고, 패턴이 나타나고, 원래의 결론이 발전하는 '인큐베이션 단계'에서 어떤 도움을 주는지를 검토하기 위해 질적 건강관리의 의미 생성과정 연구를 함께 논의했다(p. 389). 그들은 이 중요한 시기를 '지적 혼란'이라고 했다. 그들은 이 활동을 구조화하는 데 활용 가능한 기법에 주목했다(p. 389).

시각적 분석과 관련하여 5명의 보건의료 연구자 중 한 명인 Donna Zucker는 여러 정보와 데이터의 의미를 시각화한 지도나 모델을 활용해서 여러 해석의 순간을 다르게 볼 수 있도록 했다. 지도와 모델, 다이어그램은 스스로 발견하도록 하는 장치로 사용되었다. Zucker는 스스로 시각적인 학습자로서 데이터를 시각적으로 표현함으로써 향상된 아이디어를 생성하게 되었다. Zucker는 프로젝트의 3단계 과정에서 시각적인 지도를 만들었다. 첫 번째 지도는 기존 학문에 몰입해서 문학적 리뷰를 심사숙고하는 동안 작성되었다. 두 번째 지도는 데이터 수집 중에 작성되었으며, 세 번째 지도는 코딩 및 분석 과정 중에 작성되었다(명확하게 분석 및 해석은 연구 진행의 일부였지만). 이 전략으로 그녀는 '인큐베이터 단계'를 심화시켰으며, 이 방법으로 발견되지 않은 채로 남아 있었을 데이터 간의 관계를 찾아냈다(수용). 차후에 설명하고 반영할 수 있는 체계적이고 전체적인 연구 설계에 대한 해석을 도처에서(지속적으로) 증가시켰다.

분석 및 해석 과정에서 시각 미술을 사용할 수 있는 다양한 방법이 있다. 마지막 예로, 문화기술지에서 텍스트기반 메모에 주목한 과정을 반영하여 데이터 수집 및/또는 분석으로 시각적 영역 메모를 만들 수 있다. Lisa Kay(2009)는 종이와 파스텔을 활용해 작은 혼합 매체 콜라주를 제작했고, 연구 관찰에서 그녀의 반응을 포착한 자료를 발견했다. 그녀는 예술 작품을 '현장 노트'로 이해했다. 그것들은 문서화와 해석의 두 가지 형태로 기여했다. 또한 미술 작품들은 갤러리에 전시되고 학회에 발표됨으로써 이 접근법이 여러 범주의 사람들(일반인과 전문가)에게 어떻게 공개될 수 있는지를 보여 주었다(Chilton & Leavy, 2014).

특별한 고려사항

고려해야 할 한 가지 문제는 시각적 데이터를 텍스트로 변환하고, 텍스트를 시각적으로 변환하는 것이다. 예를 들어, 면접 조사나 문화기술지 관찰을 시각적으로 표현하는 연구에서 다른 매체로 변환되는 과정이 있다. 이것은 종종 사건을 ABR 방법으로 다루는 경우의 문제로 다음 장에서 좀 더 자세하게 논의하겠지만,

단어-그림의 관계와 관련해서 특별히 고려해야 할 사항이 있다. Inkeri Sava와 Kari Nuutinen(2003)은 공동 연구에서 탐구와 미술 사이의 대화를 창조하는 것을 논의했다. 특히 그들은 경험적으로 그리고 이론적으로 미술과 탐구, 또는 이미지와 단어로 만들어진 하이브리드 또는 '제3의 공간'을 주관적이며 동시에 객관적인 관점에서 검토했다.

그들의 프로젝트를 위해 Sava는 단어를 만드는 작가로 참여했으며, Nuutinen은 이미지를 창작하는 미술가 역할을 수행했다. 이것은 3단계 프로젝트로 ① 단어-사진 발표(퍼포먼스), ② 텍스트 대화 반응, ③ 단어-사진 발표에 대한 반응의 전반적인 토론 등으로 구성되었다. 이 프로젝트에는 7개의 텍스트 메시지와 7개의 그림이 결과물로 포함되었는데, 이 두 결과물은 패널 토론 후에 동시에 쌍으로 만들어졌다. 의미 생성에 관여할 수 있도록 '독자'들이 초대되었으며 작가와 미술가는 각각 독립적으로 반응을 썼다. 그들은 "단어와 그림, 탐구와 미술 사이의 대화"라는 주요 주제에 주의하면서 '내면의 목소리'를 서로 충분히 자유롭게 허용하는 것에 동의했다 (2003, p. 516). Sava와 Nuutinen의 연구는 텍스트와 시각 미술 간의 관계에 대해 몇 가지 제안을 했다.

첫째로, 작가와 미술가 간 수행과정의 대화에서 변화의 문제이다. 즉, 단어/본문의 그림으로의 변환(또는 그 반대), 부드럽게 미끄러짐, 끊임없는 흐름, 전환 등의 문제이다. 한 언어에서 다른 언어로의 번역이 또 다른 문제가 될 수 있다. 둘째로, 본문과 그림은 섞여 짜인 표면, 즉 연합된 질감을 형성할 수 있다. 셋째로, 그림은 본문의 삽화 (텍스트의 진실을 보여 주는 실례)로 기능하거나, 그 반대의 경우 그림에 대한 본문 (그림의 진실을 보여 주는 실례)으로 기능할 수 있다. 또한 그것들은 상호적이며 살아 있는 대화, 통합된 이야기 또는 대화적 상태를 형성한다(p. 532).

마지막 부분에서 언급했듯이, 이 연구는 혼종성 분야의 학문을 지원하는 데 기여한다(제4장에서 음악과 관련하여 논의된 것처럼 세계화와 함께 급속히 증가함). Sava와

Nuutinen이 언급한 "제3의 공간"은 "강렬하고 경험적 · 감각적 · 다중해석적으로, 한순간의 그림자처럼 직관적이고 끊임없이 변한다. 그러므로 두 가지 또는 그 이상의 세계로 항상 새롭게 창조되는 여러 이해의 분야로서, 복합적, 다층적인 유기적 혼합이 흐르는 장소인 경계선상의 존재로서 받아들여져야 한다."(2003, p. 532). 이 실험적인 공동 프로젝트는 연구자가 단어를 그림으로 또는 그림을 단어로 번역할 때 발생하는 문제와 단어와 이미지 사이의 관계를 관객들이 어떻게 인식하는지와 관련된 중요한 문제를 다루어 여러 학문 분야에 기여했다.

고려사항 점검표

시각 미술을 연구방법으로 연구를 수행하고자 할 때 고려해야 할 몇 가지 문제가 있다.

- ✓ 어떻게 연구 주제에 맞게 시각 미술을 활용할 수 있는가? 연구의 가치를 높이는 맥락에서 어떻게 시각 미술을 활용하거나 제안할 수 있는가?
- ✓ 누가 이 연구를 위해 어떤 자료와 어떤 지침으로 미술을 제작할 것인가?
- ✓ 미술품의 소유권과 배포를 포함하여 고려해야 할 윤리적 문제는 무엇인가?
- ✓ 시각 미술 구성 요소는 혼합 또는 다중적 연구방법에서 다른 구성 요소와 어떻게 상호작용하는가?
- ✓ 나의 연구 목표에 가장 적합한 방법은 무엇인가?(예: 사진, 콜라주, 시각적 고고학, 참여방법)
- ✓ 시각 미술을 어떻게 활용할 수 있는가(예: 데이터 수집/생성, 분석, 해석, 표현)? 만약 단어와 이미지 사이에 전이가 있다면, 어떻게 이 '전이과정'이 이해될 수 있을까?

결론

이 장에서는 시각 예술기반 연구의 광범위한 장르를 소개했다. Carolyn Jongeward 는 시각적 초상화를 활용한 연구 프로젝트에서 어른의 창의력이 어떻게 발현되는 지에 대해 설명했다. Jongeward는 이 프로젝트에서 시각적 초상화의 기여와 예술적 탐구와 사회적 탐구 사이의 밀접한 관계를 검토하여 시각적 연구의 성격을 통해 질적 연구의 패러다임이 풍부해진다고 주장한다. 더불어 Jongeward는 '이미지'가 의미를 만들어 내고 환기시키는 데 특별한 힘이 있다고 본다. 많은 질적 연구 참여자들이 ABR을 탐구하고 있는데, 이런 선택은 어떻게 질적 연구자들이 그들의 연구 실행에 시각 미술을 통합할 것인가에 대해 생각하도록 하는 훌륭한 사례가 된다.

토론 문제 및 활동

1. 어떻게 시각 미술이 고정관념을 강화 또는 도전하는 데 활용될 수 있을까? 어떻게 시각 미술이 예속된 관점에 접근하는 것을 목표로 하는 연구 프로젝트에서 활용될 수 있을까?

2. 참여적 시각 예술기반 방법은 어떻게 사회생활의 숨겨진 측면에 접근할 수 있을까? 사진음성은 다른 접근법과 어떻게 다를까? 사회 정의의 가능성은 무엇인가?

3. 콜라주는 어떻게 연구 실행에서 활용되는가? 왜 연구원이 이 방법을 사용할까?

4. 분석과 해석 과정에서 시각 미술을 어떻게 활용할 수 있을까?

5. 잡지나 신문에서 작은 이미지 샘플을 수집하라. 맥락 없는(관련성이 낮은) 이미지로 무엇을 이야기할까? 어떤 의미가 전달될까? 의미 생성에 병렬 역할을 고려하여 이미지로 콜라주를 만들어 보자. 어떤 의미가 전달될까?

추천 도서

Emmison, M., & Smith, P. (2007). *Researching the visual: Images, objects, contexts and interactions in social and cultural inquiry.* Thousand Oaks, CA: Sage.

이 시각적·질적 기초 연구는 시각적 데이터의 활용과 연관된 주제의 범주를 소개한다. 또한 저자는 일부 테크닉을 시도해 보기 원하는 학생과 연구자를 위한 연습 문제를 제공한다.

hooks, b. (1995). *Art on my mind: Visual politics.* New York: New Press.

hooks는 이 책에서 미술이 정치적 견해와 개념, 신념을 전하는 방법이라고 보며, 그것을 생산하는 문화에 대한 정보라고 본다. hooks는 특별히 미술과 인종, 성 관련 정체성의 연계성에 대해 비판적으로 검토한다.

Margolis, E., & Pauwels, L. (2011). *The Sage handbook of visual research methods.* London: Sage.

이 종합적 안내서는 시각적 연구방법의 장르와 분석, 제시, 윤리 등과 관련된 주제를 편집한 책이다.

Pink, S. (2012). *Advances in visual methodology.* London: Sage.

여러 학문 분야의 독자가 시각적 방법과 관련된 이론과 실제를 제안한다. 특히 연구 실행과 새로운 미디어의 접목에 대해 논의한다.

Spencer, S. (2011). *Visual research methods in the social sciences: Awakening visions.* London: Routledge.

이 책은 사회과학 분야에서 시각적 연구의 통합적 접근을 제안한다. 저자는 시각 형태의 혼합을 활용한 확실한 사례 연구 계획을 위해 이미지 기록 보관, 미디어, 지도, 대상 계획, 비디오 인터뷰 등의 예시를 만든다.

관련 웹사이트와 저널

Arts and Humanities in Higher Education: An International Journal of Theory, Research and Practice

http://ahh.sagepub.com

전문가 검토 저널 출판 글과 예술학, 인류학, 고등 교육 기관의 학자들의 검토를 기초로 한 자료이다. 이 저널은 국제적 관점을 취하며 교사와 연구자에게 유용하다.

ArtsJournal

www.artsjournal.com/visual.shtml

『예술 저널(ArtsJournal)』은 1999년에 창간되었으며 신문, 잡지, 저서 등을 포함한 200여 영문 자료에서 발췌한 글이 매일 연결된다는 것이 특별하다. 사이트의 글들은 접속이 불가할 수도 있다. 이는 글을 위한 훌륭한 자료이며 미술과 문화가 교류할 수 있는 장소가 된다.

International Journal of Education through Art

www.intellectbooks.co.uk/journals.appx.php?issn=17435234

매년 3회 발간되는 『미술을 통한 국제 저널(International Journal of Education through Art)』은 학제 간 저널로서 미술과 교육의 관계를 촉진한다. 이 저널은 특히 교육과 미술의 관계와 관련하여 비평적으로 반영된 글과 시각적 자료에 역점을 둔다. 교육과 미술 교육의 입지에 대한 재고, 형식적 또는 비형식적 교육의 맥락과 동시에 나이, 성, 사회적 배경의 역할에 대한 교수·학습의 역할, 연구 분석의 독창적 해석 공식적 채택, 미술교육의 활동, 주제, 연구 관련 시각/문헌 발표 등이 해당된다.

Visual Studies

www.visualsociology.org/publications.html

국제 시각적 사회학학회에서 매년 3회 발간되는 자료로서, 다학문적 전문가 검토 저널인 '시각적 지향' 글들은 실증적이며 시각적 연구, 시각적 문화 자료, 시각 연구방법, 사회문화적 세계에 관한 소통과 시각적 의미 등과 관련된 내용을 담고 있다.

Journal of Visual Arts Practice

www.ovid.com/site/catalog/Journal/2444.jsp?top=2&mid=3&bottom=7&subsection=12

이 저널은 현대 미술 분야의 내용과 실행을 중점적으로 다룬다. 지난 수십 년간 순수예술은 전통적인 회화, 조각, 판화 설치, 퍼포먼스, 영화, 비디오, 디지털 미디어 등으로 확장되었다.

Art Journal

www.collegeart.org/artjournal

1941년에 창간된 전문가 검토 저널은 학자들의 포럼과 시각 미술의 시각적 탐구 제공을 목적으로 한다. 대중적, 학문적, 미술과 출판 사이의 간극을 조정; 교육적 유용성, 미술 실행과 생산의 다양성 가운데 관계 탐구 및 미술 제작, 미술사, 시각연구, 이론, 비평의 관계 탐구; 미술 분야(국내외)의 최신 주제에 대한 반응; 20세기와 21세기의 주요 관심사와 관련된 주제에 초점 등이 논의된다.

Oxford Art Journal

http://oaj.oxfordjournals.org

『옥스퍼드 미술 저널(The Oxford Art Journal)』은 전문가 검토 저널로서 미술사 분야의 혁신적이며 비판적 연구를 출판한다. 시각예술의 정치적 분석과 이론적 관점의 다양한 자료 발표를 소개한다. 또한, 고대 유물부터 현대 미술품에 이르는 다양한 주제를 다루는 내용도 소개한다. 이 저널은 이 분야의 주요 공헌과 관련된 검토 의견도 포함한다.

Technoetic Arts: A Journal of Speculative Research

www.ovid.com/site/catalog/Journal/2453.jsp?top=2&mid=3&bottom=7&subsection=12

이 전문가 검토 저널은 날카로운 아이디어, 프로젝트 미술, 과학, 테크놀로지와 융합된 미술, 의식 연구 등의 내용을 다룬다.

International Visual Sociology Association (IVSA)

www.visualsociology.org

IVSA의 목적은 연구, 생산 그리고 시각 이미지의 활용, 데이터와 교수자료, 연구자료, 활동의 적용, 사진과 영화, 비디오 등의 발달과 활용, 사회학과 사회과학에서 전자 전송 이미지의 발전 그리고 관련된 훈육과 적용 등을 홍보하는 것이다.

미주

1. Peggy McIntosh는 이 부분에 대해 백인의 특권에 관한 그녀의 유명한 1989년 작 수필집에서 기술했다(제3장 참조).

참고문헌

Berg, B. (2007). *Qualitative research methods for the social sciences.* New York: Pearson.

Blumenfeld-Jones, D. S. (2002). If I could have said it, I would have. In C. Bagley & M. B. Cancienne (Eds.), *Dancing the data* (pp. 90–104). New York: Peter Lang.

Bourdieu, P. (1990). *Photography. The middle-brow art* (English translation). Cambridge, UK: Polity Press.

Chilton, G., & Leavy, P. (2014). Arts-based research practice: Merging social research and the creative art. In P. Leavy (Ed.), *The Oxford handbook of qualitative research* (pp. 403–422). New York: Oxford University Press.

Chilton, G., & Scotti, V. (2013). *Snipping, gluing, and writing: An exploration of collage as arts-based research practice.* Retrieved from www.academia.edu/4356991/Snipping_Gluing_and_Meaning-making_Collage_as_Arts-Based_Research.

Chilton, M., Rabinowich, J., Council, C., & Breaux, J. (2009). Witnesses to hunger: Participation through photovoice to ensure the right to food. *Health and Human Rights: An International Journal, 11*(1). Retrieved from www.centerforhungerfreecommunities.org/sites/default/files/pdfs/Pub1_Witnesses_HHR.pdf.

Collier, J., Jr. (1967). *Visual anthropology: Photography as a research method.* New York: Holt, Rinehart and Winston.

Collier, J., Jr., & Collier, M. (1996). *Visual anthropology: Photography as a research method.* Albuquerque: University of New Mexico Press. (Original work published 1986)

Diaz, G. (2002). Artistic inquiry: On Lighthouse Hill. In C. Bagley & M. B. Cancienne (Eds.),

Dancing the data (pp. 147–161). New York: Peter Lang.

Finley, S. (2002). Women myths: Teacher self-images and socialization to feminine stereotypes. In C. Bagley & M. B. Cancienne (Eds.), *Dancing the data* (pp. 162–176). New York: Peter Lang.

Hershorn, K. (2005, May). *Learning through arts-based action research: Creative* approaches to destructive dynamics in our schools and in our world. Paper presented at the International Congress of Qualitative Inquiry, Urbana–Champaign, IL.

Hockings, P. (Ed.). (2003). Principles of visual anthropology. New York: de Gruyter.

Holm, G. (2008). Visual research methods: Where are we and where are we going? In S. N. Hesse-Biber & P. Leavy (Eds.), Handbook of emergent methods (pp. 325–342). New York: Guilford Press.

Holm, G. (2014). Photography as a research method. In P. Leavy (Ed.), The Oxford handbook of qualitative research (pp. 380–402). New York: Oxford University Press.

hooks, b. (1995). In our glory: Photography and Black life. In b. hooks, Art on my mind: Visual politics (pp. 54–64). New York: New Press.

Hunter, A., Lusardi, P., Zucker, D., Jacelon, C., & Chandler, G. (2002). Making meaning: The creative component in qualitative research. *Qualitative Health Research Journal*, *12*(3), 388–398.

Janhonen-Abruquah, H. (2010). Gone with the wind?: Immigrant women and transnational everyday life in Finland. Helsinki: University of Helsinki. Retrieved from *http://urn.fi/ URN:ISBN:978-952-10-6136-3*.

Kay, L. (2009). *Art education pedagogy and practice with adolescent students at-risk in alternative high schools*. DeKalb: Northern Illinois University.

Knowles, J. G., & Thomas, S. M. (2002). Artistry, inquiry, and sense-of-place: Secondary school students portrayed in context. In C. Bagley & M. B. Cancienne (Eds.), *Dancing the data* (pp. 121–132). New York: Peter Lang.

Lai, C. K., Maddalena, M., Lehr, S. A., Cerruti, C., Shin, J. E. L., Joy-Gaba, J., et al. (2013). Reducing implicit racial preferences: I. A comparative investigation of 17 interventions. *Social Science Research Network*. Retrieved from *http://papers.ssrn.*

com/sol3/papers.cfm?abstract_id=2155175.

LaJevic, L. & Springgay, S. (2008). A/r/tography as an ethics of embodiment. *Qualitative Inquiry, 14*(1), 67–89.

Lodge, C. (2009). About face: Visual research involving children. *Education, 37*(4), 3–13.

Lorber, J. (1994). *Paradoxes of gender.* New Haven, CT: Yale University Press.

Malchiodi, C. (2013a, December 23). Altered book and visual journaling. *Psychology Today.* Retrieved from *www.psychologytoday.com/blog/arts-and-health/201312/altered-book-and-visual-journaling.*

Malchiodi, C. (2013b, November 19). Top ten art therapy visual journaling prompts. *Psychology Today.* Retrieved from *www.psychologytoday.com/blog/arts-and-health/201311/top-ten-art-therapy-visual-journaling-prompts.*

Mills, G. (1957). Art: An introduction to qualitative anthropology. *Journal of Aesthetics and Art Criticism, 16*(1), 1–17.

Newbury, J., & Hoskins, M. (2010). Relational inquiry: Generating new knowledge with adolescent girls who use crystal meth. *Qualitative Inquiry, 16*(8), 642.

Noe, A. (2000). Experience and experiment in art. *Journal of Consciousness Studies, 7*(8–9), 123–135.

Pink, S. (2007). *Doing visual ethnography.* London: Sage.

Reavey, P. (Ed.). (2011). *Visual methods in psychology: Using and interpreting images in qualitative research.* New York: Psychology Press.

Rieger, J. (2011). Rephotography for documenting social change. In E. Margolis & L. Pauwels (Eds.), *The Sage handbook of visual research methods* (pp. 132–149). London: Sage.

Rolling, J. H., Jr. (2005). Visual culture archaeology: A criti/polit:/cal methodology of image and identity. *Cultural Studies ↔ Critical Methodologies, 7*(1), 3–25.

Ruby, J. (2005). The last 20 years of visual anthropology–a critical review. *Visual Studies, 20*(2), 159–170.

Saarnivaara, M. (2003). Art as inquiry: The autopsy of an [art] experience. *Qualitative Inquiry, 9*(4), 580–602.

Sava, I., & Nuutinen, K. (2003). At the meeting place of word and picture: Between art and inquiry. *Qualitative Inquiry, 9*(4), 515–534.

Sweetman, P. (2009). Revealing habitus, illuminating practice: Bourdieu, photography and visual methods. *Sociological Review, 57*(3), 491–511.

Vaughan, K. (2008). Pieced together: Collage as an artist's method for interdisciplinary research. *International Journal of Qualitative Methods, 4*(1), 27–52.

Vedantam, S. (2013, July 19). How to fight racial bias when it's silent and subtle. Retrieved from *www.npr.org/blogs/codeswitch/2013/07/19/203306999/How-To-Fight-Racial-Bias-When-Its-Silent-And-Subtle.*

Wang, C. (2005). Photovoice: Social change through photography. Available at *www.photovoice.com/method/index.html.*

Warren, B. (Ed.). (1993). *Using the creative arts in therapy: A practical introduction.* New York: Routledge.

시각적 초상화
질적 연구에서 예술적 프로세스의 통합

−Carolyn Jongeward

전통적인 형태의 연구는 연구 조사, 해석, 진술의 특성을 제한한다. 이와는 대조적으로 예술적 실천의 정교함과 감성이 가치 있고 가시적이라면 교육에서 연구는 어떠한 형태여야 할까? 나는 미적 지각, 미지의 것에 대한 개방성, 복잡한 전체에 대한 직관과 같은 예술적 특성이 교육 관련 연구를 강화한다는 것을 발견했다.

이 글에서 나는 예술적 실천기반 연구 사례를 통해 각 연구 참여자의 개성을 보여 주기 위해서 어떻게 시각적 초상화를 만들었는지 설명하고자 한다. 예술적인 방법을 통해 의미를 이해하고 생성하는 방법이 질적 연구에 어떻게 기여하는지를 탐구하고 연구과정의 일환으로 시각적 이미지를 만드는 활동의 가치를 보여 주고자 한다. 예술적 경험이 어떻게 교육적인 연구에 정보를 줄 수 있는지를 이해하는 것은 어떻게 예술을 만드는 것이 질문의 과정이며 의미 있는 형식을 만드는 과정인지를 이해하는 것이다. 예술적 행위는 연구와 표상의 분명한 활동이다.

Eisner(1991, 1993), Finley와 Knowles(1995)는 함께 질적 연구와 예술적 경험 사이의 연결 고리를 탐구해 왔다. 이들은 예술가이자 연구자로서, 예술가의 개념을 이용하여 연구의 표현으로서 예술적 형태의 가능성을 확인했다. 그렇게 함으로써 그들은 다른 예술가−연구자에게 자신의 경험과 관련지어 의미를 분명하게 표현할 수 있는 방안을 제시했다.

연구자와 연구의 결합 추구

나는 태피스트리 디자이너이자 직조 기술자로서 수년간 창의성 발휘의 과정을 연구해 왔다. 교육자로서 나는 성인들을 대상으로 한 디자인과 색상 교육으로 창의성 교육을 해 왔다. 그 과정에서 나는 어른들이 창의력을 발휘하는 것이 얼마나 중요한지 알게 되었다. 그리고 동시에 이것이 실제로 얼마나 어려운 일인지도 알게 되었다.

행동 연구(action research)의 한 형태로, 나는 토론토 대학의 평생교육기관(School of Continuing Studies)에서 "디자인: '창의적 과정'을 중심으로"라는 제목의 10주짜리 과정을 개발하여 운영했다. 나의 목표는 성인이 그들의 관점, 태도, 창의성에 대한 접근법을 배울 수 있는 교육과정을 만드는 것이었다(Jongeward, 1995).

학습과 창의력에 대한 성인의 경험을 연구하면서, 나는 '반성, 반응성, 호혜성'의 원칙에 주목했다(Hunt, 1992). 자기반성, 시각적 이미지 제작, 대화는 연구과정의 기본적인 요소였다. 나는 참가자들의 작문, 이미지, 미술 프로젝트, 수업에서의 교류, 인터뷰 등의 자료를 통해 그들의 경험에 대해 알게 되었다. 내가 조사하는 주제와 참여한 과정에 대한 직접적인 답변으로, 나는 시각적 이미지 제작을 포함한 표현과 연구 해석으로 연구방법을 확장했다.

시각적 이미지를 만들고 다른 사람의 이미지를 처리하는 과정을 통해서, 나는 이미지의 표현하는 힘과 환기시키는 힘을 높이 평가하게 되었다. 예를 들어, 나는 한 활동에서 학생들에게 강력한 감정을 불러일으키는 단어와의 연관성을 표현하는 방법으로 크레용을 사용하여 종이에 표현하라고 했다. 표현된 개인적 이미지들은 모두 독특하다. 모든 사람은 슬픔, 기쁨, 분노, 두려움, 평화로움과 같은 감정과 관련된 특별한 경험을 가지고 있고, 이러한 질적인 차이는 각각의 이미지를 만들어 낸 특유한 색, 모양, 선에서 분명히 드러난다.

연구과정에서 중요한 순간에 시각적 이미지를 활용함으로써 에너지, 명쾌함 및 통찰력과 관련된 자료를 얻었다. 데이터를 분석하면서 연구 참여자 경험의 진실성과 다양성을 전달하기 위해 여섯 가지 시각적 초상화를 제작했다. 초상화를 만드는 것은 해석과 재현을 위한 방법으로서뿐만 아니라 내 자신의 예술적이고 직관적인 앎을 유지하는 방법으로도 중요했다.

암묵적 지식과 시각적 이미지 연계 방안

질적 연구의 자연스러운 패러다임은 지식은 알려진 것과 분리할 수 없다는 것이다 (Lincoln & Guba, 1985). 연구자의 민감성, 다른 사람에 대한 공감, 모호성에 대한 저항 등은 연구의 과정과 결과에서 중요한 역할을 한다. Hunt(1992)에 따르면 연구자의 의도, 인식 그리고 행동이 반드시 연구과정에 포함되어야 하는데, 그것들이 "우리의 연구를 기록하고 해석하기 위한 가장 강력하고 민감한 수단"이기 때문이다(p. 116).

연구과정에서 '인적 자원'으로서 연구자는 자신과 다른 사람의 경험에 대해 암묵적 차원에 반응해야 한다. 이것은 충분한 연습을 필요로 하는데, 마치 예술가들이 그들의 기술과 심미적 인식을 연마하는 것처럼 연구자들도 관찰하고, 세부사항을 살펴보고, 전체적인 부분의 암묵적인 관계를 발견하는 능력을 개발해야 한다.

암묵적 지식은 상징적 형태를 통해 알려지고 표현된다. Courtney(1987)가 말한 것처럼, "매체를 통해 상징적으로 표현되었을 때, 암묵적 지식은 특별한 예술 영역이 된다"(pp. 41-43). 예술가들은 경험적 연구에 참여하고, 그들이 창작할 때 지식과 의미를 탐구하기 위한 새로운 방법을 찾는다. 시각적 이미지들은 내적 경험의 표현과 의미 부여의 방법이 된다. 이미지는 감정의 비추론적(nondiscursive, 산만하지 않은, 즉 통일성 있는) 표현으로서 이전에 인지하지 못했던 아이디어를 의미 있는 상징적 형태로 전달하고 이해와 통찰력을 가져다준다(Langer, 1953).

시각적 이미지를 만드는 과정은 이성을 넘어선 영역에서 탐색하는 것으로, 이성적인 관점으로는 알 수 없는 것을 드러낸다. 형태와 경험이 가져다주는 다양한 요소들 간의 관계를 보여 주는 이미지는 예상을 뛰어넘어 새롭게 전체로 이어지는 관계를 보여 준다.

시각적 초상화: 풍부함과 복잡성 묘사

내 연구를 해석하고 표현하는 또 다른 방법으로 시각적 초상화(묘사)를 제작해 보자는 아이디어는 우연히 떠올랐다. 나는 인터뷰와 참가자들의 일지를 분류하는 요구에 따라 관련된 데이터 분석 작업을 하고 있었다. 연구 참여자들이 말하거나 쓴 내용의 여러 측면을 읽고, 비교하고 대조하면서 그들의 태도와 관점에 친근함을 느끼게 되었다. 데이터를 분류하고 코딩하는 지속적인 분석과정에서 나는 연구 참여자의 총체적인 이미지를 얻어 내고 싶어졌다.

시각적인 작업을 위해 나는 각 사람의 관점과 창의적인 과정에 대한 접근 방식의 여러 가닥(경우)을 함께 엮어 보기로 했다. 경험상 직관적이고 시각적인 감성을 통해 전체적인 감을 볼 수 있다는 것을 알고 있었기 때문에, 시각적 초상화(묘사)를 제작하여 참가자들의 풍부한 경험을 탐구했다.

이 과정의 주요 요소를 설명하기 전에 전체적으로 색상, 선, 모양 및 리듬감 등의 관계는 모든 이미지의 의미 있는 부분을 표현하는 데 기여한다는 것을 알아 두어야 한다. 이 글의 독자는 전달된 내용에 포함된 색의 미묘함, 강도, 대비, 혼합, 반복, 비율을 볼 수 없기 때문이다.

Lillian의 자주적인 창의적 표현과 관련된 열정과 행동은 나에게 강한 인상을 주었고, 나는 이 참가자에 초점을 맞추어 초상화(묘사)를 시작했다. 그녀의 말과 이미지가 내 마음을 가득 채웠다. 나는 파란색과 검은색 오일 파스텔을 골라 원형으로 그리기 시작했다. Lillian의 경험에서 중요하다고 생각했던 요소들을 직관적으로 통합하는 과정에서 이미지가 서서히 나타났다. 나는 주로 이미지의 왼쪽과 오른쪽을 두 부분으로 나누어 강하게 대조적인 그녀의 감정을 표현했다. 예를 들어, 왼쪽에는 그녀가 좋아하고 그녀의 감정적인 본성과 여성적인 감수성과 관련된 색인 파란색, 빨간색으로 작업했다. 오른쪽은 노란색, 오렌지색, 녹색을 사용하여 식물과 같은 형태를 그렸는데, 이것은 그녀의 성장 배경을 상징한다. Lillian은 이 색깔들을 거의 사용하지 않았으나, 이 색깔들을 자신이 발전에 필요하다고 생각하는 남성적인 지능

[그림 1] Lillian의 시각적 초상화. 오일 파스텔과 종이, 11×12인치

과 주장을 상징하는 색으로 인식했다([그림 1] 참조).

시각적 초상화를 만드는 과정 내내 나는 그들이 누구인지에 대한 진실성과 복잡성을 반영한 이미지를 만드는 방법에 대해 의문을 가졌다. 그 결과, 나의 이해력은 더 깊어지고 의미를 만들기 위한 한 방법으로서의 시각적 이미지에 대한 인식이 향상되었다. 복잡한 아이디어와 느낌 사이의 관계를 어떻게 표현할 것인가를 계속 고민하면서, 나는 색과 형태로 참여자로부터 포착한 진실한 느낌을 담은 통합 이미지를 제작했다. 때로는 참여자들이 탐색한 재료, 기술 그리고 개인적 이미지의 요소들을 참고하면서 '시각적 인용'이나 참고 자료를 만들었다. 또한 그들의 창의성 발현 과정에서 발견된 특징적인 아이디어와 태도를 참고로 작업했다.

한 초상화에서 나의 주요 아이디어는 기하학적 패턴과 즉흥적인 시각적 이미지를 합성하는 것이다. 질서와 무질서의 통합은 내가 Bob에게서 포착한 두 가지, 독특하지만 상호 보완적인 측면을 표현한 것으로 그의 지식과 개방성의 범위를 상징하는 것이었다. 항공 우주 엔지니어인 Bob은 기술적·수학적 측면에서 창의적이었다. 하지만 내가 그와 함께 작업할 당시 그의 주된 관심사는 창의적인 비기술적 측면과 자연스러운 이미지를 탐구하는 것이었다.

다음은 세 명의 참가자가 시각적 이미지로 그들의 관점을 전달하기 위해 내가 어떻게 작업했는지에 대한 이야기이다. 종양학 간호사인 Marion은 그녀가 어렸을 때부터 혼자 이야기, 시, 노래 등을 쓰고 불렀다는 것을 기억했다. 그녀는 어른이 되어서도 항상 글을 쓸 수 있기를 원했지만, 그녀 스스로 글을 잘 쓰지 못한다고 생각하고 여러 번 중단했다가 다시 글을 쓰곤 했다. 그녀의 글을 통해 나는 자유와 창의적인 표현을 갈망하는 정신과 열정을 가진 한 여성을 발견했다.

Marion은 그 과정에서 스스로 도전적인 프로젝트를 시작했다. 그녀는 직접 종이를 만들고 그녀의 글을 모은 책을 만들기로 결심했다. 그녀는 종이 제작 작업에 관한 책을 샀고, 그 작업을 시작했다. 처음에는 종이를 만드는 일이 쉽게 풀리지 않아 낙심했지만, 뜻을 굽히지 않고 점차 단계적으로 배워 나갔다. 종이 만들기가 잘되면서부터 그녀는 과정을 즐기게 되었다. 그녀는 항상 할 수 없을 것이라는 생각에서 벗어나 예술적인 무언가를 할 수 있을 거라는 느낌을 갖기 시작했다. 시 쓰기를 계속하면서, Marion은 독학으로 일본어를 공부하여 바인딩 기술을 습득하고, 수작업으로 만든 작은 종이 책들을 수집하였다. 내 강의가 끝날 무렵 그녀의 마지막 글은 매우 흥미로웠다. "제가 쓴 시 〈거북이〉는 아마도 제가 이 창의적인 과정에 어떻게 참여했는지에 대한 제 인식을 설명해 줍니다."

나는 거북이 이미지가 Marion의 시각적 초상화(묘사)의 중심이 될 것이라고 생각했다. 나는 녹색 종이를 타원형 모양으로 자르고 다른 종이들로 겹겹이 층을 이루어 붙여 9개의 작은 모양으로 만든 후 그것을 거북이 등의 문양 구조처럼 중앙에 하나를 놓고 그것을 둘러싸도록 8개를 놓았다. 이 시점에서 나는 그 이미지가 뭔가 다른 것을 필요로 한다는 것을 깨달았다. Marion이 자신을 자연 속의 공간으로 비유한 것을 기억하며 빨간(불은 따뜻하고 밝은 느낌) 종이 위에 녹색 타원을 올려놓았고, 그 이미지는 더 생생해졌다.

처음에는 배경색이 검은색이었지만 파란색 바탕의 종이 위에 청록색 화장지로 꾸몄다. 검은색은 이미지 가장자리의 좁은 테두리가 되었다. 나는 미래에 대한 그녀의 희망과 두려움에 대해 Marion이 제작한 이미지를 상기했다. 그 이미지에서 검은색은 Marion의 진로를 가로막는 모든 것을 나타내고, 파란색은 '정말로 중요한 일을 하는 것'의 힘을 나타냈다. 그녀는 연작에서 이미지의 가장자리에 검은색을 밀어내고 푸른색을 위해 더 많은 공간을 만들었다. 나는 새로운 초상화에 대한 나의 반응과 동시에 그녀의 이미지에 대한 이와 같은 묘사를 기억했다.

나는 Marion의 글에서 창의적으로 그녀가 자신에 관해 학습한 경험의 다양한 단계와 관점을 표현한 핵심 진술을 추출했다. 다음 단계로 나는 타원형의 윗부분에 Marion에 관한 이야기의 본질을 프린트해서 제시했다. ① 자신을 표현할 방법을 찾기, ② 무언가를 만들겠다는 열망을 갖기, ③ 내가 하는 일을 자랑스러워하기, ④ 글쓰기(왜냐하면 내가 하지 않으면 나 자신을 부정하기 때문에), ⑤ 내 인생 초기에 내 창의력은 매우 낮아졌다. 실패할 것이라고 믿었기 때문에 시도조차 하지 않았다, ⑥ 공유하길 원하고 다른 사람들이 말하는 것에 대해 걱정하지 않기, ⑦ 나 자신을 설득하여 계속 노력하고 격려하기, ⑧ 무엇이든 연습을 필요로 하고, 좌절, 자기 불확신 등에 대한 학습이 필요하다는 것을 배우기, ⑨ 매일 더 많은 탐색과 노력을 하는 긴 과정이 된다는 것.

[그림 2]처럼 이 시각적 초상화를 완성하자마자, 나는 이 초상화가 단순하고 작품이 마치 아이들 작품 같다는 것을 깨달았다. 찢긴 종이의 가장자리는 Marion이 손으로 만든 종이의 거친 가장자리 같았다. Marion은 정밀함에는 관심이 없었고, 나는 '완성된 모습'이라는 내 스스로의 성향에 역행했음을 깨달았다.

급여를 담당하는 매니저 Jody는 내 그림을 보고 어렸을 때 손가락 그림이 기억난다고 했다. 또한 Jody는 학교 프로젝트를 위해 창의적인 아이디어를 생각해 냈지만, 자신이 생각하고 있는 것을 성취하는 방법을 알고 있다는 느낌은 가져 본 적이 없었다.

그녀는 자신이 즐길 수 있는 것을 할 수 있는 방법을 찾고 싶었기 때문에 창의적 프로세스 과정에 등록했다. Jody는 작품을 만들어 본 경험이 있는 학급의 다른 학생들에 비하여 '뒤떨어져' 있다고 느꼈다. 그녀는 자신이 아무것도 모른다는 기분이

[그림 2] Marion의 시각적 초상화. 화장지, 구조화된 종이, 잉크, 20½×17½인치

들었고, 이제 막 시작하는 것으로 생각하고 있었다. 우선, 그녀는 자료를 보고 무엇을 하고 싶은지를 결정하는 데만 오랜 시간이 걸렸다. 결국 그녀는 록키산맥에서 일몰과 겨울 풍경을 보면서 자신의 감정을 표현하는 그림을 그리기 위해서 스케치북과 분필로 된 파스텔을 사기로 결심했다. Jody는 자신이 평생 동안 열정을 갖고 있음을 알았지만, 그것을 드러내지 못했다. 또한 그녀는 그림 그리는 기술이 없다는 것을 알고 있었기 때문에 단지 그녀의 아이디어와 감정이 흘러가는 대로 표현하고자 했다.

Jody는 자신의 감정을 '생각 없이 자유롭게' 표현하기를 원했던 반면에, 상심으로 인하여 자신을 표현하는 능력을 억제받았다. 그녀의 초상화 제작을 위해, 나는 감정 표현과 관련된 즉흥적 드로잉 연작을 그리기로 결심했다. 이것은 Jody가 발견한 자신을 더 잘 알게 되는 데 도움을 준 운동과 관련이 있었다.

색상은 Jody의 열정과 투쟁을 포착하고 전달하기 위한 매체로 선택했다. 나는 이미지를 계획하지 않았다. 나는 Jody가 과정을 묘사하기 위해 사용했던 단어 이면의 감정을 탐색했다. 나는 그녀의 탐구심과 구속력 사이의 이분법적 사고와 갈등을 보여

[그림 3] Jody의 시각적 초상화. 분필 파스텔과 검은색 도화지, 22×15인치

주고자 했다. 나는 8개의 부분으로 나뉜 큰 종이 위에 분필 파스텔을 사용하여 8개의 작은 이미지를 만들었다. 4개의 이미지는 그녀의 광대한 탐구적 측면을 상징했고, 다른 4개의 이미지는 그녀를 붙잡고 억압하는 것을 상징했다([그림3] 참조).

Frida는 사무용 기계를 파는 작은 회사에서 사무직으로 일했다. 그녀는 이 일이 마음에 들지 않았지만 매일 그곳에서 일하면서 자신이 고립된 것처럼 느껴졌다. 그녀는 자신의 창의적인 삶을 다시 살아가기를 강하게 원했다. 55세가 되었을 때 그녀는 매일 약간의 독창적인 일을 하기로 스스로 약속했다.

Frida는 어렸을 때 아르헨티나에서 미술과 공예 활동을 많이 했다. 그녀는 자신의 일을 아주 잘해 냈지만 격려를 받은 적이 없었다. 그녀는 스스로에게 가치를 느끼지 못했으며, 종종 자신의 감정을 드러낸다는 이유로 조롱을 받았다. 그녀는 자신의 감정을 자신만을 위해 간직하고 남에게 드러내지 않아야 한다고 일찌감치 생각했다.

캐나다로 이주한 후에도 여전히 자신이 불행하다고 생각하게 된 그녀는 "당신이 좋아하는 것이 무엇입니까?"라는 한 심리학자의 질문으로 인해 자신이 색과 모양을 좋아한다는 것을 깨닫고 온타리오 미술대학에 입학하여 5년 동안 공부했다. 하지만 Frida는 여전히 그녀가 충분히 잘할 수 있을 거라고 믿지 않았고, 미대를 졸업한 후에도 창의적인 작업을 하는 것과는 거리를 두었다.

창의적 과정에서 Frida는 색연필로 매우 정밀하게 장미 그림을 그렸다. 또한 그녀는 내게 콜라주를 보여 주었는데, 그녀가 아르헨티나에서 암으로 죽어 가고 있는 그녀의 어머니를 위해 만든 것이었다.

Frida의 초상화를 만들 때, 나는 그녀의 작은 꽃 그림의 크기와 비슷한 크기의 그림을 색연필로 제작했다. 우선, 이미지의 맨 밑에 숫자 5를 반복하여 표현했는데, 이것은 그녀가 55세에 자신의 창의성을 발견하기로 한 결정의 중요성을 보여 주는 것이다. 숫자 위에 뿌리를 연상시키는 부분을 작업했다. 이것은 그녀의 창의성이 그녀의 삶의 경험에 얼마나 깊은 뿌리를 내리고 있었는지를 보여 주는 것이다.

이미지의 중심에는 땅에서 나오는 촛대를 그렸다. 그리고 한 개의 긴 양초와 여덟 개의 빨간 장미를 그렸다. 이 부분은 Frida가 그녀의 어머니를 위해 만든 콜라주와 직접적으로 연결된다(그녀의 어머니는 Frida가 어머니에게 작별 인사를 위한 콜라주를 완성하기 전에 돌아가셨다).

이 이미지에는 갈망, 슬픔, 희망의 특성이 담겨 있다. 촛불 뒤의 회색 부분은 Frida가 어렸을 때 겪은 어려움으로 인한 슬픈 기억, 특히 그녀의 어머니와 관련이 있음을 보여 준다. 노란 다이아몬드는 빛이 난다. 이미지의 위쪽에 그려진 은색의 새는 Frida의 '언제 날아오를 것인가?'라는 질문에 대한 답이다. 이 질문은 창의적인 표현을 지속적으로 유지하고 싶은 그녀의 열망을 담고 있다.

[그림 4]에 나타난 것처럼 완성된 작품은 섬세하다. Frida는 세밀한 음영 처리와 색연필을 섞는 법을 잘 알고 있었다. 나는 이 과정에서 실험하고 학습했으며, 작은 세부사항에 집중하면서 가벼운 터치와 움직임의 흐름을 유지하려고 노력했다.

참가자들의 삶과 창의적인 노력이 상당히 개인적이었던 것처럼 초상화 각각의 내용, 소재, 접근 방식 또한 달랐다. 각각의 초상화를 만들면서 나는 새로운 도전과 통찰력을 얻었지만 가장 중요한 것은 초상화를 그리는 동안 내가 독특한 존재의 방

[그림 4] Frida의 시각적 초상화. 종이에 색연필, 7×11인치

식과 행동 방식으로 살아가는 사람들과 함께 살고 있음을 느꼈다는 것이다. 결국 나는 각 개인과 관련된 나의 이해와 감정을 담아 이미지를 창조했다.

일관성의 중요성

이 연구를 시작했을 때, 나는 예술 작품을 포함할 것이라 생각하지 않았다. 나는 ABR을 계획하지 않았다. 나는 연구과정이 내가 예술가로서 작업했던 과정과 매우 다를 것이라고 생각했다. 그러나 나의 예술적 경험과 창의력에 대한 오랜 관심은 자연스럽게 연구 조사와 해석 그리고 표현을 하도록 했고 나는 나 자신부터 시작하는 것이 좋겠다고 생각했다.

시각적 초상화를 제작한 경험을 바탕으로 나는 예술적 과정이 연구 전반에 도움이 되도록 하는 다섯 가지 주요 방법을 밝혀냈다.

① 예술가로서의 연구자의 진실성: 연구자로서의 예술가로 연구에 참여할 수 있고 동시에 경험에서 얻은 나의 가치와 지식에 따라 행동할 수 있다는 것은 내게 중요한 일이었다. 나는 직관, 감정, 시각적 인식과의 관계를 유지할 수 있었다. 진실한 이미지(나와 다른 사람의 경험으로 공명하는 이미지) 제작을 향한 창의적인 과정은 나의 에너지를 고취시켰다.

② 시각적 초상화와 연구 사이의 일관성: 시각적 초상화를 제작하는 것은 연구의 주제와 일관성이 있었고 또한 '새로운 방향으로의 연구'(Hunt, 1992)의 원칙과도 연관되었다. 예를 들어, 참여자가 코스에서 사용했던 것과 같은 미술 재료와 과정을 포함하였을 뿐만 아니라 참가자들이 다루기에 익숙하지 않은 특정 미술 기법을 활용하면서 위험을 감수한 경험도 연구에 반영했다.

③ 연구자와 참가자 간의 친밀성: 이미지를 만들면서 참여자들과 관련하여 내가 경험한 복잡한 인상의 조합을 탐구하고 반응하였다. 이런 방법으로 그들의 세계를 이해하려고 노력함으로써, 나는 그들 모두와의 긴밀한 관계를 느꼈다.

④ 시각적 초상화의 보완성과 데이터 분석: 세부적인 연구 내용에 몰입하는 동안 시각적 초상화를 그리는 것은 분석적 사고와 전체적인 인식의 균형을 맞추게 하였다. 미묘함을 이해하고, 숨겨진 관계를 찾고, 전체를 보는 이러한 방식은 사고와 느낌의 방식을 변화시켰으며, 이미지는 복잡성과 통일성 모두를 표현했다.

⑤ 시각적 초상화와 참여자 프로필의 보완성: 각각의 초상화를 제작하는 것은 참여자들의 경험에 대한 나의 이해를 발견하고 소통하기 위한 중요한 과정이었다. 나는 각각의 초상화와 더불어 기술된 내러티브를 중심으로 핵심적인 아이디어를 강조하고 확장했다. 이런 방식으로 시각적 표현과 구두 표현이 만나서 다른 관점과 더 크고 포괄적인 그림을 보여 주었다.

Elliot Eisner(1991)는 '예술가로서 연구자'라는 은유를 사용하면서 교육 연구자들이 그들의 연구를 수행하는 데 있어 좀 더 예술적이 되어야 한다고 독려했다. 이는 질적 교육 연구에 새로운 접근법을 제시하는 한편, ABR의 형태뿐만 아니라 과정도 탐구할 필요가 있음을 시사한다. 예를 들면, 조사하고, 보고, 느끼고, 열려 있고, 통합하고, 표현하는 예술적 과정을 통해 어떤 독특한 앎의 방법이 요구되고 개발되었는가?

예술가는 세상에 대해, 자신에 대해, 물질에 대해 그리고 표현하는 형식을 만드는 방법에 대해 이해하려고 한다. 예술가는 자료와 생각, 감정 등을 동원하여 연구한다. 존재에 대한 무언가를 이끌어 내려고 하는 이 연구는 세부적인 것에 대한 관심, 전체적으로 모든 부분에서 관계에 대한 느낌, 그리고 무엇이 나타날지 모른다는 긴장감에 대한 인내심 등을 필요로 한다.

창의적인 과정은 모든 특수성과 맥락에서 창작자와 창작된 것 사이의 일관성으로부터 나온다. 나의 견해를 간략하게 말하자면 창의적인 과정은 다음과 같다.

나는 무엇인가를 한다(행동 상호작용).

나에게 무엇인가가 작용한다(수용성 변형).

무엇인가가 생겨난다(새롭게 나타난 형태).

나는 무엇인가를 알게 된다(새롭게 나타난 의미).

무엇인가가 보이게 된다(타자에 대한 가시성).

내 자신을 본다(자기가시성).

예술가는 표현 형식을 창조하고 그 과정에서 의미와 가치의 깊이를 경험하면서 감정적·직관적·미학적 그리고 관계적인 이해방법을 개발하고 개선한다. 예술가가 교육 연구에 기여하는 핵심 가치는 창조적인 과정에 참여하는 경험을 통해 내면화된 지식이다.

연구자를 위한 새로운 가능성

예술적인 행위를 특성화하는 것은 예술가들에게만 국한된 것이 아니다. 예술적인 과정에 참여하기를 원하는 사람들은 특정한 자질과 접근 방식을 배우고 적용할 수 있다. 연구자들은 그들의 미적 인식을 발전시킬 수 있고, 관찰하고, 반성하고, 창조하는 그들의 능력을 증진시킬 수 있다. 이것은 연습을 필요로 하지만 예술적 방법을 사용함으로써 복잡한 현상 속에서 의미 있는 패턴을 발견하고 표현할 수 있는 연구자의 능력을 신장시킨다.

Eisner(1993)는 "감성이 발달하면, 특정 영역에서 의미를 형성하는 우리의 능력이 개선된다."(p. 6)라고 했다. 자신과 참가자의 경험에 대한 암묵적인 차원에 접근하고자 하는 연구자들의 경우 시각적 이미지를 제작하는 것은 경험에 담겨 있는 의미들을 들여다보거나 변화시키는 독특한 방법이 된다. 연구자들은 아이디어, 직관, 감정의 형태를 부여하는 새로운 방법을 배울 수 있다. 이 과정은 이성적 사고만으로는 불가능한 문제의 핵심을 통찰력으로 꿰뚫어 보도록 한다.

예술적인 과정을 교육 연구에서 활용하는 것은 중요하다. 왜냐하면 이것은 이해하고 경험한 것을 표현하는 독특한 방법을 만들어 내기 때문이다. 인식, 지식 그리고 의미를 만드는 다양한 방법에 가치를 부여함으로써, 예술가-연구자는 연구에 총체적이고 긴밀한 관점을 가질 수 있다. 교육 연구에 참여하는 과정에서 시각적 이미지를 스스로 제작하는 연구자는 예술의 잠재적 기여에 대한 지식을 질적 연구로 확장하는 것이다.

참고문헌

Courtney, R. (1987). *The quest: Research and inquiry in arts education.* Lanham, MD: All University Press of America.

Eisner, E. (1991). *The enlightened eye.* New York: Macmillan.

Eisner, E. (1993). Forms of understanding and the future of educational research. *The Educational Researcher, 22*(7), 5-11.

Finley, S., & Knowles, J. G. (1995). Researcher as artist/artist as researcher. *Qualitative Inquiry, 1,* 110-142.

Hunt, D. (1992). *The renewal of personal energy.* Toronto: Ontario Institute for Studies in Education Press.

Jongeward, C. (1990). *Weaver of worlds: A women's journey in tapestry.* Rochester, VT: Inner Traditions Press.

Jongeward, C. (1995). *Connecting with creativity: Adults learning through art making within a supportive group.* Unpublished doctoral dissertation, Ontario Institute for Studies in Education, University of Toronto.

Langer, S. (1953). *Feeling and form: A theory of art.* New York: Scribner.

Lincoln, Y. S., & Guba, E. G. (1985). *Naturalistic inquiry.* Beverly Hills, CA: Sage.

CHAPTER **08**

예술기반 연구의 평가 준거

해석은 예술에 대한 지적 복수이다.

−Susan Sontag

최근 몇 년 동안 예술기반 연구(ABR)의 평가나 사정(assessing)에 관한 이슈가 많은 논쟁의 초점이 되어 왔다. ABR이 질적 실행에서 사용되는 표준을 기반으로 평가될 수 있는지, 아니면 새로운 표준이 만들어져야 하는지에 대한 질문들이 제기된다. 예를 들어, 어떤 이들은 준거나 타당성 또는 획일적인 표준은 어쩔 수 없이 실증주의에 속박되어 있다는 점을 지적한다(Bradbury & Reason, 2008). 이것은 평가 준거(criteria)에 전제된 표준화의 성격과 예술적 표현 및 예술 작품의 경험 사이에서 발생하는 긴장과 연계되어 있다. 이에 대한 논쟁과 더불어 새로운 연구 환경에서 박사 연구를 어떻게 평가해야 하는지(그리고 박사 연구로 간주되는 것이 무엇인지)에 대한 질문이 새롭게 떠오른다(Chilton & Leavy, 2014 참조).

예술기반 패러다임이 출현하고 성장함에 따라 질에 관한 문제가 중심 무대를 차지하게 된 것은 놀라운 일이 아니며, 이는 예상된 일이다. 예를 들어, 질적 연구를 평가하기에 적절한 준거를 개발하는 것은 다양한 논쟁과 협상 및 재협상의 과정을 겪어 왔으며, 계속해서 더 넓은 범위로 논쟁이 확산되고 있다. 나는 방법론적 원칙을 수립하고 새로운 예술기반 작품을 공유하기 위한 공간을 만드는 데 보다 중점을 두는 것이 중요하다고 생각한다.

많은 예술기반 연구자가 ABR에 대한 평가 준거를 개발했다(예: 시적 준거는 Faulkner, 2009 참조). 궁극적으로 각각의 예술은 자신의 접근 방식에 맞는 기준을 기반으로 평가되어야 하지만, ABR을 평가하기 위한 일반적인 준거들이 있다.

많은 연구자가 다양한 준거 목록을 발표했다(예: Barone & Eisner, 2012, Chilton & Leavy, 2014; Cole & Knowles, 2008; Norris, 2011 참조). 대부분의 예술기반 실행가들은 모든 경우에 적용되는 보편적 준거와 달리 특정 프로젝트(목표, 방법론 및 학문적 관점을 포함한 실행가들의 위치)에 적합한 개별적 개별 준거를 적용할 수 있는 한 모델을 지지한다. 예를 들어, Joe Norris(2011)는 치유의 바퀴와 같은 원형태의 상징을 기반으로 한 4-P 평가 모델을 만들었다. 그의 평가 준거는 교육적·시적·정치적·대중적 관점을 원의 각 1/4 부분으로 나타낸다. 그러나 특정 프로젝트의 목표와 방법론을 고려할 때 몇몇 준거는 다른 준거보다 원의 더 많은 부분을 차지할 수 있다. 예술적 실행의 원칙뿐만 아니라 예술기반 실행의 다양성을 감안할 때 대부분은 ABR을 판단하는 '황금 표준(gold standard)'을 만드는 긍정주의 평가 모델(positivist model of evaluation)을 따르기를 거부한다(Barone, 2007; Barone & Eisner, 2012; Norris, 2011). 이러한 맥락에서 나는 다소 논쟁의 여지가 있지만 ABR에 관련된 문헌 전반에 일관되게 나타나는 평가 준거를 제시하고자 한다.

평가 준거

비록 질적 연구의 표준으로부터 가져온 것이기도 하지만, 내가 제시하는 목록은 ABR의 관점에서 명확하다. 나는 '황금 표준'을 만드는 것에 대해 반대하는 입장을 재차 강조할 뿐만 아니라 이들은 제안적인 단계이며 필요에 따라 적절하게 적용되어야 한다는 점을 상기하고자 한다. 내가 '적절하다'고 하는 데에는 두 가지의 의도가 있다. 첫째, 각 프로젝트는 나름의 목표와 장르적 특성을 기반으로 하고 있다는 점에서 모든 준거가 각각의 프로젝트에 적용되지는 않는다는 것을 강조하고 싶다. 둘째, 나는 개별 예술기반 연구자들이 철학적인 혹은 다른 이유로 표준의 일부를 거부하거나 단순하게 특정 요소를 다른 것보다 우선시하는 사실에 주목한다. 철학적 관점의 차이는 어떤 학문적 훈련과 관점에 바탕을 두고 있는가에 달려 있다. 예를 들어, 학문적 관점에 근거하여 유용성보다는 예술성을 혹은 예술성보다는 유용성을 중시할 수 있다. 마찬가지로 과학적 혹은 사회과학적 배경을 가진 사람들에게는 투명성이 더 중시되는 반면, 정식의 예술적 훈련을 받은 사람들에게 투명성은 미술과 미술 작품 제작의 자발적이고 마법적 요소에 저해된다고 생각되기도 한다. 이들은 단지 예에 불과하다. 나의 요점은 연구자는 각 프로젝트에 맞는 기준을 설정할 수 있을 뿐만 아니라 다른 준거를 평가하고 우선순위를 매길 수 있어야 한다는 것이다.

마지막으로, 내가 이 준거들을 교육적인 목적에서 분리하기는 하지만 실제적으로는 중복이 있다. 준거들은 종종 서로 연결되어 있고 얽혀 있으며 심지어 다르게 개념화되기도 한다. 이것은 매끄럽지 못한 지형(messy terrain)으로서, 가령 내가 제안하고 분리하여 논의하고자 하는 몇몇 준거는 미학, 방법론, 유용성 및 관객의 응답에 관한 것이다. 실제로, 미학은 방법론적 실행과 유용성과 얽힐 수 있다. 예술적 실행(artistic practice)의 경우, 적절한 방법론에 공예에 대한 관심이 포함될 수 있으며, 작품의 미학적 힘은 관객 반응과 유용성에 영향을 미칠 수 있다. 내가 언급하였듯이 이것은 매끄럽지 못한 지형이다.

방법론

방법론은 모든 연구의 이슈이다. **방법론**은 연구가 수행되는 방법과 그렇게 하는 이유를 제시한다. 다시 말해서, 연구자는 예술기반 접근법을 사용하는 것이 통찰을 얻거나 관련된 사람들에게 연구를 나누는 수단으로 사용하는 것이 타당한지를 입증해야 한다. 방법론과 관련하여 고려해야 할 몇 가지 이슈가 있다.

질문-방법 적합성

연구방법론은 연구 목적에 맞추어 설계되어야 한다. 다시 말해, 연구 질문과 그 질문에 답하기 위해 고안된 방법론 사이에 적합성(fit)이 있어야 한다(Chilton & Leavy, 2014; Creswell, 2007; Hesse-Biber & Leavy, 2005, 2012; Patton, 2002; Saks, 1996). 예를 들어, 연구방법이나 실행은 연구 목표에 적합해야 한다.

전체적 혹은 효율적 접근

ABR의 핵심적 강점은 연구에 대한 전체론적 또는 효율적인 접근법을 개발할 잠재성에 집중한다는 점이다(Blumenfeld-Jones, 2008; Cole & Knowles, 2008). 최종 프로젝트의 전체에 대한 효율성을 평가하기 위해 몇 가지 개념이 적용될 수 있다. 철저함은 접근법의 포괄성을 말하며, 정합성(coherence; Barone Sc Eisner, 2012), 일치성(congruence; Leavy, 2011) 또는 내적 일관성(internal consistency; Cole & Knowles, 2008)은 프로젝트의 구성 요소가 최종 표현과 얼마나 잘 결합되는지를 나타낸다. 다시 말해, 이 용어들은 '형식의 장점'을 의미한다(Barone & Eisner, 2012). 예를 들어, 소설이나 연극을 평가할 때 내적 일관성의 중요성을 생각할 수 있다.

데이터 분석

예술기반 프로젝트에서 다양한 데이터 분석 전략을 활용할 수 있는데 이는 또 다른 평가 기준이 되기도 한다. 연구 목표(질문-방법 정합성)와 연계되어 선택해야 하는 데이터 분석을 위한 수많은 전략이 있지만, 동료 피드백 수집, 내부 대화 진행, 이론 및 선행 연구의 사용과 같은 네 가지가 검토되어야 한다.

동료들로부터 피드백을 수집하거나 외부 대화를 진행하는 과정에서 데이터 분석 원표(cycles)를 사용할 수 있다(Tenni, Smyth, & Boucher, 2003). 외부 대화를 진행할 때는 팀 접근 방식을 사용할 수도 있다. Kip Jones(2003)는 분석을 위해 **성찰팀**(reflective team)을 활용했다. 만일 연구자가 자전적 자료(자전적 문화기술지적 자료)를 사용한다면 동료 피드백 수집은 프로젝트에서 특히 두드러질 것이다. 연구자가 데이터 수집의 일부로서 자신의 경험을 사용할 때 너무 많은 데이터를 수집하는 경향이 있을 수 있다(Tenni et al., 2003). 데이터 수집과정의 초기 단계부터 주기적으로 데이터를 분석함으로써 연구자는 언제 '데이터 포화' 지점, 즉 너무 많은 데이터로 인해 더 이상의 통찰력을 얻는 것을 막고 연구자로 하여금 데이터의 홍수에 빠지게 하는 지점이 언제인지를 파악하도록 해야 한다(Coffey, 1999). 예술기반 실행의 초학문적 (transdisciplinary) 특성을 감안할 때, 특히 예술가(당신이 일하는 예술 분야 내에 있는 실행가)로부터 **피드백**을 얻는 것은 유용할 수 있다. 만약 당신이 다른 영역에서 훈련된 경우라면 이런 종류의 교류는 당신의 예술적 실행을 강화할 수 있다.

연구자는 또한 자신의 감정적, 육체적, 심리적 및 지적 특성과 잘 조화되어야 한다는 조언을 받는다. Tenni와 동료들(2003)은 이것을 자신과의 내부 대화에 참여하는 것으로 생각한다. 이는 연구자가 특별히 불편함, 슬픔 또는 여러 가지 당황스러운 감정을 경험할 수 있는 민감한 현장 연구에서 특히 중요하다(Ellis, 2004; Tenni et al., 2003). 이것은 치료 또는 회복 과정의 한가운데 있는 사람들과 함께 일하는 창의적 예술치료사에게 중요하다. 이때 일기 쓰기는 과정 안에서 어디에 위치하는지를 일관되게 알려 주는 하나의 전략이다(Tenni et al., 2003).

Tenni와 동료들(2003)은 데이터에 대한 새로운 해석과 대안적 의미를 열어 보이기 위해서 데이터의 분석과정에서 이론을 명시적으로 사용할 것을 제안한다. 이론을 사용하는 하나의 전략은 연구과정의 분석 수준을 확인하고 다른 수준의 이론적 관점에서 데이터를 보는 것이다(Tenni et al., 2003). 즉, 연구자는 미시적 수준의 데이터를 거시적 이론의 관점에서 보기도 하며 그 반대로 보기도 한다. 마찬가지로 선행 연구가 어떻게 데이터로 사용되었는지 혹은 어떻게 해석하고 규정하며 **문맥화되는** 지를 조사할 수 있다. 선행 연구의 검토에서 개념, 아이디어, 통계 또는 기타 정보를 사용함으로써 다른 목소리를 작업에 반영하고 프로젝트를 수행하는 데 도움을 얻을 수 있다.

번역

번역은 '데이터 분석' 범주에 포함될 수 있지만 ABR에서 특히 두드러지는 문제이다. 예술기반 실행에서 우리는 종종 한 형식에서 다른 형식으로, 가령, 문자로부터 시각적 이미지로 혹은 시로부터 산문으로 옮겨 갈 수 있다. Elizabeth Manders와 Gioia Chilton(2013)은 연구 결과를 바탕으로 ABR에서 번역을 지원할 수 있는 구체적인 전략을 자세히 설명하는 뛰어난 표를 만들었다.

ABR의 번역에서 고려해야 할 또 다른 점은 '적응이론(adaptation theory)'으로 한 장르에서 다른 장르로의 적응에 초점을 맞추는 것이다(Ackroyd & O'Toole, 2010). 적응이론은 일반적으로 소설이나 연극과 같은 원작이 영화에 적용되는 것을 연구하는 분야에서 사용된다. 그러나 이 이론은 ABR에도 적용이 가능하다. 주류 연구자들 사이에서 예술가가 한 장르를 다른 장르에 적용시킬 때마다 논쟁이 있어 왔다. 예를 들어, 비평가는 고전 작품을 원작으로 한 영화에 대해 종종 가혹한 평을 내린다(Ackroyd & O'Toole, 2010). 그러나 소설이 영화가 되는 것과 같은 적용은 원작에 대한 새로운 통찰력이나 시각을 제공할 수 있다(Ackroyd & O'Toole, 2010; Sinyard, 1986). 적응이론으로부터 도출된 주요 시사점 중 하나는 서로 다른 장르는 원자료에 대한 다른 접근이 필요하다는 점을 들 수 있다(Ackroyd & O'Toole, 2010). 그러면서도 각 장르는 저마다의 고유한 가능성을 지닌다(Ackroyd & O'Toole, 2010).

〈표 8-1〉 예술적 탐구 번역을 위한 창의적 전략

예술적 탐구 번역을 위한 창의적 전략	목표
자유 쓰기 문법, 형식 또는 스타일에 상관없이 예술적 경험에 대해 최대한 많이 쓴다.	-불안 줄이기 -창의적인 흐름 강화하기 -프로세스를 문서화하기
자유 연상 예술적 탐구에서 이미지, 은유 및 상징에 대해 가장 먼저 생각나는 것을 말로 표현한다.	-예술적 탐구의 산물을 조사하고 비평하기
창의적인 대화 질문하기: "만약 춤이나/예술작품이 말할 수 있다면, 뭐라고 할 수 있을까요?" "춤, 당신의 움직임은 나에게 어떤 의미를 주나요?" "작품, 당신에게 중요한 것은 무엇인가요?" 등	-연구자와 예술 사이의 변증법 탐구하기 -무의식적인 지식에 접근할 수 있도록 미술과 직접적으로 인터뷰하기
시 자유 운문을 쓰거나, 발견된 단어를 사용하거나, 혹은 팬터마임이나 단가(tanka) 혹은 센토(cento) 같은 표준화된 시적 형식을 사용한다.	-창의적인 문자적/구어적 사고를 통해 의미를 발견하도록 단어 사용하기
이야기 혹은 동화 쓰기 '옛날 옛날에'로 시작하는 전통적인 동화 형식을 사용하거나 탐구의 필요성에 맞추어 스토리텔링 형식을 다시 작성한다.	-새로운 통찰력을 얻을 수 있도록 상상력 활용하기
개념도 혹은 다이어그램 탐구의 핵심 요소를 파악할 수 있도록 단어와 문장 조각을 연결한다.	-예술적 탐구의 제품을 시각적으로 맥락화하고 위치 파악하기 -분리된 것을 연결하기
잡지 콜라주 단어와 이미지를 혼합하여 자르고 붙인다.	-창의적 방법을 사용하여 시각적 개념에서 문자적 개념으로 전환하기
다른 예술 형식 사용 의미를 찾거나 이전 작품을 번역하고자 하는 의도에서 다른 예술 형식을 사용하여 창작한다.	-새로운 통찰 생성하기 -데이터를 명확히 하고 확장하기 -번역하기가 더 쉬운 다른 예술 형식을 이용하여 단어로 전환하기

출처: Manders & Chilton (2013). 저자와 *International Journal of Education and the Arts*의 허락하에 게재.

투명성 혹은 명료성

투명성 또는 명료성은 연구과정(최종 단계가 오기 전)을 보여 주는 것을 말하며 이는 일부 예술기반 학자에게 중요한 평가 기준으로 간주된다(Butler-Kisber, 2010; Rolling, 2013). ABR 분야가 성장함에 따라 많은 이는 실행가들이 자신의 과정을 문서화하고 설명하는 것이 중요하다고 생각한다. 예를 들어, 보건학 분야에서 예술기반 실행에 대한 연구는 여러 방법이 지식의 생산과 보급에 유용하지만 예술기반 접근을 사용하는 것에 대한 이유를 설명하고, 연구과정을 문서화할 필요가 있음을 발견했다(Fraser & al Sayah, 2011). 이 점의 중요성은 학생과 자문위원들이 연구 목표와 방법의 적합성을 명확히 하고 자신의 과정을 문서화해야 하는 박사 연구과정에서 더욱 강조된다(Atkins, 2012).

예를 들어, Katherine Frank(2000)는 소설을 이용하여 작업할 때 작업의 어떤 측면이 관찰이나 인터뷰에 기초하고 있는지, 개인적 아이디어나 환상으로부터 무엇을 이끌어 냈는지에 대해 분명히 해야 한다고 주장한다. 그녀는 문헌 검토를 통해 도출된 소설화된 서술이나 발견된 자료가 명확하게 설명되어야 한다고 보았다. 제2장에서 언급했듯이 Douglas Gosse(2005)는 AERA로부터 상을 수상한『재키타(Jackytar)』라는 소설로 논문을 썼다. 논문에서 그는 '하이퍼텍스트'라고 부르는 이론과 문헌에 대한 광범위한 주석을 제시했다.

예술적 결과물의 성격을 고려할 때, 과정을 명시적으로 밝혀야 하는 것이 항상 바람직한 것은 아닐 수도 있지만, 다른 기준과 마찬가지로 사례별로 평가할 필요가 있다. 예를 들어, 어떤 사람들은 예술이 독자적으로 서 있어야 한다고 생각할 수도 있다. 내가 연구-정보형(research-informed) 소설인『저지방 사랑(Low-Fat Love)』과『미국의 상황(American Circumstance)』이라는 소설을 쓸 때 나는 그 소설이 독자적이길 원했기 때문에 그 과정에 대해 자세히 설명하지 않았다. 게다가 개인 정보를 보호하는 문제도 있었다. 그러므로 나는 소설의 서문에서 과정에 대한 모호한 설명을 포함시켰으며 학술 대회에서 과정을 상세히 설명했다. Gosse는 박사 학위 요건을 완료한 후 각주나 하이퍼텍스트 없이『재키타』라는 소설을 출간함으로써 소설의 형식으로 자신의 연구가 스스로 설 수 있도록 하였다. 이에 대해 Kip Jones(2010)는 예술 작품은 학문적 산문이 아니라 그 자체가 주요 결과물이어야 한다고 하였다. 예술 작품이 주요 결과물이 된다면, 당신은 연극의 광고지나 소설의 서문, 미술 전시회의 기획자 평문과 같은 자료들에 포함되는 정보들이 얼마나 상세해야 하는지에 대해 생각하게 될 것이다.

유용성, 의미성 혹은 중요한 공헌

어떤 연구의 중요한 또는 실용적인 기여 여부는 항상 이슈가 된다. 연구는 해당 분야의 지식을 발전시키거나(Cole & Knowles, 2008; Richardson, 2001), 삶의 조건을 개선하는 것을 목적으로 한다(Butler-Kisber, 2010; Mishler, 1990). 연구는 조명하고, 교육하고, 변형시키거나, 해방해야 한다. Lynn Butler-Kisber는 '그래서? 우리의 일은 변화를 가져올 수 있는가? 그렇다면 누구를 위해, 그리고 어떻게, 왜?'와 같은 질문이 계속되어야 한다고 말한다(2010, p. 150). 연구 경험을 통해 얻은 지식은 필연적으로 무엇인가에 대한 그리고 무엇인가를 위한 것이다. 예술기반 접근법은 연구 목표를 달성 가능하게 하며, 그에 따라 평가 준거는 연구 목적의 사회적 의미를 지니며 그 목적이 얼마나 잘 실현되었는지를 보여 준다. ABR에서 최종 결과물은 관객의 지적 또는 감정적 성장을 촉진하며, 특정 주제를 다르게 이해하도록 유도할 수 있다(Norris, 2011). 작품은 다양한 관점에서 정치적으로 동기화될 수 있으며(Denzin, 2003), 공공 정책을 형성하는 데 사용될 수 있다.

사회적 의미가 질적 또는 양적 연구를 판단하는 기준으로 사용될 수 있지만, 유용성은 특히 예술기반 실행에서 두드러지며 대부분의 실행가는 이것이 중요한 지표임을 인정한다. 예를 들어, Elliot Eisner(2005)는 ABR이 참신성뿐만 아니라 유용성에 관한 것이라고 보았다. Barone과 Eisner(2012)는 주제를 조명하는 '발생성(generativity)'과 차이를 드러내는 '사회적 의미'를 구분한다. 적용할 수 있는 용어들은 많이 있지만, 개인적으로는 ABR에 가장 적절하고 가장 포괄적인 것이 유용성이라고 생각한다. 그러나 Barone과 Eisner는 '유용성'의 다른 측면들을 구별하기를 좋아하는 사람들에게 이에 대한 적절한 방법을 제공했다.

유용성에 관한 문제는 미학에 대한 논의에서 다시 제기될 것이다. 예술기반 실행은 사회과학의 학문적 관점과 목표의 범위에 포함되기 때문에 유용성과 미학 사이에 긴장이 있을 수 있다. 나는 이에 대해 곧 자세히 설명할 것이다. 그러나 유용성을 평가 준거로 간주하는 것과 관련하여 '이것은 좋은 예술 작품인가?'와 같은 질문을 피하고, 오히려 '이 예술 작품은 무엇에 좋은가?'라고 질문하는 것이 중요하다 (Chilton & Leavy, 2014; Leavy, 2010, 2011).

신뢰성과 진정성

ABR이 사회적으로 의미 있고 유용하기 위해서는 작품의 질이 중요하다. ABR 패러다임에서 신뢰성은 '진리'가 아닌 목표이다. 예술기반 작품은 진실성과 신뢰성에 따라 판단되어야 한다. ABR의 진실성과 신뢰성은 공감 개념과 함께 생각할 수 있다. 작품에 울림이 있는가? 예를 들어, 소설을 쓸 때 울림을 주는 세부사항과 문학적 기법의 숙련을 통해 있을 법한 이야기를 창조하고자 한다. 그것이 믿을 법하다고 바라는 것이다. 연구기반 영화에서 연기의 질은 신빙성과 신뢰성에 기여한다. 안내하는 질문은 이렇다. 그것은 진짜처럼 울리는가? 그것은 진실하게 느껴지는가?

공공 학술성

다양한 관중에 대한 접근성

아마도 ABR의 가장 큰 장점은 특정 분야를 넘어 광범위한 잠재 고객이 연구에 접근할 수 있다는 점이다(Cahnmann-Taylor & Siegesmund, 2008; Leavy, 2009, 2011, 2013). 최근 연구에 따르면 학술지 논문의 90% 이상이 저자, 편집자 및 자문을 제외한 다른 사람들게는 읽히지 않는다(Gordon, 2014) 다양한 통계가 있지만 학술지 논문은 단지 소수의 사람만 읽을 수 있는 것으로 보고되며, 그것은 전문가 회의에서 말해지는 일반화된 농담이기도 하다. 사실, 독자라 하더라도 단지 자신의 연구에 인용하기 위해 논문에 접근할 뿐이라고 이야기된다(접근하여 읽었다는 것이 반드시 논문 초록 이상을 읽었다는 것을 의미하지는 않는다). 전통적인 양적·질적 연구 결과는 대중이 접근하기 어렵거나 불가능한 학술 저널에서만 통용될 뿐이다. 나아가 이들 논문은 전문 용어로 가득 차 있어 읽기 어렵고 고도로 전문화된 교육이나 훈련, 관심을 가진 소수 엘리트에게만 이해된다.

소수의 사람이 접근할 수 있는 출판이라 하더라도 학술적 글쓰기의 형식은 독자의 관심을 끌기가 특히 어렵다. Stephen Banks(2008)는 대부분의 학문적 글쓰기가 좋은 글쓰기의 특성이 부족하다는 사실을 확고하게 견지한다. Kaj Sand-Jensen (2007)은 '계속적으로 지루한 과학 논문을 어떻게 쓰는가?'라는 제목의 매우 재미있는 기사를 쓴 바 있다. Sand-Jensen의 기사는 자신의 과학 연구를 읽도록 강요받는 것을 지옥에 비유한 Erik Ursin의 글을 인용하며 시작한다. 그동안 자신이 살고 있는 사회와의 연결이 끊어진 채 배꼽이나 쳐다보면서 다른 사람에게는 별로 쓸모 없는 일을 한다는 의미에서 '상아탑 안'에 갇힌 연구자에 대한 대중의 비판이 있었다. 간단히 말해서, 학술 논문의 대다수와 연구 결과는 접근할 수 없으며 우리 모두는 이 문제를 점점 더 잘 알고 있다.

학계를 벗어나는 연구를 수행하는 것에 대한 실용적이면서도 윤리적인 의무가 있다(Leavy, 2011). 쓸모 있는 연구는 많은 관중을 가진다(Jones, 2010; Leavy, 2011; Rolling, 2013). 연구가 유용하기 위해서는 관련된 관중에게 다가가야 한다. ABR은 두 가지 방법에서 접근성을 평가받을 수 있다. 첫째, 전문 용어로부터 자유로워야 하며 이를 통해 다양한 관중에게 접근할 수 있어야 한다. 둘째, 적절한 경로를 통해 비학문적 관계자를 포함한 관련된 사람들에게 보급될 수 있어야 한다. 따라서 잠재 고객의 문제는 중요하며, 관련 잠재 고객이 누구인지를 파악하고 이들에게 도달할 수 있는 방법을 찾아야 한다.

일부 예술기반 프로젝트는 정책 결정에 어떤 식으로든 영향을 미칠 수 있다. 예를 들어, 프로젝트는 개발 사업에 지역사회의 참여를 늘리거나 특정 문제에 대한 유권자의 참여를 늘리는 것을 목표로 할 수 있다. 이러한 상황에서 작품은 정책 관련 목표를 달성하는 데 있어서의 효과성을 토대로 평가할 수도 있다(이 문제는 질문-방법 적합성의 일부로 간주될 수도 있다).

많은 예술기반 연구자는 학문적 또는 비학문적인 관중 모두에게 다가가기 위해 한 가지 이상의 형식 또는 '형태'로 작품을 발표한다. 예를 들어, 이 책에서 주목을 받은 많은 실행자는 대중에게 작품을 발표하고 저널 기사를 쓰거나 동료들에게 전문적인 학회 논문을 발표했다. 비록 진화하는 형식, 저널 기사와 학회 발표가 학자들에게는 서로 대화하는 실용적 길이기는 하지만, 연구 기관의 구조가 현재의 상태로 유지되는 한 학계를 넘어 유용한 연구를 하는 것은 그 자체로 생명력이 있다.

그러나 이것이 ABR의 유일한 혹은 가장 중요한 산출물이 되어서는 안 된다(Jones, 2010). 또한 예술기반 연구자들은 다른 사람들과 정보를 공유하는 다른 방법을 점차 찾고 있으며(예: 소셜 미디어와 블로그), 그에 따라 학술지 시스템 자체의 가치도 시간이 지남에 따라 변화되거나 줄어들 수 있다.

참여적 접근

윤리에 관한 섹션에서 참여 연구와 관련된 이슈들을 다룰 때, 만일 다른 사람들에게 유용하고 접근하기 쉬운 연구를 수행하고자 한다면, 관련된 이해 당사자들이 연구과정에 참여할 수 있다는 점을 유의해야 한다. 이 과정은 연구 결과를 배포하기 위한 적절한 경로를 확인하는 모든 방법과 주제 선정을 포함하여 프로젝트의 착상 단계에서부터 시작할 수 있다.

관중의 반응

관중의 반응은 ABR 성공의 또 다른 중요한 지표이다. 관중의 반응은 공공 지원금, 유용성 및 여러 의미를 포함한 몇 가지 다른 준거와 연결되어 있다. 관중의 반응은 **연구 효과**의 또 다른 동전의 측면이기도 하다.

ABR은 감정적 · 환기적(evocative) · 도발적 · 조명적 · 교육적 · 변형적일 수 있는 잠재력을 가지고 있다. 또한 ABR은 고정관념 혹은 일반적 가정을 흔들거나 해체하는 데 사용되기도 하며, 차이를 연결하고 지배적 이데올로기를 도전하며, 저항적 내러티브나 가능성을 제시하며, 사회적 성찰을 촉진하고 자기인식을 강화하는 데 사용될 수 있다. 따라서 ABR이 프로젝트의 목표에 적용할 수 있도록 얼마나 목표를 잘 달성하였는지 평가하는 것은 중요하다. 예를 들어, 이야기식 탐구와 자전적 민족지학의 경우에 Arthur Bochner와 Carolyn Ellis(2003)는 표현된 것에 독자들이 얼마나 잘 이해하고, 느끼고, 참여하는가를 고려할 것을 제안한다.

관중의 반응이 다양한 프로젝트에서 중요할 수 있지만 언제나 확정될 수는 없으며, 이로 인해 언제나 평가 준거로 사용될 수 있는 것은 아니다. 예를 들어, 민속 예술, 춤 또는 음악 공연을 비롯한 공연에서 관중의 반응을 얻어 내는 데는 수많은 방법이 있지만, 서술이나 문자와는 다른 형식으로 제시된 연구를 통해 관중의 반응에 대한 데이터를 모으는 것은 어렵기도 하고 때에 따라서는 불가능할 수 있다. 나아가 관중 반응에 대한 비형식적 데이터를 얻는 것은 가능하지만 체계적인 데이터는 아니다. 예를 들어, 독자들이 개인적으로 소비한 소설이나 시의 경우 관중의 반응에 대한 체계적인 데이터를 수집하는 것은 불가능할 수 있다. 그러나 독자는 북토크나 여타의 방법 혹은 온라인상에 피드백을 남김으로써 자신들의 경험을 비형식적으로 나눌 수 있다. 물론 ABR을 만드는 과정에서 동료나 같은 장르의 예술가 및 기타 이해 관계자로부터 피드백을 수집할 수 있다(이를 위한 전략은 데이터 분석의 측면에서 논의된 바 있다). 다른 평가 준거와 마찬가지로 관객 반응을 측정하는 능력은 궁극적으로 사례별로 접근할 필요가 있다.

의미의 다양성

ABR 실행의 독특한 강점 중 하나는 다양한 의미를 나타낼 수 있다는 것이다(양적 연구에서 찾을 수 있는 권위적 주장과는 대조적이다). 이와 관련하여 예술기반 연구자들은 하나의 진실이 아닌 진실들을 추구한다(Bochner & Riggs, 2014). 다양한 의미를 생성함으로써 ABR은 깊이 있는 참여와 비판적 사고 및 성찰을 촉진할 수 있는 잠재력을 가지고 있으며, 이 모든 것이 작품의 궁극적인 영향과 유용성에 기여한다. 따라서 애매모호함은 ABR의 강점으로 여겨질 수 있다. 물론 작품으로부터 나타나고 결국 관중에게 영향을 줄 수 있는 의미의 범위에서 의미의 다양성을 열어 두는 것과 작품에서 발생하고 관중에게 영향을 주는 의미의 범위에 대해 책임을 유지하는 것 사이에는 언제나 균형이 존재한다.

예를 들어, 짧은 이야기, 단편소설, 또는 소설로 연구물을 작성할 때 의미를 열고 모호함을 만들기 위한 한 가지 기술은 서사에 차이(gaps)를 두는 것이다(Abbott, 2008). 이러한 차이는 독자들로 하여금 자신의 해석을 삽입할 수 있게 하며, 이는 연구에 대한 참여와 비판적 사고 및 상상력을 키우게 해 줄 수 있다. 의미 만들기와 관련하여 연구자의 의도에 대한 모호함을 조화시키는 한 가지 기술은 연구자 또는 문헌으로부터 목소리를 들어볼 수 있도록 서술자의 목소리를 사용하는 것이다. 또 다른 예로, 시각 미술 전시회를 생각해 보자. 시각 미술은 의미 형성에서의 다양성을 열어 놓기에 적합하며 따라서 의미 형성과정에서 관객의 적극적인 참여, 특히 추상 예술일수록 더 참여를 이끌어 낼 수 있다. 연구자는 전시회에 수반되는 비평문(큐레이터가 전통적인 시각 미술 전시회에서 제작함)을 통해 특정한 의미를 부여하려는 욕구와 다중적 의미에 대한 욕구를 조화시킬 수 있다. 비평문의 범위와 그것이 맥락을 제공하거나 직접적인 의미를 부여하는 정도는 모호성 문제와 관련된 연구자의 의도에서 비롯된다.

미학 혹은 예술성

전통적인 양적 또는 질적 연구의 글쓰기와 구별되는 예술적 형식의 가장 큰 장점 중의 하나는 내적 아름다움이나 예술적 가치를 위한 잠재력을 가지고 있다는 점이다(Bamford, 2005; Butler-Kisber, 2010). 유용성에 대한 논의에서 나는 '이 예술은 무엇에 좋은가?'라는 질문을 제안한 바 있는데, 작품의 미학적 가치에 관해 Johnny

Saldaña는 다음과 같이 묻는다. "하지만 그것은 예술인가?"(2011, p. 203)

ABR 평가에서 미적 질, 미적 힘 또는 예술성이 중심을 이룬다(Barone & Eisner, 2012; Chilton & Leavy, 2014; Faulkner, 2009; Leavy, 2009; Patton, 2002). 사실, 작품의 미학적 또는 예술적 힘은 관객의 반응뿐만 아니라 유용성과도 밀접하게 묶여 있다. 극작가나 영화 제작자의 의도가 감정적으로 관중과 연결되어 공감대를 형성하는 등의 목표를 달성하고자 할 경우, 연극이나 영화가 예술로서 더 강해지면 강해질수록 그 같은 목표를 달성하기가 더 쉬워진다. 그러한 경우에 단독 행동(acting alone)은 어떻게 관객이 작품과 연결되고 작품의 영향을 받도록 하는지에 핵심이 된다. 마찬가지로 짧은 이야기나 소설을 쓰는 것의 장점 중 하나는 독자가 허구의 세계에 몰두할 수 있다는 것인데, 독자들에게 그와 같은 반응을 이끌어 내기 위해서는 문학적 형식을 잘 사용해야 한다.

예술성을 얻는 방법은 장르마다 다르지만 몇 가지 중요한 지침이 있다. 미학의 힘은 최종적으로 예술적 산출물의 절묘함과 간결함 및 일관성을 통해 형성된다(Barone & Eisner, 2012; Chilton & Leavy, 2014). 다시 말해, 예술적 표현은 이슈의 핵심에 도달하고 미학적 힘을 얻기 위해서는 그 본질을 일관된 형태로 제시해야 한다. 이러한 목적을 달성하기 위해서는 양식의 구조에 주의를 기울여야 한다. 예를 들어, 노래를 작곡할 때, 특히 관객의 참여나 정신적 회상이 중요한 경우 합창 또는 '매력적인 반복구(hook)'가 중요하다. 짧은 이야기나 소설의 경우, 결말에서 독자의 기대에 대한 응답과 종결과 같은 스토리라인이나 극 전개의 구성과 관련하여 고려해야 할 기본 쟁점이 있다. 시를 제작할 때는 구체성이 이미지를 생생하게 표현하는 데 사용될 수 있다(Butler-Kisber, 2010).

작품의 예술적 요구를 감안할 때, 예술기반 실행은 우리가 예술가처럼 생각할 것을 요구한다(Bochner & Ellis, 2003; Saldaña, 2011). Ivan Brady(1991)는 이와 관련하여 '예술적 과학자'라는 용어를 사용했다. 예술기반 연구자는 다양한 분야로부터 오지만 근간이 되는 장르의 예술적 기술에도 주의를 기울여야 한다. 당신이 작업하는 예술 분야의 형식을 배우는 것이 중요하다. 이것은 전문적인 훈련이나 동료와의 상호 교류 또는 훈련된 독학을 통해서도 달성될 수 있다. Elizabeth de Freitas는 작품이 "심오한 미적 영향력"을 가질 때 엄격함이 달성된다고 보았다(2004, p. 269).

어떤 이들은 예술기반 실행은 전문 예술가들의 수준에 버금가는 광범위한 교육이 요구된다고 제안한다(예: Blumenfeld-Jones, 2014; Piirto, 2002 참조). 그러나 사람들에게 실험과 위험을 필요로 하는 새로운 장르에 대한 학습을 강제해서는 안된다. 나아가 ABR에서 예술 작품은 독립적인 작품으로 중요할지라도 이것이 유일한 고려 사항은 아니며 작업의 유용성에 비중을 두어야 한다. ABR의 작품에 필요한 미적인 힘은 유용성과 폭넓은 관중에게 도달하는 것(예술 작품의 결정적 부분과 관계가 있는)과 같은 다른 연구 목표를 가능하게 하기 때문에 다소 복잡하고 변증법적 관계가 작동된다. 또한 우리가 ABR을 평가하는 데 사용하는 예술적 훈련에 대한 어려운 표준을 만든다면, 우리는 의도치 않게 이 같은 연구 패러다임의 강점 중 하나인 ABR 과정에서 다양한 이해 관계자의 참여를 크게 제한하게 될 것이다(Finley, 2008). 따라서 이는 윤리적·사회적 정의 문제와도 관련되어 있다. 훈련되지 않은 예술적 형식으로 작업을 하는 연구자들에게 지친 사람들에 대해 나는 이들의 문헌을 표현적이고 창조적인 예술치료적 관점에서 볼 것을 권유한다. 예술치료사는 종종 예술 훈련을 받지 않은 고객들과 함께 예술 작품을 제작하면서도 탁월한 결과를 얻기도 한다. 다른 모든 준거와 마찬가지로 ABR의 심미성·유용성·대중성은 각 프로젝트에 따라 적절하게 고려되어야 한다.

예술적 진정성

앞서 진정성(authenticity)을 신뢰성(trustworthiness)과 관련하여 논의하였지만, ABR에 적용될 때 용어가 (전통적인) 질적 연구와 어떻게 다른지를 명확히 하는 것은 중요하다. ABR에서 관중은 발표를 진실된 것으로 경험해야 한다(Chilton & Leavy, 2014). 관중의 경험에는 진정성과 예술성이 얽혀 있다. 어떤 이들은 진정성이 미적이라고 주장한다(Hervey, 2004; Imus, 2001). 이는 "가장 훌륭한 예술은 가장 정직하고 진정한 예술이다."라는 인용문으로 요약된다(Franklin, 2012, p. 89). 이러한 개념에 따를 때, 예술기반 표현이 관중에게 의미나 힘을 전달하기만 한다면 그것이 빌려오는 예술 장르에 얼마나 잘 부합하는가에 관계없이 미학적이라고 할 수 있다. 즉, 예술기반 연구자에 의해 발표된 짧은 이야기가 문학 분야의 준거를 충족시키는가의 여부에 관계없이 관객들이 감동을 받을 수 있다면 그것은 미학적으로 간주된다. 여기서 다시 우리는 이러한 연구 패러다임 내에서 유용성과 예술성이 복잡한 관계를 이루고 있음을 볼 수 있다. 이것은 학생들이나 초보자, 그리고 예술기반 실행을 시도하고자 하는 숙련된 연구자들에게 용기를 준다.

예술적 진정성과 관련하여 고려해야 할 추가적인 쟁점이 하나 있는데, 윤리적 실행에 대한 논의에서 다시 살펴볼 것이다. 좋은 예술을 창작하는 것과 연구 결과를 발표하는 것 사이에는 종종 긴장감이 있다(Ackroyd & O'Toole, 2010; Saldaña, 2011).

예를 들어, Saldaña(1998, 2011)는 좋은 에스노드라마(ethnodrama)가 어떻게 데이터를 '먹기 좋은 재료'로 축소시키는지에 대해 광범위하게 저술했지만, 우리는 그와 동시에 이러한 에스노드라마를 통해 정보를 전달하는 연구에 대해 윤리적으로 주의를 기울여야 한다. 그러한 데이터의 본질을 가장 효과적으로 전달하기 위해서는 매력적인 예술 작품을 만들 수 있기 위해 데이터에 충실하도록 균형을 갖추어야 한다. 신문 인터뷰에서 Kip Jones는 이 문제를 〈루퍼스 스톤(Rufus Stone)〉 제작의 관계에서, 그리고 단편영화에서 데이터에서 벗어나 주제를 다루는 것의 도전과 중요성의 관계에 대해 이야기했다(Guttenplan, 2011 인용).

개인적 지문 혹은 창의성

예술성과 관련된 문제는 예술가-연구자가 자신의 작품에 가져오는 고유한 질, 비전, 재능 있는 접근 방식 또는 관점에 관한 것이다. 모든 예술적 실행은 기술적 솜씨를 필요로 하며 쿠키 커터(cookie-cutter)와 같은 일률적인 모델은 없다. 오히려 각 실행자 자신이 프로젝트에 다가서야 한다. 따라서 **예술가의 개인 지문**은 ABR을 평가하는 데 유용하게 사용될 수 있다(Banks, 2008, Barone & Eisner, 1997, 2012). 예술 작품에는 목소리가 있으며, 이것은 당신의 목소리를 찾고 표현하는 것이다.

개인적 양식을 함양하는 데는 시간과 기술이 필요하다. 예술가의 개인 서명은 여러 가지 이유로 중요하다. 첫째, 그것은 사용되는 장르에 대한 강렬한 헌신을 보여준다(공예품과 렌더링의 미적 가치에 주의를 기울이는 것과 같이). 둘째, 훌륭한 예술가는 독창적인 스타일 덕분에 관람자를 더 필요로 한다. 예를 들어, 대부분의 사람에게는 좋아하는 음악가, 영화 제작자 또는 작가가 있다. 이것은 그들이 즐기기 때문이며 예술 작품의 내용과 주제를 포함하여 예술 장르에 접근하는 예술가들의 방법에 끌리기 때문이다. 만약 작품의 목표가 예술적 연출을 통해 사람들을 감동시키는 것이라면 실행가의 개인적 접근 역시 그에 걸맞아야 한다. 셋째, 예술가는 렌더링에 드러나는데, 자신의 작품을 창작할 때 자신의 역할을 부정할 수 없다. 자신의 서명을 렌더링에 각인함으로써 예술가-연구자는 결과의 표현에서 자신의 적극적인 존재를 설명하는 것이다. 마지막으로, 예술기반 연구자들은 혁신적이고 창조적인 실행을 통해 형식의 경계를 넘나든다. 개인적 상표나 스타일을 개발함으로써 연구자들은 다른 사람들이 이용할 수 있도록 ABR의 접근 방식을 보다 크게 확장하는 데 기여한다.

일반적으로 말해서, 개인적 서명을 함양할 수 있는 몇 가지 영역이 있다. 반복적인 주제와 같이 재료와 형식, 스타일과 내용 기반 선택지는 모두 예술가-연구자의 독특한 지문을 반영한다. 이러한 일반화 외에도 개인 서명을 개발하는 데 사용할 수 있는 도구는 특정 예술적 매체에 따라 다르다.

윤리적 실행

윤리적 실행은 모든 연구에 해당되며 ABR의 평가에도 사용될 수 있다. 실제로 일부 사람은 ABR 실행이 어떤 면에서는 윤리적이며 도덕적이라는 점을 인정한다(Denzins, 2003; Finley, 2008). 이 장에서 검토되는 모든 준거는 다양한 각도에서 논쟁이 되고, 패러다임이 급속히 발전하는 시기라는 점에서 윤리적 문제가 특히 험난

하기는 하지만 결과적으로 현장을 따라갈 필요가 있다. 주요 윤리적 영역 중 일부는 예술 연구의 연속성(미학)에 관한 협상뿐만 아니라 일부 ABR의 대중적 · 참여적 성격과 관련을 맺고 있다.

민감한 초상

사회 연구의 주요 목적은 민감하게 인간의 경험을 묘사하는 것이다(Cole & Knowles, 2001). 이는 우리가 데이터를 축소, 해석, 번역할 때의 모든 연구 형태에 적용되는 도전일 수 있다. 예술기반 실행에서 허구적 글쓰기나 연극 공연 혹은 여타의 장르이 건 상관없이 우리는 다차원적 묘사를 제시해야 한다. 나아가 우리가 사람들이나 캐릭터들에게 다차원적 특성을 부여하기 위해서는 우리가 묘사하는 사람들을 식민지화하지 않도록 문화적으로 민감해야 한다.

대중 공연

일부 ABR의 공공성과 관련하여, 모든 연구 참가자에게 적용되는 '무엇보다 해를 끼치지 말 것'이라는 기준을 넘어 예술기반 실행가들 역시 **관중 보호**에 대해 잘 인식하고 있어야 한다(Bailey, 1996, 2007 참조). Jim Mienczakowski는 대중 공연에서 명확한 윤리 지침을 만드는 것을 강력하게 옹호하였다. 관객들이 에스노드라마 공연을 볼 때 관객들이 위험에 처하는 사건을 계기로 윤리적 지침을 만들 필요성을 갖게 되었다(Mienczakowski, Smith, & Morgan, 2002). Jeff Nisker(2008)는 이러한 목표를 달성하기 위해 다양한 이해 관계자에게 공연에 앞서 피드백이나 '실제 확인'이 이루어질 수 있도록 대본 초안을 제공해야 한다고 제안했다. 다른 대안으로서 Mienczakowski와 동료들은 주제에 대한 지식을 가진 사람들을 대상으로 프리뷰 공연을 가질 것을 제안한다. 그들은 또한 공연의 영향을 평가할 수 있도록 공연에 대한 대중의 반응을 분석할 수 있는 "공연 후 포럼 세션"을 가질 것을 제안한다(p. 49).

참여적 작업

ABR은 종종 학술 연구자와 예술가 또는 지역사회 참여자 간의 협력 관계가 필요하다. 이것은 많은 문제를 야기하기도 한다. 우리는 동의와 비밀 유지, 관련된 사람들이나 환경에 해를 끼치지 않는 것을 포함하는 윤리적인 연구 실행과 관련된 표준적 문제를 고려해야 한다. 예술 작품의 공동 제작이나 참가자들이 예술에서 이미지화되는 시나리오가 있다는 점을 고려할 때, 저작권과 소유권(예: 사진)에 관련된 이슈가 발생할 수 있다(Holm, 2014). 이때는 참가자나 공동 창작자에게 명확한 기대치를 설정하는 것이 가장 좋다. 마찬가지로 참여적 예술기반 접근법은 종종 공동 창작자 간에 의미 있는 관계를 발전시킬 것을 요구한다(Ackroyd & O'Toole, 2010; Lather, 2000). 예를 들어, Patti Lather(2000)가 연구 참여자들과 편안한 관계를 만들고 연구의 맥락에서 문화적 차이와 사회적 권력을 해결하기 위해 목욕탕에서 이야기를 나누었던 것은 유명한 일화이다. 프로젝트 종료와 최종 견해의 배포 방법을 포함하여 과정에 관련된 동의의 기대치를 설정하는 것이 무엇보다 중요하다.[1] 자전적 문화기술적 실행을 통해 자신의 이야기를 기록하거나, 연구 경험의 한 부분으로 우리의 이야기 안에 다른 사람들이 연상된다는 것을 아는 것 역시 중요하다. Carolyn Ellis(2007)는 우리가 연구 실행에 참여할 때 '관계적 윤리'를 고려하도록 권장한다.

예술적 자격증

이 책 곳곳에서 언급했듯이 ABR은 혼성적 형식으로서 연구 수행과 예술적 실천의 균형을 유지하려고 할 때 긴장감이 생길 수 있다. Johnny Saldaña(2011)는 데이터를 표현하고, 데이터에 진실하고 충실하고자 하는 윤리적 의무와 즐거움을 얻고 질 높은 예술을 제작하기 위해 수준 높은 기술을 사용하는 것 사이에는 긴장이 있음을 상기시켜 준다. 하루가 끝나면 실행가들은 자신의 예술적 자격을 어느 범위까지 수립할 것인가를 결정해야 한다. 또한 예술 작품의 구성에 대한 정보를 비롯하여 예술적 렌더링이 관객의 관점에서 어떻게 상황에 맞게 구성되는가는 윤리적 실행과도 관련을 맺고 있다.

성찰

성찰은 질적 연구에서 상당한 관심을 얻었던 준거이며 나는 예술기반 실행에서도 그렇다고 생각한다. 성찰은 당신의 추론이나 감정 및 결심을 포함하여 연구에서 자신의 위치를 지속적으로 검토하는 것을 포함한다(Leavy, 2009). 나는 나의 예술기반 실행에서 윤리적 선택에 관한 질문을 자주 받았으며, 많은 다른 예술가-연구자가 그들 자신의 실행에 대해서도 유사한 질문을 받았다는 것을 들었다. 하루가 끝날 때, 우리가 사용할 수 있는 지침이 있지만 이 장을 통해 제시한 바와 같이 우리는 우리 자신의 내적 상태에 주의를 기울여야 한다. 질적인 연구자와 마찬가지로, 우리는 메모나 일기 쓰기를 통해 우리가 선택한 것들을 다양한 수준에서 체계화할 수 있다.

〈표 8-2〉 평가 준거의 요약

방법론
  질문-방법 적합성
  전체적 또는 효율적 접근
    철저성
    통일성
    적합성
    내적 일관성
  데이터 분석
    외적 대화
    데이터 분석 원표
    성찰팀
    내적 대화
    문헌 및/또는 이론
  번역
    예술적 탐구 번역을 위한 창의적 전략
    적응이론
  투명성 또는 명료성
  유용성, 의미성 혹은 중요한 공헌
    신뢰성과 진정성

공공 학술성
　다양한 관중에 대한 접근성
　　전문 용어로부터 자유
　　보급 관련 이해 관계자에게 도달
　참여적 접근

관중의 반응
　의미의 다양성

미학 혹은 예술성
　미학적 질 혹은 힘
　　예감
　　간결성
　　일관성
　예술적 진정성

개인적 지문 혹은 창의성

윤리적 실행
　민감한 초상권
　대중 공연
　참여적 작업
　예술적 자격증
　성찰

평가에 대한 최종 의견:
혼란스러움, 균형, 예술가–연구자의 위치

　가장 자주 묻는 질문 중 하나는 예술기반 소설과 전통 소설가가 쓴 소설을 구별하는 것이 무엇인가이다. 이 질문은 평가 준거에 대한 나의 검토와 우리가 사용하는 준거의 혼란스러움 그리고 준거 간의 상호작용에 작용하는 근본적인 문제에 시선을 두게 한다. 아마도 이 혼란스러움은 유용성 대 미학에 대해 이야기할 때 가장 명백하다.

유용성/미적 감각의 측면에서 볼 때, ABR을 전통 예술로부터 구별하는 것은 **작품이 무엇을 위해 창작되었느냐**는 것이다. 같은 측면에서, ABR 작품은 전통적 양적 또는 질적 연구(이 경우의 목적은 감정의 환기, 감정적 연결 또는 대중 관객을 포함한다)로부터 구별된다. 내 자신의 예술기반 작품을 평가할 때, 나는 항상 소설 쓰기에 특정 주제의 내용을 포함하고 독자와 연결함으로써 성찰을 촉진하고 비학술적 대중에게 접근할 수 있도록 하는 목표를 마음에 새긴다. 이러한 목표를 달성하기 위해서는 대부분의 ABR에서 예술적 질을 확보하기 위한 가장 현실적인 기준으로서 **충분히 좋은 소설**이 되어야 한다는 긴장이 존재한다. Kip Jones는 이 문제에 대해 아주 명확하게 기록했다.

> 나는 어느날 갑자기 그래픽 일러스트 작가나 극작가 또는 영화 제작자로 변신하기로 결정하지 않았다. 나는 어떤 매체가 나의 목표를 달성하는 데 도움을 주는가를 탐구함으로써 대중에게 다가설 수 있는 특별한 이야기를 가진 사회과학자로 남아 있다. 나는 특정 매체를 얼마나 능숙하게 사용할 수 있는지보다는 그 매체가 현재의 목적을 달성하도록 도와줄 수 있는지를 궁금해할 뿐이다(2010, para. 9).

내가 보기에 Jones의 관점은 전적으로 실행가가 ABR에 대해 지니는 관점을 충분히 고려하고 있다고 생각한다. 나는 사회학자로서 이러한 실행을 접하게 됐다. 젠더 연구에 특별한 관심을 가지고 있다는 점에서 나의 연구 목적은 다른 요건들보다 우선한다. 비록 내가 그 목적을 가장 잘 달성하기 위해서는 예술성이 중요하다는 것을 알고 있지만 내가 문학 형식에 집중하면 할수록 나는 열렬히 문학적 솜씨에 더욱 더 매진하게 된다. 이와 관련하여 Elizabeth de Freitas(2004)는 열정은 글쓰기 솜씨에 대한 관심에서 나온다고 보았다. Johnny Saldaña는 연극 예술로부터 질적 연구를 수행하며 그 점에서 연구를 하나의 예술 작품으로서 여기고 그에 대한 예술적 질을 강조한다. 그러나 그는 또한 에스노드라마 작품을 제작함에 있어 연구 데이터의 중요성과 데이터에 대한 예술성과 충실성 사이에 긴장이 있음을 지적한다. 그러므로 나는 '충분한' 예술적 또는 사회과학적 훈련을 가지고 있지 못하기 때문에 이러한 형식에 대해 걱정하는 사람들을 위해 당신이 몸담고 있는 그 분야로부터 시작할 것에 접근할 것을 촉구한다.

ABR 평가는 우리를 혼란스러운 지형에 처하게 하지만 만일 그러한 혼란스러움을 진심으로 받아들인다면 우리는 최선을 다할 수 있고 다른 사람들에게 최고의 것을 가져올 수 있다고 생각한다. ABR을 수행하는 방법이나 각 프로젝트에 적합한 ABR의 평가방법에 대한 모델은 없다. 이 장에서 개괄된 일반적인 준거와 각 예술 장르 내의 표준이 있기는 하지만 그렇다고 그것이 일률적으로 적용될 수는 없다. 그래서 나는 다음과 같이 조언하고자 한다. 당신이 있는 곳에서부터 시작하고, 앞으로 나아가면서 배우고, 당신의 직관을 신뢰하고, 위험을 감수하며, 목표와 능력의 균형을 맞추고, 어떤 연구 산출물도 모든 사람들에게 전부일 수 없다는 점을 받아들여라. 우리 모두는 위대한 연구이면서 동시에 위대한 예술 작품을 만들고 싶어 하지만 항상 가능한 것은 아니며, 항상 목표인 것도 아니다. 그러므로 '의도한 목적을 달성하기에 **충분한가?**'를 질문해야 한다.

미주

1. 나는 때때로 공개가 중요하기는 하지만 때로는 실천하기가 어렵다고 언급해야만 한다. 예를 들어, 내가 훗날 나의 소설 『저지방 사랑』에 대한 정보를 제공한 수년간의 인터뷰를 모아 왔는데, 나는 내가 배운 것을 소설로 만들 것이라고는 생각하지 못했다. 나는 당시 참가자들에게 학생들은 물론 내가 배운 주제로부터 소설이 쓰일 것이라고는 알려 줄 수 없다. 이 점에서 익명성을 보호하고 민감하고 다차원적인 묘사를 창조하고, '약간의 좋은 일을 하는 것'을 목표로 하는 것만이 당신이 할 수 있는 최선이다.

참고문헌

Abbott, H. P. (2008). *The Cambridge introduction to narrative* (2nd ed.). Cambridge, UK: Cambridge University Press.

Ackroyd, J., & O'Toole, J. (2010). *Performing research: Tensions, triumphs and trade-offs of ethnodrama*. London: Institute of Education Press.

Atkins, S. (2012). Where are the five chapters?: Challenges and opportunities in mentoring students with art-based dissertations. *Journal of Applied Arts and Health, 3*(1), 59-66.

Bailey, C. (1996). *A guide to field research*. Thousand Oaks, CA: Pine Forge Press.

Bailey, C. (2007). *A guide to qualitative field research*. Thousand Oaks, CA: Pine Forge Press.

Bamford, A. (2005). The art of research: Digital thesis in the arts. Retrieved from *http://adt. caul.edu.au/etd2005/papers/123Bamford.pdf*.

Banks, S. P. (2008). Writing as theory: In defense of fiction. In J. G. Knowles & A. L. Cole (Eds.), *Handbook of the arts in qualitative research* (pp. 155-164). Thousand Oaks, CA: Sage.

Barone, T. (2007). A return to the gold standard?: Questioning the future of narrative construction as educational research. *Qualitative Inquiry, 13*(4), 454-470.

Barone, T., & Eisner, E. (1997). Arts-based educational research. In R. M. Jaegar (Ed.), *Complementary methods for research in education* (Vol. 2, pp. 93-116). Washington, DC: American Educational Research Association.

Barone, T., & Eisner, E. (2012). *Arts based research*. Thousand Oaks, CA: Sage.

Blumenfeld-Jones, D. S. (2008). Dance, choreogrpahy, and social science research. In J. G. Knowles & A. L. Cole (Eds.), *Handbook of the arts in qualitative research: Perspectives, methodologies, examples, and issues* (pp. 175-184). Thousand Oaks, CA: Sage.

Blumenfeld-Jones, D. S. (2014, April). *Aesthetics and analysis in arts-based educational research: View of a dancer/poet*. Presentation at the annual conference of the American Educational Research Association, Philadelphia, PA.

Bochner, A., & Ellis, C. (2003). An introduction to the arts and narrative research: Art as inquiry. *Qualitative Inquiry, 9*(4), 506-514.

Bochner, A. P., & Riggs, N. (2014). Practicing narrative inquiry. In P. Leavy (Ed.), *The Oxford handbook of qualitative research* (pp. 195-222). New York: Oxford University Press.

Bradbury, H., & Reason, P. (2008). Issues and choice points for improving the quality of action reseach. In M. Minkler & N. Wallerstein (Eds.), *Community-based participatory reaseach for health* (2nd ed., pp. 225-242). San Fransciso: Jossey-Bass.

Brady, I. (1991). *Anthropological poetics.* Savage, MD: Rowman & Littlefield.

Butler-Kisber, L. (2010). *Qualitative inquiry: Thematic, narrative and arts-informed perspectives.* Thousand Oaks: Sage.

Cahnmann-Taylor, M., & Siegesmund, R. (2008). *Arts-based research in education: Foundations for practice.* New York: Routledge.

Chilton, G., & Leavy, P. (2014). Arts-based research practice: Merging social research and the creative arts. In P. Leavy (Ed.), *The Oxford handbook of qualitative research* (pp. 403-422). New York: Oxford University Press.

Coffey, A. (1999). *The ethnographic self: Fieldwork and the representation of identity.* London: Sage.

Cole, A. L., & Knowles, J. G. (2001). Qualities of inquiry: Process, form, and "goodness." In L. Neilsen, A. L. Cole, & J. G. Knowles (Eds.), *The art of writing inquiry* (pp. 211-229). Halifax, Nova Scotia, Canada: Backalong Books.

Cole, A. L., & Knowles, J. G. (2008). Arts-informed research. In J. G. Knowles & A. L. Cole (Eds.), *Handbook of the arts in qualitative research: Perspectives, methodologies, examples, and issues* (pp. 53-70). Thousand Oaks, CA: Sage.

Creswell, J. W. (2007). *Qualitative inquiry and research design: Choosing among five approaches.* Thousand Oaks, CA: Sage.

de Freitas, E. (2004). Reclaiming rigour as trust: The playful process of writing fiction. In A. L. Cole, L. Neilsen, J. G. Knowles, & T. C. Luciani (Eds.), *Provoked by art: Theorizing arts-informed research* (pp. 262-272). Halifax, Nova Scotia, Canada: Backalong Books.

Denzin, N. K. (2003). Performing [auto]ethnography politically. *Review of Education, Pedagogy, and Curriculum Studies, 25*, 257-278.

Eisner, E. (2005, January). *Persistent tensions in arts-based research*. Paper presented at the 18th Annual Conference on Interdisciplinary Qualitative Studies, Athens, GA.

Ellis, C. (2004). *The Ethnographic I: The methodological novel about autoethnography*. New York: AltaMira Press.

Ellis, C. (2007). Telling secrets, revealing lives: Relational ethics in research with intimate others. *Qualitative Inquiry, 13*(1), 3-29.

Faulkner, S. L. (2009). *Poetry as method: Reporting research through verse*. Walnut Creek, CA: Left Coast Press.

Finley, S. (2008). Arts-based research. In J. G. Knowles & A. L. Cole (Eds.), *Handbook of the arts in qualitative research: Perspectives, methodologies, examples, and issues* (pp. 71-81). Thousand Oaks, CA: Sage.

Frank, K. (2000). The management of hunger: Using fiction in writing anthropology. *Qualitative Inquiry, 6*(4), 474-488.

Franklin, M. (2012). Know theyself: Awakening self-referential awareness through art-based reseach. *Journal of Applied Arts and Health, 3*(1), 87-96.

Fraser, K. D., & al Sayah, F. (2011). Arts-based methods in health research: A systematic review of the literature. *Arts and Health, 3*(2), 110-145.

Gordon, A. (2014, March 18). Killing pigs and weed maps: The mostly unread world of academic papers. *Pacific Standard: The Science of Society*. Retrieved from *www.psmag.com/navigation/books-and-culture/killing-pigs-weed-maps-mostly-unread-world-academic-papers-76733/*.

Gosse, D. (2005). *Jackytar: A novel*. St. Johns, Newfoundland, Canada: Jesperson.

Guttenplan, D. D. (2011, July 11). Shunning the journals, scholar brings work on older gays to life in film. *New York Times*. Retrieved from *www.nytimes.com/2011/07/11/world/europe/11iht-educSide11.html?_r=2&*.

Hervey, L. W. (2004). Artistic inquiry in dance/movement therapy. In R. F. Cruz & C. F. Berrol (Eds.), *Dance/movement therapists in action. A working guide to research options* (pp. 181-205). Springfield, IL: Thomas.

Hesse-Biber, S. N., & Leavy, P. (2005). *The practice of qualitative research*. Thousand Oaks, CA: Sage.

Hesse-Biber, S. N., & Leavy, P. (2012). *The practice of qualitative research* (2nd ed.). Thousand Oaks, CA: Sage.

Holm, G. (2014). Photography as a research method. In P. Leavy (Ed.), *The Oxford handbook of qualitative research* (pp. 380-402). New York: Oxford University Press.

Imus, S. (2001). Aesthetics and authentic: The art in dance/movement therapy. In *Proceedings of the 36th Annual Conference of the American Dance Therapy Association*. Columbia, NC: American Dance Therapy Association.

Jones, K. (2003). The turn to a narrative knowing of persons: One method explored. *Narrative Studies, 8*(1), 60-71.

Jones, K. (2010, October). *Seminar. Performative social science. What it is, What it isn't* [Script]. Paper presented at the Seminar on Performative Social Science, Bournemouth University, Dorset, UK. Retrieved from *www.academia.edu/4769877/Performative_SocSci_What_it_is_What_it_isnt_Seminar_script*.

Lather, P. (2000, July). *How research can be made to mean: Feminist ethnography out of the limits of representation*. Keynote address at International Drama in Education Research Institute, Ohio State University, Columbus.

Leavy, P. (2009). *Oral history: Understanding qualitative research*. New York: Oxford University Press.

Leavy, P. (2010). Poetic bodies: Female body image, sexual identity and artsbased research. *LEARNing Landscapes, 4*(1), 175-188.

Leavy, P. (2011). *Essentials of transdisciplinary research: Using problem-centered methodologies*. Walnut Creek, CA: Left Coast Press.

Leavy, P. (2013). *Fiction as research practice: Short stories, novellas, and novels*. Walnut Creek, CA: Left Coast Press.

Manders, E., & Chilton, G. (2013, October 28). Translating the essence of the dance: Rendering meaning in artistic inquiry of the creative arts therapies. *International*

Review of Qualitative Research, 14(16).

Mienczakowski, J., Smith, L., & Morgan, S. (2002). Seeing words-hearing feelings: Ethnodrama and the performance of data. In C. Bagley & M. B. Cancienne (Eds.), *Dancing the data* (pp. 90-104). New York: Peter Lang.

Mishler, E. G. (1990). Validation in inquiry-guided research: The roles of exemplars in narrative studies. *Harvard Educational Review, 60*, 415-442.

Nisker, J. (2008). Healthy policy research and the possibilities of theater. In J. G. Knowles & A. L. Cole (Eds.), *Handbook of the arts in qualitative research* (pp. 613-623). Thousand Oaks, CA: Sage.

Norris, J. (2011). Towards the use of the "Great Wheel" as a model in determining the quality and merit of arts-based projects (research and instruction). *International Journal of Education and the Arts, 12*, 1-24.

Patton, M. (2002). *Qualitative research and evaluation methods.* Thousand Oaks, CA: Sage.

Piirto, J. (2002). The question of quality and qualifications: Writing inferior poems as qualitative research. *International Journal of Qualitative Studies in Education, 15*(4), 431-445.

Richardson, L. (2001). Alternative ethnographies, alternative criteria. In L. Nelson, A. L. Cole, & J. G. Knowles (Eds.), *The art of writing inquiry* (pp. 2502-2552). Halifax, Nova Scotia, Canada: Backalong Books.

Rolling, J. H., Jr. (2013). *Arts-based research primer.* New York: Peter Lang. Saks, A. L. (1996). Viewpoints: Should novels count as dissertations in education? *Research in the Teaching of English, 30*(4), 403-427.

Saldaña, J. (1998). *Ethical issues in an ethnographic performance text: The "dramatic impact" of "juicy stuff."* Tempe: Arizona State University Press.

Saldaña, J. (2011). *Ethnotheatre: Research from page to stage.* Walnut Creek, CA: Left Coast Press.

Sand-Jensen, K. (2007). How to write consistently boring scientific literature. *Oikos, 116*, 723-727.

Sinyard, N. (1986). *Filming literature*. London: Croom Helm.

Tenni, C., Smyth, A., & Boucher, C. (2003). The researcher as autobiographer: Analyzing data written about oneself. *Qualitative Report, 8*(1), 1–12.

예술과 과학의 단절에 다리 놓기

학자는 탐구하고, 예술가는 발견한다.

−Andre Gide

방법론이 사회적 · 정치적 진보의 갈림길에서 예술을 만남에 따라 등장한 대안적 이론과 인식론적 기반은 사회 정의를 지향하는 방향으로 나아가며 이에 따라 학문 연구는 초학문적이 되어 갔다. 과학적 세계와 예술적 세계의 통합으로 인해 이 두 세계가 마치 상반된 영역으로 갈라진 오류를 지적하면서 전통적으로 사회학적 연구에 지침이 되어 왔던 과학적 표준에 대한 재검토가 이루어졌다. 이 같은 변화의 결과로서 등장한 방법론의 혼합은—이 책의 중심을 이루며—많은 연구자가 오랫동안 지녀왔던 새로운 연구 질문을 형성하고자 하는 목표를 촉진시킨다. 경계선과 경계 지역이 변하고 심지어 해체되어 가는 과정에서 예술기반 탐구의 새로운 공간이 나타난다.

Elliot Eisner는 우리의 연구 주제에 대한 선택은 필연적으로 가용할 수 있는 지식 형성적 도구에 매여 있으며, 우리의 감탄할 수 있는 능력 역시 우리에게 익숙한 방법론적 도구와 재현적 형태에 의해 촉진된다고 가정하였다(1997, p. 8). 나아가, Eisner는 우리는 "우리가 어떻게 찾아야 하는지 아는 바"를 추구해야 한다고 제안하였다(p. 7). 이러한 도구들은 주제 선정, 연구 문제, 연구 설계를 형성한다. Shalrlene Hesse-Biber와 나(2006, 2008)는 새로운 방법은 '사물을 다르게 보는' 방법을 제공한다고 제안하였다. 그러므로 방법론적 혁신은 단지 더 '많은' 것을 얻기 위한 새로운 방법을 더해 주는 것으로서만이 아니라, 그보다는 지식을 형성하는 새로운 길, 즉 새롭게 보는 법을 열어 준다. 예술기반 실행은 방법론적으로 첨단에 있으며, 연구자들은 새로운 행위를 만들고 새롭게 보는 방법을 창조한다. 이러한 행위들은 의미를 만들고 꿰고 조정하고 창조하며 새로운 형태의 지식을 만드는 것에 관한 것을 말한다.

연구로서의 예술

일상적인 사회생활에서 예술은 종종 '보편적'인 것으로 간주된다. 비록 예술은 일반적 이해의 원천이자 융합(몇몇 예술기반 방법의 장점)의 관점에서 다루어지기도 하지만, 대체적으로 음악이나 무용이 '보편적 언어'로서 다루어진다는 생각은 예술이 생산되고 소비되는 확장된 체제적 관점을 고려하지 못한 예술에 대한 낭만주의적 관점이다. 예술은 사회─역사적 맥락 내에서 생산된다. 예술 생산에는 시장의 힘뿐만 아니라 제도적 맥락이 있는데, 이는 예술이 합법화되고, 판단되며, 소비되고 거래되는 가치 체제를 만든다. 나아가 예술에 대한 실제적 관점뿐만 아니라 철학적 관점, 문화적 규범과 가치는 예술의 생산과 소비에 영향을 준다. 국제화─문화적 산물과 자본, 기술의 다중 방향적 상호 교환─역시 예술 생산에 영향을 준다. 이 같은 맥락에서 혼성적 예술, 형태와 내용 모두에서, 모든 곳에서 나타나고 있으며 문화적 교환과 전이에 대한 중요한 동시대적 질문의 창구 역할을 한다. 이러한 이유로, 국제화에 관한 연구의 호환성 관점에서 예술기반 연구 실행(ABR)이 점점 더 중

가하고 있다.

예술을 사회 연구 실행에 참여하게 하는 보다 분명한 몇몇 현상이 있으며, 예술 매체의 힘과 즉각성, 예술의 반대 가능성, 그리고 대중적 학문을 향한 움직임이 그 것이다. 대중적 학문성을 향한 움직임은 학계 내에서만 이루어지는 것이 아니라 부 분적으로는 사회적 매체로 인한 지식의 민주화에 의해 촉발된다.

예술은 강력한 방법으로 사람들의 관점을 사로잡을 수 있으며, 오랫동안 인상을 간직하도록 한다. 예술은 즉각적이다. 음악은 환경에 스며들 수 있으며 듣는 이에 게 파고들 수 있다. 한편의 시각 미술 작품은 사람들을 그 자리에 머물게 할 수 있으 며 사물을 다르게 보도록 할 수 있다. 한 편의 연극은 감정을 촉발하며, 관객으로 하 여금 울고 웃게 만들 수 있다. 분명히 모든 예술 혹은 대부분의 예술이 이 같은 방식 으로 사람들에게 영향을 주는 것은 아니지만, 모든 예술은 그렇게 할 수 있는 힘을 가 지고 있다. 예술은 약속과 가능성을 담고 있다. 심지어 한 편의 예술 작품이 이 같은 높은 목표에 못 미친다 하더라도 미학적으로 흥미 있는 방식으로 중요한 이야기나 혹은 의미를 전할 수 있다. 예술 형식의 다양한 미학적 질을 고려할 때, 많은 사람이 예술의 아름다움에서 기쁨과 변화의 힘, 분위기나 관점을 바꾸며, 삶에 깊이를 느끼 는 것은 놀라운 것이 아니다. 얼마나 많은 사람이 자발적으로 자신의 여가를 보내기 위해 소설에서부터 영화에 이르는 예술을 선택하는지 보라. 그러므로 재현적 형식 으로서 예술은 이전의 사회적 연구 보고서에 빠져 있던 두 가지의 중요한 점을 성취 한다.

첫째, 초보자라 할지라도 들리는 이야기에 참여할 수 있는 것처럼 예술에 대한 호 소는 직업적 학문의 경계를 넘어선다. 예술적 형태의 재현방법으로의 전환은 사회 연구를 보다 광범위한 대중에게 접근하도록 하며 이는 그동안 학문 연구의 혜택을 받는 수혜자로 여겨지던 여러 가지 교육적 · 사회적 편견을 어느 정도 완화시킨다. 내가 이 책의 초판을 썼을 때, 사회 연구에 대한 대중의 폭을 넓히려는 목표는 아직 충분히 실현되지 않았고, 그것은 대부분의 예술기반 연구자가 학술지에 자신들의 연구를 출판하지 않았거나, 학회의 제한된 청중에게만 자신의 연구를 발표하였기 때문이다. 그러나 이것은 변하고 있다. 출판가들은 경계를 넘는 작업들에 점점 더 참여하고, 출판 기술과 자기출판에 대한 관심이 증가하고 있으며, ABR 사례들이 학회나 예술계에서 상을 수상함으로써 인지도가 향상되는 한편 학술 지원에서 대중적 '영향력'이 보다 강조됨에 따라 행위적 연구들도 더 많은 지원금을 이용할 가능성이 증대되고 있다. 대중을 확대한다는 점에서는 아직 가야 할 길이 멀지만, 진보가 이루어지고 있음은 명백하다. 나아가 ABR은 과거 전문 용어로 가득찬 사회 연구 보고서와 달리 대중에게 다가갈 더 많은 잠재성을 지니고 있다.

둘째, 예술은 감정을 환기시키고 성찰을 촉진하며, 사람들이 생각하는 방식을 변화시킬 수 있는 힘을 지닌다. 뇌과학과 예술에 관한 최근의 연구는—제1장에서 고찰한 바와 같이—예술이 교육에 대해 다른 어떤 것으로도 비교할 수 없는 막대한 잠재성을 가지고 있음을 강하게 보여 준다. 특히 재현의 예술적 형식을 향한 움직임은 학문 영역을 가로질러 급증하는 사회 정의에 관한 연구와 긴밀히 연결되어 있다. 예술기반 실행을 활용하는 많은 학자는 이 같은 방법을 통해 비판적 안목을 향상하고, 성찰을 촉진하며, 공감적 연결을 구축하고, 유대를 형성하고, 고정관념에 도전하며 사회적 행동을 고취하고자 한다.

예술기반 방법을 통해 수행되었거나 제시된 연구는 도구로서의 예술이 지니는 반대적 가능성으로 인해 변혁적 능력을 지닌다. 역사적으로, 다양한 예술 장르가 사회적 억압에 저항하는 도구로 사용되어 왔다. 풀뿌리 운동, 행동가적 예술가 그리고 다른 많은 개인이 사회 저항과 항의에서 공공적·개인적으로 예술에 의지하였다. 예술의 저항적 잠재성은 고정관념을 해체하고 소수 집단의 목소리를 경청하고 사회적 변화를 촉진하는 연구에 참여하는 사회 연구자들에 의해 더욱 강화된다.

특히 사회 정의적 정치에 기반을 두고 새로운 이론적·인식론적 관점이 출현함에 따라 방법론적 혁신이 개발될 필요가 대두된다. 예를 들어, 예술로 방향을 전환하는 것은 몇몇 질적 연구자에게 있어 예술적 탐구는 이미 자신들이 하고 있는 일의 연장으로 보기 때문에 그것이 그들에게 자연스러운 일이다. 이 책을 통해 다루었다시피, 질적 연구를 수행하는 데 필요한 기술과 예술적 실행을 안내하는 것들 사이에는 공통점이 있다. 요약하자면, 두 가지 실행은 모두 사회적 세계의 몇몇 측면에 빛을 비추는 기술로 여겨지며 연구자로 하여금 유연성, 창의성, 직감, 이야기 능력, 분석 능력, 개방성을 가질 것을 요구한다. 사회적 약자의 목소리를 경청하고 이들을 대표하는 것에 더불어 이 같은 방법들은 연구자가 다양한 의미를 추구하는 프로젝트에 보다 적합하다. 연구 프로젝트에서 출현하는 의미를 제한하는 실증적 연구와 달리 예술기반 실행은 스스로 다양성을 허용한다.

〈표 9-1〉은 질적 연구와 양적 연구 및 ABR의 주요 특징들을 보여 준다. 이 표는 몇 가지 현상을 강조하여 드러낸다. 첫째, 예술기반 실행은 다양한 종류의 내용과 재현 방식이나 형식의 가치를 평가한다. 우리가 추구하는 목표나 강조점은 다른 패러다임에서의 작업과 차이를 지닌다. 재현의 목표와 방법을 포함하여 우리가 목표를 개념화하는 방식과 그것을 달성하는 전략은 차이를 지닌다.

둘째, 예술기반 실행은 연구자 특성 기반의 기술을 요구한다. ABR 실행은 실천가로 하여금 자신의 연구 그리고/또는 예술적 기술을 보다 발전시키도록 격려한다. 그러한 기술을 배우는 것에 더해 ABR 실행은 연구자 측면에서 다음과 같은 점을 요구한다.

- 유연성
- 개방성과 직감
- 개념적, 상징적, 은유적 사고(Saldaña, 1999) 및 주제적 사고
- 윤리적 실행과 가치 체계에 대한 관심

셋째, 예술기반 실행은 간학문적 접근에서 초학문적 접근으로 이동한다. 다시 말해, ABR 패러다임 내에서 이전의 학문적 경계들은 와해되고 학문 간의 경계를 넘어서는 통합적인 실행과 어느 하나의 학문 내에 '머물지' 않는 행위가 이루어진다. 이러한 방법은 기존의 연구 패러다임에 도전하는 하나의 길이 된다.

마지막으로, 〈표 9-1〉은 예술기반 실행의 목표가 양적 그리고 (전통적인) 질적 연

〈표 9-1〉 양적 · 질적 및 ABR 접근의 주요 특징

양적	질적	예술기반
수	단어	이야기, 이미지, 소리, 장면, 감각
데이터 발견	데이터 수집	데이터 혹은 내용 발생
측정	의미	환기
목록화	글쓰기	재현
가치 중립	가치 부여	정치적, 의식 환기, 확산
신뢰성	과정	진정성
타당성	해석	진실성
증명/확신	설득	압도, 감동, 미적 힘
일반화	전이성	공명성
학문적	간학문적	초학문적

구의 목적과 다르다는 점을 보여 준다. 그러므로 마지막 장에서 살펴본 바와 같이, 예술기반 실행과 함께 구축된 지식은 그 자체의 방법으로 평가되어야 한다. 이러한 새로운 종류의 방법으로 일하는 연구자들은 준거를 개발해 왔는데, 연구자들이 서로 다른 것을 억지로 비교해야 하는 상황에 이르지 않도록 하기 위해 자체적 발견에 따른 광범위한 과학적 표준을 적용하는 것이 중요하다. 비록 새로운 이론적 · 방법론적 혁신은 언제나 면밀히 검토되고 때로는 두렵다. 그러나 연구자들이 기존의 과학적 준거를 충족하기 위해, 그리고 일어날 수 있는 비판을 줄이기 위한 시도에 너무 주의한 나머지 역설적으로 자신의 작업에서 발견될 수 있는 진리를 흐리고 말 수 있다는 점을 기억해야 한다. 다시 말해, 신뢰도와 타당도 개념에 의존하는 것은 작업이 연구 집단이나 대중에 어떤 의미를 가져다주는 것을 보장하지는 않는다.

우리는 평가를 포함하여 이러한 새로운 초학문적 연구를 설명하고 촉진하기 위해 새로운 종류의 실행기반 언어를 개발할 필요가 있다. 새로운 조건하에서의 질적 연구로서, 예술기반 전통에서 이루어지는 새로운 종류의 지식은 연구에 대한 새로운 방식의 이야기를 필요로 한다. 예를 들어, 내가 이 책에서 주로 언급한 바와 같

이, 많은 ABR 실행가는 **방법**(method)이라는 용어 대신 **실행**(practice)을 사용한다. 데이터 수집이 아닌 데이터 발생의 관점에서 생각하는 것이 중요하다. 전자는 우리가 탐구를 통해 데이터를 단지 발견하는 것이 아니라 데이터를 생성하는 데 적극적임을 시사한다. 어떤 이들은 데이터에 대하여 이야기할 새로운 단어를 사용할 것을 제안한다. Joe Norris(2014)는 데이터라는 말 대신에 내용(content)이라는 단어를 제안하였다. 이러한 특별한 사례가 없더라도, 이 책을 통해 많은 저자는 새로운 연구 구조에서의 사고는 새로운 형태의 지식을 만든다는 점을 언급하였다. 연구 집단에서 우리가 새롭게 보는 관점을 개발하였듯이, 지식은 새로운 형태로 형성될 수 있음을 고려할 필요가 있다. 새로운 형태는 예술가−연구자들이 아직 발굴해야 하는 형식뿐만 아니라 음향 건축, 초상화 혹은 이 책에서 다루어진 다른 많은 형식일 수 있다. 언어, 실행, 예술의 형식을 이용함으로써 우리는 새로운 방식으로 보고 생각할 수 있다.

모든 연구 프로젝트에서와 같이 연구 실행 또는 방법은 연구 목표에 가장 적합한 것으로 선택되어야 한다. 달리 말해, 이 도구 혹은 도구들은 연구 질문의 답에 얼마나 도움이 될 수 있는가? 이 실행은 무엇을 독창적으로 접근하거나 혹은 가능하게 할 것인가? 이러한 접근으로 얻지 못하는 것은 무엇인가? 연구 목표와 그에 상응하는 연구방법은 인식론적 가설 및 이론적 범위 내에 특정한 연구 문제를 충족시킬 수 있도록 선정되고 적용되어야 한다. 이 책에서 다루어진 예술기반 실행은 연구 문제, 설계와 최종적 재현의 조화를 달성한다.

더욱이, 연구에 대한 예술기반 접근은 프로젝트의 한 국면을 구성할 수 있다. 예를 들어, 전통적인 방법을 통해 생성되고 분석된 데이터는 나중에 보다 확장된 대중에게 접근할 수 있는 수단으로서 특정한 종류의 의미를 전달하기 위해 연구들은 예술적 형식으로 재현될 수 있다. 예를 들어, 포커스 그룹 데이터는 음악을 통해 분석될 수 있으며, 그 데이터는 음악적 음색, 강약, 다성음악 등으로 해석될 수 있도록 한다. 예술기반 실행은 혼합적 혹은 다중 방법적 연구 프로젝트 안에서 한 국면으로 이용될 수 있다. 이 경우, 예술기반 실행과 전통적 방법은 이상적으로 볼 때 방법론적으로 **통합된 접근**을 구성하면서 서로에게 정보를 제공할 수 있다.

예술기반 연구 실행

이 책에서 고찰된 실행들은 내러티브 탐구, 허구기반 연구, 시적 연구, 연구방법으로서의 음악, 춤과 움직임, 연극, 드라마, 영화, 시각 미술을 포함한다. 이 같은 맥락에서 내가 다중 방법적 예술기반 접근에 대해 간략하게 언급하는 동안, 단일 프로젝트에서 다른 예술적 매체들을 혼합한 많은 흥미로운 사례들이 있다는 점을 언급하는 것은 중요하다. 예를 들어, Karen V. Lee(2007)는 음악 교육가들의 요구, 재정적 어려움, 정체성 갈등을 조명하기 위해 음악 교육가에 대한 단편소설을 썼다. 그의 작품은 내러티브 탐구, 허구기반 연구, 음악을 연계한 사례이다. 그러나 이것은 혁신적인 연구자들이 어떻게 질적 혹은 양적 방법만이 아니라 다중 방법적 ABR 프로젝트 안에서 어떻게 ABR을 연계하는지를 보여 주는 예이다.

제1장에서부터 논의된 ABR의 강점을 정리해 보면 다음과 같다.

- 새로운 통찰과 배움
- 서술, 탐구, 발견, 문제 해결
- 포괄적 접근
- 환기와 자극, 감정적 반응
- 비평적 의식의 함양
- 자기 혹은 사회적 의식 각성
- 공감 증진
- 고정관념과 지배적 이데올로기의 흔들기 혹은 도전
- 소수자의 목소리와 관점에 접근하고 대변하기
- 대화 촉진

• 학문의 대중화, 유용성 및 사회 정의

그러나 접근방법들은 상호 교환적이지 않으며, 예술적 형식을 적용한 각 방법들은 특정한 방법적 강점을 지닌다. 여기에서 나는 간단히 이 책에서 고찰된 ABR 실행의 주요 특징과 무엇을 가장 잘 드러낼 수 있는지를 요약하고자 한다.

내러티브 탐구

이야기와 글쓰기는 인간의 삶과 그에 대한 우리의 연구에서 중요한 부분을 차지한다. 제2장에 참여한 많은 학자가 상기시킨 바와 같이 내러티브는 일상 생활과 연구 실행의 부분이다. 최근에는 내러티브 탐구 실행이 증가하고 있지만 내러티브는 오랫동안 사회 연구에서 중요한 역할을 수행해 왔다. 이야기와 글쓰기는 분야와 영역의 방법론적 차이를 넘어 오랫동안 사회 연구에서 기초적 역할을 수행해 왔다. 최근 십여 년 동안 여러 요소에 대한 통합은 자서전적 투입, 자문화기술지의 발전과 성장, 학문 영역 안과 밖을 넘어서는 창의적 논픽션으로의 전환을 포함하여 내러티브 탐구 실행을 증가시키고 있다.

자문화기술지의 강령을 확장하여 구술사, 질적 인터뷰, 내러티브 탐구 혹은 내러티브 방법은 참여자의 생애 경험에 대해 협력적으로 접근하도록 한다. 또한 이야기와 재이야기(re-storying)의 과정에 참여하도록 함으로써 다양한 측면의 의미를 드러내고, 매력적이고 진정성 있는 방식으로 데이터를 드러내 준다. 다시 말해, 내러티브는 성찰적, 참여적이고 미학적 방식으로 데이터로부터 구성된다. 그러므로 내러티브의 관점은 우리로 하여금 재이야기에 주의를 기울이고 공동으로 내러티브를 구성하도록 함으로써 전통적 인터뷰 방법을 변화시킨다. 내러티브 탐구는 경험에 접근하고 재현하는 하나의 방법을 제공한다. 이 일은 특별히 적은 표본에 의지하지만, 그럼에도 불구하고 풍부하고 짜임새 있는 데이터를 생산한다.

연구자들은 다양한 이유와 방법으로 내러티브를 이용한다. 특히 자신들의 작품에 인간성을 불어넣고, 전통적인 방법으로 제공되는 것보다 진실되고 참여적이며 공명적인 방법으로 자신과 타자의 이야기를 전하기를 바란다. 많은 이는 연구를 수행함에 있어 참여자들과 협력적이기를 원하며 궁극적으로 더 잘 쓰이고 참여적이며 인간적인 작품을 만들고 많은 사람들에게 읽히기를 희망한다.

허구기반 연구

자서전적 참여와 높은 수준의 창의적 논픽션의 형성을 기반으로 질 높은 글쓰기가 등장했으며, 허구는 지난 20여 년 동안 연구 실행으로 등장하였다. 이러한 접근은 문헌적 글쓰기와 내러티브의 원리를 통합한다. 허구기반 연구 혹은 연구 실행으로서 허구는 다른 방법으로는 도달하기 어려운 인간적 측면에 접근하고 재현할 수 있는 독특한 능력을 지닌다. 소설, 단편소설 그리고 짧은 이야기의 형태로 이루어지는 글쓰기 연구는 확장된 대중을 참여시키고 환기시키며 접근할 수 있도록 하고, 그럼으로써 학문의 대중화로 확장한다. 더욱이 열렬한 글쓰기 행동은 새로운 통찰이 일어나도록 하는 새로운 탐구 형식을 제공한다.

허구에는 몇몇 사회 연구자에게 매력을 주는 독특한 측면이 있다. 허구를 통해 우리는 우리 자신을 자유롭게 표현하고, 등장인물(사람들)의 내면적 삶을 드러내며, 독자들이 빠져드는 그럴듯한 세계를 창조한다. Cohn(2000)이 지적한 바와 같이, 허구는 글쓰기의 방법이자 읽기의 방법이다. 독자들은 가상의 세계에 빠져들 수 있으며, 그 이야기 속에 자신을 실제적으로 위치하게 할 수 있다.

연구 실행으로서 허구는 세부와 미묘함, 구체성, 맥락과 구조를 드러내기 때문에 살아 있는 경험의 복잡성을 표현하는 데 적합하다. 그러므로 우리는 다차원적으로 사람들의 상황과 맥락을 드러낼 수 있다. 이 같은 점에서, 허구는 말하는 것이 아닌 보여 줌으로써 지배적인 이데올로기 혹은 고정관념을 흔드는 방법으로 사용될 수 있다. 이것은 비평적 의식과 각성을 고양할 수 있다. 허구는 사회 현실을 묘사하는 데 사용될 수 있으며 현실에 대한 대안을 제시할 수 있다. 연구 실행으로서 허구의 주요 장점 중의 하나는 독자들의 공감을 키워 준다는 점이다. 허구는 논픽션 글에서는 불가능한 내면성을 드러냄으로써 우리로 하여금 등장인물의 내면적 삶에 접근할 수 있도록 한다. 이를 통해 우리는 공감을 증진할 수 있으며 차이를 넘어 이해의 다리를 놓으며, 자기에 대한 성찰을 촉진할 수 있다.

시

이론적 발전은 시를 사용한 연구의 폭발적 증가를 가져왔다. 시적 탐구는 전통적 시의 법칙과 기술, 질적 연구의 원리를 통합하였다. 시는 언어(단어), 은유, 리듬, 소리, 공간에 의존하며, 이 모든 것이 감각적 장면을 만들고 의미를 환기시키기 위해 주의 깊게 다루어진다. 의도를 가진 각 단어로 이루어진 한 편의 시는 면도날처럼 예리해야 한다. 감정의 방향, 소리 그리고 의미와 무게를 지닌 단어는 주의 깊게 선택된다.

시적 형태에서 데이터를 재현하는 것은 연구자로 하여금 데이터의 다른 의미들을 불러일으키며, 독자가 내용을 다르게 수용하는 데 도움을 준다. 연구 시(research poem)를 쓰는 것은 데이터의 급격한 축소를 포함하며, 그로 인해 시는 사회적 삶의 몇몇 측면을 고양된 수준에서 들여다볼 수 있도록 한다. 또한 생생하고 감각적인 장면으로 주제의 본질을 재현할 수 있다. 또한 전통적인 앎의 방식을 중단시키고 다르게 보도록 하며, 특히 정체성 연구를 수행하거나 대안이나 비주류적 관점을 추구하는 사람들에게 호소력이 있다.

음악

음악은 사회생활에서 총체적이면서 꿰뚫는 힘을 지니며, 심오하며 즉각적인 방법으로 사람의 몸에 들어올 수 있다. 음악은 치유하고, 힘을 북돋우며, 심리적·사회적 안녕감을 증진시키는 독특한 능력을 가지고 있다. 음악은 언어와 문화 그리고 다른 장벽들을 초월하며 차이를 넘어 다리를 놓는 힘을 가지고 있다.

음악이 예술기반 연구자들을 위한 방법론적 분야로 부상하는 데 있어 여러 가지 요소가 합쳐졌다. 이러한 요소들은 다양한 측면에서의 성장을 포함하는데, 철학적 발전, 다문화에 대한 확장된 이해, 복합성과 음악, 인류학에서 민속음악의 성장, 마음과 몸의 이분법을 극복하려는 체화 연구의 주요한 진전과 행위 연구가 그것이다. 나아가 음악은 질적 연구를 위한 모델로서 발전해 왔으며 더욱 성장하고 있다.

ABR 실행을 지속하는 것과 관련하여, 음악은 단어기반 형식으로부터 행위기반 그리고 체화된 영역으로 옮겨 감을 보여 준다. 비록 음악은 악보를 위한 자신만의 언어를 가지고 있지만 공연을 통해 존재를 드러내며, 음악기반 연구 실행은 특히 공연된 음악에 초점을 둔다. 더욱이 듣는 공연뿐만 아니라 공연된 음악은 몸과 마음을 통합하며, 음악을 만드는 것과 듣는 것은 체화된 경험에서 필수적이다.

춤과 움직임

음악과 마찬가지로 탐구방법으로서 춤은 인류학에서 춤 연구의 결과, 몸과 몸의 지식의 가치를 인정하는 체화 연구와 현상학의 중요한 발전, 여성주의, 치료와 교육 연구에서 치료 도구로서 춤의 상용에 대한 증가에 힘입어 발전하였다. 더 나아가 선도적인 질적 연구자들은 안무과정이 연구과정과 유사함을 보여 주었다.

춤은 이 책의 다른 예술적 형식들의 요소, 즉 음악, 공연, 시각, 시, 자서전적 요소들을 결합하며 내러티브적 기능을 수행할 수 있다. 비록 춤은 이러한 다른 예술들에 의지하지만 다른 예술들의 어느 하나로 줄어들거나 총합이 되는 것은 아니다. 춤은 여러 가지 면에서 이 책에서 탐구된 가장 추상적인 예술 형식이며 몸에 의해 만들어지며 움직임 속에 존재한다.

춤은 특별히 사회 연구자들에게 호소할 수 있는 초월적이며 자기발견적인 힘을 가지고 있다. 춤과 움직임은 차이를 인정하고 사회적·문화적·경제적 장벽을 초월하며, 공감의 유대를 형성하고, 의식을 일깨우며, 사회 정의를 교육하고 증진하는 것과 같은 여러 가지 목적으로 사용될 수 있다. 연구자들은 자기와 사회적 성찰을 촉진하기 위해, 체화되고, 신체적·경험적·감각적 지식에 접근하기 위해, 당연하게 여겨지던 전제에 도전하기 위해, 그리고 우리로 하여금 다르게 느끼고 보도록 하기 위해 춤을 사용할 수 있다. 연구 실행으로서 춤은 탐구로서, 재현으로서, 협력적 학문 경계를 넘어서는 협력적 작업으로서, 다중 방법적 프로젝트의 한 부분으로서 사용될 수 있다.

연극과 드라마

연극과 드라마는 이 책에서 검토된 가장 폭넓게 사용된 공연 방식의 접근이다. 이 분야는 이론적 발전의 결과뿐만 아니라 질적 연구 실행과 드라마 예술 사이의 경계의 낮아짐, 개인적 성장, 드라마의 잠재성, 의식 고양과 전복의 수단이자 인간 경험을 보다 충실히 재현할 수 있는 연극의 잠재성, 그리고 공연 예술의 성장의 결과로 크게 확장되었다. 나아가 이 책에서 검토된 모든 실행이 학문의 대중성을 확장하는 잠재력을 가진 반면, 연극 장르는 대중의 정책에 영향을 미치기 위한 시도에서 폭넓게 사용되었다.

연극 공연은 배우와 관객 사이에 즉각적인 전이를 포함하는 이야기의 한 방식이다. 이러한 상호 교환이 이루어지는 동안 의미는 각인되고 협상되며 증폭된다. 연극은 인간 경험과 사회적 삶의 측면들을 다른 어떤 것과 비교할 수 없는 방법으로 포착하며 연구를 살아 있게 만든다. Johnny Saldaña(2011)는 역설적으로 공연은 사물을 더 "생생(real)"한 것으로 만들 수 있다고 보았다. Judith Ackroyd와 John O'Toole (2010)은 연구자들에게 드라마 재구성은 탐구과정에서 배운 것을 총체적으로 재창조하는 한 방법이라고 하였다. 사회 연구에서 연극 쓰기 또는 공연은 탐구의 도구이자 재현의 형식으로 사용될 수 있다. 이 같은 관점에서 놀이 형성(playbuilding)은 탐구의 방법이자 재현의 한 형태이다.

사회 연구에서, 드라마는 많은 의식 고양, 권한 부여, 확산, 정치적 어젠다, 발견,

탐구, 전복, 교육 및 공동체 설립과 같은 많은 연구 목적을 돕는다. 연극과 드라마는 교육적 목적, 권한 부여, 치유 또는 개인적 성장의 수단으로도 사용될 수 있다. 전통적인 학구적 산문과 달리, 에스노드라마 대본은 다중 매체적 요소를 활용하여 전개되는 이야기 서술이다. 연구자들은 배역 섭외, 연기, 감독과 같은 공연의 기술적 요소와 함께 의상과 장면, 조명과 같은 시각적 측면, 구성과 스토리라인 및 전체 연극 구조와 같은 대본의 요소를 고려해야 한다.

영화

인류학에서 다큐멘터리 제작은 오랜 역사를 가지고 있으며 공연 연구의 성장과 함께 영화는 ABR의 한 장르이다. 인터넷과 디지털 기술의 등장으로 인해 학문 연구로서의 영화 제작에 대한 새로운 접근들이 이루어졌다. 사회과학에서 영화 제작을 설명하는 데는 가령, 인류학적 소설(ethnofiction), 에스노그래픽 영화(ethnographic film; Sjoberg, 2008), 에스노시네마(ethnocinema; Harris, 2012)와 같은 다양한 용어들이 활용된다.

영화(비디오)는 주제를 탐구하기 위한 다양한 맥락에서 사용된다. 영화를 사용하는 데는 광범위한 접근법이 있는데 다큐멘터리적 양식과 서술적 영화의 연속적 접근 방식(느슨한 구성에서부터 꼼꼼히 짜인 스토리보드, 극본, 연습에 이르는)이 있다. 더욱이 이처럼 다양한 종류의 영화는 연구자와 연구 참여자 혹은 배우를 보여 주기도 한다.

극장용 제작과 마찬가지로, 예술기반 영화 제작자들은 관객 소비와 윤리와 같은 이슈들을 주의 깊게 고려해야 한다. 중재된 형식으로서 영화는 영상과 이야기 및 소리를 제공함으로써 소비자들에게 매우 강력하게 각인된다. 영화 연구 참여자의 경우에 윤리 지침이 있다. 영화 매체를 이용하여 작업할 때 영화 촬영 장소부터 영화 촬영법에 이르기까지 많은 이슈에 대해 생각해야 한다.

시각 미술

역사적으로 많은 학문 분야는 시각 미술 혹은 영상적 요소를 지녀왔다. 시각적 인류학으로서 시각 미술은 '미학적 중재'의 한 방법이자 시각 문화 고고학, 시각 현상학이기도 하며, 기술의 발전을 통해 사회 연구에서 시각 미술에 대한 활용이 증가해 왔다. 현재 시각 미술은 광범위한 ABR 실행에서 사용되고 있으며 별도로 단행본을 구성할 정도이다.

시각 이미지는 우리로 하여금 사물을 새로운 방식으로 보도록 하는 잠재력을 가진 강력한 소통 수단이다. 시각 미술은 관객으로 하여금 즉각적이며 본능적인 방식으로 도전하며 의미의 다양성에 열려 있도록 한다. 또한 이미지는 기억에 오랫동안 인상을 남기며 다르게 볼 수 있도록 한다. 시각 미술은 낡은 신념과 고정관념에 도전하고 추방하며 변화시킴으로써 이데올로기를 전달하는 수단으로도 사용될 수 있다. 시각 이미지는 반대적 힘을 가지고 있다는 점에서 시각 미술은 사회적·정치적 저항의 강력한 형식으로 사용될 수 있다.

ABR에서 시각 미술은 고정관념을 흔들고, 참여적 연구에 협력적으로 작업하며, 현상을 새로운 방식으로 바라보도록 하는 것과 같이 다양한 목적을 위해 사용될 수 있다.

신화의 해체와 연대의 구축: 예술-과학의 단절을 넘어

예술은 신비스럽고 과학은 직설적이다. 예술은 은유와 상징 및 상상에 의지하여 생각을 키우고, 과학은 수와 단어 및 객관성에 의지하여 '사실'과 '진실'을 제공한다. 예술적 실행과 과학적 탐구에 대한 이와 같은 양극화되고 일차원적인 관점은 패러다임의 경계를 이루어 왔으며, 이로 인해 예술적 탐구와 사회적 탐구는 인위적으로 단절되어 왔다. 학문 영역들에서 이루어진 ABR 실행의 최근 성장은 어떤 면에서 창의적인 연구자들에 의해 과학적 연구와 예술적 실행 사이의 유사점을 분석하도록 함으로써 촉진되었다. 이를 위해 어떤 이들은 예술과 사회적 탐구의 잘못된 이분법을 노출시켰다(Saarnivaara, 2003 참조). 예를 들어, 과학적 연구와 예술적 실행은 창의성을 연료로 한다(Ernst, 2000; Janesick, 2001). 이 같은 맥락에서, Ivan Brady(1991)는 오랫동안 '예술적 과학'이라는 용어를 사용하였으며, 유사하게 Valerie Janesick(2001)은 '예술가-과학자'라는 용어를 제안하였다. Saldaña(1999)는 연구와 예술적 실행 모두는 개념적·상징적·은유적으로 사고하는 것을 필요로 한다는 점을 정확히 관찰하였다. 혁신과 직감, 유연성은 모두 과학과 예술계 모두에서 중요한 역할을 수행한다. 더욱이 두 영역 모두는 발견하고 탐구하며 조명하는 것을 목표로 한다. 요약하자면, 예술과 과학의 실행은 다음과 같은 주요 요소를 포함한다(Leavy, 2013).

- 개념적으로 사고하고 개념적 구조 형성하기
- 상징적으로 사고하기
- 은유와 은유적 분석 사용하기
- 혁신
- 직감
- 유연성
- 발견, 탐구, 조명하기

제1장에서 고찰한 바와 같이, 실증주의 연구를 이끌어 왔던 이성적-감성적, 주체-객체 그리고 구체-추상과 같은 이분법의 해체는 궁극적으로 사회과학적 연구 실행을 강조하여 왔던 이분법적 모형—여전히 비가시적으로 남아 있고 그로 인해 담화의 너머에 있던—을 재검토하도록 하였다. 이러한 이분법은 과학-예술, 사실-허구이다. ABR 실행은 인간 조건과 그에 대한 우리의 연구에 대한 대화를 가로

막는 예술과 과학을 구분하였던 상극적인 관점에 주의를 기울이도록 한다. 예를 들어, 예술-과학 혁신은 질문하고 소통하는 예술의 힘과 이미 몇몇 '과학적' 연구 실행을 이끌었던 은유와 상징 및 상상의 많은 방법에 대해 우리로 하여금 관심을 기울이도록 한다. ABR은 또한 연구자로서 우리가 데이터를 생성하는 방법에 주의를 기울이도록 한다(우리는 단순히 발견 혹은 수집한다고 하지 않는다). 이것은 어떻게 모든 연구자들이 지식을 형성하는 데 관여하는지를 잘 보여 준다. 이러저러한 방법으로, 예술기반 혁신과 다양한 전문 분야들에서 이루어지는 세밀한 조사는 과학 분야로 하여금 사실과 허구를 상반된 것으로 인식하는 것에 대해 문제 의식을 갖도록 한다. 인위적인 이원론은 타자에 대한 몇 가지 앎의 방식을 정당화하며 지배적인 힘의 관계가 재생산되도록 한다.

예술적 도구와 과학적 방법의 혼합은 사회적 삶을 구성하는 복잡한 현실을 보다 충실히 드러내는 데 필요한 방법론적 혁신을 창안해 냈다. 아직 예술기반 실행은 학계에서 자신의 경력에 대한 희색 없이 자유롭게 이러한 도구들을 이용하기 위한 전문성을 갖기 위해서는 가야 할 길이 멀다.

실용적으로 볼 때, 최고의 연구자들이 이 같은 도구들을 이용하여 작업하도록 하기 위해서는 연구가 수행되는 제도권의 변화가 필요하다. 예를 들어, 예술기반 실행은 제2 혹은 제3 수준의 방법으로 낮아질 수는 없다. 이러한 접근은 '실험적'인 것으로 분류될 수 없는데, 이는 이들 실행을 손상시키고 소외시킨다. 이들 실행에 대한 우리의 이해와 지식을 증진하는 이들 방법의 잠재성을 보다 잘 이해하기 위해서는 연구자들을 위한 학술대회와 출판 및 재정적 기회가 제공되어야 한다. Sharlene Hesse-Biber와 내(2006, 2008)가 기술한 바와 같이, '재정적 편차'는 종종 권위 있는 동료 평가 포럼에 출판하도록 압박을 받게 되며, 이는 연구자들로 하여금 높은 수준의 방법론에 참여하고 자신들의 연구를 새로운 채널을 통해 확산하는 것을 가로막는다. 학계가 더욱더 간학문적·초학문적되어 감에 따라, 이러한 물질적·구조적 장벽은 이 책에서 언급된 바와 같이 방법적 혼합을 위한 길이 트일 수 있도록 재조정될 필요가 있다. 우리가 학문의 대중화를 향하여 나아가고 연구자가 자신의 **영향**

력을 더 많이 증명할 수 있도록 함에 따라, 재정적 지원이 뒤따라야 한다. 이것이 바로 그동안 일들이 존재했던 곳이고 앞으로 가야 할 방향이다. 예를 들어, 영국 등의 나라에서 연구는 다른 방식으로 분류되고 있는데, 그중의 하나는 주도적 실행으로서 연구의 영향에 대한 체계적 분석을 필요로 한다.

출판, 상영 혹은 기타 다른 방식의 배포 연구에 관한 더 많은 게재방법이 증가하고 있다. 이 책에서 각 장의 마지막에 제시한 관련 웹사이트와 저널에 증명된 바와 같이, 이 같은 실행으로 작업하고 전통적인 전문적 출판 방식을 충족할 수 있는 기회를 활용할 수 있다.

당분간 이러한 방법적 실행으로 작업을 시작하는 연구자들은 기존의 과학계로부터 약간의 저항을 만날 수 있다. 그러나 실망하지 말라. 큐비즘 작가인 Georges Braque는 언젠가 다음과 같은 유명한 말을 남겼다. "예술은 전복하고, 과학은 확신을 제공한다."(Fitzhenry, 1993, p. 51) 이 말은 언제나 내 얼굴에 미소를 떠오르게 하며, 제도와 실용적 측면에서 장벽을 만날 때 나의 마음에 명심하게 된다. Albert Einstein이나 Herbert Simon 같은 노벨상 수상자 혹은 Zora Neale Hurston 같은 작가와 같이 우리가 가장 존경하는 과학자와 예술가들은 이원주의를 거부하고 창의성을 존중하면서 학문 간 경계를 넘어 초학문성을 수용하였다.

새로운 길은 단순히 만들어지는 것이 아니라 창조해야 한다. 우리는 우리가 추구하고자 하는 길을 만들어 내고 다른 사람들이 여행할 수 있도록 해야 한다. 그렇게 하기 위해서는 혁신에 관심을 갖고 헌신하는 사람들과 네트워크를 만들어야 하며, 이분법을 넘어 실험하고 위험을 감수하라. 창의성을 포용하라. 당신이 이 여행을 출발하면, 방법과 기술은 사회적 연구를 위한 새로운 길을 만들어 낼 것이며, 수많은 사람이 그 길을 따르게 될 것이다.

참고문헌

Ackroyd, J., & O'Toole, J. (2010). *Performing research: Tensions, triumphs and trade-offs of ethnodrama*. London: Institute of Education Press.

Brady, I. (1991). *Anthropological poetics*. Savage, MD: Rowman & Littlefield.

Cohn, D. (2000). *The distinction of fiction*. Baltimore: Johns Hopkins University Press.

Eisner, E. W. (1997). The promise and perils of alternative forms of data representation. *Educational Researcher, 26*(6), 4-10.

Ernst, R. (2000). Societal responsibility of universities, wisdom and foresight leading to a better world. In M. A. Somerville & D. J. Rapport (Eds.), *Transdisciplinarity: ReCreating integrated knowledge* (pp. 121-136). Oxford, UK: E0LSS Publishers.

Fitzhenry, R. I. (Ed.). (1993). *The Harper book of quotations* (3rd ed.). New York: Harper Perennial.

Harris, A. (2012). *Ethnocinema: Intercultural arts education*. New York: Springer.

Hesse-Biber, S. N., & Leavy, P. (2006). *Emergent methods in social research*. Thousand Oaks, CA: Sage.

Hesse-Biber, S. N., & Leavy, P. (2008). Pushing on the methodological boundaries: The growing need for emergent methods within and across the disciplines. In S. N. Hesse-Biber & P. Leavy (Eds.), *Handbook of emergent methods* (pp. 1-15). New York: Guilford Press.

Janesick, V. J. (2001). Intuition and creativity: A pas de deux for qualitative researchers. *Qualitative Inquiry, 7*(5), 531-540.

Leavy, P. (2013). *Fiction as research practice: Short stories, novellas, and novels*. Walnut Creek, CA: Left Coast Press.

Lee, K. V. (2007). George: Music and apple pie. *Journal of Creative Work, 1*(2). Retrieved from *www.scientificjournals.org/journals2007/j_of_creative2.htm*.

Norris, J. (2014, April). *Identity crisis?: Employing applied theater examples to discern the research in art and/or the art in research*. Paper presented at the annual conference of the American Educational Research Association, Philadelphia, PA.

Saarnivaara, M. (2003). Art as inquiry: The autopsy of an [art] experience. *Qualitative Inquiry, 9*(4), 580-602.

Saldaña, J. (1999). Playwriting with data: Ethnographic performance texts. *Youth Theatre Journal, 14*, 60-71.

Saldaña, J. (2011). *Ethnotheatre: Research from page to stage*. Walnut Creek, CA: Left Coast Press.

Sjöberg, J. (2008). Ethnofiction: Drama as a creative research practice in ethnographic film. *Journal of Media Practice, 9*(3), 229-242.

찾아보기

인 명

내 용

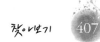

저자 소개

Patricia Leavy 박사는 미국 매사추세츠주 Easton의 Stonehill College 사회학과 학과장과 성(性)
연구 프로그램의 창립 디렉터를 역임했으며, 현재 독립적으로 학문 활동을 수행하는 학자이다.
Leavy 박사는 연구방법론, 예술기반 연구 및 학제 간 연구에 관한 수많은 책의 저자이고, 5권의 책
을 시리즈로 발간한 편집장이자 소설가이다. Leavy 박사는 뉴잉글랜드 사회학협회(New England
Sociological Association)에서 2010년 올해의 뉴잉글랜드 사회학자(New England Sociologist)로 선
정되었으며, 2014년에 창의력과 혁신을 기리는 미국 창의성협회(American Creativity Association)
에서 특별공로상을 수상했다. 이 상은 예술기반 연구를 특히 탁월하게 발전시킨 그녀의 성과를 인
정하는 것이다. Leavy 박사는 주로 강연, 학술 발표, 워크숍, 블로그 활동을 하며, 성 및 대중문화 전
문가로서 언론에서 자주 인용된다. 웹사이트는 www.patricialeavy.com이다.

역자 소개

김정희(Kim Jeunghee, 제7장)

독일 Ludwig–Maximilians–Universität München 박사(미술교육 전공)

한국미술교육학회장

경인교육대학교 부총장/대학원장

현 경인교육대학교 미술교육과 교수

　　한국문화교육학회 학회장

신승렬(Seung–Ryul Ryan Shin, 제1장)

미국 Florida State University 박사(미술교육 전공)

미국 미술교육학회(National Art Education Association) 고등교육부분 서부지역장

미술교육연구(Studies in Art Education), 미술교육(Journal of Art Education), 예술문화교육연구

　　(Journal of Cultural Research in Art Education) 등 편집위원

현 University of Arizona 미술과 시각교육과 부교수

　　예술문화교육연구(Journal of Cultural Research in Art Education) 편집장

　　조형교육학회, 국제예술교육학회, 한국예술교육학회 이사

강병직(Kang Byoung–jik, 제8, 9장)

서울대학교 박사(미술교육 전공)

한국교육개발원 부연구위원

한국예술영재교육연구원 책임연구원

현 청주교육대학교 미술교육과 교수

김정효(Kim Jeonghyo, 제4, 5장)
미국 Florida State University 박사(미술교육 전공)
한국교육개발원, 한국교육과정평가원 연구원
현 경인교육대학교 미술교육과 조교수

김해경(Kim Haikyung, 제3장)
미국 Florida State University 박사(미술교육 전공)
미국 Indiana Univ.-Purdue Univ. Fort Wayne 미술교육과 교수
현 경인교육대학교 미술교육과 교수
     경인교육대학교 대학원 박물관 · 미술관 교육과 교수
     경인교육대학교 창의인성교육센터 소장
     경인교육대학교 교수학습지원센터 소장

손지현(Sohn Jihyun, 제6장)
미국 Pennsylvania State University 박사(미술교육 전공)
미국 University of Georgia 미술교육과 교수
목원대학교 미술교육과 교수
현 서울교육대학교 미술교육과 및 대학원 박물관 · 미술관교육 전공 교수
     서울교육대학교 미디어센터 소장
     한국교과서연구재단 비상임연구원
     한국예술교육학회 부회장

안혜리(Ahn Hyeri, 제2장)
미국 University of Missouri 박사(미술교육 전공)
한국조형교육학회 편집위원장
대한민국역사박물관 한국현대사 교양총서(예술분야) 편집위원
현 국민대학교 미술학부 및 교육대학원 미술교육 전공 교수
     한국조형교육학회 회장

예술기반 연구의 실제

Method Meets Art: Arts-Based Research Practice(2nd ed.)

2018년 8월 1일 1판 1쇄 인쇄
2018년 8월 10일 1판 1쇄 발행

지은이 • Patricia Leavy
옮긴이 • 김정희 · 신승렬 · 강병직 · 김정효 · 김해경 · 손지현 · 안혜리
펴낸이 • 김진환
펴낸곳 • ㈜ 학지사
　　　　04031 서울특별시 마포구 양화로 15길 20 마인드월드빌딩
대표전화 • 02-330-5114　　팩스 • 02-324-2345
등록번호 • 제313-2006-000265호

홈페이지 • http://www.hakjisa.co.kr
페이스북 • https://www.facebook.com/hakjisabook

ISBN 978-89-997-1592-1 93370

정가 22,000원

이 도서의 국립중앙도서관 출판시도서목록(CIP)은 서지정보유통지
원시스템 홈페이지(http://seoji.nl.go.kr)와 국가자료공동목록시스템
(http://www.nl.go.kr/kolisnet)에서 이용하실 수 있습니다.
(CIP 제어번호: CIP2018023187)

교육문화출판미디어그룹 **학지사**

심리검사연구소 **인싸이트** www.inpsyt.co.kr
원격교육연수원 **카운피아** www.counpia.com
학술논문서비스 **뉴논문** www.newnonmun.com
간호보건의학출판 **학지사메디컬** www.hakjisamd.co.kr